民国目录学研究：
以传统目录学为中心

倪梁鸣 ◇ 著

北京联合出版公司
Beijing United Publishing Co.,Ltd.

前　言

　　中国目录学史的发展至民国时发生了一大转变，中国传统目录学的理论和实践与近代西方目录学理论和实践发生了碰撞，中国目录学开始由传统向近代化转化，并由此形成了 20 世纪中国目录学发展的第一个高峰。在此时期，目录学家大量涌现，并在传统与近代的学术讨论中，推进了目录学的发展。西学的引入，以及对中国传统学术及其结构所造成的冲击，为民国图书分类法由传统向近代转变提供了学术基础，新的分类法已经摆脱了传统的"经、史、子、集"分类限制。综合目录的种类和数量都较过去有了明显改变，尤其在近代图书馆理论与实践传入中国以后，图书馆目录的形成与发展。专科目录学成为民国目录学发展史上的突出特征之一，专科目录的种类开始丰富，数量逐渐增多，而关于专科目录学史的探讨也开始起步。因此，本人根据民国时期目录学发展的主要特征，结合本人研究方向、学术水平，希望能通过目录学理论及目录学家、图书分类法、特种目录、专科目录四方面，对民国目录学做一简要的介绍。本书所涉及的范围较大，但是由于个人能力有限，所谈及的具体问题较少，只能通过其中有代表性的学者和著作，以点带面，希望能实实在在地为民国目录学史尤其是从传统目录学的研究贡献自己的微薄力量。

　　本人在研究时，查阅了国家图书馆、中国人民大学、安徽大学等单位或学校的藏书，并充分利用了数字图书馆中的电子读物，查阅了民国时期的相关著作，为本人的论文撰写奠定了史料基础。在平时的阅读中，本人也吸收借鉴相关论著对于此问题的研究成果，并借鉴其学术观点。

全书共分为六章：

第一章为绪论。该章简单阐述了本人对此问题的认识。由于民国目录学史在整个中国目录学史中具有重要地位，而关于此问题的研究成果则较少，因此，在目录学向现代化转变的今天，有必要对此问题重新予以审视，在总结历史，吸取经验的同时，也为当今中国目录学的发展提供必要的理论支持，具有较高的学术意义和社会价值。另外，该章又从目录学史、专科目录学和特种目录学、图书分类法、目录学家四个方面阐述了相关的研究动态，并对其进行一定的分析，以显示前人研究的基础以及本人研究所具有的平台。另外，由于本人能力和时间有限，在没有涉及到的问题上予以说明，以待今后补充。

第二章为目录学理论及代表人物研究。本章首先简要介绍了民国时期关于目录学理论中重要问题的主要争论焦点，罗列具有代表性的学术观点，以窥见当时理论研究之一角。另外，本章主要以目录学家为纲，对本人所认为的民国时期最具代表性的五位目录学家余嘉锡、杜定友、姚名达、汪辟疆、郑振铎进行重点分析。这几位目录学家，都具有不同的目录学思想，且在当时均能独树一帜，成为各研究领域内的领军人物，极有必要重点关注。

第三章为图书分类法研究。该章首先追溯了中国自汉代以来传统分类法的主要发展脉络，以及图书分类法在晚清时期发生的主要变化及特征。其后，重点介绍民国时期图书分类法发展，主要包括分类法理论的发展，以及杜威十进法传入中国后，对于中国固有图书分类法的冲击和影响，作者认为自该法传入中国后，中国的大部分学者在制定本国的新图书分类法时，已经难免不受其影响。最后，罗列了民国时期主要分类法简表及论著简表。

第四章为特种目录研究。笔者选取了民国时期具有代表性的图书馆目录和地方文献目录作为代表。因近代西方图书馆理论与实践，对中国图书馆的发展具有决定性的作用，直接导致了中国近代图书馆的兴起，而图书馆目录这种在民国时期迅速兴起的新目录形式，也逐渐成为目录中的主体。地方文献目录为特种目录中的重要组成部分，且在民国时期，随着地方史研究的兴起，而逐渐成为当时学人关注的编纂和研究对象，因此笔者以此二种作为民国特种目录的代表作重点研究。

第五章为专科目录研究。专科目录是民国目录学史的主要特点之一，笔者结合自己的专业方向，以史学专科目录为突破口，并在一定程度上涉及其他学科领域内有助于学科史研究的专科目录。形成以史学专科目录研究为主，同时兼顾其他学科（尤其是人文类学科）专科目录学发展的研究方法。

第六章为民国目录及目录学论著简目。笔者认为，不论是民国目录学发展的速度和规模，还是期间所发生的目录学本身的剧烈转变，都是中国传统社会中所不及的。而由于笔者能力和时间有限，不能对所有重要目录一一做深入研究，为弥补此缺憾，同时也力求较全面地反映民国目录学，尤其是目录种类和数量等文献结构方面的特点，编制此简目。

笔者希望通过此研究，首先能从历史文献学的视角反映民国目录学发展的整体特点，即目录学理论发生的根本性变革、目录学家大量涌现、图书分类法从突破"四分法"向制定新的统一分类法过渡、专科目录成为此时期目录编纂和研究的重点等。同时也通过研究民国目录学的发展，为当今目录学注重数字化、信息化的背景下，如何发挥中国传统目录学理论的学术价值，使"辨章学术、考镜源流"的目录学传统能在当今目录编纂实践中重新发挥其价值，发表笔者的一管之见。

目录

第一章 绪论

第一节 研究意义

民国时期的学术发展，被许多学者视为与春秋战国时代媲美的第二个"百家争鸣"时代。在此时期，近代西方的学术理论和研究方法大量的传入中国，并被一部分学者所接收和提倡。而另外一方面，中国固有的学术思想和研究方法也并没有因此而受到压制，仍旧表现出欣欣向荣的景象，学术氛围空前活跃，学术空气十分自由。这就为学术的研究与进步提供了较为宽松的环境。另外，民国时期的学人受到过中国传统教育的熏陶，而且也不同程度上受到西方学术思想的影响，既有传统学术的功底，又有研究西方学术的能力。目录学史作为学术史和文献学史的重要组成部分，在民国时期也得到了令人叹为观止的发展，在此时期所取得的目录学成就，尤其表现在目录学理论的研究和总结方面可以说是前无古人的。整个 20 世纪，中国目录学发展的两次高潮，一次在改革开放以后的 80 年代，而另一次高潮就在民国时期的 20—30 年代。民国时期目录学的发展，是中国目录学近代化的具体体现。它代表了中国目录学自身由传统向近代转化的艰辛路程。分析民国时期目录学具体成就乃至近代化的演变规律，有助于对中国目录学史的把握，更有助于指导当今目录编纂和目录学研究，应成为当今目录学界所关注的主要问题之一。但是，关于民国目录学研究的论文和专著则较少，尤其在当代目录学研究轻史而重应用的学术背景下，更无人问津。而笔者认为，民国目录学研究是中国目录学史研究甚至是中国目录学研究的重中之重。其在中国目录学发展上可以看成是承上启下的关键阶段，新旧交织，中西并用。有许多理论与实践总结了几千年来中国传统目录学所取得的成就，而又有不少成为奠定了中国目录学现代化的基础。当时所提出的新问题，有许多直至今日也没有得到很好的解决。此时期，出现的目录著作和目录学家，他们所达到的学术水平，很多都是后人难以企及的。从一定程度上来说，民国时期目录学研究所取得成就整体上超过了新中国建立以后的目录学成就。因此，是极具有总结和研究的价值的。

其意义主要表现在以下方面：

一、学术意义

首先对目录学的总结。对于民国目录学的总结，是中国目录学史的一个重要组成部分。通过从历史学的角度对民国目录学成就与局限性的分析研究，探索中国近代目录学自身的演变过程和发展规律，并在前人研究中国古典目录学特点与规律的基础上，将二者统一起来，构建出建国前中国目录学的发展轨迹，使中国目录学能够顺应自身发展规律，适应当代社会之发展，更加体现出自身的学术价值。

其次对近代文献学乃至整个近代学术史的总结。目录的基本构成单位是文献，是有关于文献的学问，也是文献学的主要分支。它记录了文献的产生、发展、残阙与亡佚等，反应了特定时代一种或是多种文献的大致情况。对民国目录学的总结，也是对文献学的一种总结方式，可以从宏观上把握近代文献学的发展脉络。

而每一部目录著作都是学术发展的产物，每一阶段出现的目录学著作，目录学思想都是特定时期学术发展的必然结果。同时又推动每一时期学术的发展。用学术史的眼光看待近现代目录学发展，就是一部完整的学术发展史。

二、社会意义

目录学工作者的主要任务就是编制出适应社会发展的具有最大学术价值的目录著作，并发挥目录的普及性和应用性，使之成为各种学科发展的必备工具书，以推动各学术之进步与发展。

而目录学需要有正确的理论为指导。中国近代目录学，对当代目录编纂具有最直接影响。因此，这正要求我们更关注民国目录学的发展，并在目录学自身发展轨迹上，对其进行理论总结，发现出其中的成就及不足，探索出其中的发展规律，从中吸取我们所需要的营养，以便运用于当代的目录学实践中去，解决目录学在新世纪所遇到的新难题，使目录适应社会发展和学术现实。

第二节　研究动态与特点

整体来说，学术界对民国目录学的研究成果较少。据笔者前期所作的资料搜集工作，并没有专门性的民国目录学研究著作，只是在一些目录学著作中，会提及民国目录学的发展成就，但所占比例不大。申少春先生著有《中国近现代目录学简史》，但研究范围包括晚清民国，并且在一些问题上没展开论述，显得较为简略。有少数的相关论文，但由于写作时间较早，受意识形态影响较深，可借鉴的成果不多。20世纪80年代至90年代中期，是建国后我国目录学研究（包括目录学史研究）的一个高潮时期，在此阶段，出现了不少民国目录学史研究的相关论文，但是这些论文或研究目录学理论、或研究图书分类法、目录学家、具体目录书等等，呈现出以下几个特点：

首先，论文数量仍显不够。相对于20世纪60年代至70年代以及20世纪90年代至今来说，此时期出现的民国目录学研究论文较多，但是绝对数仍显不够，约占笔者所搜集到的该时期出现的目录学论文总数的8.8%左右。

其次，研究的范围较小。此时期的民国目录学论文，基本只是讨论其中的具体一个或两个问题，如一个目录学家，一个目录学家团体，一本目录书，一类目录书。同时，关于目录学家和目录著作的研究较多，目录学理论的研究较少，发展相对不平衡。从整个民国目录学研究来说，均不能构成系统。

第三，重复研究的现象较为普遍。以民国目录学家为例，研究对象主要集中在康有为、梁启超、余嘉锡、姚名达、鲁迅等上，占笔者所搜集的研究民国目录学家论文总数的50%左右，很多文章在内容上也有很多相同之处。

虽然有以上的一些特点，但是前人在民国目录学方面也为笔者提供了极为宝贵的研究成果，为笔者顺利展开此课题的研究奠定了坚实的基础。前人的研究成果主要集中在目录学史（包括目录学理论）专科目录学和特种目录学、图书分类法和目录学家上。

一、目录学史

民国目录学史研究，是民国目录学研究的重要组成部分，所取得的研究成果也相对丰硕。从著作方面来看，姚名达《中国目录学史》和《中国目录学年表》中有部分内容涉及到从民国开始至 20 世纪 30 年代中期的目录学史，其中包括目录学理论、图书分类法、专科目录学、特种目录学以及与目录学发展有关的大事等，因为姚名达的民国学者身份，使该著作成为研究民国目录学的首选之书。同时吕绍虞的《中国目录学史稿》也对民国目录学有所涉及，但因种种原因，该部分内容只是一个提纲，并没有成文。1992 年，乔好勤编写了《中国目录学史》一书，该书第八章"近现代目录学"，分古籍举要书目、新学西学书目、无产阶级早期的书目活动、私藏目录与版本目录、专科专题目录、馆藏目录、书业目录及其他、索引运动、目录学理论研究八个方面研究了民国时期的目录学，但因为只是作为一章来介绍，所以笔者认为其中许多内容并没有展开，值得进一步探索。此外，如程千帆《校雠广义·目录编》、北京大学、武汉大学合编《目录学概论》、彭斐章《目录学教程》等书中均有民国目录学史的内容，但均语焉不详。值得一提的是余庆蓉、王晋卿合编的《中国目录学思想史》，书中从思想史方面，分中国目录学新思想的萌芽、"新旧交替，变旧为新"的目录学思想、理论目录学的产生和发展三个部分总结了民国目录学思想史，其中对目录学理论的总结颇有见地。关于论文方面，乔好勤《略论我国 1919—1949 年的目录学》（《云南图书馆》1982 年 1 期），陈传夫《近代目录学的基本流派及其理论成就》（《四川图书馆学报》1985 年 5 期），余庆蓉《新文化与我国目录学的近代化》（《图书馆论坛》1991 年 2 期），贺修铭《20 世纪目录学研究的两次高潮及其比较》（《图书馆》1994 年 5 期）等，概括性的介绍了民国目录学成就。有助于进一步探讨相关问题，关于目录学史的论文，经笔者搜集共有 60 篇左右。

二、目录学家

李万建《中国著名目录学家传略》对民国时期重要的目录学家如梁启超、余嘉锡、孙殿起、郑振铎、姚名达做了简要的传记式的介绍，其中也总结了他们的目录学成就及特点。申畅《中国目录学家传略》和《中国目录学家辞典》中，也有不少内容涉及民国目录学家。在相关论文方面，据笔者统计，关于民国目录学家研究的论文有 100 余篇。

三、图书分类法

图书分类法从现在的学科分类来说，已经成为了文献分类学而独立于目录学之外。但是从历史文献学专业的角度去研究目录学，则文献分类法是其中研究的必不可少的部分。蒋元卿《中国图书分类之沿革》对中国古代直至上世纪 30 年代的图书分类法有所介绍。刘简《中文古籍整理分类研究》，则是笔者认为的至今在民国图书分类法研究方面较为全面的一部著作，该书用相对多的篇幅，介绍了民国时期出现的较有影响力的中文古籍图书分类法，并进行了简要的分析。俞君立主编的《中国文献分类法百年发展与展望》，将 20 世纪的文献分类法进行了研究，然而该书颇注重建国以后的部分，对民国部分的研究则相对较少，亟待进一步深化。

四、专科目录学和特种目录学

专科目录和特种目录是我国古代已出现，而在民国时期出现质的飞跃的两种目录的具体形式，尤其是专科目录，随着近代社会分工的进一步细化，而带动了学科的分化，由此促进了专科目录及专科目录学的发展。专科目录和综合目录的数量激增，质量也较先前有了大幅度的提高，成为民国时期目录学发展的一个亮点，也成为民国目录学研究的重点之一。除上述提到的目录学著作中有相关内容之外，从 20 世纪 80 年代至今，也出现了不少相关论文，但是值得提出的是，专门研究民国专科目录学和特种目录学的并不多。沈国强《我国近代科技目录学概述》（《四川图书馆学报》1982 年 3 期），徐继安《医学文献目录学初探》（《四川图书馆学报》1982 年 2 期），来新夏《地方史志的过去、现在和未来》（《山东图书馆季刊》1982 年 3 期），李樱《试论补正史艺文志及其价值》（《四川图书馆学报》1982 年 3 期），郭星寿《试论马克思主义文献目录学的产生和发展》（《图书馆工作》1983 年 3 期），黄景行《中国文学目录学发展史略》（《江苏图书馆学报》1987 年 3 期），林申清《敦煌学书目家族述略》（《文教资料》1992 年 6 期），林申清《中国报刊目录述略》（《编辑之友》1993 年 5 期）等共 70 余篇，其中均含有民国时期的内容，为专门研究民国专科目录学和特种目录学提供了可资借鉴的论点和史料。华东师范大学博士郑春汛的毕业论文《清末民初专科目录研究——以经学目录、文学目录为中心》，对 1937 年以前，中国近代经学、文学目录研究较为完整，有资于笔者之借鉴。

第三节　研究思路与有关说明

一、试图解决的问题

（一）中国传统目录学与现代西方目录学的理论冲突

自章学诚以"辨章学术、考镜源流"来总结中国传统目录学之后，就从理论上总结了目录学与学术史的密切关系，并一直以来得到广大目录学工作者的首肯，于是大小序、解题、分类成为目录编纂的重点。民国时期，随着西方图书馆学和目录学的引入，中国的学者逐渐了解到目录学在总结学术史的功能之外，更承担着取便检索，便于查找图书的功能，于是分类号、主题、著者号码等逐渐被视为研究重点。二者所关注的角度不同，导致了目录编纂实践的差异，在当时学者看来，是两者之间理论的冲突，不少学者试图对两者之间进行沟通。"辨章学术、考镜源流，即类究书、因书究学"，是当时学人最常见的总结目录学定义的说法，然而，限于时代等原因，民国学者很难就该时期目录学如何体现两者的融合，作必要的研究和分析。建国以后的一段时间内，我国目录学界学习苏联目录学理论与实践，继而又关注美国等西方国家的目录学理论与实践，但是究竟如何利用中国传统目录学以服务于本国目录学编纂，一直存在不同的观点。但是，如何将两者有机地结合起来，却是困扰他们的主要问题。

实际上，中国传统目录在反映学术史方面的作用，是很值得当今目录编纂继承和借鉴的，这尤其表现在专科目录和特种目录的编纂上。详尽的大小序和解题，为完善目录收录文献的内容、性质、学术地位等介绍性文字，并对读者了解图书，并深入研究之，有重要的作用。民国时期，出现了不少传统特色颇浓的目录著作，其中就以专科目录为主，可为当今专科目录等的编纂提供帮助。由此一点即可见传统目录学理论的现实意义和价值。

本书试图通过民国目录学史的论述，向读者展现当时的目录学家在中西文化激烈碰撞的背景下，如何将中国传统和西方文明在目录学研究和目录编纂的层面予以结合，如何在接受西方近代目录学理论的趋势下，保持中国传统目录学的特色，或者如何改革中国传统目录学，以适应新的学术背景和文献发展背景下对目录编纂的要求，使之较为顺利地完成了从晚清便开始的由传统向近代的目录学转变。

（二）摆脱个案研究的模式，探索民国目录学史的理论体系

过去研究民国目录学，均以单个的人或书为主，虽为研究该段时间的目录学成就提供了一定的研究成果，但是颇显散乱，没有完整的系统。本书力求在整个中国目录学史的脉络中，综合研究民国目录学，并探索构建民国目录学史的理论体系。

笔者认为，民国目录学史研究历来是中国目录学史研究中较为薄弱的环节。此时期，虽然出现了大批目录学家和大量的目录、目录学著作，极有总结之必要。但是，限于现代学科设置、思想意识形态等原因，民国目录学史研究始终无法与中国古代目录学史、当代目录学理论与方法等成果相媲美，这无疑将阻碍中国目录学研究的完整性，

尤其不利于目录学史的研究。因此，有必要对民国目录学做一整体性的研究，更希望能通过自己的努力，初步构建出民国目录学史的理论体系。

本书在结构上，力求能体现这一思想。目录学由传统向近代的转变，首先得益于西方目录学理论的传入，以及中国的部分目录学家之接受与倡导。所以，首列"目录学理论与代表人物研究"一章，民国时期的主要目录学理论，及所关注的范围，所出现的矛盾，以及其中的代表人物，可有一概括性的了解。"四分法"的退出与西方分类法的引入，为中国创立新图书分类法奠定了基础，"杜威十进法"更成为当时学者改革分类法的标准，因此，次列"图书分类法研究"一章，并以"四分法""杜威十进法"和"中国新分类法"为三条主线，而最终归结于学者如何将新、旧图书分类理论相结合，并运用于实践的。特种目录在中国传统社会早已有之，譬如藏书目录、地方文献目录等。但自近代以来，西方图书馆学理论与方法传入中国，使中国传统藏书楼成为公共图书馆，藏书的性质和作用均发生了质变，从而导致藏书目录形式和功能的转化。民国时期，内忧外患，外国列强无时无刻不在觊觎中国的领土，由此地方史，尤其是边疆史地研究成为史学研究的热门之一，地方文献目录较古代有了较大的发展。所以，再列"特种目录研究"，并以此二种作为重点对象。民国目录学发展的最大特点之一就是专科目录学的发展，专科目录的作用受到空前关注，学界大起编纂之风，或为目录学家，或为专门学者所投身其中，专科目录的数量和质量均较过去有了整体性的改变，列"史学专科目录研究"一章，以史学专科目录为代表，概括论述民国专科目录学的大致特点。本课题不可能对民国时期的所有目录及目录学著作一一研究，因此，编出《民国目录及目录学简目》，以文献为经，年代为纬，收录当时公开发表的重要目录和目录学著作，从年代看可大致得出民国目录学研究的形势和动向，从文献方面看，则目录学研究的重点、目录结构的变化等可一目了然，也为有需要的读者提供了部分索引的功能。

可见，笔者构建的民国目录学史理论体系，包括目录学理论、目录学家、特种目录学、专科目录学、目录学年表五个部分，每个部分可独立成编，合在一起又是涵盖了各方面的民国目录学史。

二、有关说明

本书虽然希望能够构建民国目录学史的理论体系，并反映民国目录学在中西文化融合过程中的发展，为当代目录学的研究和目录编纂提供可资借鉴的理论基础。但是，由于笔者时间和学力有限，无法实现面面俱到，因此有以下几点需要说明：

首先，本书以书名目录为主要研究对象，间涉书名索引和篇名索引。

其次，民国时期重要目录学家颇多，值得研究的也不在少数。如果各个研究的话，易造成枝大于干的情况。另外，所谓"重要"也很难有一个客观的标准，则在目录学家取舍上会颇费斟酌不说，也会使很多人对标准产生异议。因此，本书拟就以目录学著作出发，现将著作分为几类，如古典目录学理论著作，近代目录学理论著作，目录学史著作，专科目录学研究著作等，再在每一类中找出一位笔者认为的最能代表该类著作，或研究成就的目录学家，作重点研究。也希望能够以点带面。

第三，特种目录包括多种，如推荐书目，随着国学在此时期的形成及发展的需要，出现了国学推荐书目，而西学和推荐书目也相应的形成和发展。又如藏书目录，丛书目录，史志目录，地方文献目录和联合目录。但由于笔者学力有限，再者时间较为紧张，如篇幅过大，恐难驾驭。因此，只对藏书目录和地方文献目录作具体研究，其他问题以待日后学有余力时再行攻克。

第四，本书所讨论之专科目录，拟结合笔者所学专业，以史学专科目录为中心，力求以点带面，但终究不能全面反映民国专科目录。为补其所阙，其他非史学专科目录，但可反映该学科学术史，突出体现出"辨章学术、考镜源流"的作用的书目，也在研究范围之内。

第五，民国时期的图书分类法和目录学一样，也正处在"百家争鸣"的时期，各种图书分类法相继出现，并各自有其一定的学术地位。不但综合图书分类法有发展，而且随着特种目录、专科目录的出现，各种专门分类法也应运而生。本书以最能体现民国图书分类法变化的综合文献分类法为主要研究对象。各种专门分类法，则视需要适当阐述。

第六，有些目录编纂于晚清时期，或为国外学者所著，然其可反映中国传统目录学的特色，且其大量出版或真正受广大学者所重视则在民国时期，如《温州经籍志》《医籍考》等，在民国时期发挥了重要的学术价值，则有必要在书中作重点研究。

三、理论与方法

（一）理论

1. 马克思主义史学观

马克思主义理论是指导社会实践的基础，唯物史观更是历史研究的主线。本书在史学研究的指导思想上，坚定采用辩证唯物主义和历史唯物主义分析问题、解决问题。本着公正、严谨的态度研究本课题，并做到实事求是。

2. 中国传统目录学理论

中国传统目录学注重于学术史，也是大部分史学工作者评价目录学术价值的最高标准，本书的题目为"民国目录学研究：以传统目录学为中心"，力求从传统目录学的角度分析民国目录学史，即民国学者如何看待中国传统目录学，如何改造中国传统目录学，如何运用中国传统目录学。"辨章学术、考镜源流"的目录学理论在民国目录学理论中的地位。目录中的分类、大小序、解题等传统因素，如何予以保留或改造。

笔者在肯定西方近代图书馆学和目录学理论与方法在传入中国后，对目录学形式和功能等转变带来的变化的同时，更从中国传统目录学的视角，分析民国目录学史。民国出现的目录学理论与方法，是借鉴西方的结果，更是以中国传统目录为基础的向近代化的转变。比如姚名达、汪辟疆等目录学家，在他们的思想中，更体现了传统基础上的新的理论总结，这些学者很难仅通过西方目录学去研究和分析。

（二）方法

1. 历史文献学方法

历史文献学的方法主要特点就在于注重史料的搜集、积累、整理和考辨。笔者搜集了大量的民国目录和目录学著作，并以年表的形式展现于读者面前，在构成本书结构的一部分的同时，也为通过年表分析问题提供了一定的帮助。

2. 跨学科的研究方法

本书主要以史学研究方法作为主要手段，同时在部分问题上涉及到文学、哲学、图书馆学、分类学、索引学等学科的研究理论与方法。因为民国时期的目录学在很多方面已经突破了传统文献学的理论范畴，与现代图书馆学有较多交叉。因此，本书有大部分运用了图书馆学方法，尤其表现了图书分类法研究一章中。

3. 宏观与微观相结合的方法

历史研究离不开宏观背景的研究与分析，笔者力求将民国目录学史研究放在整个民国史，尤其是民国学术史的背景下，当中国传统文化与近代西方文化发生碰撞的大趋势下，目录学作为一门学科所发生的转变。同时，民国目录学的发展反过来又如何促进民国学术的发展，双方如何形成互动关系。

4. 个案研究和整体研究相结合的方法

民国目录学的研究，既需要对重要的目录学家和目录著作，做重点研究。同时，有些问题也需要从整体上予以分析。因此，本书注重个案研究与整体研究相结合，以个案研究为主，需要予以整体性的阐述和研究时，体现出个案研究的特殊性和整体研究的普遍性。

第二章　目录学理论及代表人物研究

第一节　民国时期目录学理论发展简述

民国时期的目录学理论研究主要表现在当时出现的目录学家和目录学著作中，面对西方学术尤其是图书馆学和目录学理论被引入中国，中国的学者开始思考本国传统目录学的优势与弊端，并希望能通过与西方目录学理论相结合，形成中国近代新的目录学理论。因此，从目录学家和目录学著作的数量上来说，则较传统时期有了较明显的进步。中国传统目录学，更多的是通过方法论的形式出现的，即目录学是研究文献的手段，而对其本身的理论研究则偏少，如郑樵、章学诚、叶德辉等学者，在目录学理论研究上所取得的成果，与同时期相关学者在史学理论研究中所取得的成果是有很大差距的。如章学诚所著《文史通义》在篇幅以及对后世的学术影响等方面，都要超过其所著之《校雠通义》，即可充分说明这一点。因此余嘉锡认为："吾国学术，素乏系统，且不注意于工具之述作，各家类然，而以目录为尤甚。故自来有目录之学，有目录之书，而无治目录学之书。"[①]因此，先生追求于目录学理论方面的突破，而编纂了《目录学发微》和《古书通例》等书。20世纪二三十年代的中国目录学界，也在学者类似的学术思考中出现了大量的理论著作，关于目录学理论的探讨也空前高涨，形成了20世纪我国目录学理论研究的第一个高潮。

一、关于目录学是否是一门独立学科

民国时期，大部分学者对于目录学从传统校雠学中划分出来，并成

---

① 余嘉锡：《目录学发微：含〈古书通例〉》，中国人民大学出版社，2004年，第1页。

为一门独立的学科已达成共识，但是仍有部分学者抱有不同观点，而之所以会出现不同的观点，则在这些学者在对待目录学与校雠学的关系上有所不同。

有一部分学者否定目录学作为一门学术的存在，如张舜徽、蒋元卿等。张先生就认为目录学本身并不称之为学，其只是传统校雠学中的一部分，是校雠图书的一种方法，他在 20 世纪 40 年代所作的《广校雠略》中说道："夫目录既由校雠而来，则称举大名，自足统其小号。自向歆父子而后，为郑樵、章学诚深通斯旨，故郑氏为书以明群籍类例，章氏为书以辨学术流别，但以校雠标目，而不取目录立名，最为能见其大。"[①]建国以后，张先生在《中国文献学》中更阐明了此种观点，并将之与训诂学相对比，认为训诂可以称学，但是其中的具体方法，如传、注、集解等只是方法，不能称之为学。同样，校雠可以称学，但是其中的具体方法，如目录、版本等，则不能称之为学。

或有学者将目录学与传统校雠学等同视之，即目录学就是校雠学，如刘咸炘在 20 世纪 30 年代所作《目录学》一书中，仍认为："所谓目录学者，古称校雠学，以部次书籍为职，而书本真伪及其名目、篇卷亦归考定。古之为此者，意在'辨章学术、考镜源流'，与西方所谓批评学者相当。中具原理，至于校勘异本，是正文字，虽亦相连，而为末务。"[②]

又有学者因校雠概念之不同，而将目录与校雠等同对待。蒋伯潜就认为校雠学有广义和狭义之分，后者即是通常意义上的校勘学："就狭义言，则'校雠'，指校勘书籍的文字篇卷而言，'目录'指编次某一书的篇目，或编次某一类书乃至各类书底目录而言。"[③]因此在其著作《校雠目录学纂要》中，蒋先生特地将校雠学和目录学分列，以突出二者之不同及其平等性。与刘咸炘观点不同的是，前者认为目录与狭义的校雠学是平等的，而后者则认为目录与广义的校雠学相一致。

---

① 张舜徽：《广校雠略》，中华书局，1963 年，第 3 页。
② 刘咸炘：《目录学》，茹古书局，1934 年，第 1 页。
③ 蒋伯潜：《校雠目录学纂要》，正中书局，1942 年，第 3 页。

程千帆在 20 世纪 40 年代所作之文中，认为目录学和传统之校雠学是不同的："治书之学，旧号校雠。比及今世，多称目录，核其名实，歧义滋多。"[①]他将校雠学分为四门不同的学问："若乃文字肇端，书契即著，金石可镂，竹素代兴，则版本之学，宜首及者一也。流布既广，异本滋多，不正脱讹，何由籀读？则校勘之学，宜次及者二也。篇目旨意，既条既撮，爰定部类，以见源流，则目录之学，宜又次者三也。收藏不谨，斯易散亡，流通不周，又伤锢蔽，则典藏之学，宜再次者四也。"[②]该类观点与张舜徽所不同的是，程先生虽也认为校雠学中包含校勘、版本、目录等工作，但每一项工作均可独立成科，成为各个专门的学问。

又有学者将校雠作为目录学的一部分来看待，其实质是将目录的作用扩大化，即强调目录学在文献学以外的作用。1936 年，卢震京在其所作《图书学大辞典》中阐明了这一观点，其认为："目录学之义，在将群书查其性质，别其门类，按其次序置于定外。研究编目之法，以备书籍求于阅者之活用，使此种目录，非仅有其名。举凡稽核事项之种种，以及内容要目，著者鉴定，版本优劣等，亦得以显示，俾阅者不仅明一书之门类，且悉某类之图籍，更进而研究某种学术之应读参考，而定期取舍，是则为目录学之正轨，其校雠始为此学之一部分耳。"[③]

二、关于目录学的研究对象

民国时期凡关于目录学的著作，均不同程度地涉及目录学的研究对象问题，主要分为"学"与"书"两部分。以余嘉锡为代表的学者认为，目录学为学术之史，目录的研究对象为学术，人们通过编纂目录以达到体现学术史的作用。而另一部分学者认为，目录学的研究对象为书，是关于书的学问，这主要体现在受西方目录学思想影响较深的目录学家之中，如杜定友、刘国钧、容肇祖诸位。容先生在《中国目录学引论》一文中就指出："中国目录学，简而言之，为研究中国书的学问；详言之，则研究中国书的（一）材料，即构成书的；（二）内容，即著作家所论

---

① 程千帆、徐有富：《校雠广义·叙录》，齐鲁书社，1988 年，第 1 页。
② 程千帆、徐有富：《校雠广义·叙录》，第 6 页。
③ 卢震京：《图书学大辞典》，商务印书馆，1936 年。

述的；（三）版本，刻本、写本皆在研究之列；（四）分类，及其分类的历史。"① 而杜定友更从图书馆目录的角度出发，认为中国传统目录学均没有以书作为研究对象，没有体现目录在检索方面的突出功用，而得出"中国无目录学"的观点。

而更多的学者则采取了这种的态度，认为目录学以收录图书为形式，但是在其中也体现了"辨章学术、考镜源流"的学术史作用，因此既要以书为研究对象，也不能忽略目录在学术研究中的重要性。如姚名达就认为："目录学者，将群书部次甲乙，条别异同，推阐大义，疏通伦类，将以辨章学术、考镜源流，欲人即类究书，因书究学之专门学术也。"② 蒋元卿在《中国图书分类之沿革》一书中，也持有此种折中之态度："是故治目录者，不能不明其条贯，别其系统，庶几类居部次，隐有依据，使后人了览其目录者，不至滃淄莫辨，且可借此以周知一代学术之概略，与夫一家一书之旨趣。"③

汪辟疆在《目录学研究》一书中，将目录学分为目录家之目录、史家之目录、藏书家之目录和读书家之目录，而其分类标准就在于各家对目录学研究对象的不同。其后，刘纪泽在《目录学概论》中借鉴了汪先生的这种观点。

三、关于目录学的作用

关于目录学的作用，早在中国古代就有学者对此进行过探讨，至章学诚时，以"辨章学术、考镜源流"概括之，并被广大学者所接受，并成为我国传统目录学的代名词。民国以后持此观点之学者仍不在少数，其代表者为余嘉锡，在《目录学发微》中，余先生不止一次提及目录学与学术史之间的密切联系，如曰："凡目录之书，实兼学术之史，账簿式之书目，盖所不取也。"又曰："目录者学术之史也。"学界有专文介绍余嘉锡的目录学思想，这里不再详述。1928 年，容肇祖在《中国目录学引论》一文中，也谈及了目录的学术史作用，他认为："目

---

① 容肇祖：《中国目录学引论》，《图书馆周刊》5 卷 4 期。
② 姚名达：《中国目录学史》，上海古籍出版社，2002 年，第 7 页。
③ 蒋元卿：《中国图书分类之沿革》，中华书局，1937 年，第 1 页。

录学的目的，是在知晓现在学术的发达，及往古学术的存亡。我们治目录学者，当考证学术的源流和盛衰，提要钩玄，给学者以考寻古今学问的门径。"①

　　自西方目录学理论与方法传入中国之后，尤其是近代图书馆目录的兴起，为目录学职能的拓展提供了实践基础，其取便检索，提高读者和编目者阅读效率的功能，为部分民国目录学家所提倡。持此观点者，如杜定友，他在《校雠新义》中说道："目录，所以簿记图书而便检取也。"②1947 年，楼云林在《中文图书编目法》中也阐明了同样的观点："至于现在图书馆中之目录，当以书籍为对象，故必须将书籍部次类居以便检考焉。"③

　　然而更多的学者是想通过吸收西方近代目录学的理论与方法，并与中国传统目录学的功能相结合，形成兼具两种功能之长的新的目录学功能。因此，民国时期的大多数目录学家在谈及目录学的作用时，既强调其在学术史中的作用，也不忘涉及其取便检索的作用。汪辟疆曰："目录者，综合群籍，类居部次，取便稽考是也。目录学者，则非仅类居部次，又在确能辨别源流，详究义例，本学术条贯之旨，启后世著录之规，方足当之。此目录学之界义也。"④即是持此种观点的代表。

　　目录的指导阅读的功能，几乎得到了所有目录学家的一致赞同。在中国古代，有不少学者就此做过相关论述。王鸣盛在《十七史商榷》的开篇中就提到："目录之学，学中第一紧要事，必从此问途，方能得其门而入。"张之洞在《书目答问》中也提到："诸生好学者来问应读何书，书以何本为善。遍举既嫌挂漏，志趣学业亦各不同，因录此以告初学。"⑤民国时期，目录学的指导阅读的作用更成为学者编制目录的主要动机之一，并由此促进了导读书目在民国时期的大发展。梁启超在 1925 年受

---

① 容肇祖：《中国目录学引论》，《图书馆周刊》5 卷 4 期。
② 杜定友：《校雠新义》下册，上海书店，1991 年，第 1 页。
③ 楼云林：《中文图书编目法》，中华书局，1947 年，第 9 页。
④ 汪辟疆：《目录学研究》，华东师范大学出版社，2000 年，第 10 页。
⑤ 张之洞著，范希曾补正：《书目答问略例》，《书目答问补正》，中华书局，1963 年，第 1 页。

清华学校之邀，而作《要籍解题及其读法》，其实质是以目录的形式，达到指导学者阅读的目的："清华当局指定十来部有永久价值的古书，令学生们每学期选读一部或两部，想令他们得些国学常识，而且养成自动读书的能力。"[①]目录的指导阅读的功能，得到了当时目录学家的肯定，没有引起太大的争议。

四、关于解题和大小序

解题和大小序是我国传统目录学中的基本构成要素，在我国目录学史中具有重要地位，是实现目录学"辨章学术、考镜源流"的主要途径。民国时期，关于解题和大小序的作用和去留问题，也成为学者关注的焦点之一。

余嘉锡等人倡导于传统解题和大小序的保留与编写，他以解题及大小学之有无，作为划分目录种类的标准，并认为这些要素对于目录的学术史作用都有不可替代的作用："综其体制，大要有三：一曰篇目，所以考一书之源流；二曰叙录，所以考一人之源流；三曰小序，所以考一家之源流。"[②]

而又有学者持不同之观点，并认为目录本无学术史的作用，解题编纂不能以学术史为目的，而应在于使读者阅读解题，达到了解图书大致情况，并便于读者查找，且这种解题形式应逐渐趋于统一化和标准化，以提高编目和检索效率，这种理论更多的体现在图书馆目录实践之中。楼云林先生就认为："图书馆目录，可就查书人之种种查法，订就以下之定义：（1）目录在使人知馆中有某书否？（2）有某人所著之书否？（3）有某类或有关于某问题之书否？（4）某书在书库内何处？（5）某书之内容如何？（6）某丛书中有某几种书？（7）某书页数、册数多少？何处及何时出版？"[③]因此，解题的编纂也应围绕这七项展开。而关于目录中的大小序，也因目录学术史功能的淡化而被取消："目录

---

① 梁启超：《要籍解题及其读法》，《国学要籍研读法四种》，国家图书馆出版社，2008年，第163页。

② 余嘉锡：《目录学发微：含〈古书通例〉》，第30页。

③ 楼云林：《中文图书编目法》，第9页。

惟便检查，于学术源流、文章派别无所与焉。"①

五、关于图书分类

民国时期，关于图书分类的争议，主要集中在"体""义"之分方面，即图书分类的标准应为内容还是形式？或者说是科学分类与图书分类之间的关系。汪辟疆对体义及二者之间的关系有一概括性论述："典籍分类，不外二法：曰质与体而已。以质区者，刘歆《七略》与后世王俭之《七志》、阮孝绪《七录》是也；以体区者，荀勖之四部与后世之《四库》是也。主质则颇能统学术之流别，存专门世守之业；崇体则能使界限归诸整齐，不免有牵凑笼统之弊。"②而关于"四分法"因随着时代的发展逐渐退出历史舞台的观点，却在当时达成一致，即使如传统目录学家余嘉锡也提出："必谓四部之法不可变，甚且欲返之于《七略》，无源而强祖之以为源，非流而强纳之以为流，甚非所以'辨章学术，考镜源流'也。"③关于此时期分类法理论的探讨，笔者在《图书分类法研究》一章中有较详细的说明。

民国时期目录学理论的发展，从实质上说是中国传统目录学理论与西方近代目录学理论发生碰撞，并逐渐融合的过程；也是中国目录学由传统走向近代化的过程。在此期间，中国的大部分目录学家们力求创造一种新的理论，使之能指导当时中国目录学实践的发展。学者们的争论空前活跃，在目录学理论研究的各个领域均有涉及，并取得了巨大的成绩。

然而毋庸置疑的是，虽然民国时期的理论探讨为人们认识目录学，并更好地利用或编纂目录提供了理论基础，但是如何真正地将中国传统目录学与西方传入的目录学理论相结合并没有给出最终的答案，从某种意义上来说，中国目录学在从传统向近代化转变的过程中是有缺陷的，其没有能真正建立起我国自己的理论体系，这种缺陷直接影响到目录实践工作的开展，并一直延续至今。中国传统目录如何在近现代目录学中发挥作用的问题，仍旧没有得到很好的解决。有部分学者甚至主张取消

① 杜定友：《校雠新义》下册，第 2 页。
② 汪辟疆：《目录学研究》，第 140 页。
③ 余嘉锡：《目录学发微：含〈古书通例〉》，第 163 页。

解题、大小序等目录构成要素，彻底取消中国传统目录学所留下的"包袱"，目录学与学术史的关系也应该彻底划清界限。这种在编纂实践中出现的困难，有编纂者个人学术水平等原因，但是更多的要归咎于中国近现代目录理论体系的构建还没有真正形成，因此主张西方目录学理论，与主张中国传统目录学理论者，仍旧各执一词，甚至否定目录学为一专门学科的观点还存在至今。在 21 世纪 20 年代的今天，当人们开始反思中国目录学史发展的时候，仍旧没有一个统一的理论体系去指导自己的研究工作，这无疑是亟待解决的大问题。

第二节　代表目录学家研究

一、余嘉锡与《目录学发微》

余嘉锡（1884—1955），字季豫，号狷庵，又号狷翁，湖南常德人，我国近现代著名的史学家和目录学家。其父嵩庆，是光绪年间举人。因此，余氏从小就受到中国传统教育的熏陶："《五经》《楚辞》《文选》既卒业，即命观四史、《通鉴》，学为诗古文，不令习时艺也。"[①]16 岁时，始接触《四库全书总目提要》，作为自己读书之门径。从此与目录学结下不解之缘。当年中乡试举人，从任吏部文选司主事。曾参与过《清史稿》的编订，而拜柯绍忞为师。1927 年，被时任辅仁大学校长的陈垣先生聘为讲师，教授目录学。其后，在北京大学、中国大学、民国大学、女子师范大学等校主讲该课程。1931 年任辅仁大学教授。曾任中央研究院院士。解放后受聘为中国科学院语言研究所专门委员。余氏于目录学造诣很深。其代表作有《目录学发微》《古书通例》《四库提要辨证》等，在目录学史上具有重要价值。本书拟以《目录学发微》为出发点，对余氏的目录学思想做一番探讨。

（一）时代背景

自两次鸦片战争以后，西方列强用炮火敲开了中国的大门。开明的

---

① 余嘉锡：《四库提要辨证》，云南人民出版社，2004 年，第 43 页。

知识分子，始感觉到要摆脱中国积贫积弱的局面，非要向西方学习不可。从林则徐的"开眼看世界"到曾国藩、李鸿章、张之洞等以"中学为体，西学为用"为基本指导思想的洋务运动，再到康、梁主张学习日本政治制度的维新变法，随之辛亥革命的爆发，新文化运动的兴起，中国向西方学习的浪潮就从没有停止。伴随着社会改革和革命的进行，大量西学图书也被引入。这严重冲击了中国传统的学术结构。由此，"四部分类法"已不再适应学术发展的需要。从康有为《日本书目志》、梁启超《西学书目表》到杜威十进法的引入，再到沈祖荣发起的"新图书馆运动"，再加上中国近代图书馆的兴起，中国传统的分类法逐渐失去了现实意义，成为了一种历史积淀。然而，"长期以来的中西文化碰撞已使人们对传统儒家思想有了较为理智的认识"[①]，人们开始从哲学的高度来看待中国的传统学术。中国古典目录已经走过了两千多年的历程，也需要进行一番总结和理性的思考。这样的工作，章学诚已有所涉及，而余氏正是在《校雠通义》的基础上，以近代学者的眼光，从更高的高度，对中国古典目录进行了一次完整、全面的学术总结。

（二）《目录学发微》中的目录学思想

《目录学发微》是 20 世纪三四十年代，余氏在北京各大学讲授目录学的讲稿，在当时已被广泛传抄和使用，但一直到 1963 年，余氏作古 8 年后才由中华书局出版。该书系统地研究了目录学诸如意义及功用、体制、目录学史、体例等方面内容，较为全面地反映了中国传统目录的概况，从中也体现出他的目录学思想。

1. 目录学的定位

在过去较长的一段时间，"目录学"作为一门学科是有名无实的，它总是与校雠、版本混淆在一起，成为校雠学的一部分。章学诚就抱此观点，他说："校雠之学，自刘氏父子，渊源流别，最为推见古人大体，而校订字句则其小焉者也。绝学不传，千载而后，郑樵始有窥见，特著校雠之略而未尽其奥，人亦无由知之。世之论校雠者，惟争辩于行墨字

---

① 来新夏等：《中国近代图书事业史》，上海人民出版社，2000 年，第 285 页。

句之间，不复知有渊源流别矣。近人不得其说，而于古书有篇卷参差、叙例同异当考辨者，乃谓古人别有目录之学，真属诧闻。"后人持此论者颇多。

然而，余氏却认为目录、校雠和版本三者不同，应区分开来。他说："据《风俗通》引刘向《别录》，释校雠之义，言校其上下得谬误为校，则校雠正是审定文字。渔仲、实斋著书论目录之学，而目为校雠，命名已误，朱氏之说非也。特目录不专是校雠、版本耳。"①六朝时期，官修目录卷数较少，多为记簿式的目录。虽有秘书郎专任其职，却多为世袭，学术水平不高，校雠不精，仍编目录。私修目录"离书与目而二之，自俭始矣"②。而元魏时《阙书目录》更是搜访书目录，与校雠目录二者毫无相干。宋以后脱离于校雠之外的目录更多。因此，目录本可单独作为一门学问。由此可见余氏的见解精辟。

同时，余氏又把目录，校雠、版本三者结合起来，看成是"一家之学"，他认为："昔刘向奉诏校书，所作书录，先言篇目之次第，次言以中书、外书合若干本相雠校，本书多脱误，以某为某，然后叙作者之行事及其著书之旨意。向时未有雕版，所谓中书、外书，犹宋以后之阁本及民间刻本耳。由是之言，则目录、校雠、版本三者一家之学也。"

把目录学分离出来，却又把三者合为"一家之学"。这个观点，现在看起来还值得商榷。但是，在从当时的学术发展，尤其是古典目录向近代目录的过渡时期，传统目录思想影响犹存的背景下，余氏充分认识到了古典目录学的特点是"以叙学术源流为正宗"③，而校雠、版本都有助于目录实现学术价值。另外，三者在历史上就有着天然的联系："夫古之作书目者，皆先校书而后注目录。"④所以也就不足为奇了。

2."辨章学术、考镜源流"

众所周知，目录具有"辨章学术、考镜源流"作用，是章学诚最先提出。

---

① 余嘉锡：《目录学发微：含〈古书通例〉》，第10页。
② 余嘉锡：《目录学发微：含〈古书通例〉》，第157页。
③ 余嘉锡：《目录学发微：含〈古书通例〉》，第3页。
④ 余嘉锡：《目录学发微：含〈古书通例〉》，第157页。

余氏对此深为赞同，认为一切有作用、有学术价值的目录，都应该具备这个特点，而这也成为了他目录学思想的核心。他说，中国古典目录"派别斯繁，不能尽限以一例，而要以能叙学术源流者为正宗，昔人论之甚详，此即从来目录学之意义也"①。因此，他对《四库全书总目提要》评价颇高："自《别录》以来，才有此书，非过论也。故衣披天下，沾溉靡穷，嘉道以后，通儒辈出，莫不资其津逮，奉为指南，功既巨矣，用亦弘矣。"②"余之略知学问门径，实受《提要》之赐。"③

正因如此，他欣赏既有小序，又有解题的目录。而无小序、解题的簿账式目录是"盖所不取也"④。但是，如果这类目录"出自通人之手，则其分门别类，秩然不紊，亦足考镜源流，示初学以读书之门径"⑤，便也是目录中的佳作了。张之洞《书目答问》就是此中的一个代表。

余氏对"辨章学术、考镜源流"的重视，使他更能用学术史的眼光来评价中国的传统目录。"凡目录之书，实兼学术之史。"⑥把目录中所著录的书籍，作为学术发展的一种脉络，从中可以窥见各种学术的发展轨迹。因此，对通记图书，不问存佚与文字的《通志·艺文略》，则认为："然此必于古今之书不问存亡，概行载入，使其先后本末具在，乃可以知学术之源流。"⑦

为此，目录中的每一个组成部分，包括篇目在内，都应该以"源流"作为最终的意义所在，再把每部分组合在一起，目录才能较好地发挥它的学术价值。所以，他认为："一曰篇目，所以考一书之源流；一曰叙录，所以考一人之源流；一曰小序，所以考一家之源流。三者亦相为出入，要之皆辨章学术也。三者不备，则其功用不全。"⑧目录要有解题，

---

① 余嘉锡：《目录学发微：含〈古书通例〉》，第3页。
② 余嘉锡：《四库提要辨证》，第45页。
③ 余嘉锡：《四库提要辨证》，第48页。
④ 余嘉锡：《目录学发微：含〈古书通例〉》，第5页。
⑤ 余嘉锡：《目录学发微：含〈古书通例〉》，第11页。
⑥ 余嘉锡：《目录学发微：含〈古书通例〉》，第5页。
⑦ 余嘉锡：《目录学发微：含〈古书通例〉》，第14页。
⑧ 余嘉锡：《目录学发微：含〈古书通例〉》，第30页。

但如果解题"识解不深，则为美犹有憾"①，目录中也要有小序："至于小序之作法，则章学诚'辨章学术、考镜源流'二语尽之矣。"②关于目录中对版本、序跋的著录，也要注意此点。记版本"于书名之下，当载依据何本也。……惟有明载其为何本，则虽所论不确，读者犹得据以考其致误之由"③。至于在目录中著录序跋也是"其体制极善，于学者深为有益"④。要之，皆以学术源流为重点。

余氏在书中强调"辨章学术、考镜源流"，有其具体的原因。随着西方图书馆理论和目录编制方法的引入，中国传统目录已逐渐因近代图书馆在中国的兴起，受关注程度大不如前。新图书馆运动后，美国图书馆理论成为潮流。然而西方强调目录的检索功能，在方便读者的同时，也将中国传统目录中注重学术源流的优势一扫而光。姚名达就说："现代目录学，粗视之，若大反古代；细察之，则古代之缺点未乃尽祛，而其优点且已丧失矣。……不校异同多寡，不辨真伪是非，删解题之叙录而古录之优点尽矣。"⑤所以，当人们用理性去思考中国的传统学术时，目录学的优势又被学者所重视，思考着是否可以将二者结合起来，以编成新目录，更大地发挥它的作用。而余氏正是处在这一目录学的转变时期，倡导发扬中国传统目录的优越性，在学术研究中继续发挥作用。另外，余氏从小受《四库全书总目提要》的影响较深，对传统目录的学术价值有着亲身的体验，因此，以"辨章学术、考镜源流"作为自己目录学的理论核心也就自有道理了。

3."部类之分合，随宜而定"

余氏以为重视目录的类例和图书分类。他赞同郑樵关于"书之不明，为类例之不分"的观点，认为："大凡事物之繁重者，必驭之以至简，故网有纲，裘有领。书之类例，文字之部首，皆纲领也。"⑥因此，目

① 余嘉锡：《目录学发微：含〈古书通例〉》，第5页。
② 余嘉锡：《目录学发微：含〈古书通例〉》，第8页。
③ 余嘉锡：《目录学发微：含〈古书通例〉》，第78—79页。
④ 余嘉锡：《目录学发微：含〈古书通例〉》，第80页。
⑤ 姚名达：《中国目录学史》，上海古籍出版社，2002年，第347页。
⑥ 余嘉锡：《目录学发微：含〈古书通例〉》，第136页。

录要达到"辨章学术、考镜源流"就要解决好图书分类的问题。但是图书的分类法绝不是一成不变的："部类之分和，随宜而定。书之多寡及性质既变，则部类亦随之而变。"①

首先，余氏认为，由于学术的不断发展，目录也要相应地做出调整，以正确反映学术现实。而类例作为目录的纲领，也要随之改动。历史上由七分法转向四分法，就是这个道理。"今之学术，日新月异而岁不同，决非昔之类例所能赅括。夫四部可变而为五，为六，为七，为八，为九，为十，为十二，今何尝不可为数十，以至于百乎？必谓四部之法不可变，甚且欲返之于《七略》，无源而强祖之以为源，非流而强纳之以为流，甚非所以'辨章学术、考镜源流'。"②

因此，余氏对于学术不明之类例极为反对，尤其是子部杂家类，颇有不满。他认为古代目录的类例中"最误者莫如合名、墨、纵横于杂家，使《汉志》诸子九流十家顿亡其三，不独不能辨章学术，且举古人家法而淆之矣。"③不但使杂家收书冗繁，而且也破坏了杂家"集众家之长，而去取别择于其间"④的初衷。

但余氏又处于近代新旧交替的时期，古代流传下来的学术已随着西学的引入而逐渐与之结合，成为新的学术体系。学科分类愈细，专业性愈强，愈科学化。从清末办理的各种新学，到"整理国故"运动对传统文化实行哲学、文学、史学等的新分类，无一不是对传统分类的改变。所以，余氏也认为现在的分类法可以到十，可以到百，要之，以"辨章学术、考镜源流"为指导。

其次，图书的分类也要考虑到数量的多寡。余氏吸收了前人的观点，分析了由七分法转向四分法，也有卷数多寡的原因："其目录之篇卷，亦宜略使之相称。"⑤因此"虽其（部类）多寡不能如卒伍之整齐划一，而

---

① 余嘉锡：《目录学发微：含〈古书通例〉》，第154页。
② 余嘉锡：《目录学发微：含〈古书通例〉》，第163页。
③ 余嘉锡：《目录学发微：含〈古书通例〉》，第73页。
④ 余嘉锡：《目录学发微：含〈古书通例〉》，第74页。
⑤ 余嘉锡：《目录学发微：含〈古书通例〉》，第137页。

要不能不大相悬绝。故于可分者分之，可合者合之"①，在推本溯源的同时，"于简篇卷帙之多寡，亦须顾及"②。另外，又要考虑到编目时专业的限制，各学术之间的联系等。这样，主要就从学术，篇卷纵横两方面对目录的类例进行了研究，也为以后编制目录，发挥目录的学术价值搭出了框架。

（三）结论

余氏为人正直，治学严谨，为目录学事业奋斗了终生。他受乾嘉学派的影响较大，因此也使其在治目录学时讲求考据的方法，在《目录学发微》一书中，做到了言必有据。他的每一种观点，都有史料为之证明。而《四库提要辨证》更是考据学的佳作。而他用考据的目的，也正是为了提高研究目录的准确性或纠正已有目录著作的错误，以更好地指导学者以读书治学之门径。

但是，作为中国近代的目录学家，在《目录学发微》中，余氏只强调中国传统目录尤其是综合目录的优势。然而，对于西方目录学中，重检索、重专科目录的优势，却很少提及。这也就影响到该书的学术涵盖性和社会实用性，而这在姚名达《中国目录学史》中得到了很好的弥补。但是，作为我国著名的目录学家，余氏发扬了我国古典目录的传统，以"辨章学术、考镜源流"的观点对我国的古典目录作了一次全面的总结，写出了具有里程碑意义的《目录学发微》，对后人治目录学以及编制目录都具有理论上的指导意义。他对目录学的理论贡献是不容忽视的。

二、杜定友与《校雠新义》

杜定友（1898—1967），广东省南海县人，我国近现代著名的图书馆学家、目录学家和文史学家，在图书馆学、图书分类学、目录学、索引学、地方文献整理等领域都均有不同程度的建树。先生 1919 年赴菲律宾大学留学，主攻图书馆学，接受了西方理论指导下的图书馆学和目录学，1921 年回国，并从事专门研究。他是我国第一份图书馆学期刊——《图书馆杂志》的主要创办人，先后担任过广东省立图书馆、广

---

① 余嘉锡：《目录学发微：含〈古书通例〉》，第 137 页。
② 余嘉锡：《目录学发微：含〈古书通例〉》，第 137 页。

东中山图书馆、广州市民大学图书馆、复旦大学图书馆等馆馆长，与刘国钧、皮高品两位学者相齐名，素有"南杜北刘中皮"之称，也被誉为"中国图书馆史五个第一的创造者"。杜先生一生著作颇丰，仅图书分类学的著作就有"40多种200多万字"①。主要著作有《世界图书分类法》（1922年）、《革命文库分类法》（1927年）、《校雠新义》（1930年）、《杜氏图书分类法》（1935年）和《三民主义中心图书分类法》（1948年），以及论文集《杜定友图书馆学论文选集》（1988年）等。20世纪80年代，中国目录学研究大发展时期，学者对杜先生的研究成果颇丰，论文数量多达50篇左右，然而主要局限在图书分类学方面，对他的目录学思想尤其在近代时期的研究则相对欠缺，这不仅限制了对先生研究的全面性，从目录学史上看，也是与其贡献不相匹配的。因此，笔者拟以《校雠新义》一书为中心，对近代时期杜先生的目录学思想以及在中国近代目录学史中的地位做一简要的论述。②

（一）图书分类法思想

图书分类法作为目录学的一部分，历来受到学者的重视，姚名达便认为："有书目而不分类，未得尽目录之用也。"③杜先生也抱有同样的态度："自来部次图书首重类例……良以图书典籍浩如烟海，非部次州居，无以见其统系。"④然而，杜先生却将图书分类法即书中所指的类例，从目录学中分离出来，成为一门单独的学科，而分类目录只是目录的一种，目录学研究决不能仅局限于分类目录。

1. 图书分类学的独立

图书分类法在我国一直被视为目录学的分支，这主要与我国注重分类目录的编纂不无关系："言类例之重要者，自樵始。"⑤自后学者一直将图书分类法与目录学相联系，言目录学者，必及图书分类法。而到

_____

① 白国应：《杜定友图书分类思想的发展》，《晋图学刊》2000年4期，第1—9页。

② 在《校雠新义》一书中，杜先生将目录学与书目学作为两个不同的定义而区分开来，这在下文将有阐述。本书所提到的目录学，除非另作介绍，否则一概专指普遍意义上的目录学，即解决文献日益增多与人们对文献的需求之间矛盾的学问。

③ 姚名达：《中国目录学史》，第48页。

④ 杜定友：《校雠新义·上册》，第1页。

⑤ 余嘉锡：《目录学发微：含〈古书通例〉》，第136页。

杜先生时，已正式从理论上将图书分类法单独视为一门学科，与目录学分道扬镳了。杜先生认为："盖分类法者，所以聚同类之书合于一隅，其互相关系之书系于一统。"①客观存在的分类系统，根源于图书，而并不以已有图书作为研究对象："我国分类之学向未离书而独立，以为祖宗创法，奕叶慎守。"②因我国图书分类多建立在前代或家藏的已有图书基础之上，多呈现为追溯性目录，因此分类法与既有图书联系紧密："有专门之书，则有专门之学。有专门之学，则有世守之能。"③然而图书分类法自应超脱于图书之上，不只是"以书为限者，分类目录而已，非分类法也"④。

因此，杜先生提出五点，以规范图书分类学之内容："是故今之言类例者……不能以现有之书为准，此其一也。……不独总括群书，抑亦总括群学，此其二也。……非独部类中文，犹需兼及西学，此其三也。现代之分类为搜罗一切文献分别部次，以备选用，辨章流别，褒贬校雠，均非其责，此其四也。……不可不以书之内容为据，就已有之书以测未来之书，就已有之类以备未来之类，门类多少因时而定，不能固其范围，止其流别，此其五也。"⑤从这段话中可见，杜先生对图书分类学区别于中国传统图书分类法的特点，诸如图书分类与科学分类的关系、中外图书统一分类、分类表的可伸缩性等方面进行了总结，图书分类法更多的是以"群学"为基础，规范出各个门类，按类归书，以备阅者使用，这也就是以后所提出的"图书分类应以科学分类为基础"⑥，而"还要照顾到图书的形式和读者的需要"⑦，奠定了我国现代图书分类学的基础。

2. 图书分类法中的"体"与"义"

图书分类法中的"体""义"之争，所谓体与义，即是指图书的何

① 杜定友：《校雠新义·上册》，第47页。
② 杜定友：《校雠新义·上册》，第41页。
③ 郑樵：《通志·校雠略·编次必谨类例论》。
④ 杜定友：《校雠新义·上册》，第54页。
⑤ 杜定友：《校雠新义·上册》，第5页。
⑥ 钱亚新、白国应编：《杜定友图书馆学论文选集·图书分类法意见》，书目文献出版社，1988年，第67页。
⑦ 钱亚新、白国应编：《杜定友图书馆学论文选集·分类原则与分类问题》，第118页。

种性质可作为分类的标准："体者，书之体裁也；义者，书之内容也。"①
其理论与实践，始终伴随着中国目录学史的发展。该问题经过郑樵、
章学诚等人的提出，至民国时期成为目录学研究的焦点问题之一，多
有学者对此问题做过不同程度的阐述，如汪辟疆先生："典籍分类，
不外二法：曰质与体而已。……主质则颇能统学术之流别，存专门世
守之业；崇体则能使界限归诸整齐，不免有牵凑笼统之弊。"②将"质"
与"体"作为图书分类的两个标准同等看待。而杜先生则认为，图书
分类法应以图书的内容作为分类的标准："类例条别，例当从义。"③
然而类例中的"体"，并不是不可作为标准，或是与"义"水火不容的：
"主义、主体非不可并用，但必先立义，其同义者乃得体分，此乃正
当之法。"④如果在同一类例中出现"体义不分"，则会造成分类逻
辑的混乱，造成读者查阅图书的困难，因此，"部类贵有标准，而各
类标准一而不能二也"⑤。图书分类法要以图书的内容作为参照标准，
辅之以图书体裁等，制订出可容纳各种图书的独立于目录之外的新图
书分类法。

3. 图书分类法的作用

图书分类法的作用，我国历来学者多有阐述，郑樵便提出："类例
既分，学术自明。"⑥而余嘉锡更认为，通过图书分类法，则"分门别类，
秩然不紊，亦足考镜源流"⑦，多是将图书分类与学术史研究相结合，
成为反映目录学术史价值的重要手段。而《校雠新义》是受现代西方图
书馆学理论与思想影响颇深的一部著作，其中的学术观点有不少是基于
现代图书馆藏书、图书馆藏书目录之上的，而图书馆的出现，以收藏图
书并便于读者为基础："图书馆之设，所以保存国粹，造就通才，以备

① 杜定友：《校雠新义·上册》，第4页。
② 汪辟疆：《目录学研究·汉魏六朝目录考略》，第140页。
③ 杜定友：《校雠新义·上册》，第4页。
④ 杜定友：《校雠新义·上册》，第59页。
⑤ 杜定友：《校雠新义·上册》，第6页。
⑥ 郑樵：《通志·校雠略·编次必谨类例论》。
⑦ 余嘉锡：《目录学发微：含〈古书通例〉》，第11页。

硕学专家学艺，学生士人检阅考证之用。"①因此，杜先生所提出的图书分类法则与读者取阅图书有着极为密切的联系，除了通过图书分类法，能够部次甲乙，使各类图书均有统系之外，可以说图书之所以要分类，最终目的还是方便读者。"夫类例之法，所以部署图书便取用也，非以为图书之畴范也。"②我国古代校雠文献，最终而归于藏，"盖由版本而校勘，由校勘而目录，由目录而典藏。"③因此图书分类法也是为了更好的藏书："六分""四分"等方法只要能全面地反映出所藏图书的内容、数量等即可，即使能够反映学术，也是通过目录指导读书之门径，而对于读者之查阅藏书则是相对忽略的。

而现代之图书馆强调致用，其开设也是要通过图书流通等方法以开民智、广教化，达到发展社会、提高文明的目的。因此图书分类法的制订必须要方便读者查阅图书，讲求实用性。他认为："类例不分则图书散乱，图书散乱则无以致用，故今之分类所以求图书之便于应用而已。"④现代学术日新月异，"中西学术错综杂乱，图书出版日以千计，学术门类日趋而愈专，阅览图书者但求适其所学，他非所问。"⑤不以读者为对象，而仍旧执着于目录中学术源流之考辨，一者当代学术的发展速度与门类更新，已使每类必考其源流的方法难以付诸实践，再者读者在图书馆中只是通过图书分类法找到自己想借阅的图书，或者只对自己所研究的专门学术感兴趣，而现代学术的分科则又是以研究对象作为标准的，如果拘泥于学术源流的考辨，则以学科门类为标准的图书分类法难以成立，而学者查阅图书时，也很难在某一类中找到自己的研究领域内的所有藏书。即使学术源流能通过图书分类法考辨清楚，也无法对大部分学者的专门研究起到重要作用。

4. 对中国传统分类法的继承与思考

任何图书馆学家、目录学家对于中国目录学的研究，都不能离开中

---

① 《学部奏拟定京师及各省图书馆通行章程折》，载李希泌、张椒华编：《中国古代藏书楼与近代图书馆史料（春秋至五四前后）》，中华书局，1982年，第129页。

② 杜定友：《校雠新义·上册》，第2页。

③ 程千帆、徐有富：《校雠广义·典藏编·叙录》，第6页。

④ 杜定友：《校雠新义·上册》，第1页。

⑤ 杜定友：《校雠新义·上册》，第1页。

国传统目录学研究，作为"中国近代图书馆学的学术转型"[①]的代表人物，杜先生对目录学的研究，也有着对中国传统目录学理论与实践的思考。

（1）辨章学术、考镜源流

中国传统目录本为收录图书之簿记，即使在传统目录学家中也不否认："实则目录之兴，本以为甲乙计数，而'学术之宗，明道之要'，特因而寓之而已。"[②]然而，自刘氏父子以来，中国传统目录因其分类之精密、解题之完善，有裨于学术者甚广，因此后世凡从事文献校雠者，仍以向、歆之法为定例，以"辨章学术、考镜源流"作为目录存在之精神，并成为了"目录即学术之史也"[③]的重要理论依据，而图书分类法更是成为反映学术史的重要手段之一。

在杜先生看来，中国传统目录中所体现的学术性，是可以借鉴，并运用于现代图书分类的，这主要就在于现代意义的图书分类法也要以学科分类为基础。所以，辨章学术是可以适当予以实现的，然而考镜源流则不是图书分类法所应解决的问题。他说："类例之法，重在辨章学术、部次甲乙，使图书典籍按类而归，以见学术之范围、各科之关系，考镜源流犹其余事。"[④]图书是知识的载体，分类图书也要考虑到图书之内容及其体现出的学术性。

但是学科分类与图书分类绝然是两回事，不能等同视之。即使是强调发挥目录学术性的余嘉锡先生，也认为："类例虽必推本于学术之原，而于简篇卷帙之多寡，亦须顾及。"[⑤]杜定友也抱有同样的观点："学术之分类与书籍之分类不同。"[⑥]但他则是从学术之专门性与文献之包容性之间的矛盾出发的。图书与学术是两个不同的概念："夫世无包罗万状之学，而有六通四辟之书，是书与学之不得不分也。"[⑦]学科分类

---

① 吴稌年：《中国近代图书馆学的学术转型——以杜定友、刘国钧为中心》，《图书情报工作》2004 年 10 期，第 52—54 页。

② 余嘉锡：《目录学发微：含〈古书通例〉》，第 137 页。

③ 余嘉锡：《目录学发微：含〈古书通例〉》，第 30 页。

④ 杜定友：《校雠新义·上册》，第 2 页。

⑤ 余嘉锡：《目录学发微：含〈古书通例〉》，第 137 页。

⑥ 杜定友：《校雠新义·上册》，第 4 页。

⑦ 杜定友：《校雠新义·上册》，第 2 页。

只需按照各学科的差异作为标准，但是文献除了反映学术内容之外，也有其自身特点，即文献可以集合或分散，如丛书就可能包含了各学科的图书，因此在分类时图书与学术并不能完全吻合。

至于考镜源流，则作为目录，尤其是图书馆目录，一者只要反映实际藏书即可，二者图书分类法以图书内容为标准，有书即可归其类："若斤斤于源流之故，则其书之特出者无流可溯者将何之乎！"①

（2）互著与别裁

互著与别裁是中国传统目录学理论中，通过改变图书或者其中篇章的位置和类别，以达到体现专门之学，从而"辨章学术、考镜源流"的编目方法。其起源于祁承㸂，成熟于章学诚，并被学者所广泛认可。这种编目理论的出现，与我国主要以分类目录为主的传统目录学不无关系。分类目录以类为主，每一类又强调其专门学渊源，因此，遇到相同学术内容的图书或篇章，编归入一类或两类，这样以保证每一类学术的完整性，这本来是毋庸置疑的。但是，以杜先生的观点，分类与编目是两种不同的工作，分类是规定某一类书，而编目的作用则是规定每一本书，方便读者之查阅，书只有一本，其中的篇章更是没法从书中分开，因此一本书在书架上只能归入一类："夫分类为书之部次，则虽理有互通，书有两用者，然其为书则一也。一书不能划而为二，则一书不能见于两类。"② 因此，互著的方法只能运用在图书分类法中，以强调于学科之间的关联性，方便读者在研究某一领域，或查阅某一学科的图书时，可以触类旁通，找到更多的相关书籍。但在涉及具体图书的位置时："其类有次，其书有号，故甲经乙史可按图而索骥，因号而得书。"③ 读者按号寻书，一本书就一个号，如同人名，因此就无法使用互著法了："故只有类之互著，而无书之互著。能互见其类，不能互见其书，此类例之互见法也。岂有每类之下必历载其书哉！"④ 但在编目实践中，在图书

---

① 杜定友：《校雠新义·上册》，第2页。
② 杜定友：《校雠新义·下册》，第10页。
③ 杜定友：《校雠新义·上册》，第7页。
④ 杜定友：《校雠新义·下册》，第11页。

上出现一书多实者、一书多名者、名异实同者，或者在人名上一人数名等情况，可以使用其他目录形式以补充分类目录之不足："有一书言二类者，则类次目录可以见之，无需乎互著也。其有命名相通、种类出入者，但见其名其类可也，不必一一尽载其书。"①即通过书名目录、人名目录或主题目录等解决之。这样既扩大了目录的形式范围，也解决了分类目录与图书插架之间的矛盾。

在别裁的论述中，杜先生认为："此分析目录之法也……第分析目录有书名、著者、种类之分。"②如一部丛书，图书不止一本，著者不止一人，内容也不止一方面，因此，要通过分析目录的方法，制订丛书子目，以向阅者反映丛书中的具体内容。某本书中，如果确实有某章节需特立独出者，可通过类似于主题索引的形式，将其中的重要内容提炼出来，以便于阅者之查阅。

然而，杜先生所说的互著、别裁及应用与中国传统目录学理论的视角不同。中国传统中的互著、别裁，专门用于分类目录之中，通过充实每一类例中的文献数量，以达到只通过一类，就可以实现"即类究书，因书究学"的理想状态，再加之中国传统目录或反映藏书，或指导阅读："目录之学为读书引导之资，凡承学之士，皆不可不涉其藩篱。"③目录部次甲乙，方便了阅读者，但本身实不被其关注，因此在传统目录中图书实际与学术结合紧密，学术的完整性在目录中需要通过文献来体现，互著、别裁也是基于具体图书之上。而杜先生所研究之互著、别裁，基于图书馆目录，以方便读者查阅图书为根本目的，因此，是类例上的互见与别裁，或是使用其他形式的目录以解决分类目录中图书不能互著、别裁的缺陷。二者一为学术性质目录，一为检索性质目录，立足点不同，所持有的观点自然相异，然而却很难定其是非对错了。

（3）四部分类法

《校雠新义》主要内容之一就是对图书分类法的研究，杜先生

---

① 杜定友：《校雠新义·下册》，第12页。

② 杜定友：《校雠新义·下册》，第13页。

③ 余嘉锡：《目录学发微：含〈古书通例〉》，第17页。

的观点是要建立脱离于编目工作而独立存在的具有现代意义的图书分类学，因此对中国传统四分法的批评与借鉴就显得尤为重要。民国时期，对四分法的批评多成为研究目录学者之重要内容，改革之声也此起彼伏，其更多的是立意于新图书、新学术之出现："东、西洋译籍逐年增多。学术翻新，迥出旧学之外。目录学界之思想自不免为之震动。"① 因而尝试以新的图书分类法代替四分法。但是，杜先生除了从以上因素考虑之外，又掺之以图书分类法的取便检阅的目的性于其中。

他指出《四库全书》从文献类型来说只是一部丛书，四分法也只是分类这部丛书的分类法，因编纂丛书有去取之标准："四库著录凡三千余部，较之当时内府所藏不什一焉。"② 随之其分类法也有一定的主观性，即"主观之分类法"③。因此从图书分类法应搜罗一切文献以分别部居的角度出发，四分法是有自身弊端的："四部之弊有五，一曰不详尽，以九十四类类《四库全书》可也，以九十四类类今日之群籍可乎？……二曰不该括，近人为学新旧兼治，图书内容中外并陈，文字有中外之分，学术无国别之限，有旧而无新可乎，有中而无外可乎？……三曰不合理……今学术不辨，泾渭不分，假卫道之名，寓褒贬之意，分类之理岂若是哉？四曰无远虑，四部之法以成书为根据，未为将来着想，新出之书无可安插，后起之学无所依归，经史子集本非学术之名而强为图籍之目，圣道之外不复有知有科学者……五曰无标记，分类之法最重标记。"④

杜先生对四分法进行了批评，也是对新的图书分类学的学科特点的总结，即类目详尽、赅括一切文献、类例分明且客观、类名有分类号、分类表可伸缩等，从而提出要编制新的图书分类法的主张，并在《世界图书分类法》《杜氏图书分类法》中体现出改革四分法的实践，同时也借鉴了传统分类法中部分类例和类名，如在后者之中，"将'史部''子

---

① 姚名达：《中国目录学史》，第 117 页。
② 杜定友：《校雠新义·上册》，第 23 页。
③ 杜定友：《校雠新义·上册》，第 23 页。
④ 杜定友：《校雠新义·上册》，第 24 页。

部''集部'的一些子目分别列入'900 史地学''100 哲理科学''800 文学'等有关各类"①。

（二）编目理论与思想

图书分类法和编目分别构成了目录学研究的两大支柱："目录之两大要素，曰分类，曰编目。"②分类使图书有类可归，而编目所要解决的就是对单个图书的介绍，以帮助读者了解之。在中国传统目录学中，主要指解题叙录，大、小序等可考一书之源流、一人之源流、一家之源流③者，而到杜定友先生时，则已将编目之内容与性质做了进一步的改革，提出了新的编目理论与实践。

1. 目录、书目与目录学、书目学的定义

在中国的传统理论中，目录与书目并没有完全的界限，两者可等同视之，直到近现代以来，仍以辨章学术、考镜源流，即类究书、因书究学作为其主要特征和作用，但是此时有部分学者指出了两者之间的不同，杜先生就是其中的代表。

（1）目录与书目

中国传统的目录与目录学，强调的是学术性的发挥，通过目录反映文献增减，体现学术变化："凡目录之书，实兼学术之史，账簿式之书目，盖所不取也。"④因没有借阅的作用，所以只记书名的目录，虽简约明了，反而不能完全体现其价值来。而自西方目录学理论传入中国之后，目录与读者之间的关系日益密切，则通过目录以反映图书馆藏书，方便读者借阅成为问题之重点所在。

杜先生将目录与书目严格地区分开来，他认为"目录，簿记之学也"⑤，只要能真实地反映出一个图书馆所有的藏书即可，而"后世昧于此义，复误以目录之学为'辨章学术、考镜源流'之本"⑥。其实他

---

① 白国应：《杜定友图书分类思想的发展》，《晋图学刊》2000 年 4 期，第 1—9 页。
② 姚名达：《中国目录学史》，第 48 页。
③ 余嘉锡：《目录学发微：含〈古书通例〉》，第 30 页。
④ 余嘉锡：《目录学发微：含〈古书通例〉》，第 5 页。
⑤ 杜定友：《校雠新义·下册》，第 1 页。
⑥ 杜定友：《校雠新义·下册》，第 1 页。

所指的目录只限定于图书馆藏书目录，因图书馆藏书在数量和内容上都有局限，又加之图书馆的价值，所以目录确实把馆藏反映清楚并便于检索，就可达到目的，不需也无法将学术性完全地体现出来。而非馆藏目录则统称为书目，他说："目录所载，以一时一地所藏为限；书目所载，为泛指一切之书或特种之书。"①因此，目录专指图书馆藏书目录，而"书目之分类……其一史家书目，其二学术书目，其三引用书目，其四书目之书目，其五版刻书目，其六书目考订，其七书目解题，其八燉阙书目"②，即目录学中通常所说的专科目录、特种目录等。

因此，目录与书目的区别就在于藏书目录与非藏书目录的区别，而目录学和书目学，也就随之而不同了。

（2）目录学与书目学、著述史

将目录学与书目学分别开来，并对其进行不同的定义，是在中国近代西方图书馆与目录学的理论与方法传入中国以后，在部分学者对中国传统目录学进行反思的基础上形成的一种立足于图书馆藏书目录的学术理论，在一定角度来看，不无其局限性。但是，两者的分离却确立了我国新的目录形式——图书馆目录的出现及其理论基础，是有重大学术价值的。

在杜先生看来，因目录和书目所收录的图书不同，其性质及发挥的作用也相异："目录学者，图书簿记之法也，所以便检查而利求学，故有其目必有其书，有其书即可究其学。而书目学不同也，书目之编以书为目，其学不限于一科一门，其书不限于一时一地，此书目学与目录学之大别也。"③因此，"目录学之对象为图书，而其目的在致用"④。即目录学是图书馆藏书目录学，而书目学则可以不必反映藏书，专科目录学、特种目录学等均可涵盖之，而其作用可做"研究学术之工具"⑤，因此，对于图书内容之介绍、学术源流之阐述、读书门径之指导等均能

---

① 杜定友：《校雠新义·下册》，第16页。
② 杜定友：《校雠新义·下册》，第19页。
③ 杜定友：《校雠新义·下册》，第18页。
④ 杜定友：《校雠新义·下册》，第16页。
⑤ 杜定友：《校雠新义·下册》，第21页。

视情况涉及之。

然而，即使是书目学仍不以"辨章学术、考镜源流"作为其根本之意义。所谓学术之考辨，是学术史或著述史之责任，与目录学无直接关系："著述史所载，为考学术之源流，使人可以因书究学。"[①]其以学术为研究对象，而目录实为簿记，以图书为对象，实则为两种不同的学科，著述史也可以利用图书："其有书可证，有事可稽者，自可引章列目，虽其书之一见再见乃至千百见，亦不觉其繁也。"[②]但是，两者的研究对象不同，学术目的自不能等同视之。

2. 对编目实践的指导

对目录学理论的研究，最终要归于对编目实践的指导，中国传统的编目实践主要以分类目录为主要对象，以解题、大小序的编写为主要形式，其"辨章学术、考镜源流"的学术价值，也通过此表现出来。然而，在目录学不再以学术史为其研究方向之后，编目也要进行相应的调整，以适应新的理论指导下的要求。

从上可知，杜先生所研究之目录，为方便读者借阅之图书馆藏书目录。因此，目录之编目，也应以此为标准，在目录中能尽量满足读者的不同要求，目录的服务性突出地表现出来。读者的要求不同，图书馆目录的形式也要突破过去单一的分类目录为主的局面。他说："尝求阅书人之心理，其问有九。一问有是书否，但问其书名也；二问有某人著之某书否……三问有某著者所著之各书否……四问某人之书有为其注疏音义翻译者乎……五问有某种之书乎……六问有某类之书乎……七问某类之书有其他足供参考者乎……八问某书之内容版本若何……九问某书在何处……有此九问，故有各种目录以应其需。"[③]

因此，不但要有分类目录，还要有书名目录、著者目录、类次目录（即主题目录）等，以多种形式适应多种要求。不过，因为是藏书目录，所

---

① 杜定友：《校雠新义·下册》，第 16 页。
② 杜定友：《校雠新义·下册》，第 18 页。
③ 杜定友：《校雠新义·下册》，第 1 页。

以仍要"有其书必有其目，有其目必有其书"，①不能为了反映学术之变化而非馆藏之古今中外书籍均收录之。此外，图书馆藏书与中国传统藏书不同，后者以"藏"为主，也是文献整理的最终目的，图书流通较少，而前者之"藏"是为"借"，因此图书流通较大，有借出者，有新进者。传统目录编纂时间间隔长，祁承㸁时"书目视所益多寡，大较近以五年，远以十年编一次"②。因此，在装帧方式上可以使用字典式或书本式，要之，均可以反映藏书。但是，图书馆藏书，必须要做到"日增一书即日增一目，日失一书即日缺一目，使阅者可以按目求书，而不至空劳往返也"③。字典式目录已不能满足要求，因此要采取卡片式目录，缺书将卡片拿出，新书再补进卡片，可清楚地向读者反映藏书之有无。而在解题方面，则强调索书号的作用："目录必记明书次，庶可以即目求书。"④姚名达先生对新理论指导下解题的编纂有较完整的概括，可借助以总结之："每一活页，对于撰人、书名、版本、出版处、稽核事项、丛书名称、目次、分类号码、撰人号码、收入登记号码，皆一一记录。"⑤总之，以直接之方法给予读者在查阅图书时以直接之指导，为最终目的。

（三）几点看法

以上是笔者通过《校雠新义》一书，对杜定友的目录学思想，尤其是民国时期的思想做的一个简要的论述。先生早年留学国外，受到西方图书馆学和目录学理论影响较深，在中国传统目录学的转型过程中起到了举足轻重的作用，但是中国传统目录学有其自身发展的特点和规律，并形成了被广大学者所接收的较为成熟的理论和实践，在中国存在了千余年，虽自近代以来，批评之声不绝于耳，然西方目录学中，单一之簿记式目录也无法满足学者之要求，直至现在，有偏激者甚至以"辨章学术、考镜源流"者为包袱，也被不少学者所否定。要之，中国目录学不同于西方目录学，两者很难有谁更优越之地位，其立足点不同，作用也就相异。

---

① 杜定友：《校雠新义·下册》，第 2 页。
② 祁承㸁：《澹生堂藏书约》，上海古典文学出版社，1957 年。
③ 杜定友：《校雠新义·下册》，第 3 页。
④ 杜定友：《校雠新义·下册》，第 2 页。
⑤ 姚名达：《中国目录学史》，第 139 页。

先生从西方学术观点出发，认为中国无分类法，无目录学，其观点似乎过于偏颇，有待于进一步商榷。

此外，先生对"目录"与"书目"的区别，也稍显繁琐。同时代之学者已指出："杜定友以目录之名专属之藏书目录，其非然者则谓之书目，名词界义殊不清晰。……倘使论目录学而不及非藏书之目录，则目录学之功才得其半，尤为未可。"①

总之，杜定友的目录学思想在近代可谓是独树一帜的，他在当时所提出的大多数观点及学术实践，成为了中国现当代图书馆学、文献分类学和目录学等学科的可贵遗产，并仍被应用于图书分类、图书馆学等中。直至今日，对于先生的研究仍是图书馆学界和目录学界的热点，并将一直延续下去。

三、姚名达与《中国目录学史》

姚名达（1905—1942），江西兴国人，字达人，号显微，我国著名的爱国史学家和目录学家。其父姚舜生，是前清秀才，主要以教书为生。其家颇有藏书，姚名达从小就受父亲传统教育的影响，对史学史等产生浓厚的兴趣。后因生活所迫，改读医学。但史学志向不改。不久又考入南洋公学国学专修科。1925年，清华大学开设研究院，姚氏成为第一届研究生。1929年，任商务印书馆编辑兼"特约撰述"一职，并参与了《万有文库》的编定工作。离开商务印书馆后，与夫人黄心勉一起创办女子书店，刊印《女子月刊》杂志，成为当时中国共产党的重要统战对象。抗战爆发后，姚氏由上海回到老家江西，并任国立中正大学文法学院文史系教授兼导师。1942年，姚氏在抗日斗争中英勇牺牲，年仅37岁。

姚氏一生志向宏远，但由于日本的侵略和不幸早亡，许多既定的目标没有完成。主要著作有《中国目录学史》《目录学》《中国目录学年表》《章实斋之史学》《章实斋先生年谱》《章实斋遗书叙目》等。而《中国目录学史》更是他在目录学上的代表作品。这里拟以该书为基础，对姚氏的目录学思想做一番探讨。

---

① 姚名达：《中国目录学史》，第12页。

（一）关于本书及成书背景

姚名达《中国目录学史》一书，初稿成于 1929 年。"一·二八事变"后，该书与其他大量手稿全部毁于日本炮火之中。因此，他毅然决定以弘扬中华文化的方式反对日本侵略者。"二十四年冬，商务印书馆以《中国目录学史》相属"①，先生在原稿不存的情况下，克服重重困难，又查阅了大量资料，历时八个月，完成了新的《中国目录学史》。我们现在所见到的就是该书。

姚氏在写作之初，"原欲博搜精考，撰成毫无遗漏之文献史，故逐书考察其内容，逐事确定其年代，逐人记述其生平，依时代之先后叙成系统"②。但时间紧促，又由于认为中国目录学史"时代之精神殆无特别之差异，强立名义，反觉辞费"③，只好改成"主题分篇之法"，分成叙论、溯源、分类、体质、校雠、史志、宗教目录、专科目录、特种目录、结论诸篇，以不同于传统的"中西结合"的方式，系统地介绍了中国目录学一直发展到抗战前的情况。也是我国"近代西学东渐以来第一部以'中国目录学史'命名，全面、系统研究中国目录学发展历史的学术专著"④。

鸦片战争以来，中国的学者逐渐开始向西方学习先进的科学技术、政治制度，大量西学图书随之流入中国。同时，近代图书馆在中国的兴起，学科分类越来越细，使得中国传统的"四部分类法"，无论从学术思想性上，还是从实用性上，都受到前所未有的挑战。西方图书馆的编目法逐渐被人们所重视和应用。但是，当杜威十进法与中国的传统文化相矛盾时，当杜定友等人提倡目录即"簿记之学"，与"辨章学术、考镜源流"无关时，当人们再对中国传统学术进行理性思考时，包括姚氏在内的部分学者认识到"我国古代目录学之最大特色为重分类而轻编目，有解题而无引得"⑤，而"现代目录之稍进于古录者，惟在索书号码之便

---

① 姚名达：《中国目录学史》，第 1 页。
② 姚名达：《中国目录学史》，第 2 页。
③ 姚名达：《中国目录学史》，第 14 页。
④ 严佐之：《中国目录学史·导读》，载于姚名达著《中国目录学史》。
⑤ 姚名达：《中国目录学史》，第 346 页。

利与专科目录之分途发展耳"①。中国古典目录中"辨章学术、考镜源流"的优势又被学者所重视,怎样才能将两者结合起来,统一全国目录,以发挥它更大的作用?是当时目录学界主要关注的问题之一。《中国目录学史》就是在这样一个大的历史背景下完成的。

(二)姚名达的目录学思想

姚氏的目录学思想是中西文化交流后,反映在目录学理论领域的产物。在姚氏的思想中,既体现了中国传统目录学的精华,又显示出西学引入后,中国知识系统通过西学分类法所做出的改革。在目录学思想上,突破了以余嘉锡为代表的对于目录学相对保守的一派;同时也较杜定友,沈祖荣等人更理智地来看待本国文化,是"中西交流"的产物。从姚氏的目录学思想中,可以体会到近代学术的发展,同时又对近代学术起到了促进作用。姚氏的思想,前人多有研究。因此,以下只就他的目录学思想中的典型方面,结合近代的学术现实做一番探讨。

1. 提倡专科目录

在中国两千年的目录学发展过程中,专科目录形成很早。汉武帝时杨仆的《兵录》便开创此类目录之先河。但是,由于中国传统知识系统讲求的是"通",因此中国传统的图书分类法便不太以研究对象为标准。杜定友认为《汉志》"班氏以人为部,是未能辨其义也"②,中国传统就表现出以人统学的现象。而这就"将不同学科归并到一个学派范围内,一家一派包容各种学科,注重的是博达会通,研究者须得是'通人',而非专家,成为'通人之学'"③。因此,导致了中国古典目录,无论是官修还是私修,无论是史志还是地方文献,都是以综合目录占据主导地位,专科目录并没有受到应有的重视。

然而,随着西学东渐以及清末"经世致用"之学的兴起,中国传统的四部分类已逐渐随着西书的引进而越来越失去实际作用。人们在学习

---

① 姚名达:《中国目录学史》,第 347 页。
② 杜定友:《校雠新义·上册》,第 4 页。
③ 左玉河:《从四部之学到七科之学——学术分科与近代中国知识系统之创建》,上海书店出版社,2004 年,第 24 页。

西学的同时，也试图将中国的传统学术纳入到西方的学科体系中，"整理国故"运动便是其中的著名代表。在西方强调"以研究对象作为划分标准……通过固定之研究对象将不同的研究者（学者）归并到一个学科中，成为'专家之学'"①。中国的学术体系由"通"转为"专"，学者的专门化趋势也越来越明显："学者欲通晓古今，洞识所学，乃不得不各自就其本科目录作彻底之研究。"②而历代的综合目录或是无此专门之学。即使有，也受到综合目录的限制："专家用之，辄感其不精不足。"③而西方科技的传入，"格致学"和"政法诸学"更是把社会科学和自然科学截然分开，冲破中国传统学术分类理论，成为当时的专门之学，也是显学，极有需要通过目录，对这些图书进行新的整理，以供专人使用。因此，姚氏极力提倡专科目录，并在书中以专篇的形式，介绍了"经解目录"等15种专科目录。

专科目录的出现，是中国近代文化体制下，图书的专科化与人们对这些文献的需要之间矛盾的产物。在近代得到兴起，也是学术发展的必然。姚氏敏感地感受到这一点并大力提倡，这是他目录学思想的重要组成部分。

2. 打破"四部分类法"的限制

"四部分类法"是中国传统图书分类法的精华，它较为全面、准确地反映出中国传统的学科分类体系，是中国传统目录的定式。然而，随着近代学者将中国的学术纳入到西方学科体系中后，传统的四部之学便随着西书的冲击，逐渐失去现实意义。由于"西方近代意义之图书分类法，均是按着学科分类标准而对图书进行分类的"④。两种学科体系上的不同，使姚氏深刻认识到"四部分类法"已不能满足现代学术，急需改变。

而且，在姚氏看来："目录学者，将群书部次甲乙，条别异同，推阐大义，疏通伦类，将以辨章学术、考镜源流，欲人即类求书，因书究

---

① 左玉河：《从四部之学到七科之学——学术分科与近代中国知识系统之创建》，第23页。
② 姚名达：《中国目录学史》，第268页。
③ 姚名达：《中国目录学史》，第268页。
④ 左玉河：《从四部之学到七科之学——学术分科与近代中国知识系统之创建》，第331页。

学之专门学术也。"①因此，目录"分类之目的，正欲人'即类求书，因书究学'"②，以反映学术发展为主要任务。学术在近代的变化，就要求打破"四部分类法"的枷锁。姚氏对历史上的某些不遵守四部法的目录多有赞扬之词，尤其是推崇郑樵《通志・艺文略》认为其"对于四部四十类成法，彻底破坏，对于小类节目之分析，不惮苛细：其胆量之巨，识见之宏，实旷古一人"③。对于杨士奇《文渊阁书目》"其分类法虽陋，然能不守四部之成规，实开有明一代之风气"④。而明代私家藏书目录"多援《文渊目》为护符，任意新创部类，不复恪守四部成规。此在分类史中实为一大解放"⑤。

由于姚氏的目录学思想是立足于近代以西方学科分类占主导地位的时代，因此，他在反对四部分类法的同时，对于西方分类法中的优势的介绍则极为重视。他认为，西洋近代分类法之进步，"以数目字之号码代表部类之名称，标记于图书之上，按次排列，不必限定某类书永列某架，如此则目录既可免登记架号之烦，而新书复无无架可插之患"⑥。这种索书号码的出现，极便于读者的查询。因为目录本来就是"将繁富乱杂之书籍编次为部别州居之目录，使学者自求之"⑦。因此，姚氏赞同杜威的十进法便于检索的特点。然而，纯西方的分类法与中国文化相结合，必然会有相抵触的地方，对这些分类法的改革以便于中国收录中国文献成为当时目录学迫切需要解决的问题之一。姚氏就曾认为："'社会科学'与'历史'关系甚深，'言语学'与'文学'尤相表里。而杜威竟分隔于悬远之地，不使相邻"⑧，所以，"起而变更其部次者多过于恪守不动者"⑨。

---

① 姚名达：《中国目录学史》，第 7 页。
② 姚名达：《中国目录学史》，第 7 页。
③ 姚名达：《中国目录学史》，第 84 页。
④ 姚名达：《中国目录学史》，第 94 页。
⑤ 姚名达：《中国目录学史》，第 94 页。
⑥ 姚名达：《中国目录学史》，第 124 页。
⑦ 姚名达：《中国目录学史》，第 7 页。
⑧ 姚名达：《中国目录学史》，第 126 页。
⑨ 姚名达：《中国目录学史》，第 126 页。

姚氏打破"四分法"并希望发挥中西交流后经过改革的便于检索的西方分类法，是近代文明及西方图书馆在我国逐渐兴起的反映。它充分吸取了西方分类的长处，并试图以此来解决中国实际的编目工作，这在系统的目录学著作中还是第一次。他的观点也被后世学者所采用，而运用于实践中。

3. 提倡中国传统目录中的解题

总体来说，姚氏对于中国古典目录的评价不甚高，认为"二千年来校雠目录之学并无特殊飞跃之进步"[①]。但是，对于其中的解题，却倍加推崇："其（中国古典目录——笔者按）优于西洋目录者，惟恃解题一宗。"[②]

解题，是中国传统目录中的精华。历代目录学家对其都极为推崇。余嘉锡就认为："凡目录不著解题但记书名者，固薄其浑漫，视为无足轻重；即有解题者，若其识解不深，则为美犹有憾。"[③]汪辟疆也认为《郡斋读书志》《直斋书录解题》等，因其中解题"或述作者之略历，或陈书中之要旨，或明学派之渊源，或定纠纷之异说……使承学之士，得所绳准，洵为目录学之巨制矣"[④]。这也是肯定了"解题"的作用。

姚氏认为："同类之书，所以须按时代排列者，正欲'考镜源流'。编目之法，所以详列各书梗概者，正欲'辨章学术'。"[⑤]而"详列各书梗概"，即叙述撰人之履历、思想，书之内容、得失等，都要靠解题来完成，它发挥着重要作用。

在近代，中国学者面对西方目录学的冲击，整个目录学界有部分人鼓吹西化，这是学术分科细化的结果。但作为目录学本身作用来说，除收录文献以外，"不能不明其条贯，别其统系，庶几部次类居，隐有依据，使后人之览其目录者，不致淄渑莫辨"[⑥]。所以，姚氏要求保留传

① 姚名达：《中国目录学史》，第5页。
② 姚名达：《中国目录学史》，第346页。
③ 余嘉锡：《目录学发微：含〈古书通例〉》，第5页。
④ 汪辟疆：《目录学研究》，华东师范大学出版社，2000年，第5页。
⑤ 姚名达：《中国目录学史》，第7页。
⑥ 汪辟疆：《目录学研究》，第9页。

统目录中的解题。为此，他反对全盘学习西方目录而忽视本国目录的做法，说："不校异同多寡，不辨真伪是非，删解题之叙录而古录之优点尽矣。……其编目也，与其详列篇目，不若精撰解题。"① 又称："编目必须包括解题，此义为今人之所忽略而其事则为古人之所尝努力，乃吾人亟应恢复其注意者。"② 这种以中国传统之长补西方之不足的思想，体现了他在中国近代化过程理性地去思考关于中西目录的差异，力求兼收并蓄，继承引进，在讲求时代性的前提下，将目录的作用最大限度地发挥出来。

值得注意的是，姚氏在倡导目录中须有解题的同时，也要求对解题实行改革，成为现代意义的解题。中国近代的目录已由典藏目录转向便于寻书、索书的实用型目录。随之，解题也要以实用为主。因此，"现代之解题实即读书指南，非复古义矣"③。他推崇梁启超《要籍解题及其读法》一书，认为它"一一考定其编撰者及其年代，内容之真伪及是非，并指示读究之方法，开列参之考书目"④，是新的解题目录的代表。

姚氏新型解题目录理论的提出，在他目录学理论中具有重要意义。当近代西方目录引入中国时，在图书著录上，姚氏把中西文化进行了合理的结合。而这带给后世的影响是深远的。一直到现今，这类目录通过解题以指导读书门径的目录仍然存在。张舜徽《中国古代史籍举要》、柴德赓《史籍举要》、王树民《史部要籍解题》都是现代意义上的解题目录。

4. "主题法"的运用

姚氏极力倡导图书馆目录中使用主题法编目。所谓主题法是"将文献中论述事物对象的主题，用规范化的术语标引出来，然后按照主题的字顺编排文献的方法"⑤。

姚氏看到了它具有强大的生命力，在中国学者尚未了解的情况下，极有必要将其推广。他指出："其分类也，与其依学术而十进，不若依

① 姚名达：《中国目录学史》，第 347 页。
② 姚名达：《中国目录学史》，第 14 页。
③ 姚名达：《中国目录学史》，第 344 页。
④ 姚名达：《中国目录学史》，第 344 页。
⑤ 彭斐章：《目录学教程》，高等教育出版社，2004 年，第 144 页。

事物而标题。"①同时，他也认为主题法有着不同于以学科为标准的分类法的优越性："盖分类之道，有时而穷。惟以事物为主题，汇列参考资料于各主题之下，使学者一目了然，尽获其所欲见之书。此其功用较分类目录为又进一步。"②

为此，他提倡中国古代的类书，认为类书是"主题目录之扩大"③，类书以各个主题，譬如天、地、风、雷、地理、宗教、职官等为纲，将其他书中有关的材料集于各主题之下，是颇便于寻检的工具书。姚名达指出："倘删其（类书）繁文，仅存书目，即现代最进步之主题目录也。"④因此，这种类书"在目录学史上，苟能闯出逼仄之分类目录樊篱，而远瞩高瞻，则此种接近主题目录之类书，亟宜研究之，改良之"⑤。

主题编目法的最大特点，是"适应用户'特性检索'的需要"⑥，灵活而准确，符合中国近代目录提倡易寻易得之法的趋势。但它把具有共同学科属性的文献打散了，"即类求书，因书究学"的目录学传统便不能很好地体现。因此，分类目录还是需要的，要"使与主题目录相应，与分类目录相助"⑦，而形成插架目录和寻书目录。"窃谓插架不妨略依学术而排列，而寻书必循事物以追求。"⑧用两种不同的方法以满足不同的需要。这样就使中国的目录一改过去依学术分科的旧例，向多元化发展。

但是，姚名达称中国古代类书是"主题目录的扩大"却是值得商榷的。我国古代的类书，重点并不是放在具体的每一部书上，而是强调主题和引用材料的关系。因此，可以说是以主题统材料，而并非以主题统书。而这与主题目录以主题统书的原则是不同的。同样便于检索，但类书便于检索材料，主题目录便于检索图书。

---

① 姚名达：《中国目录学史》，第 347 页。
② 姚名达：《中国目录学史》，第 57 页。
③ 姚名达：《中国目录学史》，第 57 页。
④ 姚名达：《中国目录学史》，第 57 页。
⑤ 姚名达：《中国目录学史》，第 58 页。
⑥ 彭斐章：《目录学教程》，第 144 页。
⑦ 姚名达：《中国目录学史》，第 58 页。
⑧ 姚名达：《中国目录学史》，第 347 页。

另外，类书中所引的一些图书，有很多已经亡佚了，如果将这些书也"删其繁文，仅列书名"，则失去了本身的价值。因为，既不是按学术分类，则这些书的学术源流便很难考证。又因删去材料，光存书名，在类书中的价值也体现不出来。即使编成主题目录，这些书也寻不到。

这样看来，不论从形式上还是从内容上，两者皆不相同。后世将古代遗留下来的类书改成主题目录的工作，也没有多少进展。

（三）关于姚名达和余嘉锡的比较研究

姚名达和余嘉锡均是我国近代著名的目录学家，而《中国目录学史》和《目录学发微》都是具有里程碑意义的著作。二者皆完成于20世纪30年代。《目录学发微》虽成书在解放后，但完稿也是在20世纪30年代。对于两人的比较研究，可以更好地发现两人目录学思想以及中国近代目录学界在面临西学冲击下所做出的不同的表现以及其中的利弊，对研究中国近代目录学史也有重要意义。

1. 两人目录学理论的相同点

首先，关于目录学的定位，两者都主张目录学要脱离校雠学的限制，成为一门独立的学科。余嘉锡认为目录、版本、校雠三者应区分开来，他说："据《风俗通》引刘向《别录》释校雠之义，言校其上下得谬误为校，则校雠正是审定文字。渔仲、实斋著书论目录之学，而目为校雠，命名已误，朱氏之说非也。特目录不专是校雠版本耳。"[1] 而姚名达也通过刘向校书一事，提倡目录学与校雠学的区分。他说："盖自刘向校书，始有《别录》，其子歆种别群书，始著《七略》。父子世业，《录》《略》并传。牵连而言，辨别非易。其实若以现代分科之眼光论之，则刘向之事近乎校雠学，刘歆之事近乎目录学。"[2] 这里，姚氏更明确地把目录学从校雠学中独立出来，并且认为目录学是与校雠学平行的学科，比余氏"目录、校雠、版本三者一家之学"的观点又进了一步。两人都澄清了目录学与校雠学的界义，为使目录学成为一门独立的学科奠定了理论基础。

---

① 余嘉锡：《目录学发微：含〈古书通例〉》，第10页。
② 姚名达：《中国目录学史》，第5页。

其次，关于目录学的作用上，两者都主张"辨章学术、考镜源流"。这是二人对中国传统目录的肯定，余嘉锡认为中国的古典目录"派别斯繁，不能尽限以一例，而要以能叙学术源流者为正宗，昔人论之甚详，此即从来目录学之意义也"。把目录学与学术史结合起来，发挥目录的学术价值。姚名达则认为这是目录学的重要作用："目录学……将以辨章学术、考镜源流，欲人即类求书，因书究学之专门学术也。"[①]通过"辨"，以指导读书之门径。要之，都将"辨"作为目录学的意义所在。

再次，关于图书分类上，都力求打破传统"四分法"的限制，以符合近代学术现实的分类法，统括近代之文献。余嘉锡在这个问题上强调"部类之分合，随宜而定"[②]，把图书分类与数量、性质等结合起来，讲求现实性、合理性，以"辨章学术、考镜源流"为指导。姚名达也认为"分类之目，正欲人即类求书，因书究学"，以"求书"为手段，"究学"为根本，以学统书。因此，近代学术分科必然要在目录中得到反映，以图书部类的分合能体现学术为主，不可盲从四部分类法。

2. 两人目录学理论的不同点

首先，两人研究目录学的立足点不同。余氏主要以中国传统目录为立足点。由于他从小受传统教育影响，又在16岁时中过举人，后又参与编订《清史稿》，拜柯绍忞为师，这些都使得他对于中国的传统学术有深刻的理解，从《目录学发微》和《四库提要辨证》便可见一斑。也正是因为如此，使他对于近代目录学的各种新的发展并没有过多的重视，而限制了其目录学研究范围。比如《目录学发微》一书，将目录分成三种形式："一曰部类之后有小序，书名之下有解题者；二曰有小序而无解题者；三曰小序、解题并无，只著书名者。"[③]这是以目录是否能体现学术发展为划分标准的。但是，中国的传统目录从宋元以后，小序、解题并存的目录已不多见，而又出现了不少有解题而无小序的目录著作。如果再按余氏的分类标准的话，就很难囊括中国所有古典目录。另外，

① 姚名达：《中国目录学史》，第7页。
② 余嘉锡：《目录学发微：含〈古书通例〉》，第154页。
③ 余嘉锡：《目录学发微：含〈古书通例〉》，第4页。

该书只研究目录所体现的学术性，把目录学更多地看成是一种学术史却很少关注目录作为记载文献的一种形式所应具有的导读作用、检索作用及近代专科目录的出现。因此，他提出"凡目录之书，实兼学术之史，账簿式之书目，盖所不取也"[①]的观点，把目录的最高作用体现在学术上，以满足学术研究的需要。

而姚名达目录学研究的立足点则在近代目录的新发展上。在研究中国传统目录的同时，更借鉴了西方先进的目录学理论与方法。因此，他的目录学研究范围较前者稍广。比如《中国目录学史》一书，对于目录的分类，"则认为应从多方面着眼"[②]，可以"自条目体积之大小分"，也可以"自书籍典藏之有无分"，还可"自藏书目录之藏者分""自非藏书目录之对象分""自目录结集之形式分"等等。而将余氏所作的目录分类变成自己划分标准的一部分："自目录内容之体制分之，则有纯书目、纯解题，兼书目及解题之异。"[③]这样的分类法，使中国近代现存的目录，不论是从形式上，还是在内容上都得到合理的归类。在时代上，既兼顾到中国古典目录，又兼顾到西方的卡片式目录、账簿式目录等；更全面地反映了近代目录的发展现状及作者对于它们的全面研究和理性思考。也正因为如此，姚氏在强调目录学术性的同时，也注意目录的导读功能及检索功能，要把两者因为所满足的研究对象的不同而区分开来，实行插架目录和寻书目录的分家。"窃谓插架不妨略依学术而排列，而寻书必循事物以追求。"[④]这就更大地发挥了目录的现实作用，而并非只从学术史的角度来看目录。

其次，由于两人的立足点不同，使他们对目录中的解题有着各自不同的看法。两者虽主张解题有"辨章学术、考镜源流"的作用，但余氏所强调的解题，仍是中国传统的形式，以《别录》为榜样，"考作者之行事，论书中之指意"[⑤]。姚氏主张解题"有解释内容，订正讹误，考

---

① 余嘉锡：《目录学发微：含〈古书通例〉》，第5页。
② 姚名达：《中国目录学史》，第12页。
③ 姚名达：《中国目录学史》，第12页。
④ 姚名达：《中国目录学史》，第347页。
⑤ 余嘉锡：《目录学发微：含〈古书通例〉》，第59页。

索存佚，研究版本，批评是非，叙述源流之异，又或兼而有之"①。但是，他也要求现代的解题是"非古义"的，要成为读书指南，而非学术之史。因此要以梁启超《要籍解题及其读法》为模范："指示读究之方法，开列参考之书目。"②以新的解题，方便读者，指导读书。

第三，关于专科目录。专科目录古已有之，但并不是中国古典目录的首要部分。随着西学的引进，使中国传统的学术分科逐渐退出历史舞台，新的学科分类体系悄然兴起，各种学科细化、专门化也越来越明显。学术研究的发展要求专科目录的出现，国内学者对此深为重视。姚氏便极力提倡专科目录的编制，认为专科目录在具体学科上较综合目录要精。"学者欲通晓古今，洞识所学，乃不得不各自就其本科目录作彻底之研究。"③另外，学科的细化也要求专科目录来指导读书："百科竞出，群籍充栋，初学者望洋兴叹，茫然不知从何下手。洞明其学者，各就其所赏识，选拔要籍，以作读本，实为学科进步之第一阶段。"④相对于姚氏，余嘉锡对专科目录则关注较少，他主要研究综合目录。对于学术分科的不同，他主张改变图书分类法，在综合目录内部反映出学术的变化，而有关专科目录在学术中的优势，就很少涉及了。

第四，在对待中国目录学史的研究上，两者的安排也不同。余氏在《目录学发微》中，用了四分之一的篇幅，系统而全面地探讨了中国目录学史的发展，并称之为"目录学源流考"。他从目录学的角度研究目录学史，使中国传统目录的发展脉络一目了然。而姚氏在《中国目录学史》中，则用"校雠篇"来概括目录学的宏观发展。在他看来，"校雠在目录之先，目录为校雠之果"⑤这种观点，从我国古代来看，固然是有道理的；但是，以校雠来统目录，不仅又走上过去校雠学的老路上，而且也只强调在"校书"而非编目，并不能从目录本身阐述它的发展历史。虽有《中国目录学年表》作为补充，但在目录学的考证方面仍不及余氏。可见，余氏以"源

---

① 姚名达：《中国目录学史》，第 13 页。
② 姚名达：《中国目录学史》，第 344 页。
③ 姚名达：《中国目录学史》，第 268 页。
④ 姚名达：《中国目录学史》，第 268 页。
⑤ 姚名达：《中国目录学史》，第 143 页。

流考"的方式，以目录为根本，并进行考证，要比姚氏以校雠统目录的方法完善一些。

以上可知，姚名达是我国近代著名的目录学家，他的目录学思想中有突破传统的"中西合璧"的味道，是中西文化交流在中国目录学界的反映，他比传统目录学家更能接受西方目录学的理论与方法，并使之与中国的传统目录相结合，以形成中国近代目录的新的理论。《中国目录学史》一书，是作者目录学理论的集中体现，是具有里程碑意义的重要著作。

四、汪辟疆与《目录学研究》

汪辟疆（1887—1966），江西彭泽人，名国垣，字辟疆，又字笠云，号方湖、展庵，是我国著名的古典文学家，目录、校雠学家。先后执教于南京第四中山大学、江苏大学、中山大学、南京大学等高校。主要著作有《目录学研究》《涉览书的二大类别及提要》《工具书的类别及其题解》《读书举要》等，在中国近代目录学史上具有举足轻重的地位，被同时代的学者称为"史的目录学家"（李小缘语）。在这些著作中，《目录学研究》一书，最能代表汪辟疆的目录学思想，体现出他在目录学研究领域的造诣。这里拟从该书出发，并涉及汪先生的其他有关著作，对他的目录学思想做一番探讨，以发表自己的一管之见。

（一）关于本书及其时代背景

《目录学研究》是汪辟疆的目录学代表作品，同时也是中国近代目录学史上的重要著作。本书完成于民国二十三年，即1934年。20世纪三四十年代是我国近代目录学发展的黄金时期，许多学者从事于此方面的研究，在理论研究和实践编目中都取得了举世瞩目的成就，产生了一批至今仍有深远影响的目录学著作，如汪辟疆的《目录学研究》，余嘉锡的《目录学发微》以及姚名达的《目录学》《中国目录学史》。其中，尤以《目录学研究》成书较早。

作者的写作年代，是一个全国有志之士重新考虑中国传统文化、整理国学之时代。目录学颇受世人关注："目录学既为治学之门径，而近时高级中学以上学校，多列为必修课；学子重视，几埒国文。"① 将目录学视为治国学之门径，然而却缺少相应的教材："膺斯讲席者，每苦无专书以供教程。"② 因此，为教学起见，不使"校中设立目录学之旨趣与效用，遂失真谛"③，该书应运而生。"本书内凡存目录学论著共六篇，皆历年在中央大学与诸生讲习所得者也。"④ 由此可见，为历次上课之讲义的总集。虽不成系统，但重点突出，条理清晰，对目录学中的关键问题，如目录学理论、目录学史、目录学实践动作以及索引等都作了深入的研究，议论透彻，考证精审，不乏真知灼见，在客观上也促进了此时期的目录学发展，以下将逐条论述。"导先路而始椎轮，是则本书刊布之微旨也。"⑤

（二）关于"目录"与"目录学"的理解

对于"目录"和"目录学"的认识，包括其中的含义、作用、类型以及两者之间的区别等，都是目录学理论领域的重要问题："欲治目录之学，不可不先明目录学之界义。"⑥ 由此可见汪先生对这些问题的重视程度。

1. 关于目录的分类与界义

"目录"一词最早见于刘向、班固之书，《汉书·叙传》述"艺文志"曰："刘向司籍，九流以别；爰著目录，略序洪烈。"因此，汪先生认为目录学最早可以起源于此，并对当时有学者认为源于郑玄《三礼目录》的观点有所保留。"厥后东汉末年，郑玄作《三礼目录》一卷……名虽本于子政，义则专释礼经。纪昀《四库书目提要》，乃谓目录之名，昉于高密，可谓昧其初祖矣。"⑦ 将目录定于刘歆，并提出："追溯源流，则刘氏《七略》，不能不推为目录学之初祖。"⑧ 事实证明，汪先生的

---

① 汪辟疆：《目录学研究·序》，第 1 页。
② 汪辟疆：《目录学研究·序》，第 1 页。
③ 汪辟疆：《目录学研究·序》，第 1 页。
④ 汪辟疆：《目录学研究·序》，第 1 页。
⑤ 汪辟疆：《目录学研究·序》，第 2 页。
⑥ 汪辟疆：《目录学研究》，第 1 页。
⑦ 汪辟疆：《目录学研究》，第 14 页。
⑧ 汪辟疆：《目录学研究》，第 131 页。

观点完全正确，并被大多数学者所肯定。

对于"目录"起源的学术探讨，在当时具有极强的学术价值和理论意义。这有利于从"辨章学术、考镜源流"的视角去研究中国古代目录学史与"现今"目录学的发展。汪先生认为："夫水必有源，其流则歧，学必有本，因时则变。刘《略》、班《志》，目录学之起源，亦即目录学之正轨也。愿后世之言目录者，罔不导源于此。"①把后世目录的各种形态都看成是《七略》影响下的产物，这样也增强了目录学自身的学术独立性，以及学科体系的完整性。

以《七略》作为目录学的源头，并提出目录的四种形式："有目录家之目录，有史家之目录，有藏书家之目录，有读书家之目录。"②

汪先生认为，当时治目录学者有四种不同的倾向，有主张目录中所体现的学术性，有主张目录是以图书为研究对象等等。因此，他综合当时的学术现实，做出了以上的分类，且对其中的每一类都作出自己的判断："第一说主张纲纪群籍、簿属甲乙者，则目录家之目录是也。第二说之主张辨章学术、剖析源流者，则史家之目录是也。第三说之主张鉴别旧椠、校雠异同者，则藏书家之目录是也。第四说之主张提要钩玄、治学涉径者，则读书家之目录是也。"③对于目录种类的划分及界义的确定，促进了目录学理论的发展。众所周知，此时期对于目录学种类的探讨是热点问题。余嘉锡先生在《目录学发微》中，就对此有过思考，并划分出三种不同类型，即从学术的角度出发，提出："目录之书有三类：一曰部类之后有小序，书名之下有解题者；二曰有小序而无解题者；三曰小序、解题并无，只著书名者。"同时期姚名达在《中国目录学史》提出划分目录的标准不同，则目录的形式也会有所不同："著者对于目录之分类则认为应从多方面着眼。"④因此有篇目与书目之异，有藏书目录与非藏书目录之异，有账簿式与活页式之异等等。

---

① 汪辟疆：《目录学研究》，第4页。
② 汪辟疆：《目录学研究》，第4页。
③ 汪辟疆：《目录学研究》，第5页。
④ 姚名达：《中国目录学史》，第12页。

笔者认为，余说或偏狭。目录中解题与小序并存之目录，最能体现学术价值。然而，这种目录自《七略》以后所见不多。因此，一再为强调目录学术作用的文献学家们所惋惜，认为《录》《略》之后，能担此任者凤毛麟角。现存世者，唯有《崇文总目》《郡斋读书志》《直斋书录解题》《四库全书总目提要》等寥寥数部。相对来说较少。因此，本不必划成一类，并成为各类目录之首。

而姚说则偏之于杂。姚氏用八种标准划分目录，各类目录均有自己的位置，然当时学术争论不在于此，目录的研究对象与学术性才是目录学构建学科体系的重点。随着西方目录学理论与方法的引进，中国目录学界的学术发展为之更新，人们更多地探索目录的根本定义。以杜定友为代表的一批近代学者，强调于目录以书为研究对象，而反对学者过分注重于学术史的作用。"古之藏书，重在典守。目录之学，重于传习。故部居次第，重流别而轻甲乙，势也。今之藏书，重在致用，目录之编备于稽检。故重甲乙而轻流别，亦势也。"[①] 而以余嘉锡为代表的另一批学者却提出："以能叙学术源流者为正宗……此即从来目录学之意也。"此为当时目录学界的主要矛盾之一，而姚氏分类虽全而不能突出重点。

汪先生充分注意到这个问题，并从"目录"的本身出发，划分为以上四类。"汪先生持论，殆以目录为宗，其所云目录家、史家、读书家者，皆目录学之流派尔，余则并入藏书家。"[②] 将目录划分为四种，并突出学术性重点，"其亟待研讨而说最纷咴者，则史家之目录与目录家之目录是已"[③]。并以此两点为基点，研究目录学。

2. 关于目录学的研究

把目录划分为四类，并认为史家之目录与目录家之目录是重点研究对象。然而，汪先生并没有采取偏于一说的做法，而是将这两种表面上大相径庭的学说加以融合，并有目的地突出重点，构建目录学理论的新

① 杜定友：《校雠新义》，第8页。
② 程千帆、徐有富：《校雠广义·叙录》。
③ 汪辟疆：《目录学研究》，第5—6页。

体系。"窃以二说皆可并存，且有相资为用之处。"①目录以书为记载对象，但是书又是学术发展的载体，因此，必然会在目录中体现学术性来。这两者均要兼顾："是目录固未尝以学为对象，但舍学而徒言目录……所谓凌乱失纪，杂而寡要之弊，要未能尽免也。……治目录而必泥于学术，亦多乖隔而难通。"②融二说为一体，统一目录学界义，即"乃由纲纪群籍范围，而略涉辨章学术范围"③。他又说："非仅类居部次，又在确能辨别源流，详究义例，本学术条贯之旨，启后世著录之规，方足以当之。"④

在学术融合的基础上，汪先生对其又有所侧重，强调于目录所体现的学术性。"若夫史家目录，于体为最尊，于用为较广。"⑤"盖以目录之学，重任综揽载籍，别类部居，贵能自具条贯。"⑥又说："目录之学，与史相纬，其重在周知一代之学术源流及一家一书之宗趣。"⑦对于学术性的重视，反映了在西方目录学理论与方法的冲击下，中国目录学的自身发展及怎样保持发扬中国传统目录学特色的学术现实。中国的传统目录学注重于自身学术价值的发挥，余嘉锡便提出"目录者，学术之史也"的观点，便可以说明这一点。姚名达也认为"目录学实负有指导各种学术之责任"⑧，可见他们对学术性的重视。汪先生也有类似的认识，并把其看成是项复杂工作。"目录之书（梁《文德殿四部目录》——笔者注）而必集多数学者以成之，盖知兹事之难也"⑨。这就更强调了目录的重要性及其必应具备学术含量的特点。

以"辨章学术、考镜源流"为标准，汪先生做出了对目录作用的判断，以条贯学术为出发点，"穷六艺之流别，较四部之得失，外以通夫古今

---

① 汪辟疆：《目录学研究》，第9页。
② 汪辟疆：《目录学研究》，第9页。
③ 汪辟疆：《目录学研究》，第10页。
④ 汪辟疆：《目录学研究》，第10页。
⑤ 汪辟疆：《目录学研究》，第43页。
⑥ 汪辟疆：《目录学研究》，第53页。
⑦ 汪辟疆：《目录学研究》，第183页。
⑧ 姚名达：《中国目录学史》，第7页。
⑨ 汪辟疆：《目录学研究》，第152页。

学术之邮，内以神其绅绎寸心之用，此目录学之本旨也；辟治学之门径，启著录之成规，大之可为通方致远之资，小之足为提要钩玄之助，此目录学之末节也"①。由此可知，研究目录学应把重点放在其反映了学术性上，至于藏书家之著录书籍版本，读书家之指导读书门径，还都是次要的事。

通过对"目录"以及"目录学"的分类，划定界义，汪先生最后做出总结，认为"目录"是记载文献之用："目录者，综合群籍，类居部次，取便稽考是也。"②但是，作为一门学问，目录学则应有其学术性在其中："目录学者，则非仅类居部次，又在确能辨别源流，详究义例，本学术条贯之旨，启后世著录之规。"而最终确立了目录学的研究对象、范围以及作用等。他总结说："吾人研究目录学之标准，当必博稽其源流，商榷其类例，与夫义例之变迁，分隶之出入，省宜详究。语其大则可通古今学术之邮，语其细则可得著录之准则。而治学之方法，亦将于此涉径焉。"③这也就成为了汪先生研究目录的主要几个问题和着眼点，并由此大致构出目录学的学科理论与体系。

这一观点不仅在当时产生了重大影响，而且一直作用于后世的目录学研究。其中程千帆的《校雠广义·目录编》，也从中借鉴了不少经验，如提出："书的叙录（提要）和书目的序对于辨章学术是非常重要的。"④又说："目录记录篇卷数还有一个重要意义是可以从中看出历代学术的盛衰。"而强调于目录中所反映出的学术性。书中专辟"目录的著录事项"和"目录的分类沿革"两章，均为汪先生所提倡。可见，汪先生在目录学上的学术影响很大。

（三）关于中国目录学史的研究

中国目录学史研究是目录学研究的重要课题之一，也是目录学理论体系构建中的重要组成部分，在此时期的目录学研究中占有举足轻重的

---

① 汪辟疆：《目录学研究·序》，第1页。
② 汪辟疆：《目录学研究》，第10页。
③ 汪辟疆：《目录学研究》，第10页。
④ 程千帆、徐有富：《校雠广义·目录编》，第17页。

地位。汪先生对于此问题，主要关注清代以前，颇具系统性、开创性。

1. 清楚认识历史上的目录著作

首先应该弄清历史上所出现的各种重要的目录著作："今欲窥前代著录之全，为研究目录学之指导。"[①]因此，特地以专篇形式，"乃就各史《艺文志》与各家目录，将由汉迄明之目录专书，列为三表，而以官书、私藏、史家别之"[②]。列出官修目录60种，私家目录77种，史家目录14种，共计151种之多。目录收集之全，前无古人，为自己以及后世学者研究中国古典目录，提供了可借鉴之宝贵资料，为研究目录的演变流别和学术发展提供了帮助，具有重要的学术价值。以图表列举中国明代以来之目录，此时期仅汪先生一人。姚名达著有《中国目录学年表》，但其只"取自古至今有关于目录学之零星史事，依年代之先后，逐件系年"[③]，为全书之补充，又并非只记载目录著作之统表。除此之外，汪先生尤其注意于汉魏六朝时期目录学之发展与演变，以《汉魏六朝目录考略》之专题，对此时期出现的所有目录逐一考订："兹特征诸史籍，旁稽百家，凡汉魏六朝所著录，辑为稽考，俾治艺文、事著录者，知所考镜焉。"[④]汪先生对每一种目录著其作者、体例、编目的具体情况等，考证精详，条理清晰，这在中国目录学史的研究中也具有开创性的意义。姚名达先生起初编写《中国目录学史》一书，构建体例为"逐书考察其内容，逐事确定其年代，逐人记述其生平，依时代之先后叙成系统"[⑤]。但由于篇幅较大，真正只完成了宗教目录这一部分，其他目录并无涉及。

然而，汪先生早在数年前，就已经作了这方面的研究工作，考辨目录之源流，从源头上清理了目录学的发展脉络，以《七略》为目录学之初祖，以具体文献（目录）为基础，为撰成唐以前无遗漏之目录学史奠定了坚实的基础，在中国近代目录学史研究中具有重要意义，开创以书代史之先河。

---

① 汪辟疆：《目录学研究》，第52页。
② 汪辟疆：《目录学研究》，第52页。
③ 姚名达：《中国目录学史》，第14页。
④ 汪辟疆：《目录学研究》，第124页。
⑤ 姚名达：《中国目录学史·自序》，第2页。

2. 对中国目录学史研究的具体成果

汪先生在汉魏六朝的目录学研究上，将此时期的目录学发展分成三个阶段，即七略时期：两汉时期；四部时期：魏—晋时期；四部与七略互竞时期：宋—隋时期。而每一时期，均以图书分类法为划分标准。

汪先生认为"目录亦至两汉而大昌"①，而"汉代目录，以向《录》、歆《略》、班《志》为极则"②。因此，于此三种目录的研究均具有考镜源流的作用，确定了目录学研究的起点。

对于《别录》和《七略》的差别，汪先生认为汉成帝时期，刘氏父子校理秘书，分别成《别录》二十卷和《七略》七卷，具体原因就在于"盖向书重在解题，故文繁而事瞻。歆书但明类例，故纲举而目张"③。虽着重点不同，要之六分法在此时期确立下来，并在东汉校书时被采用，班固据此编成《汉书·艺文志》，为后世史志目录的编纂打下了基础。因此，分类法可以随时代改变，然而中国古典目录之精神却由此奠定。"《别录》为提要之祖，《七略》乃编目之宗，班《志》示史家之准则。三家之派别不同，而同为后世目录学之鼻祖则一也。"④又三者均含有极高之学术价值，学者尤应注意。如评价《七略》曰："至其明学术流别之旨，启著录成法之规，后制虽多，要皆逊其精博也。"⑤对于此三种目录的研究，尤其将之追溯为目录学之祖，则将我国目录学的产生定于西汉。虽较姚名达、余嘉锡诸学者上溯到周朝的年代较晚，然而很明确，定位较为准确。事实上，后世对于中国目录学史起源问题的研究，其主流仍以西汉为基点，并由此延伸下去。

对于魏晋时期的目录学发展，汪先生确定为四部时期。其特点就在于"四部著录，既已确定于魏晋矣"⑥。而确立四部的原因，就是"学术随时代而变迁，故著录之体例不能一成而不变"⑦。汪先生以三部目

---

① 汪辟疆：《目录学研究》，第 15 页。
② 汪辟疆：《目录学研究》，第 16 页。
③ 汪辟疆：《目录学研究》，第 16 页。
④ 汪辟疆：《目录学研究》，第 17 页。
⑤ 汪辟疆：《目录学研究》，第 131 页。
⑥ 汪辟疆：《目录学研究》，第 19 页。
⑦ 汪辟疆：《目录学研究》，第 17 页。

录书为研究重点，即郑默《中经》、荀勖《晋中经新簿》以及李充《晋元帝四部书目》。并认为此三种目录均对四分法产生了重要影响。"四部虽确定于李充，发轫于荀勖，而郑默《中经》之作，亦在筚路蓝缕之列矣。"[①]

而到六朝时期，目录分为两类："即其一遵用《四部》之目录，与其一改订《七略》之目录是也。"[②]尤其注意到了平时不被学人所关注的隋代许善心的《七林》。《七林》一书，已久佚，且在当时就没有受到重视，《隋志》也并无著录。然而，汪先生却留意于此，并认为是学术价值颇高的目录，给予了很高的地位。"后世解题提要之作，渊源虽出于《别录》，然善心《七林》之作，亦有承先启后之功，又非王、阮所能望项也。"[③]又称："许氏于规模王、阮之余，直闯刘、班之室，固此时期中治录略者之佼佼也。"[④]对于《七林》的较为详细的研究，填补了目录学研究的一项空白，为七分法在六朝时期发展的客观现实，以及古典目录"辨章学术、考镜源流"的充分体现，都起到了丰富、巩固的作用，改变了人们对中国古典目录中的七分法的发展以及解题目录演变的认识，开辟了目录学研究中的新思路，也促使了人们对王、阮《志》《录》学术性及价值的重新认识。

对于唐以前的目录学史研究，奠定了目录学源流研究的基础。由于唐以前是中国目录学发展的第一个阶段，而后世"著录之作，纷然并起。溯厥渊源，条其流别，罔不导源于隋唐以前也"[⑤]。因此，对其进行梳理才更显意义。汪先生认为："窃以目录之学，创始于两汉，改进于魏晋，极盛于六朝。"[⑥]在体例的创制以及学术性的发挥上，均达到很高的水平。目录可分为官书、私著、史志之别，而"论目录之学，则李唐以前，实备众体"[⑦]。此后的目录"官书多守四部之成规，私家则具开阖之微旨，

---

① 汪辟疆：《目录学研究》，第19页。
② 汪辟疆：《目录学研究》，第20页。
③ 汪辟疆：《目录学研究》，第178—179页。
④ 汪辟疆：《目录学研究》，第95页。
⑤ 汪辟疆：《目录学研究》，第26页。
⑥ 汪辟疆：《目录学研究》，第25页。
⑦ 汪辟疆：《目录学研究》，第26页。

史家乃极删述之能事"①。均本源于此时期之目录及分类法大旨。

汪先生对唐以前目录学的研究，是本书的一个重点，同时也是他本人目录学思想的重要体现。以此时期为中国目录学史发展的基础和源头，充分反映了溯本求源的"史的目录学家"的思想。对该问题的思考以及对此时期的学术定位，影响了后世的目录学研究，也描绘出了中国目录学史的早期发展框架。

对唐宋元明四朝目录的研究，汪先生主要从"官书、私著、史志三大别，择要论列"②，对其中出现的重要目录均作了精要的研究。如关于史家目录，分为正史之属、别史之属、拟史之属。概括全面，又不失重点。这是关于史志目录较早的分类，而同时其他的目录学家并没有重视。这种分类或被后世直接引用，或被稍微改变，要之不能脱离这一框架，因此，成为划分史志目录的主要标准之一。程千帆先生《校雠广义·目录编》中对于史志目录的分类，便分为"正史里原有的《艺文志》或《经籍志》""后人补撰、补编的《艺文志》或《经籍志》""其他史籍里的目录"。前两者便是正史之属，而最后一项就是别史之属。

书中评论多有独到之处，在论述唐初文教大兴，而无"目录之修"的原因时，认为："盖太宗所骋志在文辞，所钟嗜在翰墨，于经籍盖浮慕焉；未必如隋、宋之竭力搜访也。"③汪先生注意到目录学史中的某些细节，且做出合理的解释。论及宋代私家目录，"惟昭德晁氏、直斋陈氏二家之所著录，则真有宋一代私家目录中之最有典则者也"④，两者"并为考证之必资也"。对目录学代表作品的《隋志》，评其"亦只可考汉后之艺文，至其叙述源流，间有乖误"。但其"至区分类目，关系尤巨"，"史家奉为准绳，私录资其沾溉，则综核损益之功，不得不谓之勤且力矣"⑤。将《隋志》看成是继承《汉志》、四部，开导宋元目录的过渡时期。这在客观上将有清以前的目录及其发展串联成了统

---

① 汪辟疆：《目录学研究》，第26页。
② 汪辟疆：《目录学研究》，第29页。
③ 汪辟疆：《目录学研究》，第29页。
④ 汪辟疆：《目录学研究》，第36—37页。
⑤ 汪辟疆：《目录学研究》，第45页。

一的有机整体，每一部目录的出现，都是有其发展规律的，都是目录学发展史上的一个环节。

汪先生对史家目录总体上评价颇高，但在具体问题上也有例外。如看待《文献通考·经籍考》，"知其著书之旨，不过排比旧文，博采众说，其于类例之更定，书旨之研讨，彼固未尝别有发明，但供后学之稽考而已"[①]。针对明代目录中多难以细说的现实，汪先生颇能抓住明代目录的精髓："明代目录虽多，其典则可法者，私撰则有黄俞邰之《千顷堂》，史家则有焦弱候之《经籍志》。一代著录，得此二书，差称不寂寥矣。"[②]

关于四朝目录的研究，是继"唐以前目录"之后，关于中国古典目录学发展时期的研究，是目录学研究具有开拓性的文章，使中国目录学史研究更进一步深入。

（四）关于图书分类法的研究

图书分类法是目录学研究的重要课题之一，对该问题的关注，在中国目录学史、文献学史乃至学术史的研究中，均具有重要意义。

汪先生在图书分类法的研究上，注重于七分法和四分法的历史演变，并认为两者之间相互联系，相互发展，成为统一的发展整体。

在影响图书分类法的因素上，汪先生提出学术与文献在图书分类法中的作用。

由七分法转变为四分法，就在于"学术随时代而变迁，故著录之体例，不能一成而不变。魏晋以来学术日歧，典籍弥众。《七略》所部，已难尽遵，于是不得不别用概括之法"。

在文献数量原因方面，汪先生认为"书籍为学术所寄托"[③]，因此学术上的变化必然会作用于文献。而"目录本以记载书籍为目的，所谓以书为对象是也"[④]，图书分类法也会随之改变。史书部类的独立，汪

---

① 汪辟疆：《目录学研究》，第49页。
② 汪辟疆：《目录学研究》，第52页。
③ 汪辟疆：《目录学研究》，第9页。
④ 汪辟疆：《目录学研究》，第9页。

先生就认为："盖以经书只有此数，后人注疏亦不离其宗。而史书则与日俱增，尽附存于六艺之《春秋》家，其势不能。"① 在谈到宗教目录时，汪先生谈道："道家虽原本老子，然汉后异派纷立……故《道藏》一书，几埒四部。佛氏自东汉以后骎盛，至魏晋而经论益滋；至符秦而众籍咸备；至唐而佛法之书，亦侪四部。此道释二氏万不可尽附于七略四部之内也。"② 这些都在一定程度上借鉴了章学诚的目录学思想，又加以补充和完善。

在七略、四部的研究上，汪先生重点放在《七略》《汉志》《晋中经新簿》《晋元帝书目》《七志》《七录》《隋志》的分类法上，并以图标的形式，较为直观地反映出了每部目录在分类法上的特色，以及其中合并、分离、增置、删减等，并探索出分类法在唐以前的主要发展规律。如关于史部与经书的开合问题，诸子的分合、诗赋与文集、图谱的专门分类、佛道二家的分合。通过这些探讨，得出结论："四部虽起于荀勖、李充，然其体则已孕于刘《略》班《志》，此源流之可溯者也。"这就将我国的主流分类法，在学术层面上统一了起来。从过去人们普遍认为的由七分法变成四分法，而改为两种分类法的互相渗透，分类法的源头在于七分法，但四分法的某些因素在其中也有所体现，充分反映出中国主流图书分类法的一种内部调整，为四分法的分类体系与结构上的起源做出了自己的判断，将四部分类法的体例特征融入到整个中国古代的图书分类法研究中去。

对于七略和四部的研究，汪先生提出主体与主质的观点。他认为："典籍分类，不外二法：曰质与体而已。以质区者，刘歆《七略》与后世王俭《七志》、阮孝绪之《七录》是也；以体区者，荀勖之四部与后世之《四库》是也。主质则颇能统学术之流别，存专门世守之业；崇体则能使界限归诸整齐，不免有牵凑笼统之弊。"③ 认定七分法为"主质"之分类，四分法为"主体"之分类。这两种分类法有各自的主旨和特点，应区别

---

① 汪辟疆：《目录学研究》，第 97 页。
② 汪辟疆：《目录学研究》，第 100 页。
③ 汪辟疆：《目录学研究》，第 140 页。

对待。"鄙意目录分类，主体主质，各有所尚。体与质分，指归可识；体与质淆，辨别不易。"①以体、质不同，规定分类法的特点。在论述"诸子与兵书术数方技之开合"这个问题时，此三种与子部最终合并，而成四分法中的一类，就在于"盖以三部本为专家，与诸子之学，可相附丽，分之即便于校雠，合之则亦相伦类。且四部以统括见长，势难别出"②。

"七分法"有助于发挥目录学"辨章学术、考镜源流"的作用，有助于专门学问的发展。"四分法"使图书分类趋于整齐，但却不利于从目录反映学术的发展变化。这就使中国之主流分类法，一改四、七法的惯例，而以学术为标准，虽仍是四、七之分，但视角却不再单独局限于文献。

（五）丛书目录与编制索引

丛书是中国文献中的重要组成部分，且具有极高的学术价值，是考证、辑佚等文献整理工作的必备图书。汪先生对此有深刻的认识："晚近以来……（丛书——笔者加）虽利钝并陈，良楛各别，然嘉惠后学，当不可诬。"③但是，随着丛书数量的增多，及学者使用量的增加，不便之处多有出现："惟刊刻既繁，流别总杂。不有识别，则博而寡要、劳而鲜功之弊，要未能免。"④因此，急需对历代丛书，予以编目，加以统领，以便读者"用特疏其源流，条其类别。……志学之士，取而览观，亦治目录学者所有事也"⑤。为此，汪先生对丛书的源流、变迁及发展等都进行了一次相对系统的梳理，定丛书起源于周代，"丛书之制，在周汉而已开"⑥，至清代时，"丛书流布多而且精"。又将此时期的丛书发展分成四段："康雍，则其启蒙时期也；乾嘉，则全盛时期也；道咸，则分化时期也；近代，则汇流时期也。"⑦并认为这些均是"学术之变迁也"。对丛书"辨章学术、考镜源流"的考证，以汪先生较早，它充

① 汪辟疆：《目录学研究》，第110页。
② 汪辟疆：《目录学研究》，第98页。
③ 汪辟疆：《目录学研究》，第101页。
④ 汪辟疆：《目录学研究》，第101页。
⑤ 汪辟疆：《目录学研究》，第101—102页。
⑥ 汪辟疆：《目录学研究》，第102页。
⑦ 汪辟疆：《目录学研究》，第109页。

分反映出了近代文献发展及学术进步的客观动态。

汪先生认为，给丛书编制目录，"俾学子研精学术之余，有采获逢源之乐"①。也就是既有利于治学，又有利于索书。然丛书目录不易编制，因为"丛书既汇群集为第一编，自难区以四部。……此丛书汇目分类之一大困难也"②。所以不易以四部统之，而应借鉴分类法主体主质时的各自特点，吸收二家之长，而独创分类法。"丛书分类之法，当先定为总类、专类两大纲，所谓定其体制是也。大纲既定，于是分别其子目，所谓求其性质是也。惟总类子目，仍难以质求，自宜仍从体制，略为区分，而专类则必穷其性质，俾可略识指归，庶几检寻自易。"③并以此为指导思想，将丛书分为总类、专类两大类。总类下分属举要、搜异、景旧、辑佚四类；专类又有专代、专地、专人和专学之分："其先后次第，并可随其数之性质，变通排比"④。

丛书目录的出现，并不是汪先生的首创。嘉庆间，顾修之《汇刻书目》已开其先。然而，这些目录"分类之法，则草率殊甚"⑤。而汪先生对于丛书分类与编目的研究，已初步付诸实践，则在中国目录学史上占有重要地位。他对古今丛书的编目，并发挥该类目录的学术性及便于读者的检索都起到发微的作用。

不仅如此，汪先生还极力倡导丛书书目索引的编制。"尚顾有急待从事者，则编定《丛书汇目索引》是也。"⑥且其为"治学者不可少之要籍也"⑦。所谓《丛书汇目索引》，汪先生认为："丛书之贵有专目，不在欲知某种丛书内，所收何书与书若干种，而在欲知某种书在何种丛书内，或同时可检得某书互见某丛书中。"这便极有利于读者："只须一检此索引，顷刻可得。"⑧

---

① 汪辟疆：《目录学研究》，第109页。
② 汪辟疆：《目录学研究》，第110页。
③ 汪辟疆：《目录学研究》，第111页。
④ 汪辟疆：《目录学研究》，第120页。
⑤ 汪辟疆：《目录学研究》，第110页。
⑥ 汪辟疆：《目录学研究》，第120页。
⑦ 汪辟疆：《目录学研究》，第121页。
⑧ 汪辟疆：《目录学研究》，第245页。

因此，汪先生创立了一套具体的编制丛书书目索引的方法。以"丛书内子目，以首一字笔画繁简，分散排列"①，并于子目下，注明卷数、作者、所收丛书及版本情况等。另有《丛书书目提要》，以整体介绍目录中的每一部丛书，使读者从子目上溯到丛书，通过丛书之提要，又对子目有所了解，利于鉴选，极便学者之研究。

从汪先生以后，学者对于丛书目录的关注与研究才进一步兴盛起来，并成为近现代目录学中的主要问题之一。20世纪80年代上海图书馆《中国丛书综录》可谓丛书目录的集大成者。而其中索引的编制方法以及丛书的分类法上，都可以看到汪先生的影响。由此可见，在丛书目录的研究领域，汪先生是最早予以关注的学者之一，并推动了丛书目录的发展，对其起到了抛砖引玉的作用。

汪辟疆是我国著名的目录学家。其代表作《目录学研究》一书，虽只分成几个专题，却都是目录学研究领域中的关键，有助于构建目录学理论体系；而其中所谈到的诸如图书分类法、丛书子目索引编制等观点，均具有独到之处，对后世影响深远，值得关注和总结。

五、郑振铎的目录学成就

郑振铎（1898—1958），又名铎民，小名木官，字警民，号西谛，祖籍浙江永嘉，生于福建长乐，我国著名的文学家、藏书家和文献学家。1917年入北京铁路管理学校学习，曾担任过商务印书馆编辑，《小说月报》主编。1927年旅居英、法等国，回国后先后担任过北京大学、清华大学和上海暨南大学的教授，《世界文库》主编。抗日战争时期，参加文化救亡协会，主编《民主周刊》。建国后，历任全国文联福利部部长、全国文协研究部长、人民政协文教组长、中央文化部文物局长、民间文学研究室副主任、中国科学院考古研究所所长、文化部副部长、中国作家协会理事等职。他1958年出国访问时，因飞机失事不幸遇难。先生去世后，其家属将藏书全部捐献给国家图书馆。他被誉为"上世纪的学

---

① 汪辟疆：《目录学研究》，第121页。

界通才、文化名人、新中国考古、文物事业的缔造者和奠基人"①。郑先生一生著作丰富，可谓著作等身，如《插图本中国文学史》《中国俗文学史》《中国文学研究》等，在中国文学史上具有举足轻重的地位，而又颇注意目录的编纂，主要有《关于诗经研究的重要书籍介绍》《中国小说提要》《明清两代的话本集》《佛曲叙录》《西谛所藏弹词目录》《劫中得书记》等。通过相关目录，可对郑振铎的文学目录学成就做一简要的介绍。

（一）《关于诗经研究的重要书籍介绍》

曾经有学者对郑振铎的目录学思想做过概括："郑振铎目录学思想，归结起来是两个字——导读。"②这句话虽略显绝对化，但是从郑振铎大部分的目录著作来看，却是有针对性的，如《关于诗经研究的重要书籍介绍》就具有这样的性质。

该目录是一部关于我国最早的诗歌文献的专科目录，最早发表在1927年《小说月报》的《中国文学研究专号》上，作者著此目录的目的是为指导读者阅读《诗经》，并简略地介绍一些有关于《诗经》的学术史："我们入手研究《诗经》后，大概都会感到一种极大的困难，便是关于《诗经》研究的著作太多了，而又无一本是很完善，可以拿来做研究的基础的。"③因此，有必要对历史上出现的《诗经》文献进行系统的整理，以达到"把《诗经》整理好了，成一部较完备较精密的书，省得我们以后再费许多力量，去做这种很辛苦的工作"的目的。全篇收录了中国古代至当代的与《诗经》有关的各类著作，因为该目录为导读书目（又称推荐书目录），所以只收录现存的，著录的版本也较为普通，便于读者查阅。"现在所写的各书，除了少数的例外，大概都是我曾经见过，且都是很易得到的刊本的。"④这篇目录有以下几方面特点：

① 李致忠：《郑振铎与国家图书馆》，《国家图书馆学刊》2009年2期，第9—12页。
② 黄景行：《郑振铎目录学思想概述》，《图书馆学研究》1987年6期，第84—88页。
③ 郑振铎：《关于诗经研究的重要书籍介绍》，《中国文学研究》，作家出版社，1957年，第24页。
④ 郑振铎：《关于诗经研究的重要书籍介绍》，《中国文学研究》，第49页。

1. 在分类方面

《诗经》是我国传统社会极为重要的经学文献，历来对该书的研究从未间断，各类型的公私藏目录均有著录。但《诗经》历来汉、宋学派之争不停，至乾隆时期编纂《四库全书总目》时，将各文献"并录存之，以消融数百年之门户"①。但只析出存目，没有具体分类。关于《诗经》的导读书目于历代更不常见，所以制定一种适用于初学者的关于《诗经》文献的分类法也未被学者所重视，直至郑先生时才始见其发端。全篇共分文献为四个一级类目，即"第一类是关于《诗经》的注释及见解的书，第二类是关于《诗经》的音韵名物的研究及异文的校勘的，第三类是关于《诗经》书籍的辑佚的，第四类是附录"②。主要部分在前两目，因此又分有二级类目。第一类又按照年代下分为五个二级子目：宋以前的《诗经》注解、宋人关于《诗经》的著作、元人的关于《诗经》的著作、所见到的比较重要的明人的《诗经》注释、清初到现在的比较重要的关于《诗经》研究的著作。第二类按照图书内容下分为三个二级子目：关于《诗经》的名物疏释的书（其中又包括：疏释草木鸟兽虫鱼的，疏释《诗经》里的地名的，疏释天文、氏族及其他器物制度的三个三级子目），关于《诗经》音韵的研究的书，关于《诗经》异字异义之校勘的著作。全篇分类较为系统，对初学者介绍了历代《诗经》研究的主要方向，即注释、文字音韵训诂、辑佚。在注释之中，也打破了学术派别之争，统以年代作为标准，体现了《诗经》注释的历史发展。而关于《诗经》的文字、音韵、训诂方面的研究，则按照内容划分，则每一小学科的源流可得而考之。分类法本为体现学术源流之必要手段："典籍浩瀚，非群分类聚，无以见其系统，无以贮藏检点。"③而导读书目的分类法，面向的是初学者，在反映学术源流和系统的同时，更要做到简单明了。该篇目录的分类法，能使读者初步了解关于《诗经》研究的各项内容，充分发挥了导读书目的作用。

---

① 永瑢等：《四库全书总目》，中华书局，1964年，第119页。
② 郑振铎：《关于诗经研究的重要书籍介绍》，《中国文学研究》，第25页。
③ 昌彼得：《中国目录学讲义》，（台湾）文史哲出版社，1973年，第87页。

2. 全篇有小序

导读书目是针对初学者："围绕一个专门目的，对有关文献加以选择，推荐给读者的一种目录。"① 目录推荐给读者的不但是图书，更重要的是学术史。因初学者阅读文献，如没有清楚学术史的发展，往往也会造成对图书的一知半解。这也是传统的"辨章学术、考镜源流"理论在导读书目中的一个体现。学术史可通过分类法、文献解题等反映，但是小序的作用是不可忽视的。"小序，所以考一家之源流。"② 该篇目录充分地利用了小序的目录学价值，在每一个二级子目中均著录了小序。其中的内容或者考辨学术源流与发展，如"宋人关于《诗经》的著作"的小序，简要地介绍了"传《诗》者，汉时本有四家，其后三家之书皆佚"③，至宋时的"废序说《诗》之论"。或者介绍某一类文献的特点，如"关于《诗经》的名物疏释的书"的小序就介绍了这类文献较少的原因："名物的研究，较为切实，不易发挥空论，所以这一类的著作也比较得少些。"④ 或者概括文献价值，如作者在"关于《诗经》书籍的辑佚"的小序中提出了对辑佚文献的看法："在这些年代中所散佚的书，并不都是没有存在的价值的。有许多且较现存的书为更好。"⑤ 并简要地阐述了辑佚学的发展轨迹。通过小序的编纂，本篇目录大致地反映了关于《诗经》的各种学问及在历代的发展情况，为学者了解学术史，从而更深入地掌握图书内容提供了重要参考。

3. 关于解题

导读书目要将文献推荐给读者，则解题必不可少。解题更多的是要"专述书之内容以便读者之取材"⑥，是了解图书内容及主旨的直接途径。该篇目录限于篇幅，并非对每一部文献均作解题："各书下面所附的几句说明，极简单，目的只在略略表明那些书的性质或内容而

① 程千帆、徐有富：《校雠广义·目录编》，第 274 页。
② 余嘉锡：《目录学发微：含〈古书通例〉》，第 30 页。
③ 郑振铎：《关于诗经研究的重要书籍介绍》，《中国文学研究》，第 29 页。
④ 郑振铎：《关于诗经研究的重要书籍介绍》，《中国文学研究》，第 40 页。
⑤ 郑振铎：《关于诗经研究的重要书籍介绍》，《中国文学研究》，第 47 页。
⑥ 姚名达：《中国目录学史》，第 140 页。

已。"①解题虽然简略，所包含的内容却是丰富的，其指导阅读的特点尤为明显。如向读者推荐优秀版本，《毛诗传笺》"此书刻本甚多，惟宋岳珂所刻相台五经本较好"②，或阐明图书的重要性，以引起读者的重视，如姚际恒的《诗经通论》，"此书极为重要，多独特的新解，而能超出于毛、朱的聚讼之外"③。或体现图书主旨，《诗疑》"主张删去《野有死麕》《静女》《桑中》诸诗"④。或介绍内容，《诗集传名物钞》"为释朱熹《诗集传》里所有名物之作"⑤。而最重要的就是介绍图书内容或著作观点的源流，达到"辨章学术、考镜源流"的作用，如段昌武《诗义指南》"昌武为宗吕祖谦之《诗说》者"⑥，而胡广等撰的《诗集传大全》"以刘瑾的《诗传通释》为蓝本"⑦。通过考辨学术史的方法，有助于读者了解图书内容及在学术史中的地位。另外，解题在考辨著者、辨伪、指导读者查阅图书等方面都有不同程度的涉及，以简短的篇幅最大限度地发挥了导读的作用。

《关于诗经研究的重要书籍介绍》是民国时期诗歌文献的代表性目录著作，其以简短的篇幅较好地达到了收录图书的实用性，小序和解题具有较高的学术性，充分地发挥了导读书目的作用，为《诗经》在当时的普及与研究奠定了目录学基础。

（二）《中国小说提要》

《中国小说提要》由郑振铎于 1925 年以笔名"Y·K"发表在《时事新报》副刊《鉴赏周刊》第 2 期至第 18 期中，是我国"第一份古代通俗小说专科目录"⑧，开创了为通俗小说编制目录的先河。按照先生的初衷，本打算编纂一部较为完整的通俗小说书目，但是"那些无穷尽

① 郑振铎：《关于诗经研究的重要书籍介绍》，《中国文学研究》，第 49 页。
② 郑振铎：《关于诗经研究的重要书籍介绍》，《中国文学研究》，第 25 页。
③ 郑振铎：《关于诗经研究的重要书籍介绍》，《中国文学研究》，第 34 页。
④ 郑振铎：《关于诗经研究的重要书籍介绍》，《中国文学研究》，第 29 页。
⑤ 郑振铎：《关于诗经研究的重要书籍介绍》，《中国文学研究》，第 39 页。
⑥ 郑振铎：《关于诗经研究的重要书籍介绍》，《中国文学研究》，第 28 页。
⑦ 郑振铎：《关于诗经研究的重要书籍介绍》，《中国文学研究》，第 31 页。
⑧ 潘建国：《中国古代小说书目研究》，上海古籍出版社，2005 年，第 274 页。

的浅薄无聊的小说，实在使我不能感得兴趣，便搁下来一直到现在"①，所以实是一部未完稿。该篇目录的写作目的很明确："中国小说向来没有人加以有系统的整理"②，而民国时期又是小说史研究发展的高峰："中国小说史这一新兴学科……至二三十年代即已蔚为大观。"③在这种背景下，文献学的发展已远远落后于学术的要求。所以需要通过编制目录的方式："一方面给自己搜集进一步的研究材料，一方面也可顺便的将中国小说的宝库的内容显示给大家。"④同时，面对汗牛充栋的小说文献，许多读者在阅读时不知分别良莠，因此，作者也有必要 "把他们的内容逐渐的一部一部的介绍出来给大家看"⑤，对文献的优劣予以甄别，这也体现了该篇目录的导读性质。因为该书在小说史专科目录方面具有开创性，所以在目录学价值方面值得总结。

1. 关于收录

全篇目录不分卷，共收录通俗小说 20 余篇，主要集中在讲史类小说范围内。从篇幅上看，多为长篇小说，不涉及 "话本" 和 "拟话本" 等短篇小说或小说集，因著者不可考，成书年代也不甚清楚。因此在安排文献上，以图书所描写的故事发生年代为序，最早从上古时期的《开辟演义》，最晚至描写薛家将的《说唐征西传》。

2. 关于解题

《中国小说提要》的解题与《关于诗经研究的重要书籍介绍》的解题有明显不同，后者注重文献导读，而前者更注重于文献考证。这也是因为民国时期是小说史研究的 "'朴学'方法的传承与创新"⑥的时代，朴学的方法被运用到小说文献的考证当中有关，至郑振铎时，将这种方法运用到目录的解题之中。全篇目录的解题主要包括两大方面，即图书内容和序跋。介绍内容，以便于读者对图书的理解，如《前七国志》一

① 郑振铎：《中国通俗小说书目序》，《中国文学研究》，第 478 页。
② 郑振铎：《中国小说提要》，《中国文学研究》，第 333 页。
③ 胡从经：《中国小说史学史长编·绪论》，上海文艺出版社，1998 年，第 1 页。
④ 郑振铎：《中国小说提要》，《中国文学研究》，第 333 页。
⑤ 郑振铎：《中国小说提要》，《中国文学研究》，第 334 页。
⑥ 胡从经：《中国小说史学史长编》，第 109 页。

书"叙战国时孙膑与庞涓斗智之事"[①]。而读者阅读序跋，则"颇可于此见出作者、释者的见解的一斑"[②]。同时，全篇"除了重述各书的故事之外，关于那些故事的来源及其他，也连带的说些话"[③]。但是，就是这种阐述故事来源的解题，更能够体现出小说史的内在联系，为"辨章学术、考镜源流"打下基础。故事的来源主要包括三个方面，一是从史书中来："这个故事的大纲是根据司马迁的《史记》的。"[④]二是从其他小说中来："三擒袁达的一节，他似抄袭《三国志》七擒孟获的数回。"[⑤]三是从戏剧等其他文献中来："这个故事里的薛仁贵与柳小姐的事情，似脱胎于《白兔记》中刘智远与李三娘事。"[⑥]这种在目录解题中考证内容源流的方法，被后来大部分专科目录如《中国通俗小说书目》等所借鉴，成为研究小说史的重要手段。除研究内容源流外，作者也对部分图书的内容进行比较，如《前七国志》与《后七国志》两书："在文艺价值上来讲，《后志》胜于《前志》不止数十倍。"[⑦]对内容进行文学评价，如《东周列国志》，多采用《左传》《战国策》《史记》等文献中的史实，因此"只算是一部白话历史[⑧]"，对读者也起到了指导阅读的作用。

另外，诸如考证成书年代、解释书名等，均是将考证方法运用于小说文献目录中，丰富了目录的文献学价值。

（三）《明清二代的平话集》

该篇目录最早发表在《小说月报》第 22 卷第 7—8 期（1931 年）上，作者利用了大半年的时间，收录了明清两代作者所知见的平话小说集，已颇完备："今所已知的明清话本集，本书所述，大略已颇近其要。"[⑨]

---

① 郑振铎：《中国小说提要》，《中国文学研究》，第 343 页。
② 郑振铎：《中国小说提要》，《中国文学研究》，第 335 页。
③ 郑振铎：《中国小说提要》，《中国文学研究》，第 334 页。
④ 郑振铎：《中国小说提要》，《中国文学研究》，第 343 页。
⑤ 郑振铎：《中国小说提要》，《中国文学研究》，第 345 页。
⑥ 郑振铎：《中国小说提要》，《中国文学研究》，第 357 页。
⑦ 郑振铎：《中国小说提要》，《中国文学研究》，第 346 页。
⑧ 郑振铎：《中国小说提要》，《中国文学研究》，第 348 页。
⑨ 郑振铎：《明清二代的平话集》，《中国文学研究》，第 473 页。

该篇共收录文献 28 部，为《清平山堂所刻话本》《京本通俗小说》《熊龙峰刊行小说四种》《绣谷春容》《古今小说喻世明言》《别本喻世明言》《警世通言》《醒世恒言》《拍案惊奇》《拍案惊奇二刻》《今古奇观》《觉世雅言》《燕居笔记》《石点头》《西湖二集》《醉醒石》《拍案惊奇三刻》《二刻拍案惊奇别本》《二刻醒世恒言》《觉世名言十二楼》《豆棚闲话》《欢喜奇观》《照世杯》《西湖佳话》《娱目醒心编》《西湖拾遗》《二奇合传》《今古奇闻》等。这些文献的书名，有部分是作者自拟而成，如《清平山堂所刻话本》一书，本无名称，因版心上刻有"清平山堂"四字，"故今姑以清平山堂所刻话本名之"①。但大部分书名，均为作者所见版本所标注之书名。

前面已经述及，《中国小说提要》因为未完稿，所以只收录了讲史类的小说文献，而《明清二代的平话集》则以收录短篇小说集为主，平话小说在篇幅上与传奇小说同属短篇："惟前者写以文言，后者写以白话而已。"②"话本之流行，其初原是各自成篇的。"③且话本集多收录的是单篇成文的话本小说，通过阅读平话小说集，即可了解过去单篇小说之一斑。所以如果将《中国小说提要》与《明清二代的平话集》结合起来，更可视为较为完整的中国通俗小说目录了。

《明清二代的平话集》以较为详细的考证文字，辅之以原刻本之序跋和篇目，向读者较为全面地展示了明清时期"平话集"这种文献的发展，以及单篇小说在这些话本集中的流传，对于研究中国小说史和平话小说文献史，具有重要意义。该书又被学者称为"第一份有关明清话本集的书目提要"④，在我国平话集专科目录上也具有开创性的意义。

该篇目录没有分类，只是大致按照刊刻的年代排列文献，其主要价值体现在解题方面，主要包括以下几方面内容：

---

① 郑振铎：《明清二代的平话集》，《中国文学研究》，第 369 页。
② 郑振铎：《中国小说的分类及其演化的趋势》，《郑振铎说俗文学》，上海古籍出版社，2000 年，第 34 页。
③ 郑振铎：《明清二代的平话集》，《中国文学研究》，第 364 页。
④ 胡从经：《中国小说史学史长编》，第 124 页。

介绍图书的编者："梗字子美，以其祖钟荫，仕至詹事府主簿"[①]；刻书年代，《清平山堂所刻话本》，通过序言和板式，判断该书"当系刊于嘉靖间无疑"[②]；平话集所收各单篇小说的具体创作年代："在《古今小说》的四十卷中，包含着四十种话本。这些话本的年代，则包括着宋元明三代。"[③] 其后将作品年代可考者，一一列出，为读者了解各朝代平话小说的异同，打下了基础。

解题还涉及刻书地点考证，《京本通俗小说》闻其名似在北京，实则"大有是闽刊的可能"[④]。图书的内容源流，如在《今古奇观》的四十种话本里，"出于冯梦龙的《古今小说》的有八种，出于《警世通言》的有十种，出于《醒世恒言》的有十一种，出于《拍案惊奇》的有七种，出于《拍案惊奇二刻》的有三种"[⑤]。另外，解题中还采用了注明篇目的形式，通过这些方法，均便于考证图书之源流，也是考证单篇小说的演变的重要参考。

辨伪是该篇目录之解题所发挥的重要作用之一。"平话集的伪本极多，改名换目的坊刻，尤习见不鲜。"[⑥] 因此，有必要对文献的刊刻年代、造伪的方法等进行考证，以还原这些文献真实面貌，不能解决的问题也以阙疑的态度对待之。最明显的就是《京本通俗小说》，缪荃孙考证现存版本为"影元人钞本"，但是该书中的一篇《金主亮荒淫》，由郑振铎先生考证为明人所作，因此缪氏的观点就值得怀疑："所以缪氏的'影元钞本'云云，只不过是一个想当然的猜想，绝不是一个定论。"[⑦] 而该版本年代经考证初步定为"明代隆万间的产物"[⑧]，而至于明末清初造伪的方法及原因，作者也有独到的见解："一则因为明末大乱之后，诸话本集的书版，已皆散佚不全。坊贾偶得残版便以为奇货可居，大可

① 郑振铎：《明清二代的平话集》，《中国文学研究》，第 369 页。
② 郑振铎：《明清二代的平话集》，《中国文学研究》，第 370 页。
③ 郑振铎：《明清二代的平话集》，《中国文学研究》，第 385 页。
④ 郑振铎：《明清二代的平话集》，《中国文学研究》，第 377 页。
⑤ 郑振铎：《明清二代的平话集》，《中国文学研究》，第 421 页。
⑥ 郑振铎：《明清二代的平话集》，《中国文学研究》，第 470 页。
⑦ 郑振铎：《明清二代的平话集》，《中国文学研究》，第 377 页。
⑧ 郑振铎：《明清二代的平话集》，《中国文学研究》，第 377 页。

作伪以欺世。再者，各书的原本也大都传世甚鲜，使坊贾的作伪，不容易为世人所知道。而那种平话集，有是雅俗恒宜，最易畅售的，所以坊贾们便也更高兴的去设法作伪。"① 这段话在文学文献辨伪学上具有重要意义，为读者的辨伪工作提供了理论依据。

（四）《佛曲叙录》

《佛曲叙录》是郑振铎于 1927 年于《小说月报》第 17 卷上发表的关于"个人所得到的"② 和经眼的佛曲目录，图书收录了《佛本行集经俗文》《八相成道俗文》《维摩诘所说经俗文》《鱼篮宝卷》《孟姜仙女宝卷》《消灾延寿阎王经》等 44 种佛曲、宝卷文献。他由此成为我国最早注意到这些文献的文学价值并编纂目录的学者之一。

佛曲是一种流传于民间的文学体裁，又称之为变文，是"南方的最古的民间叙事诗之一种"③。加之敦煌文献中，大量的佛曲被公之于众，"敦煌写本里的最大的珍宝……乃是所谓'变文'者"④，为学者提供了可资研究的材料。其重要性也逐渐被郑振铎等通俗文学研究者所重视。"变文的被发现，实在是研究中古文学的一个最大的消息。有了'变文'的出现，那末唐、宋以来的许多新生的文体，便都有确定其起源的可能。"⑤ 因此，为这些文献编制目录成为当时的迫切需要。据作者自序："这些作品都不是什么难得的，绝版的东西。如果费工夫到小书摊上及善书坊里去找，都可以找得到的。"⑥ 但实际上该篇目录中收录了不少敦煌出土文献："《佛本行集经俗文》为敦煌石室所出佛曲之一，今藏京师图书馆，未有刊本。"不过，这也增加了目录收录文献的全面性。

该篇目录主要通过解题介绍了所藏佛曲、宝卷的刊本与所收藏的卷

---

① 郑振铎：《明清二代的平话集》，《中国文学研究》，第 426 页。
② 郑振铎：《佛曲叙录》，《中国文学研究》，第 1068 页。
③ 郑振铎：《佛曲叙录》，《中国文学研究》，第 1068 页。
④ 郑振铎：《变文的出现》，《郑振铎说俗文学》，第 262 页。
⑤ 郑振铎：《什么叫做"变文"？和后来的"宝卷""诸宫调""弹词""鼓词"等文体有怎样的关系》，《郑振铎说俗文学》，第 274 页。
⑥ 郑振铎：《佛曲叙录》，《中国文学研究》，第 1068 页。

数^①，或告之以读者寻书的途径，如"今刊于《敦煌零拾》中"^②，或告之以宝卷作者，或阐明宝卷之文献发展，如"《香山宝卷》为许多流行的宝卷中最古者"^③，或告之以文献别名，如《鱼篮宝卷》"此卷一名《鱼篮观音二次临凡度金沙滩劝世修行》"^④，而最重要的是解题对文献内容有较详细的介绍，从而增强了目录的可读性，使人阅之颇有趣味性。

（五）《巴黎国家图书馆中之中国小说与戏曲》

该文最初发表在1927年的《小说月报》第18卷上，主要收录了作者1927年赴欧洲访书时所见到的在国内比较稀有的小说、戏曲文献及其版本。作者有感于中国小说、戏曲文献的缺乏，难以从事学术研究："小说戏曲，更是国内诸图书馆不注意的东西，所以要靠几个国内图书馆来研究中国的小说戏曲，结果只有失望。"^⑤所以借外出的机会，竟在法国"流连了几个月"^⑥。该目录收录了32种通俗小说，其中长篇小说25部、短篇小说7部，每部小说又著录了不同的版本，这些著录的版本很多被国内学者所借鉴，如孙楷第《中国通俗小说书目》就引用了不少其中的考证结果。作者也希望通过编纂访书目录的方法，达到"使国人注意到许多向来不注意的作品"^⑦的目的。自郑振铎赴海外搜集通俗小说文献后，如向达、刘修业、柳存仁等先后赴国外搜寻中国小说、戏曲文献，而溯其源头还是归于郑振铎。该目录开创了中国学者赴海外寻找中国小说、戏曲文献的先河，由此扩大了中国小说、戏曲史的研究范围，拓宽了研究思路。

（六）《西谛所藏弹词目录》

《西谛所藏弹词目录》是郑振铎先生于1927年发表在《小说月报》17卷号外上的有关弹词的个人藏书目录，作者有感于学界对于弹词研究

---

① 如郑振铎所见的《维摩诘所说经俗文》，藏于京师图书馆，只存第二卷，其余已阙。

② 郑振铎：《佛曲叙录》，《中国文学研究》，第1071页。

③ 郑振铎：《佛曲叙录》，《中国文学研究》，第1072页。

④ 郑振铎：《佛曲叙录》，《中国文学研究》，第1074页。

⑤ 郑振铎：《巴黎国家图书馆中之中国小说与戏曲》，《中国文学研究》，第1275页。

⑥ 郑振铎：《巴黎国家图书馆中之中国小说与戏曲》，《中国文学研究》，第1275—1276页。

⑦ 郑振铎：《巴黎国家图书馆中之中国小说与戏曲》，《中国文学研究》，第1278页。

不甚重视："但在今日以前，似没有什么人注意到这一类的文艺著作。"①所以希望通过编制目录，引起读者的重视，已达到"俾将来能成一更完备的目录，且能为一番有系统的研究"②的目的。

全篇目录共收录弹词文献117种，主要著录了所藏弹词的名称、著者、刊本、卷册数等，并将异本、节录本视为原本不同的文献，而分别列出。如《七梦缘》和《玉姻缘前后集》"为《安邦志》《定国志》《凤凰山》三书之异本，字句间歧义甚多，故另列之"③。而《醒世全传》相对于《果报录》则"因略有删节，故另列之"④。同时，也对同内容的弹词做一简略的比较，以突出各本之差异，如《九美图》"与《三笑新编》同为叙述唐伯虎及秋香之事者，惟二书文句完全不同"⑤。该篇目录是有关于弹词文献的第一部目录，"为弹词作目录，恐将以此为第一次"⑥。在弹词研究史上具有重要意义。

此外，郑振铎的文学史目录还有《读曲杂录》《中国戏曲史资料的新损失与新发现》等等，限于篇幅，不能逐一介绍，但是这些目录的学术成就仍是不能忽视的。

郑振铎的文学目录学成就是丰富的，在具有推荐导读的特点的同时，在诸多领域均具有开创性的意义，也拓展了我国文学目录学的研究范围，丰富了文学目录的类型，为我国文学目录学在民国时期的向民间文学侧重起到了举足轻重的作用。

---

① 郑振铎：《西谛所藏弹词目录》，《中国文学研究》，第1106页。
② 郑振铎：《西谛所藏弹词目录》，《中国文学研究》，第1106页。
③ 郑振铎：《西谛所藏弹词目录》，《中国文学研究》，第1108页。
④ 郑振铎：《西谛所藏弹词目录》，《中国文学研究》，第1108页。
⑤ 郑振铎：《西谛所藏弹词目录》，《中国文学研究》，第1114页。
⑥ 郑振铎：《西谛所藏弹词目录》，《中国文学研究》，第1106页。

第三章 图书分类法研究

第一节 民国以前综合图书分类法综述 [①]

一、中国传统图书分类法

中国传统目录中，以分类目录占主要地位，而分类目录的主要特点就在于对图书分类法的思考与实践。中国传统目录学以分类作为重点研究问题："我国古代目录学之最大特色为重分类而轻编目，有解题而无引得。" [②] 由此可见我国对于图书分类法之重视。历来目录有无解题而有分类之目录，如《通志·艺文略》《书目答问》等，均可以分类达到"辨章学术、考镜源流"的学术史作用："苟出自通人之手，则其分门别类，秩然不紊，亦足考镜源流，示初学以读书之门径。" [③] 但无分类而有解题者，如某些题跋记著作，于版本、藏书源流等之考辨颇有益处，然而想达到考辨学术史的地步，则稍显欠缺。中国古代历来将分类法与学术史相结合，认为分类法应是图书目录中体现学术统系和演变的最佳方法。因此，郑樵在《校雠略》中曾说："学之不专者，为书之不明。书之不明者，为类例之不分也。有专门之书，则有专门之学。有专门之学，则有世守之能。人守其学，学守其书，书守其类，人有存没而学不息，世有变故而书不亡。"后世章学诚更将分类法追溯到先秦时代的官学

---

① 中国的图书分类法可分为综合图书分类法和专门图书分类法，如历史上出现的"六分法""四分法"等，其所分类的对象为各学科图书。而某些专科目录中的分类，如佛教目录、经学目录等中的分类只适用于专科文献。本书使用"综合图书分类法"一词，以表示第一类之情况。由于笔者主要介绍综合图书分类，因此后文使用"图书分类法"代替"综合图书分类法"，以节省篇幅，也便于在表述时不至混乱。

② 姚名达：《中国目录学史》，上海古籍出版社，2002年，第346页。

③ 余嘉锡：《目录学发微：含〈古书通例〉》，中国人民大学出版社，2004年，第11页。

合一："夫欲辨古书正伪以几于知言，几于多闻择善，则必深明官师之掌，而后悉流别之故，竟末流之失，是刘氏著录所以为学术绝续之几也。"①

中国分类法中有所谓"体""义"之分，民国时期颇有目录学者，对此予以研究，如汪辟疆在《目录学研究》中写道："典籍分类，不外二法：曰质与体而已。以质区者，刘歆《七略》与后世王俭之《七志》、阮孝绪《七录》是也；以体区者，荀勖之四部与后世之《四库》是也。主质则颇能统学术之流别，存专门世守之业；崇体则能使界限归诸整齐，不免有牵凑笼统之弊。"②然而，所谓四分、六分或七分都是文献与学术的变化，以及当时人的政治理念或学术思想的体现，在体现学术史上则是同归殊途的。目录中所体现的学术史，不仅是源流，更需要体现学术的发展，试一翻阅《隋书·经籍志》之四部法，与《七略》作一比较，则六朝隋唐时期之文献与学术发展可得而考之，至于《四库全书总目》则更是集历代图书分类法之大成，于古代学术脉络之阐述颇为清晰。而即使如以考辨源流著称之《七略》者，也存在《诗经》与诗赋略分开编目的情况。所以我国的分类法均是以"辨章学术、考镜源流"为主旨，并以文献的发展作为图书分类的重要参考。

（一）《七略》及其分类法

我国古代真正的图书分类法可上溯至西汉末年刘歆所作《七略》中的六分法。所谓"略"，《说文解字》曰："经略土地也。"段玉裁注曰："昭七年《左传》，芊尹无宇曰：天子经略，诸侯正封，古之制也。杜注：经营天下，略有四海，故曰经略。正封，封疆有定分也。《禹贡》曰：嵎夷既略，凡经界曰略。《左传》曰：吾将略地。又曰：略基阯。引申之，规取其地亦曰略地。凡举其要而用功少，皆曰略，略者对详而言。"③这里应注意"略有四海"和"其要而用功少"两层意思，刘歆《七略》是在刘向《别录》基础上完成的："会向卒，哀帝复使向子侍中、奉车

---

① 章学诚著，王重民通解：《校雠通义通解》，上海古籍出版社，1987年，第135页。
② 汪辟疆：《目录学研究》，华东师范大学出版社，2000年，第140页。
③ 许慎著，段玉裁注：《说文解字注》，上海古籍出版社，1981年，第697页。

都尉歆卒父业,歆于是总群书而奏《七略》。"①父子前后校书二十年,刘歆在刘向卒后,用三年左右的时间,完成了校雠工作。且将刘向所作《别录》二十卷,压缩为《七略》七卷,如同《四库全书总目》与《四库全书简明目录》之关系,并对图书进行了较《别录》更为系统的分类。因此,《七略》相对于《别录》,文献收录更多,分类系统更详明,内容则在《别录》的基础上更为精炼。可见,文献收录广,且举其要,因此称为"略",又因全书有七部分,所以称之为《七略》。

《七略》已亡,现所能见者为"删其要,以备篇籍"②的《汉书·艺文志》和后人马国翰、姚振宗等的辑本。全书共分七部分,分别为辑略、六艺略、诸子略、诗赋略、兵书略、术数略和方技略,其中辑略为全书之总要,不以图书分类存在,所以刘歆实分当时图书为六类,具体分类系统如下:

　　六艺略:易、书、诗、礼、乐、春秋、论语、孝经、小学;

　　诸子略:儒、道、阴阳、法、名、墨、纵横、杂、农、小说;

　　诗赋略:屈原赋、陆贾赋、孙卿赋、歌诗、杂赋;

　　兵书略:兵权谋、兵形势、兵阴阳、兵技巧;

　　术数略:天文、历谱、五行、蓍龟、杂占、形法;

　　方技略:医经、经方、房中、神仙。

大类称"略",小类称"种",具体文献称"家",《汉书·艺文志》收录文献共"六略三十八种,五百九十六家,万三千二百六十九卷"③,除去对《七略》之修改,则《七略》收录文献共六略三十八种,六百零三家文献。

该分类法有许多开创性的特点,奠定了中国传统图书分类法的基础,成为此后历代分类法效仿之对象。

---

① 班固:《汉书》,中华书局,1964 年,第 1701 页。
② 班固:《汉书》,第 1701 页。
③ 班固:《汉书》,第 1781 页。

首先，将学术流变寓于图书分类法中。我国先秦时代就有校雠图书的先例，然而史料不足，很难对其作系统之考辨。自汉代建立以后，政治上已建立了统一的帝制国家。至汉武帝时，平定匈奴，国家稳定，而中国之学术界也随之为一大变，学术思想统一于"罢黜百家、独尊儒术"的政策之下，经学至武帝以后逐渐成为官方意识的代表，今文经学盛行一时，国家设立五经博士和太学，以教授和讨论经学知识，并成为士人晋升之主要途径，学者只须明一经，便可跻身仕途："两汉经学，实禄利之途驱之"[①]，"及窦太后崩，武安君田蚡为丞相，黜黄老、刑名百家之言，延文学儒者以百数，而公孙弘以治《春秋》为丞相封侯，天下学士靡然向风矣"[②]。这也间接促进了汉代经学的兴盛。这些做法及其取得的成就，使汉代成为我国古代社会的"经学昌明时代"[③]。统一的国家政治及官方意识形态为构架学术系统提供了方便，刘氏父子校雠图书因代表国家，所以有机会接触到当时存世的几乎所有图书，便于对国家学术作整体性的考量。而更为重要的是，此时期正为先秦学术"百家争鸣"转变到西汉末年"独尊儒术"的阶段，如何看待学术的传承与变化，以及儒学以外其他学术的地位与作用，成为重要问题。刘氏父子总结了前人在学术史研究上的成果，并根据当时校雠图书的具体分工，而创造了该六分法，每一略、每一种均可考辨其源流，这在诸子略的小序中，表现得尤为明显。小序多以"某家者流，盖出于某某之官"开头，之后分述该类学派现实价值及弊端，体现在"学在王官"的学术源流。这种分类方式奠定了我国传统分类法"辨章学术、考镜源流"的基调，并成为图书分类法的基本理论，被后世传统目录学家所称道。

其次，官方思想在分类法中的体现。经学在西汉时期已成为官方意识形态，成为统治国家的根本思想，本应是诸子百家之一的孔子，地位在汉代被空前抬高，而他整理的六经也成为国家经典文献："六艺之文：《乐》以和神，仁之表也；《诗》以正言，义之用也；《礼》以明体，

---

① 张之洞：《劝学篇》，广西师范大学出版社，2008年，第96页。
② 班固：《汉书》，第3593页。
③ 皮锡瑞：《经学历史》，中华书局，1959年，第69页。

明者著见，故无训也；《书》以广听，知之术也；《春秋》以断事，信之符也。五者，盖五常之道，相须相备，而《易》为之原。"①自此之后，不论是六分法还是四分法，或是其他分类法，经部始终排在分类法的第一位，这体现了我国传统社会对于经学的重视程度，也体现了我国图书分类法对待经典文献的态度。

第三，考虑到文献的实际情况。《七略》的分类，以学术统系作为主轴，同时也注意到了文献的数量等方面因素对于分类法的影响："类例虽必推本于学术之原，而于简篇卷帙之多寡，亦须顾及。"②《七略》春秋类收录《国语》以下十二部史书，因"古之王者，世有史官，君举必书，所以慎言行，昭法式也。左史记言，右史记事，事为《春秋》，言为《尚书》，帝王靡不同之"③。《春秋》实为史书，后世史书如《国语》《世本》《太史公书》等从学术源流的角度，与《春秋》性质相同，因此得以附之于后。而诗赋略一类："古者诸侯卿大夫交接邻国，以微言相感，当揖让之时，必称《诗》以喻其志，盖以别贤不肖而观盛衰焉"④，之后才转而成诗赋。可见诗赋文献从源流上与《诗经》性质相同，之所以单独立类的原因，在于汉代诗赋大盛，文献数量过多，附于《诗》后，恐将造成喧宾夺主的情况，反而不能体现"六艺"的权威地位，前人多对此予以论述，不再赘述。但是此种分类方法也开辟了文献实际情况影响图书分类法的先例，其后由六分法向四分法的转变中，文献的变化成了重要的参考因素。

（二）魏晋南北朝图书分类——由六分法向四分法的过渡

魏晋南北朝时期，我国图书目录从编目角度来说，多为"簿录甲乙"，除宗教目录外，没有特别之处。反而随着学术的发展，图书分类法为之发生大的变革，成为由六分法向四分法过渡的重要阶段。

魏晋南北朝时期，是中国较长的分裂时期，朝代变更频繁，政治极不稳定，社会混乱，南北矛盾和民族矛盾有加剧之趋势。因佛学有助于

---

① 班固：《汉书》，第1723页。
② 余嘉锡：《目录学发微：含〈古书通例〉》，第137页。
③ 班固：《汉书》，第1715页。
④ 班固：《汉书》，第1756页。

统治需要，加之"士人承汉末谈论之风，三国旷达之习"①，佛教在东汉传入我国后，至此有了较大发展，佛经陆续传入中国，并被僧俗学者所翻译："本期译经甚为进步，后世所流通奉行之经典，非隋唐所出，要即晋以后译家所办。"②佛经的数量持续增加，内容逐渐丰富，在当时已可单独编纂专科目录。

魏晋南北朝时期南方崇尚玄学，在经学尤其是《易经》研究中多有体现，通常与《老子》《庄子》相并列，统称"三玄"，而北方则"重经学，不杂玄学"。另外，此时期因政治分裂，在经学研究上也形成了南北差异的情况，后人称之为"经学分立时代"③。据《北史·儒林传》称："大抵南北所为章句，好尚互有不同。江左，《周易》则王辅嗣，《尚书》则孔安国，《左传》则杜元凯。河洛，《左传》则服子慎，《尚书》《周易》则郑康成。《诗》则并主毛公，礼则同遵于郑氏。南人约简，得其英华；北学深芜，穷其枝叶。"④南北学风不同，而同为研究经学则不变，经学仍在南北的相互竞争中得到了进一步的发展。

政权的不稳定，也为史书编纂提供了材料，私家著史至此大兴："从三国直到隋末，凡是文人，很少与史学没有关系。所谓'才勘著述，学综文史'的，都网罗在史家之列。"⑤史书的著述形式也大为拓宽，除纪事本末体外，已具备了后世史书基本上所有的形式。地方志、谱牒、史注、史钞、目录等文献的数量明显增长，《汉书·艺文志》春秋类中收录史书只有十二部，五百二十五篇，而"《七录》纪传录'凡十二部，一千二百四十八帙，一万四千八百八十八卷'"⑥，为史书的单独立类提供了文献保证。

由于六朝时期的统治者大多重视文化事业，且个人从事文学创作的意义被充分肯定，并被文人普遍接受⑦，我国文学也有了明显的转变，

---

① 汤用彤：《汉魏两晋南北朝佛教史》，中华书局，1963年，第189页。
② 汤用彤：《汉魏两晋南北朝佛教史》，第408页。
③ 皮锡瑞：《经学历史》，第170页。
④ 李延寿：《北史》，中华书局，1974年，第2709页。
⑤ 刘节：《中国史学史稿》，中州书画社，1982年，第71页。
⑥ 徐有富：《目录学与学术史》，中华书局，2009年，第53页。
⑦ 详见徐有富：《目录学与学术史》第72—74页的相关阐述。

即文学体裁由过去的诗赋逐渐扩大："文人的诗歌创作形成高潮……辞赋向着小型、抒情、骈俪的方面发展。散文也改变了两汉史传、政论独盛的局面……小说出现了，并取得了初步成绩，民歌也各具特色。文学批评空前繁荣。"[1]文学文献数量增加，为个人文集的出现提供了充足的内容，别集和总集开始大量出现。但是诗赋一直是文学的起源，直至后人仍存在这样的理解："集部之目，楚辞最古。"[2]因此从学术源流的角度来看，其重要地位仍是无可替代的。

以上所提到的只是六朝时期学术发展的一个局部，但已略可见当时的学术在两汉的基础上有了明显的改变，史学、佛学和文学的发展最快，经学的地位进一步巩固，各家解经的学说均有其发展之空间。整个学术在纷乱的政治环境中发生了结构性的变化，文献的类型也由此发生了质变。"目录是文献内容和形式的集中反映，文献的成分变化了，目录的分类势必也要发生相应的变化。"[3]学术和文献的改变，为图书分类法的转变奠定了基础。

自六分法开创以后，很快成为当时被官方所承认的图书分类法，并在一段时间内被运用于图书的整理和编目中，直至东汉时，仍是分类图书的惟一方法。"石室、兰台，弥以充积。又于东观及仁寿阁集新书，校书郎班固、傅毅等典掌焉。并依《七略》而为书部，固又编之，以为《汉书·艺文志》。"[4]直至曹魏时，魏秘书郎郑默在校雠国家图书之后，编纂了国家藏书目录《中经》，至西晋时，"秘书监荀勖，又因《中经》，更著《新簿》，分为四部，总扩群书"[5]。由此开辟了四分法的先河。《晋中经新簿》的分类法具体如下：

　　甲部：六艺及小学等书

---

① 北京师范大学中文系古典文学教研室：《简明中国文学史》，北京师范大学出版社，1984年，第94—95页。

② 永瑢等：《四库全书总目》，第1267页。

③ 程千帆、徐有富：《校雠广义·目录编》，第111页。

④ 魏徵等：《隋书》，中华书局，1973年，第906页。

⑤ 魏徵等：《隋书》，第906页。

乙部：古诸子家、近世子家、兵书、兵家、术数

丙部：史记、旧事、皇览簿、杂事

丁部：诗赋、图赞、汲冢书

甲乙丙丁四部，实即后来经史子集的雏形，只是该分类法将子部排在史部之前，成为经子史集的顺序，可见仍受到《七略》中六艺略、诸子略的排列顺序的影响。直到东晋著作郎李充校雠国家图书时，将史部置于子部之前，成为经史子集的顺序，"自而因循，无所变革"①，才最终确定了我国四分法的大类的顺序，自此之后，凡国家校雠图书，基本均以经史子集的顺序分类图书。

然而，关于六分法向四分法的转变，则不能不提王俭《七志》与阮孝绪《七录》两部目录，尤其是后者直接成为四分法的来源，被抬高至"《隋志》之四部，貌似荀、李而质实刘、阮，远承《七略》三十八种，近继《七录》之四十六部"②的重要学术位置。

王俭为南齐秘书丞，在元徽元年（473）时曾参与朝廷的校雠工作，并编纂了《宋元徽元年四部书目录》。顾名思义，该目录以四分法分类图书。然而，王俭在编完该目录之后，又重新另起门户："采公曾之《中经》，刊宏度之四部，依刘歆《七略》，撰为《七志》。"《隋书·经籍志》中对王俭所作的《七志》有所介绍："俭又别撰《七志》，一曰经典志，纪六艺、小学、史记、杂传；二曰诸子志，纪今古诸子；三曰文翰志，记诗赋；四曰军书志，纪兵书；五曰阴阳志，纪阴阳图纬；六曰术艺志，纪方技；七曰图谱志，纪地域及图书。其道、佛附见，合九条。"③该目录以"七"命名，实为九分法，与《七略》相比，删去了《辑略》而加入《图谱志》，将史书又重新归入经书之中，且在类名上有所变动，如变《六艺略》为《经典志》，《诸子略》为《诸子志》，《诗赋略》为《文翰志》等，但是因佛道文献的增加，《七志》单辟两个类目，

---

① 魏徵等：《隋书》，第 906 页。

② 姚名达：《中国目录学史》，第 66 页。

③ 魏徵等：《隋书》，第 906—907 页。

以容纳相关文献,将图谱文献单立一类,则与过去之六分法已有不同。《隋书·经籍志》称其"文义浅近,未为典则"①,然实对其传录体之解题而发,于分类法则未作评论。阮孝绪作《七录》,对《七志》分类法予以改进,除批评其史书分类有失标准之外,亦不对其分类法作更多评论,因此,《七志》的分类法在当时仍被学者所接受,同时也反映了学者在六分法向四分法过渡时期的折中态度。

　　阮孝绪为萧梁时代之学者,《梁书·处士传》载其人曰:"阮孝绪,字士宗,陈留尉氏人也。幼至孝,性沉静……年十三遍通五经。……屏居一室,非定省未尝出户,家人莫见其面,亲友因呼为居士。"②普通四年,阮孝绪有志于编纂图书目录,而尽读宋、齐以来王公之家之私藏书目,并参考当时的官书目录如《五部目录》,并得平原人刘杳之帮助,"凡所钞集,尽以相与,广其闻见,实有力焉",并最终完成了《七录》的编纂。该目录有内外两篇,内篇为世俗文献,外篇为宗教文献,共分文献为七大类,五十五小类,具体如下:

　　　经典录:易部、尚书部、诗部、礼部、乐部、春秋部、论语部、孝经部、
　　　　　　　小学部;
　　　纪传录:国史部、注历部、旧事部、职官部、仪典部、法制部、伪史部、
　　　　　　　杂传部、鬼神部、土地部、谱状部、传录部;
　　　子兵录:儒部、道部、阴阳部、法部、名部、墨部、纵横部、杂部、
　　　　　　　农家部、小说部、兵家部;
　　　文集录:楚辞部、别集部、总集部、杂文部;
　　　术技录:天文部、谶纬部、历算部、五行部、卜筮部、杂占部、形法部、
　　　　　　　医经部、经方部、杂艺部;
　　　佛法录:戒律部、禅定部、智慧部、疑似部、论记部;
　　　仙道录:经戒部、服饵部、房中部、符图部。

---

① 魏徵等:《隋书》,第 907 页。
② 姚思廉:《梁书》,中华书局,1973 年,第 739—740 页。

　　《七录》的分类法直接来源于梁时的四分法，并参考了《七志》对于宗教文献的立类及对各大类的名称之确定。根据《隋书经籍志》，梁代时曾经出现过"五分法"："梁有秘书监任昉、殷均《四部目录》，又《文德殿目录》。其术数之书，更为一部，使奉朝请祖暅撰其名。故梁有《五部目录》。"① 从中可知，因校雠工作的分工，该目录共分文献为五类，分别由任昉、殷均校雠的经史子集四部②，祖暅校雠的术数类组成。作者自称"今所撰《七录》，斟酌王、刘"，然而《七志》与刘歆《七略》有渊源关系，而《七录》则与四分法更为类似，试将《七录》内篇与四分法比较，只因校雠分工，析术技录于四部之外，其他大类即为四部。

　　《七录·序》曰："王则先道而后佛，今则先佛而后道，盖所宗有不同，亦由其教有浅深也。"则因梁时佛教已广为流传，且"佛学知识已经相当普及了"③，其发展速度已超过道教，所以在类目位置的安排上有所体现。另外，阮孝绪根据当时的学术现实和自己的学术观点，对《七志》的类目名称予以改订，如立史书文献为单独一类，曰"刘、王并以众史合于《春秋》。刘氏之世，史书甚寡，附见《春秋》，诚得其例。今众家记传，倍于经典，犹从此志，实为繁芜。且《七略》诗赋，不从六艺诗部，盖由其书既多，所以别为一略。今依拟斯例，分出众史序记传录为内篇第二。"这体现了六朝时期，史学发展对图书分类法的影响，改革图书分类法已是大势所趋。另外，如合并"诸子志"和"军书志"为"子兵录"，改"文翰志"为"文集录"，析"图谱志"之文献于各类之中，以求各类收录文献内容之统一。

　　《七录》对《七志》之改造，似为七分法内部之改造，实质上为四分法对六分法之改造，表面为类名和类目位置之变动，实为学术之改变

────────────────

① 魏徵等：《隋书》，第907页。

② 六朝时的官修目录，多使用四分法，但是四类之具体名称，除《晋中经新簿》等少数目录外，已不可知。但当时已有以经史命名之目录，如《陈承殿香殿五经史记目录》。因此，当时人们对经史子集的名称已有。笔者在这里姑且用经史子集，以方便论述，并非指《文德殿目录》中之四部已为经史子集之名。

③ 徐有富：《目录学与学术史》，第76页。

所导致的类目之变动。所以《七志》和《七录》代表的是两种不同的分类法，是六分法向四分法转变过程中的产物，因此，当四分法最终在《隋书·经籍志》中确立下来之后，这两种分类方法也完成了各自的使命而退出历史舞台了。

（三）四部分类法的确立

1.《隋书·经籍志》的分类系统

六朝时期的学术变化，已导致六分法不再适应图书分类的实际要求，因此，逐渐被新的更符合图书分类实际要求的分类法——四分法所替代，章学诚曾对此做过分析："《七略》之流而为四部，如篆隶之流而为行楷，皆势之所不容已者也。史部日繁，不能悉隶以《春秋》家学，四部之不能返《七略》者一。名墨诸家，后世不复有其支别，四部之不能返《七略》者二。文集炽盛，不能定百家九流之名目，四部之不能返《七略》者三。钞辑之体，既非丛书，又非类书，四部之不能返《七略》者四。评点诗文，亦有似别集而实非别集，似总集而又非总集者，四部之不能返《七略》者五。"[1]

六朝时期是六分法向四分法转变的过渡时期，而至《隋书·经籍志》（简称《隋志》）始，四分法在图书分类中的优势被正式确立下来，并一举成为此后我国传统图书分类法的主流。《隋书·经籍志》是唐初所撰《五代史志》中的一部，全志以《隋大业正御书目录》所收录之图书为蓝本，并"远览马《史》、班《书》，近观王、阮《志》《录》"[2]而成，在目录编纂上充分参考了《七志》《七录》等目录，如今在文献解题中所见到的"梁有……亡"或"梁有……今残缺"均为参考《七录》等目录后所下之结论。然而，最重要者还在于《隋志》在图书分类法方面参考了前代目录尤其是《七录》分类的理论与实践，将较为成熟的图书分类法，主要是《七录》中子目的设置与安排，经过些许加工处理，从民间引向政府，进一步巩固了四分法的权威地位，深化了四分法的学术含量。《隋书·经籍志》的具体分类如下：

---

① 章学诚著，王重民通解：《校雠通义通解》，第6页。
② 魏徵等：《隋书》，第908页。

经部：易、书、诗、礼、乐、春秋、孝经、论语、谶纬、小学；

史部：正史、古史、杂史、霸史、起居注、旧事、职官、仪注、刑法、
杂传、地理、谱系、簿录；

子部：儒、道、法、名、墨、纵横、杂、农、小说、兵、天文、历数、
五行、医方；

集部：楚辞、别集、总集。

另于四部附道经、佛经两类：

道经：经戒、饵服、房中、符录；

佛经：大乘经、小乘经、杂经、杂疑经、大乘律、小乘律、杂律、
大乘论、小乘论、杂论、记。

试与《七录》比较，在大类的顺序上，《隋志》仍采取了经史子集的顺序，并将《七录》中的术技录并入子部之中，使子部成为包容学科最多，内容最为复杂的一个大类。宗教文献仍旧予以保留，但已经不再著录相关文献，只保存了类目及小序，说明在四部分类法中，宗教文献已经无法容纳于其中，并有被主流目录学淡化的趋势。而在子目的设置中，《隋志》充分借鉴了《七录》的分类成就："《隋志》乃厘为四十种，依准《七录》而整齐之。"[①]经部只多出谶纬一类，由《七录》的"术技录"提至经部，体现了"魏晋以革命受终，莫不傅会符命"[②]的政治背景，以及"列于六经之下，以备异说"[③]的学术史考量。

史部，则《隋志》改"国史部"为"正史"，改"注历部"为"古史"，改"仪典部"为"仪注"，改"法制部"为"刑法"，改"伪史部"为霸史，改"土地部"为"地理"，改"谱状部"为"谱系"，除去"鬼

---

① 姚名达：《中国目录学史》，第 73 页。
② 陈振孙：《直斋书录解题》，上海古籍出版社，1987 年，第 80 页。
③ 魏徵等：《隋书》，第 941 页。

神部"而附于"杂传"中，新增杂史和起居注两类。杂史的立类，说明了唐代史书官修后，对待之前私人修史的态度："灵、献之世，天下大乱，史官失其常守。博达之士，愍其废绝，各记闻见，以备遗亡。是后群才景慕，作者甚众。又自后汉以来，学者多钞撮旧史，自为一书，或起自人皇，或断之近代，亦各其志，而体制不经。又有委巷之说，迂怪妄诞，真虚莫测。然其大抵皆帝王之事。"①而起居注则是专门"录纪人君言行动止之事"②的文献，以对该类文献作一总结，之后因起居注文献由宫廷内臣或女官所写："一是由于他们的水平有限，二是牵涉到厉害关系"③，起居注文献很难再持续编纂下去，该部类也随之消失。

子部，则《隋志》合并"子兵录"及"术技录"，改"历算部"为"历数"，合并"医经部""经方部"为"医方"，除去阴阳部、卜筮部、杂占部和形法部，这四类均属于术数类文献，也说明了该门类学术的衰落。

集部，则《隋志》删去"杂文部"，其他类目保持不变。关于取消该类，徐有富认为似不妥，因为《隋志》集部中收录的《文心雕龙》《诗评》《文章始》等著作，均不能算作别集或总集，因此，"设立杂文类著录这些既非总集，又非别集的著作还是比较合适的"④。但是，阮孝绪设立"杂文部"的意图，并没有在《七录序》中提及，因此杂文部具体收录何类文献尚不明朗，《隋志》也没有说明取消该类的原因，所以无法判断当时之所以取消杂文部的真实原因。

2.《四库全书总目》的分类系统

自《隋书·经籍志》后，综合图书的"四分法"正式确立，至《旧唐书·经籍志》时，更将佛道图书收录于子部道家之中，彻底取缔了宗教图书在图书分类法中独设类目的做法。由此以后，凡国家图书目录或大部分的私人藏书目录均视"四分法"为经典，经史子集之顺序已成为定例。子目虽有变动，或增补，或删减，或调整其位置，但大致不出《隋

---

① 魏徵等：《隋书》，第 962 页。
② 魏徵等：《隋书》，第 966 页。
③ 徐有富：《目录学与学术史》，第 111 页。
④ 徐有富：《目录学与学术史》，第 124 页。

志》四十种小类之外，四分法也由此统治了我国目录学上千年的时间。姚名达在编纂《中国目录学史》中认为："中国目录学史中，则时代之精神殆无特别之差异。"①而采取主题叙述法的方式，也与《七略》所创立的解题形式，《隋志》所创立之完整的四分法在中国传统目录学中的权威地位，与历代官方和大部分知识分子对于该解题和分类的向往和遵循是分不开的。从唐代至清代，基本上所有的综合图书目录，都采用了"四分法"或以"四分法"为蓝本，到乾隆修纂《四库全书》时，已将"四分法"作为在图书分类中理所当然应采用的正统分类方法："从来四库书目，以经史子集为纲领，裒辑分储，实古今不易之法。"②而《四库全书总目》的出现，也将中国传统"四分法"的运用推向了极致，也通过实践总结了历代"四分法"在中国古籍分类中的优势和不足，成为我国传统社会中最后一部以四分法为主线的大型综合目录："乾、嘉以后，虽非难者不乏其人，而言目录者，鲜不以此为圭臬，盖骏骏乎有定于一尊之势矣。"③

《四库全书总目》的图书分类形式具体如下：

经部：易、书、诗、礼（周礼、仪礼、礼记、三礼总义、通礼、杂礼书）、春秋、孝经、五经总义、四书、乐、小学（训诂、字书、韵书）；

史部：正史、编年、纪事本末、别史、杂史、诏令奏议（诏令、奏议）、传记（圣贤、名人、总录、杂录、别录）、史钞、载记、时令、地理（总志、都会郡县、河渠、边防、山川、古迹、杂记、游记、外记）、职官（官制、官箴）、政书（通制、典礼、邦计、军政、法令、考工）、目录（经籍、金石）、史评；

子部：儒家、兵家、法家、农家、医家、天文算法（推步、算书）、术数（数学、占候、相宅相墓、占卜、命书相书、阴阳五行、

① 姚名达：《中国目录学史》，第14页。
② 永瑢等：《四库全书总目·圣喻》，第1页。
③ 刘国钧：《四库分类法之研究》，《刘国钧图书馆学论文选集》，书目文献出版社，1983年，第19页。

杂技术）、艺术（书画、琴谱、篆刻、杂技）、谱录（器物、
食谱、草木鸟兽虫鱼）、杂家（杂学、杂考、杂说、杂品、
杂纂、杂编）、类书、小说家（杂事、异闻、琐语）、释家类、
道家类；

集部：楚辞、别集、总集、诗文评、词曲（词集、词选、辞话、词
谱词韵、南北曲）。

　　该分类法共分图书为四十四类，其中经部两类、史部六类、子部六类、
集部一类有三级子目，共六十五小类。因面对"流派至为繁夥，端绪易
至茫如"①的文献，才予以细分类目。本着以便检寻的原则，三级子目
设立得不多，总体仍以二级类目为主。《四库全书总目》的分类体系在
"四分法"中是最完备的："四部法虽成立于隋、唐，实至斯目产生后，
始臻完备。"②它体现了我国传统"四分法"实践的最高标准，在图书
分类学上具有以下几项主要特点：

　　首先，总结了我国历代图书分类法。《四库全书总目》的分类体系，
以四分法为框架，在设立子目时充分借鉴了自《隋志》以来的"四分法"
的实践经验，并采用其中设立较为得当的类目，并对采用之原因做出说
明，客观上起到了总结历代"四分法"尤其在设立子目方面的利弊的作用。

　　该书的《凡例》对借鉴前代分类法有具体的阐述："自《隋志》以下，
门目大同小异，互有出入，亦各具得失。今择善而从。如诏令、奏议，《文
献通考》入集部，今以其事关国政，诏令从《唐志》例入史部，奏议从《汉志》
例亦入史部；《东都事略》之属，不可入正史，而亦不可入杂史者，从《宋
史》例，立别史一门；《香谱》《鹰谱》之属，旧志无所附丽，强入农家，
今从尤袤《遂初堂书目》例，立谱录一门；名家、墨家、纵横家，历代
著录，各不过一二种，难以成帙，今从黄虞稷《千顷堂书目》例，并入
杂家为一门；又别集之有诗无文者，《文献通考》别立诗集一门，然则
有文无诗者，何不别立文集一门，多事区分，徒滋繁碎，今仍从诸史之

① 永瑢等：《四库全书总目·凡例》，第17页。
② 刘简：《中文古籍整理分类研究》，（台湾）文史哲出版社，1981年，第14页。

例，并为别集一门；又兼诂群经者，《唐志》题曰经解，则不见其为群经，朱彝尊《经义考》题曰群经，又不见其为经解，徐乾学通志堂所刻改名曰总经解，何焯又讥其杜撰，今取《隋志》之文，名之曰五经总义。"①

可见，《四库全书总目》在设立子目时，对于历代分类法有全局之考量，并予以分析判断，对设立合理的子目则予以利用。当然，该书自身也设立了不少新的类目，更丰富了"四分法"的学术含量。其分类体系是在当时文献和学术的基础上，参考历代图书分类法实践，所创作出来的新的四部分类法。但是不久之后，中国社会发生巨变，开始了近代化的历程，学术结构逐渐转变，专门化日益明显，文献结构也呈现出结构多样化，内容专科化的趋势，四分法由此逐渐退出了图书分类法的历史舞台，而《四库全书总目》的分类体系，担当了替中国传统分类法画上完美句号的使命。

其次，寓褒贬于分类之中。中国的分类法自"六分法"开始，就将官方意志附于其中，成为了几乎所有分类法遵循的规则。最明显者莫过于对于经学文献在类目中的安排，以及儒家文献在子部中的位置，历来不论为"四分法"与否，经部固定在第一类，而儒家也多固定于诸子之第一类。《四库全书总目》的"四分法"也秉承了这种分类理论，所谓"经禀圣裁，垂型万世，删定之旨，如日中天，无所容其赞述"②。乾隆帝在1775年更是将经史子集的内在联系做了生动的比喻："以水喻之，则经者文之原也，史者文之流也，子者文之支也，集者文之派也。流也、支也、派也，皆自源而分。集也、子也、史也，皆自经而出。"③这代表了当时对经史子集四类的主流看法。

同时，也延伸至子目的设立之中，在二级类目中如经部"乐类"的设立，《乐经》在历史上之有无，一直不能得以确定，自《七略》六艺略中设立"乐类"时，就认为："汉兴，制氏以雅乐声律，世在乐官，

---

① 永瑢等：《四库全书总目·凡例》，第17页。
② 永瑢等：《四库全书总目》，第1页。
③ 《文渊阁记》，李希泌、张椒华：《中国古代藏书与近代图书馆史料（春秋至五四前后）》，中华书局，1982年，第17页。

颇能记其铿锵鼓舞，而不能言其义。"①且只收录很少的六部文献。此后各分类法中关于"乐类"或保留，或删除，或在该类中收录音乐类文献，与古乐提倡"使其声足以乐而不流，使其文足以辨而不諰。使其曲直、繁省、廉肉、节奏足以感动人之善心，使夫邪污之气无由得接焉"②的宗旨不符。历来乐类文献的类目划分没有固定标准，自《四库全书总目》出，以雅正者为乐："惟以辨律吕，明雅乐者，仍列于经。其讴歌末技，弦管繁声，均退列杂艺、词曲两类中。用以见大乐元音，道侔天地，非郑声所得而奸也。"③以主流思想看待经部乐类，才最终确定了音乐文献在"四分法"中的位置，而也通过音乐文献的净化，强调了"乐类"作为经部之一类的政治和学术意义。

此外，如在三级类目中，史部传记类存目中特设"别记"，其设立之原因则曰："至安禄山、黄巢、刘豫诸书，既不能遽削其名，亦未可薰莸同器。则从叛臣诸传附载史末之例，自为一类，谓之曰别录。"④将乱臣贼子与"死不忘君，无惭臣节。用加赠典，以励纲常"⑤的忠义之臣相区别，以达到"《春秋》成而乱臣贼子惧"的政治目的。

"四分法"是以学术和文献为基础，并参之以主流思想而成。也正因为如此，近代以来凡批评"四分法"者，莫不以此为对象："四库之分类，固为主观的，为皇帝作装饰，非真有意于条别源流，以有补于学术矣。"⑥然而，正因为如此，才体现了"四分法"与学术思想、政治理念的联系性，也赋予了我国目录学所特有的学术史价值和思想史价值，成为中国传统图书分类法最值得称道的优势之一。

第三，强调学术的博通性。中国传统学术强调于博通，即以"通"作为学术研究的最高标准，自孔子之时，就整理六经，而从现代学科分类来说，六经分属于不同学科。司马迁编写《史记》，以"究天人

---

① 班固：《汉书》，第 1712 页。
② 梁启雄：《荀子简释》，中华书局，1983 年，第 277 页。
③ 永瑢等：《四库全书总目》，第 320 页。
④ 永瑢等：《四库全书总目》，第 513 页。
⑤ 永瑢等：《四库全书总目》，第 526 页。
⑥ 蒋元卿：《中国图书分类之沿革》，第 123 页。

之际，通古今之变，成一家之言"为宗旨，西汉今文经学兴盛，立五经十四博士，学者通一经，即可讲学，步入仕途，刘歆批评曰："幼童而守一艺，白首而后能言；安其所习，毁所不见，终以自蔽。此学者之大患也。"①东汉王充曰："能说一经者，儒生；博览古今者为通人。"②由此可见对于"通"的重视。可见，"中国传统学术的基本特色是注重'通'，具有浓厚的'通儒'取向。这种会通，一是自然科学和社会科学的会通，二是文史哲会通"③。即使在近代，现代学术分科已兴盛，仍有学者强调研究中国传统学术所必须的博通性，张舜徽于1946年在兰州大学文史各系大会上讲演时，就说："学习文史的人，有必要恢宏志气，将治学范围推广，博览兼收，务求通贯，必通贯而后能免于弇陋。"④

四库馆臣在编纂《四库全书总目》时，也以"通"作为标准："至于阐明学术，各撷所长。品骘文章，不名一格。兼收并蓄，如渤澥之纳众流。"⑤以此平汉宋之争，消门户之见，拓展学者的研究视野和空间。在现代分类法上，以经史子集为类：经则为学术界之最高思想，从学科设置来说，则有哲学、历史、文学、文字学、伦理学、艺术等科。史部以传的形式存在："史之为道，撰述欲其简，考证则欲其详。莫简于《春秋》，莫详于《左传》。鲁史所录，具载一事之始末，圣人观其始末，得其是非，而后能定以一字之褒贬。此作史之资考证也。"⑥内容涵盖了历史、地理、政治、图书馆学等学科。子部则曰："自六经以外立说者，皆子书也。……要可与经史旁参。"⑦作为经、史文献之辅助而存在，内容包括哲学、社会科学、自然科学和应用科学的一部分。集部收录文

---

① 班固：《汉书》，第1723页。

② 王充：《论衡》，上海人民出版社，1974年，第212页。

③ 左玉河：《从四部之学到七科之学——学术分科与近代中国知识系统之创建》，第90页。

④ 张舜徽：《谈偏才与通才》，《訒庵学术讲论集》，华中师范大学出版社，2008年，第4页。

⑤ 永瑢等：《四库全书总目·凡例》，第19页。

⑥ 永瑢等：《四库全书总目》，第397页。

⑦ 永瑢等：《四库全书总目》，第769页。

献的学科性质则较为单一，主要以文学为主。

西方近代学术强调学科的分科，自鸦片战争后随着坚船利炮传入我国后，使我国的学术分科逐渐展开："西方近代分科观念及分科原则即为越来越多的中国学人所接受。"①西方学术的分科观念反映在图书分类法上，则表现为类目较多，逻辑性较强，然而人习之易一叶障目，学术的内在联系被切断。中国的学术强调博通，反映在图书分类法上，则表现为类目较少，标准不一，然而人习之易由此及彼，学术的内在联系性被打通。民国时有不少学者批评四分法类目含义不清，逻辑混乱，其实正是中西学术不同所造成的，中国传统的博通思想产生了与此相适应的图书分类法。随着中国学术的近代化，图书分类法也应改变，这是历史的必然，无所谓孰优孰劣的问题。

二、晚清时期的图书分类法

晚清时期，中国开明的学人士子希望能通过向西方学习，达到"师夷长技以制夷"的目的，今文经学兴盛，他们抨击刘歆以来古文经的荒谬，强调经世致用。"在社会变局和经世思潮的冲击下，烦琐的经学考据渐受冷落。"②随着西学东渐的深入，中国的传统学术遭到剧烈的冲击，经学的地位开始发生动摇，道咸以后就已经出现了疑经思潮，部分学者不再专心于经学研究，而更多的转向西学或是经世致用之学："士习明显趋于怠惰，专心读经治经的学者减少。"③光绪以后,此种情况愈演愈烈，由经学而推广至整个中国传统学术，张之洞便说："今日无志之士本不悦学，离经叛道者尤不悦中学，因倡为中学繁难无用之说，设淫词而助之攻，于是乐其变而和之者甚众，殆欲立废中学而后快。"④对于西学的冲击，中国学者首先持明末清初便已出现的"西学中源"说，力图将西学纳入到中国的学术体系中，虽属无稽，却"包含心同理同、会通中

---

①　左玉河：《从四部之学到七科之学——学术分科与近代中国知识系统之创建》，第152页。

②　罗检秋：《嘉庆以来汉学传统的衍变与传承》，中国人民大学出版社，2006年，第374页。

③　罗检秋：《嘉庆以来汉学传统的衍变与传承》，第375页。

④　张之洞：《劝学篇》，第47页。

西的主张，有利于融合中西的取向延续下来"①。之后随着西学势力逐渐超过中学，便采用"中学为体、西学为用"的思想，开展洋务运动，受西方格致之学，在客观上淡化了西学的外来性质，也提升了西学在中国学术体系中的地位。然而随着甲午战争的失败，中国的学人士子逐渐感觉到只是学习西方格致之学已无法使中国走向富强之路，学习的范围应该延伸到社会科学领域。梁启超提出："西国一切条教号令，备哉灿烂，实为致治之本，富强之由。"②因此，维新派主张不但要翻译西方的格致类的文献，更要多读多译西方社会科学图书："故国家欲自强，以多译西书为本，学者欲自立，以多读西书为功。"③这已超越了洋务派时期"先入者为主，讲西学必先通中学，乃不忘祖也"④的局限性，西学在中国逐渐与中学相结合，"在现代学术建立之前，清代汉学传统已经孕育了一定的学术平等精神"⑤，乾嘉时期以考据学为主的学术结构，逐渐转向经世致用之学，并进一步地西学化。

晚清学术结构的转变，为图书分类法的转变奠定了坚实的学术基础，而晚清出现的译书高潮："自道光、咸丰允许西人入国通商传教以来，继以派生留学外国，于是东西洋译籍逐年增多。学术翻新，迥出旧学之外。"⑥这也为图书分类法的转变奠定了文献基础，自此之后，四分法不再适应图书分类之需要，逐渐退出了历史舞台，成为分类古籍的专用分类法，新的分类法呼之欲出。

（一）《西学书目表》的分类体系

晚清时期完全摆脱"四分法"，而欲建立一种新的图书分类法，以分类西学图书的要数梁启超先生所作之《西学书目表》。梁启超一直较为注重目录学，在目录学理论和实践方面，都取得过显著的成就，他所作之《佛家经录在中国目录学上之位置》一文，为我国目录学研究开拓

---

① 罗检秋：《嘉庆以来汉学传统的衍变与传承》，第 300 页。
② 梁启超：《西学书目表序例》，《饮冰室合集》，中华书局，1989 年，第 123 页。
③ 梁启超：《西学书目表序例》，《饮冰室合集》，第 123 页。
④ 张之洞：《劝学篇·序》，第 3 页。
⑤ 罗检秋：《嘉庆以来汉学传统的衍变与传承》，第 407 页。
⑥ 姚名达：《中国目录学史》，第 117 页。

了新的领域，由此确立了佛教目录学在中国目录学史中的地位。而在图书分类学方面，则《西学书目表》是其重要之代表作。

《西学书目表》完成于1895年，全书收录1895年以前近20年，中国学者翻译的西学图书300多种，但不收录宗教类图书。每一种图书，均有简单的提要，主要著录了书名、撰译人、刻印处、本（册）数、价值、识语等。由于该书是推荐书目录，因此标明了图书价格，便于读者购买。在"识语"中，也对每种文献的特点作了简明的介绍，并指导读者以阅读方法。如介绍《数学启蒙》一书，"识语"便是"数理精蕴之节本，极便初学"。全书适当地采取"别裁"的做法，使文献的利用率提高，尤便初学者。

全书价值主要体现在对西学文献的分类上，并"一直影响着十进法未输入以前的新书分类工作"[1]。其分类系统具体如下：

西学诸书：算学、重学、电学、化学、声学、光学、汽学、天学、地学、全体学、动植物学、医学、图学；
西政诸书：史志、官制、学制、法律、农政、矿政、工政、商政、兵政、船政；
杂类之书：游记、报章、格致、西人议论之书、无可归类之书。

该分类系统共有3大类，28小类，主要内容包括在"学""政"两部分："杂书"一类，实际上是"学""政"两类的剩余，是围绕后者而出现的。作者认为："凡一切政皆出于学，则政与学不能分。非通群学不能成一学，非合庶政不能举一政。"[2]将西学作为一个完整的学术系统看待，这也体现了西方学术的分科性与中国学者所固有的博通思想之间的矛盾，但是，为了方便起见，并希望能构建出系统的学科体系，而只有"强为区分"了。

从类名即可知："西学"主要收录了西方科学技术图书，而"西政"

---

① 王重民：《普通目录学》，《图书馆学目录学资料汇编》，书目文献出版社，1984年，第285页。

② 梁启超：《西学书目表序例》，《饮冰室合集》，第123页。

主要收录的是西方政治、历史等图书。但是，与实际收录之范围却有一定差距。其中"农政""矿政""工政"等类目，均应归"西学"类，而并入"西政"则稍显混乱，这是该分类法的主要缺点。而它对后世的影响主要包括以下几点：

首先，划分了"学""政""杂书"三块。"学"部，相当于自然科学文献类；"政"部相当于社会科学文献类；而"杂书"则是以后"综合性图书"的前身。每一类虽均很不成熟，但对以后的分类法具有重要意义。而关于每一子目的具体顺序，也体现了梁氏对于西学之看法："门类之先后，西学之属，先虚而后实，盖有形有质之学，皆从无形无质而生也。故算学、重学为首，电化声光汽等次之，天地人物等次之，医学、图学全属人事，故居末焉。西政之属，以通知四国为第一义，故史志居首；官制、学校，政所自出，故次之；法律所以治天下，故次之；能富而后能强，故农矿工商次之；而兵居末焉。农者，地面之产；矿者，地中之产；工以作之，作此二者也；商以行之，行此三者也；此四端之先后也。船政与海军相关，故附其后。"①

此后，许多公共藏书楼、图书馆目录都借鉴了这种分类法，最早就有《古越藏书楼书目》的分类。民国时，各种图书分类法竞相问世，不论它们之间有何种学术争论，然而分图书为综合类、社会科学、自然科学、应用科学几大块（部分分类法类名或位置稍有不同）则基本一致。直到建国后，我们使用的《中国科学院图书馆图书分类法》（简称《科图法》）的"五分法"即为"马克思列宁主义、毛泽东思想""哲学""社会科学""自然科学"和"综合性图书"。其中有三部分与之有关。

其次，为图书分类法的创新奠定了基础。随着西书的增多，中国近代文献的结构产生重大变化。"四分法"在近代已不适合。人们首先想到的是对西书采取符合实际的分类法。这是一个认识上的过程，也是分类法由简而繁的逻辑发展程序。至于对中国书（包括西书）的整体分类，却还是以后的事。因此，《西学书目表》只是针对西学文献的分类法，

---

① 梁启超：《西学书目表序例》，《饮冰室合集》，第 124 页。

与改造"四分法"并没有直接联系。有学者称其"在分类法上，打破了自唐以来成为'永制'的四部分类法"①，却是不符合实际，比如六朝时期，僧佑的《出三藏记集》等目录，其分类法自成一套。但不能说这些分类法就对"四分法"产生多大的影响，或打破"四分法"。所以说，《西学书目表》为西学文献的分类打下基础。

第三，该目以学科为标准进行分类。学术分类是近代图书分类的基础。梁启超打破了中国固有的学术结构，有利于学科和学术分类的近代化。"引导学术分类由古代向近现代科学分类发展，为 20 世纪西方分类法的传入和新分类法的形成开辟了道路。"②据王重民统计："《西学书目表》的'学''政'两类新书共二九八种，属于'政'的一六八种。政书内的'农''矿''工''兵'的绝大多数是技术科学书籍。所以'西学书目表'的自然科学和技术科学书籍占三分之二以上。"③这一方面反映了甲午战争前以翻译西方科技文献为主；另一方面也向读者介绍了西方不同的学科及其关系。如"化学""光学"等均是新学科，这直接影响到中国学者分类自然科学文献。在"杜威十进法"传入中国以前，中国学者主要依照梁启超的分类法排列自然科学文献。

在现在看来，《西学书目表》是一部比较简单的目录，在分类上还有许多不完善的地方。但毕竟是中国学者较早关注于西方文献的整理问题，为学者查找、阅读文献都起到了重要的作用。它的学科分类法也在后来改造四分法的过程中起到了重要的参考价值。在中国近代的新书分类中具有重要的意义。

其后不久，康有为在提倡向东洋学习，翻译东洋图书的学术背景下编纂了《日本书目志》，以收录日本翻译的西书为主，分新书为 15 大类，曰：生理、理学、宗教、图史、政治、法律、农业、工业、商业、教育、文学、文学语言、美术、小说、兵书。每一大类又各分成数量不等的小类。其中类目多有与《西学书目表》相同之处。如法律、农业、商业、工业等。

---

① 来新夏等：《中国近代图书事业史》，上海人民出版社，2000 年，第 161 页。
② 来新夏等：《中国近代图书事业史》，第 161 页。
③ 王重民：《普通目录学》，《图书馆学目录学资料汇编》，第 287 页。

但显得类目较多，不如梁氏用三类统规文献为明确。

20世纪出现的一些译书目录，在细目上，很多都借鉴了梁氏的分类法。如，沈兆祎《新学书目提要》、顾燮光《译书经眼录》等。后者分文献为"史志""法政""学校""交涉"等26类。将其与《西学书目表》比较，多见相同之类目，或有的类目只是改变名称，实质内容不变。也有将梁氏的类目稍作调整，如"理化"类、"地理"类、"博物"类等。但是，在大结构方面，与梁氏分类法中的细目较为类似。可见，《西学书目表》在西学分类法中的开创性作用。

《西学书目表》反映了当时中国学者对西方学科和文献的认识，是中国目录学史上的重要著作。它影响了西学文献乃至整个综合文献的分类。但它又是一个专门的文献分类法，其中的类目主要根据西方学科而来，在考虑中国古典文献分类法方面却有所忽略。而此时期的中国传统文献的主流分类法，还是正统的或经过稍微改造了的"四分法"。

（二）《古越藏书楼书目》的综合图书分类体系

古越藏书楼是我国较早的由私人创办的具有公共图书馆性质的藏书楼。其创办人为徐树兰。1904年，徐氏在藏书楼创办伊始就编纂了《古越藏书楼书目》："开创我国近代图书馆目录的先例"[①]，具有重要的学术意义。

徐氏鉴于"泰西各国讲求教育，辄以藏书楼与学堂相辅而行"[②]，日本明治维新以来，公共图书馆事业大兴，"一时文学蒸蒸日上，国势日强，良有以也"。因此，有必要在中国建立类似的藏书楼，供学子使用，以期达到教育人才、富国强民的目的。

建立古越藏书楼，其"宗旨有二：一曰存古；二曰开新"[③]。因为"不谈古籍，无从考政治学术之沿革；不得今籍，无以启借鉴变通之途径"，所以，该藏书楼一改封建藏书楼只重视收录古籍善本的特点："以

---

① 武汉大学、北京大学《目录学概论》编写组：《目录学概论》，第65页。

② 徐树兰：《为捐建绍郡古越藏书楼恳请奏咨立案文》，李希泌、张椒华《中国古代藏书与近代图书馆史料》，第112页。

③ 徐树兰：《古越藏书楼章程》，李希泌、张椒华《中国古代藏书与近代图书馆史料》，第113页。

家藏经史大部及一切有用之书，悉数捐入……所有近来译本新书以及图画标本，雅驯报章，亦复购备。"①共藏书七万余卷，内容涉及古今中外各种图书，报刊乃至"化学器械及动植矿各种样本"。面向社会，公开如此多的图书文献，必然需要通过目录的方式，向读者展示馆藏，方便查阅与使用，《古越藏书楼目录》应运而生。徐氏原定编纂目录 35 卷，而实际只有 20 卷，卷首 1 卷。全书的主要价值在于徐氏所开创的新的图书分类法，该分类法本着平等看待中外古今一切书籍的原则，共分文献为 2 大类 48 小类 332 个子目。现将该分类法的前两级类目排列如下：

学部："易学""书学""诗学""理学""春秋学""四书学""孝经学""尔雅学""群经总义学""性理学""生理学""物理学""天文算学""黄老哲学""释迦哲学""墨翟哲学""中外各派哲学""名学""法学""纵横学""考证学""小学""文学上（别集）""文学下（总集）"。

政部："正史""编年史""纪事本末""古史""别史""杂史""载记""传记""诏令奏议""谱录""金石""掌故""典礼""乐律""舆地""外史""外交""教育""军政""法律""农业""工业""美术""稗史"。

从以上可以看出，《古越藏书楼书目》在对综合图书的分类方面，已经完全打破了传统"四分法"的模式，以一种新的面貌展现在学者面前，成为中西文献分类法的综合产物。其特点主要有以下几点：

首先，该分类体系将中外图书统一分为"学部"和"政部"两大类。这在一定程度上，吸收了梁启超《西学书目表》的分类方法，并将梁氏的分类思想予以改进，由西学图书的"学""政"拓宽到全体图书的"学""政"。关于"学"与"政"的关系，徐氏在《古越藏书楼章程》中曾有提及，曰："明道之书，经为之首，凡伦理、政治、教育诸说悉

---

① 徐树兰：《为捐建绍郡古越藏书楼恳请奏咨立案文》，李希泌、张椒华《中国古代藏书与近代图书馆史料》，第 113 页。

该焉。包涵甚广，故不得已而括之曰学类。诸子，六经之支流，文章则所以载道，而骈文词曲亦关文明，觇世运，故亦不得蔑弃。至实业各书，中国此类著作甚少，附入政类中。"①

这种看法已与梁启超关于"学""政"的看法有所不同。后者主要强调学科（即一般所认为的自然科学和社会科学）之不同性，及各学科间的内在联系性。而前者看待"学""政"，则更遗留了中国传统分类法中诸如"明道""支流""载道"等思想，从徐氏的这段话中可明显感到学部图书的重要性，以及该类在整个分类体系中的特殊地位。

其次，二级类目中保留了不少传统类名。该分类法虽仍强调经学在中国学术中的重要位置，但是已将中国传统的经部大类取消，不独如此，连"史""子""集"的大类名称全部取消，但是又采用了"四分法"中的二级类目，以容纳中国传统图书。"绝大多数还因袭着旧分类表的类名。"②"学部"中，除"物理学"和"中外各派哲学"等少数子目外，均是经、子、集中的子目类名。而从宽泛的意义上说，子部多收哲学文献和科技文献，徐氏仍将西方学术纳入到"子"的行列中来。而在"政部"中，史部文献在类目分配和数量方面都占绝对优势。至于实业各书，自洋务运动时期已开始大量传入中国，《西学书目表》有"西学诸书"，可专门立一大类。另外，与《古越藏书楼书目》同时代的西学书目相继出现，并成为晚清目录学史的特色之一，这些书目中的实业图书也非甚少。1900年，顾燮光所作之《增版东西学书录》就说："西政之善曰实事求是，西艺之善曰业精于勤，昔人为学在惜日物之力，有轮船、汽车诸器则万里无异庭闼，有格致、电化诸学则朽腐皆变神奇，彼夫玩愒光阴，货弃于地，安得不为之所弱哉？"③将西政与西艺同等看待。而《古越藏书楼书目》将此类图书附入"政部"中，且类目较《西学书目表》的已有相关类目要少，除该藏书楼收藏该类图书较少之外，也与徐氏的

---

① 徐树兰：《古越藏书楼章程》，李希泌、张椒华《中国古代藏书与近代图书馆史料》，第 114 页。

② 王重民：《普通目录学》，《图书馆学目录学资料汇编》，第 289 页。

③ 顾燮光：《增版东西学书录叙例》，熊月之《晚清新学书目提要》，上海书店出版社，2007 年，第 7 页。

政治、学术思想不无联系。

因此，该分类法以"明道"作为分类的基础，又将经学文献归入最先的几类中，并保留了许多旧的类目。但在这些类目中也收录了许多新的文献。同时又加入了"物理学"等新的学科。这也体现了徐氏在图书分类中，明显地具有由"四分法"向新的图书分类法转变的过渡性。

第三，《古越藏书楼书目》中共有 332 个三级类目，成为中国近代目录学史和文献分类史上具有里程碑式的分类。王重民对此颇为称赞，认为其"充分显示出了中外学术的统一意义"。在这些三级类目中，变化较大的主要集中在自然科学文献方面。因为中国的自然科学，无论在文献的数量或学术的分类方面都不如外国成熟。而"图书分类表的编制必须配合时代的要求以及科学发展的最新情况"[1]。因此，在近代学习西方科技的热潮中，用西方较为成熟的分类法分类自然科学文献，则能准确体现出自然科学在近代的文献结构、学术分类与发展情况，更有利于中国读者阅读及查找工作。此外，自然科学文献受社会意识形态的影响较社会科学文献要小，在分类法的制定方面更容易发挥编者的个人才能，更有利于近代分类法的创新。

《古越藏书楼书目》的出现，在一定程度上打破了传统的"四分法"模式，从中国近代的实际出发，重新统一安排中外文献的分类。虽然，其中有不少还是借鉴旧的分类法，在收录西学文献时会稍显不恰当。但是，它"在打破四部分类法，而给十进分类法开辟道路上，起了很大的作用"[2]，是中国文献分类法最终走上近代化的过渡阶段。蒋元卿评价说："足见其分类，实具有最大之勇气与计画，可惜仅知求新旧于一贯，而于其内容，未能细心考核。"[3]自《古越藏书楼书目》之后，中外文献的统一分类以及相关的分类法开始正式出现。而"杜威十进法"输入后，新的、质量较高的综合文献分类法形成了。而这一切，无疑都有该分类法所起到的重要影响。

---

① 杜定友：《分类原则与分类问题》，《图书馆学目录学资料汇编》，第 144 页。
② 王重民：《普通目录学》，《图书馆学目录学资料汇编》，第 288 页。
③ 蒋元卿：《中国图书分类之沿革》，第 153 页。

第二节 杜威十进法传入中国及其影响

一、传统"四分法"的不足

中国传统的"四部分类法"至晚清时已经存在了上千年，一直是我国最权威的图书分类法，期间虽有不满于"四分法"之限制而自定新法者，从李淑的《邯郸书目》至孙星衍的《孙氏祠堂书目》，而郑樵《通志·艺文略》开创的十二分法，超脱四部之外，力求以完全通过分类明学术之源流，因此子目设计尤为细密，共一百五十五个小类，小类之下又分为二百八十四个子目，后人称赞曰："中国分类法至郑樵可称为一大进步。"① 但之后几乎无人效仿郑樵之分类法，明清两代，私人藏书目录兴盛，凡改革"四分法"者不在少数，但是均只能成一家之言，无法被社会所广泛接受，更无法动摇"四分法"在当时的牢固地位。究其原因，还在于中国传统学术结构与文献结构没有发生大的变动，没有改变图书分类法的内在动力，当一部图书分类法已经成熟，并且在实践中基本可以满足分类需要时，就很难突破它所确定的体系，所以姚名达总结了中国传统社会中突破"四分法"的十几种分类法曰："'四部'之类目比较繁多，系统比较分明；故自《七录》创格，《隋志》采用以后，除明朝官录独加屏弃外，唐、宋及清秘阁藏书莫不资为部次架列之准绳，惟恐稍有违背；私家目录，靡然成风……彼其所以成为正统派者，固有由矣。"②

然而，自晚清以来，中国的学术为之一变，学术界的疑经思潮日盛，经学的地位持续下降，中国开明之士人要求打破乾嘉以来的考据学风，讲求经世致用之学，并积极提倡向西方学习，这些都成为改变中国学术和文献结构的主要因素，以《西学书目表》《日本书目志》为代表的新学书目和以《古越藏书楼书目》为代表的综合图书目录，已经在打破"四

---

① 蒋元卿：《中国图书分类之沿革》，第66页。
② 姚名达：《中国目录学史》，第103—104页。

分法"，开创新分类法上作出了尝试，并取得了一定的成效，为新分类法的编制奠定了基础。随着清王朝的灭亡，中国思想界也为之一变。随着新文化运动的开展，经学的权威地位已完全被打破，民主与科学逐渐深入人心，学者开始批判旧礼教，批判孔子，更重视西学的实事求是和经世致用的价值。学术分科更加发展，大学教育已转向西方分科式教育。民国的学者在晚清的基础上，希望能进一步调和中西学术之间的矛盾，并将二者统一在民国新的学术体系之中，而西方分类法理论与实践的输入，为中国学者带来了新的专业知识，这些都从政治、学术、专业知识三方面摧毁了"四分法"得以存在的理论基础。

当时的大部分目录学家和图书馆学家极力批判"四分法"在中国图书分类中的不适用，连余嘉锡也认为"四分法"必须要变，以适应新的学术和图书的需要："必谓四部之法不可变，甚且欲返之于《七略》，无源而强祖之以为源，非流而强纳之以为流，甚非所以'辨章学术，考镜源流'也。"①不过，更多的学者则是用现代西方目录学和图书分类学的观点来评价"四分法"，则不免有失公正。

所谓西方图书分类法理论，在大部分民国学者看来，即是以图书为分类对象，而不存在编纂者的主观意识；图书分类要以性质即图书内容为准，同一类目的分类标准要相同；图书的类目要细化，一类就代表一个学科，不能出现交叉和混乱等等。有人总结过西方图书分类法的规则：

1）除纯粹的文学特重形式外，应先按科目分，后按形式分。（按：形式或译体裁）
2）每部书应分在最严格的能容纳它们的门类之内。
3）若是一部书没有叙述到一类的三个以上的小类，则按书中叙述最为周详的那个小类分，或者——若是同为重要——按书中第一个小类分。若是这本书所叙述的小类在三个以上便要将它分

---

① 余嘉锡：《目录学发微：含〈古书通例〉》，第163页。

在那包括这些小类的总类名之下。

4）每部书应分在它用处最大的地方。

5）若是一书可以分归两个门类，须决定一种。

6）若是一部书所叙述的科目在分类法里尚没有位置，须选定一个最有关联的门类，就将这部书分在那个门类之内。

7）避免含有批评性的分类。①

将该分类规则与"四分法"的"辨章学术，考镜源流"的观点相比较，则相差较大，尤其是第一条和最后一条，直接从分类标准和主旨上否定了中国传统图书分类法存在的合理性。当时的学者在对待近代西方图书分类法的观点上，基本与此相同。刘国钧在《四库分类法之研究》中就用此规则批评了"四分法"，并指出了其三点不足："一曰：由四库类目与佛道书之关系，可以明四库制之旨趣。旨趣为何，即卫道是也。……二曰：类目以书籍之多寡而定。……三曰：四部之制度得以推行者，藉政府之势力，非其制本身完善，足以号召也。"②刘氏指出的第一点即是含有批评性的分类，第二点即是没有按科目分，而第三点则否定了"四分法"在图书分类中的可适用性，而将上千年来沿用该分类法归之于封建政府的行政权力。更有甚者，如杜定友等人，完全以西方图书分类法理论看待中国传统分类法，而得出"中国无分类法""中国无目录学"的结论，则未免缺乏历史唯物主义的观点，没有从中国传统政治、学术和文献发展的具体背景去考虑问题。

但是，民国学者出现的这些批评之声并非空穴来风，这主要就在于晚清开始向西方学习而出现的中国学术结构的转变，即学科化日益明显，并对文献结构和数量所造成的深远影响，而随着清朝的灭亡，分类法中所体现的意识形态也无法存在，经学失去了往日的辉煌。此外，随着公共藏书楼和图书馆的兴起，图书馆目录也更加注重取便检索的作用。它

---

① W. C. B. Sayers 著，章新民译：《图书分类规则》，《图书馆学季刊》2 卷 3 期（1928），第 421—430 页。

② 刘国钧：《四库分类法之研究》，《刘国钧图书馆学论文选集》，第 21—22 页。

标示着"四分法"在综合图书分类实践中已经不能继续胜任，必须要有一种新的图书分类法以体现民国时期的学术和文献结构，经过晚清时期对于新分类法的探索之后，民国的学者选择了以西方图书分类法为蓝本，创造中国自己的图书分类法，以适应向西方学习后中国的学术和文献所发生的变化。

二、杜威十进法的传入及影响

1910 年，正当中国图书馆学和目录学界探索新的图书分类法时，美国的"杜威十进法"（Decimal Classification，简写为 D.C.）被正式介绍到中国，并在国内掀起了轩然大波，对中国近现代图书分类法产生了举足轻重的影响："然后靡然从风，率相采用焉。"[①] 该法传入中国，被中国学者所广泛利用，以上所提到许多的过渡性的分类法逐渐消失："除少数私家藏书楼仍沿用《四库总目》或《书目答问》之旧法外，其采用此项过渡法者殆已绝迹矣。"[②]

（一）"杜威十进法"的主要内容

"杜威十进法"是由美国著名图书馆学家，美国图书馆学会会长杜威（Melvil Dewey）总结前人分类经验，在任安赫斯德大学图书馆主任时于 1876 年编成。书名为《图书馆图书刊物目录排列分类法及科目索引》，其后更名为《十进分类法与连属索引》。并在以后不断充实，类目的分类也逐渐增多及系统化。该法在美国等国家颇受欢迎，其"应用之广，方法之便，尤于图书馆界脍炙人口"[③]。

该法最早在 1904 年就传入我国，"光绪三十年（1904）孙毓修在《教育杂志》上首先介绍了美国杜威'十进分类法'，但没有人注意"[④]。直至 1910 年孙毓修又在《图书馆》一文中介绍了该分类法，我国学者才开始重视起来，之后其成为民国编制新图书分类法的主要

---

① 姚名达：《中国目录学史》，第 124 页。
② 姚名达：《中国目录学史》，第 123—124 页。
③ 朱家治：《杜威及其十进分类法（附表）》，《图书馆学季刊》1 卷 2 期（1927 年），第 265—308 页。
④ 刘国钧：《中国图书分类法的发展》，《刘国钧图书馆学论文选集》，第 397 页。

参考标准。

该法将全世界的学科分为9类，再加上综合性图书共10类。每一类又划分为10个小类，每小类又分为10个子目，每子目又往下分10部分，就这样以10为单位。一直分类下去，以至无限。每大类、小类、子目等均有固定的分类号，分类号采取单纯号码，即只用数字为标记，"在图书分类史上首次用号码代替类目，创造了小数标记法和相关索引"[①]。现将一级类目列于下：

000 General 总类
100 Philosophy 哲学
200 Religion 宗教
300 Sociology 社会科学
400 Philology 语言学
500 Science 自然科学
600 Useful Arts 应用科学
700 Fine Arts 美术
800 Literature 文学
900 History 历史

当到5位数字的时候，图书分类已经可以达到十万数。因为有分类号，所以没有混乱的感觉。每一本书均有自己的位置，这是中国固有分类法所不具备的。此外，该分类法还附有辅助分类表，以帮助图书馆工作者确定分类号以及从不同的角度分类文献，方便了图书分类工作。

（二）"杜威十进法"的主要特点与不足

1.关于文献分类的学科性质和文献自身的特点

"杜威十进法"主要根据社会进化论确定各大类的名称及顺序。"最初人与物之区别为思想，故哲学为第一类；思想发达则溯源而及于宗教，

---

① 来新夏等：《中国近代图书事业史》，第222页。

故宗教为第二类；人与人接触通往来，故社会为第三类；往来之起始媒介为语言，故语言为第四类；图自身之生存而利用天然环境，故自然科学为第五类；求实业以图竞争，故应用科学为第六类；进而讲求审美，故美术为第七类；而文学亦为艺术之一，为第八类；以上步骤循序渐进，其经过记录为历史为第九类。"[①] 以社会发展为线索，与中国传统文献分类有相同之处，易于被中国学者接受。

但是，图书馆分类法必须要考虑到工作者对于文献的管理以及读者查阅图书的方便程度。文献才是文献分类法的基础，必须要考虑到文献的实际情况。"图书分类原为供研究学术而作，故宜以学科分类（即论理的分别）为准。但因书籍实质上之特点不能处处合于论理，故不得不稍加变通。"[②]《杜威十进法》在此方面就稍显欠缺。

仔细考察各类的顺序，则"语言学"与"文学"二者分开，且隔以"自然科学""应用科学"和"美术"。"历史类"放在最后，与社会科学文献分隔太远。这样所带来的最大的不便就是相类似的文献不能放在一起，而导致排架上的混乱，不方便图书的管理与借阅。"文学类"与社会科学联系较密，现在反而次于"自然科学"和"应用科学"类之后，就拆散了社会科学文献的整体性，这是极不适当的。

2. 分类号的方便、易记与过于形式化

西方图书分类法与中国传统分类法最大的不同之一就是分类号码的使用，而方便图书的插架和读者的寻检，中国古代也有为列标记符号的情况，如《文渊阁书目》利用"千字文"为每一书柜标明记号。但这些分类号是与书架（书柜）一体，一个书架（书柜）排满图书后，就已固定，如果再要增加新的图书，则只能另寻空书架重新排列，姚名达先生称之曰固定排列法。而自西方图书分类法传入中国之后，用字目或数字来代替中国汉字，数字的伸缩性较大，通过数字的长短，可以代表大类与小类。分类号与图书一体，每新进一本书，将分类号附于书上，则读者在查书时可根据图书目所标记的分类号一索即得，十分便利。民国时期

---

① 朱家治：《杜威及其十进分类法（附表）》，《图书馆学季刊》1卷2期，第265—308页。
② 刘国钧：《中国图书分类法·导言》，金陵大学图书馆，1936年，第4页。

的大部分目录学家和图书馆学家均对该法在取便检索方面的作用予以了肯定。

"杜威十进法"，以10为单位，各大类、小类、子目的分类均为10类。但是，文献有其自身的发展特点，并不都是10个分类的。"各种学术之领域，或宽或窄，极非一致，杜威纯用十进之例，瓜分每种学术为十类，俨若学术皆循算学之级数而进展者，其不合理可知。"①

西方分类法中分类号的运用，方便了图书的插架及读者的查阅："以数字之号码代表部类之名称，标记于图书之上，按次排列，不必限定某类书永列某架，如此则目录既可免登记架号之烦，而新书复无无架可插之患。"每一类书都有自己的位置，每一本书都有自己的号码，读者按号索书，极为方便。图书有号码顺序，不会出现插放混乱的局面，图书的系统性增强，条理性突出，弥补了中国传统藏书只重藏、不重流通的不足。西方文献的分类号的方法，大大提高了文献的使用效率，对中国近代分类法造成巨大的影响力，甚至超过了文献分类法本身。

但是，"杜威十进法"的分类号过于形式化，因为采用的是数序制，而非层累制，虽然较为简单，也便于记忆，但是受到数字的限制也随之增大，有些文献不止分为10类，而勉强分10类。又由于过于强调"十进"，不需要分为10类的类目，也硬要以10类划分。这就不以文献的现实情况为基础，甚至也没有真正考虑学科特点，过分强调了分类法的规范性，这是不可取的。

3. 符合美国国情与中国文献的特殊性

杜威是美国人，他所编制的"十进法"也是按照美国图书馆的实际情况。近代时期，美国图书馆事业发展较为迅速，有许多值得中国学者学习的地方。沈祖荣等发起的"新图书馆运动"，就是大力宣传美国图书馆学理论与方法，主张创建美国式的图书馆。但是，不管美国图书馆的先进程度如何，其在文献收录上必然要照顾到美国公众的阅读需要，不会收录较多的中国文献，尤其是古文献。因此，在分类法的类目上，

---

① 姚名达：《中国目录学史》，第126页。

只会对美国文献作具体处理，而对中国文献则当作外国文献，与其他同类型的文献共同处理，这样势必会削弱中国文献的自身特点，不符合中国学者的习惯，也不符合中国文献的实际。

中国文献主要以中文文献为主，外文文献在数量上要远远少于前者。中国旧书的数量在中国文献中所占的比例不少，这些文献在"杜威十进法"中没有得到充分的考虑。尤其是经学文献，很难有适当的类目收录之。许多有密切关系的文献被分开，打散了中国文献的系统性。其中，最明显的就是将中国古代史（931）和近代史（951）拆散开来，破坏了中国历史发展的连续性，也不方便读者历史研究工作的进行。"四库分类法"不适合近代的图书分类，相同的，原版的"杜威十进法"也不符合中国国情。因此，有必要对"杜威十进法"进行改革，适应中国文献的需要。

正因为有以上所提到的种种不足，在该法引入中国不久就有不少"仿杜"和"补杜"的分类法出现，为吸取西方先进分类方法，制定符合中国文献实际的分类法奠定了坚实的基础。

4."杜威十进法"对中国新分类法的影响

"杜威十进法"引入中国后，就受到了中国学者的普遍关注。西方先进的分类方法，如分类号的运用，主题词的使用，分类法所具有的伸缩性质，都是中国分类法中忽视或缺少的。但是，就现成的西方文献分类法来说，又没有照顾到中国文献的实际："清世末叶以还，西学东渐，四部分类法，致未能范围日益繁复之科学书籍，国人逐渐采用美国杜威十进分类法。但杜法较适用于西籍，若非变通，而亦未能悉纳中国旧籍，是以海内目录学者多蜕化杜氏分类，改善十进法，使有能贯通融合中西图籍之利，而免'削趾适履'之讥。"[①]因此，就有学者希望通过借鉴先进的分类技术，再以中国文献为基础，制定分类法，并成为20世纪二三十年代中国文献分类法发展史上的一个显著特征。

根据笔者初步统计，从"杜威十进法"正式传入中国至20世纪30年代中国出现的图书分类法及理论著作有50种左右，其中许多都是以"杜

---

① 熊耀球：《福建省立图书馆图书总目》，福建省立图书馆，1943年，第2—3页。

威十进法"为基础而制定的。但是，改革的方面却多有不同，有依照"十进法"而稍微变更其类目的，有改变该法的分类顺序的，还有只是采用了该法的先进技术，而全部类目基本上都是重新制定的。

首先，图书馆目录的分类法。图书馆在近代取代了私人藏书楼、书院藏书、官府藏书的地位，成为藏书的最大机构，图书开始面向社会普通民众，文献数量和结构也变得更为复杂。这样就存在一个图书分类查询的问题。"由来我国言目录学者必言分类，今日国内之办理图书馆者亦莫不认分类为最要之问题。"① 怎样对馆藏的所有图书都能了如指掌，并且方便读者的查询成为图书馆工作的重点之一。因此，要对每一类文献均有确切的安排，每一种文献都有自己的位置，让读者查之即得，使图书馆工作者有序排架，不至混乱。另外，随着近代学科门类的增加，以及学科研究的专深，类目细化的趋势成为必然。"分类以详为贵，而昔人多略。详则便于专攻，略则流于笼统。"② 类目较古代传统类目要多很多，四级、五级类目的出现也成为寻常之事，类目一多，就容易发生混乱的情况。因此，图书馆工作者和读者都需要很好地了解某一类在分类法中的位置，或者某一类与它的同位类、上位类、下位类的关系，更好地理解分类法中的系统性。这些要求，都需要有一种能够在分类法中反映系统性，方便查阅的符号的出现，而分类号的出现成为解决这些问题的最好方法。

分类号的出现，使分类法的近代化成为可能。姚名达曾经说过："现代目录之稍进于古录者，惟在索书号码之便利与专科目录之分途发展耳。"笔者认为，图书分类号的出现是世界分类法近代化的重要标志之一。分类号的引入，是中国图书分类学的催化剂，体现了文献由"藏"转向"用"的过程。从此以后，分类号成为中国图书馆分类中必不可少的内容。

其次，在类目的设立以及全部分类法的系统性方面，为中国新分类法的产生提供了可借鉴之经验。中国古代文献主要集中在社会科学方面，

① 刘国钧：《中国图书分类法·自序》，第2页。
② 刘国钧：《中国图书分类法·导言》，第5页。

古代科学"由术数嬗变而来。然术数实含有超自然之意味"①，"学术分化是促使图书分类法不断变化的直接原因"②。中国古代的科学书籍，主要集中在子部，数量少："学术的内容浅、门类少，图书分类也必然简单"，造成了分类极不合理，不能适应中国近代文献发展的需要，需要做出更大的调整。而西方较中国学者有着丰富的科学文献资源以及长期对此类文献的接触和认识的实践经验，这必然引起学者关于此类文献分类的探索。我国研究图书分类体系主要集中于社科文献。而近代意义上的科技发展起步晚，接触的时间较短，又是从西方引入，与中国传统学术的联系相对较小，不用十分考虑中国传统分类法的影响，因此，当引入西方科技文献的同时，就已经采用了西方对于此类学科的分类，很多类目都被直接运用，一直到现在都没有发生太大变化。

对"杜威十进法"改革者大有人在，更有甚者，只是借鉴它的分类号的形式，全部类目以中国文献为基础。但是，当涉及自然科学和应用科学文献的分类时，还是有很多是以"杜威法"为参照。其中的"数学""天文""物理""化学""生物学"等类目，直到今天还在使用。值得注意的是，中国古代也有自己的科技文献。如医学、农业文献等，因此，当时在运用西方分类方法的同时，也还是充分考虑到了中国文献的特点。再者，自然科学本身也在不断的发展，尤其是交叉学科日渐增多，学者在研究中不断要求精深，随着新学科的产生、旧科学的淘汰以及文献本身所带来的变化，图书分类也在不断改进。具体到中国，自然科学也有自己发展的独立性，并不完全与西方同步。因此，科技类文献在中国也有自己的独立发展轨迹。根据中国学者的特殊需要，仍旧不可能完全与西方的分类法相一致。

决定分类法内容及体系的因素有很多种，其中就有哲学上的知识分类体系、教学上的学科划分以及过去时代图书分类的体系等等。

西方近代哲学中对知识的分类，促进了学术近代化的速度，许多传

---

① 刘国钧：《中国图书分类法·导言》，第6页。

② 刘国钧：《现代西方主要图书分类法评述·导言》，《刘国钧图书馆学论文选集》，第346页。

统学科摆脱中世纪的束缚而成为促进人类进步的先进学术，许多学科成为社会教育的内容，比如哲学、经济学、教育学、文学、体育等都成为新兴学科。这些新学科无疑也对中国近代的学术发展造成影响："20世纪中国学术明显受到西潮的影响，以西学分科为基础强调学术的专科化大约是20世纪中国学术与前不同的主要特征之一。"① 专科学术的逐渐强化，影响到中国学术的专科化，以前中国传统学者所认可的通、博的观点已经开始发生变化。社会科学结构也开始在过去的基础上实行重组。例如中国传统史学文献分类，主要是按照体例为标准。但是，中国史学在近代朝向专门化、专业化发展，许多学科从史学中分类出来，又因近代新史料的发现，史学专科目录开始大量出现，这些都促使了中国史学的近代化。当时就有学者对传统史部分类法提出了质疑："所谓正史、杂史、编年、纪传等类，分画亦不精密。今年新书、古器，日出不穷。"② 因此，需要改变当时的状况，而"杜威法"无疑在此方面提供了很大的帮助。"杜威法"分史学文献为："地理志""传记""欧洲""亚洲""非洲""北美""南美""海洋极地"。许多类目，至今还在沿用。可见，社会科学方面的分类，受到"十进法"的影响也很不少。但是，需要指出的是，中国的社会科学有其自己的发展轨迹，并且有了上千年的历史积淀，许多文献都是具有中国特色，而是外国所没有的。所以不能完全采用西方的一套分类方法。在许多细目方面，都保存了中国分类法中的传统类目，比如以上所提到的刘国钧《中国图书分类法》就是其中一种。此外，当时所谓的一些"复古派"的分类法，保留大量的古代类目，在另一个侧面也反映出了中国分类法中某些类目的合理性。文献分类法要以以前的分类法作为铺垫，只有在此基础上才能更好地发展。西方分类法（包括"杜威十进法"）只能为中国分类法起到一个借鉴的作用，而其中的内涵，还是古今相联，一直延续下来的。

① 罗志田：《西学冲击下近代中国学术分科的演变》，《近代中国史学十论》，复旦大学出版社，2003年，第2页。

② 柳诒徵：《拟编〈全史目录〉议》，叶继元等《南京大学百年学术精品——图书馆学卷》，南京大学出版社，2002年，第24页。

从以上所提到的几点可知："杜威十进法"在中国文献分类法史中确实起到了很大的作用。尤其是分类号的使用，使图书分类有了更大的社会意义和实用价值。并在一些类目上，尤其是自然科学、应用科学提供了宝贵的经验，加速了我国文献分类工作的进程。但是："采用西人成法，则因中西学术范围方法问题不同者太多，难于一一适合，勉强模仿，近于削足适履。"①中国人有着自己的世界观和哲学思想，有着传统的分类理念，文献与西方也有很大的不同，这些都会在中国图书分类法中充分地表现出来，成为其特色所在。

因此，围绕"杜威十进法"，中国学者开始针对国内的现实情况，对其予以改革，并起到了较好的效果。其取得的具体成就，将在下文予以介绍。

（三）其他重要的西方分类法

杜威十进法传入中国后，在民国时期的目录学界和图书馆学界造成了巨大的震荡，各图书馆目录多采用之，或直接利用，或加以改进，总之是以该法为蓝本，为创造新的图书分类法提供了启发。但是，民国时期传入中国之西方图书分类法绝非仅"杜威十进法"一类，当时又有美国国会图书馆分类法、克特展开分类法等纷纷被学者介绍至中国，促进了民国时期图书分类法的多元化发展。据有关学者统计，20世纪上半叶传入中国的外国图书分类法共有23种②，不过这些分类法在民国时期的影响则不能与"杜威十进法"相比了。

1. 克特及其展开分类法

展开分类法（Expansive Classification 简称为 E.C.）是由美国著名图书馆学家克特（Charles Ammi Cutter，1837—1903，又称卡特）在波士顿图书馆任职时编制的一部图书分类法。该法以具备灵活的伸缩性见长，是与杜威十进法和国会图书馆分类法齐名的美国三大分类法之一。1917年，北京通俗教育研究会编写了《图书馆小识》一书，将该法介绍给中

---

① 刘国钧：《中国图书分类法·导言》，第 4 页。

② 详见俞君立主编：《中国文献分类法百年发展与展望》，武汉大学出版社，2002 年，第 2—4 页。

国读者。1926 年，洪有丰先生在《图书馆学季刊》上发表了名为《克特氏及其展开分类法》，较系统地介绍了该法的主要内容、著者号码、编目规则以及当时学界关于该法研究的两种意见，并分析了其与杜威法、国会图书馆分类法之间的不同。

展开分类法的内容及特点。该法极大地发挥了图书分类表可伸缩的优势，可适应不同类型图书馆的使用。"展开分类法含广大而有伸缩性之意。盖欲可以变化无穷，能包括各种学术，兼顾应用各种图书馆，而剪除一切发生之分类困难也。"[①]1873 年，克特编制了该分类法的第一类表，并发表于 1891 年，之后又陆续发表第二表、第三表，发表至第七表时，克特逝世，由其侄子 W.P.Cutter 完成。每一表都比前一表为详细，以适应藏书量不同的各类图书馆。藏书少者可用第一表，而藏书越多，所用的分类表越往后，"图书逐渐增多，分类亦可逐渐加详，无更张涂改之纷烦，而有日新月异之便利"[②]。如第一表只分图书为 8 类，藏书量较少的图书馆已可适用。具体类目如下：

A Works of reference & general works 综合类

B Philosophy & religion 哲学宗教类

E Biography 传记

F History & geography travels 历史、地理、游记

H Social science 社会科学

L Natural science & arts 自然科学、技术

Y Language & literature 语言学、文学

YF Fiction 小说

而至第六表时，共分图书为 27 大类，更适合藏书量丰富，文献结构较完整的大型图书馆使用。

---

① 洪有丰：《克特氏及其展开分类法》，《图书馆学季刊》1 卷 3 期（1926 年），第 423—434 页。

② 姚名达：《中国目录学史》，第 127 页。

A General works 总类

B Philosophy 哲学

Br Religion 宗教

C Christianity & Judaism 基督教

D Ecclesiatical history 教会史

E Biography 传记

F History 历史

G geography & travels 地理、游记

H Social science 社会科学

I Demotics, sociology 社会学

J Civics, government, political science 政治学

K Legislation 法律

L science & arts 科技

M Natural history 自然史

N Botany 植物学

O zoology 动物学

P Vertebrates 脊椎动物

Q Medicine 医学

R Useful arts 应用技术

S Constructive arts（Engineering & building）建筑学（工程、建筑）

T Fabricative arts（Manufactures & handicrafts）生产加工（制造、手工艺）

U Art of war 军事学

V Athletic & recreative arts 运动学

W Art, fine arts 美术

X English language 英语

Y English & American literature 英美文学

Z Book arts 图书学

至图书分到二级类目时，就使用两位英文字母，如 L 为自然科学，下属类目有自然科学概论、数学等，则前者为 LA，后者为 LB，依此类推。此外，该分类法又配有助记表，如著者表、区域表等，以方便读者查阅及馆员的编目、插架工作。该助记表以数字为主，如 YF 为小说，45 代表英国，YF45 就为英国小说。这种字母与数字的混合分类号，便于类目的扩张，为图书馆收藏更多的图书提供了分类法方面的保证。

但是该分类法越细分越复杂，至第六表时，分类已颇为复杂，且记号有时也会出现较复杂的情况，尤其是著者表的使用，使分类号中还出现了分数号，如洪有丰先生举例道："Defoe, Robinson Crusoe 其分类号码为 YF/D36，YF，即小说类之符号。D 即著者 Defoe 之首字母，36 即其号码也。"[1] 而这一著者号码表更适用于以字母拼写姓名的英美等国，而中国人名均为汉字，更谈不上首字母，则该法已不能很好地在中国立足了。

2. 美国国会图书馆分类法

美国国会图书馆分类法（Library of Congress Classification，简称 L.C.）是由美国著名图书馆学家、美国国会图书馆馆长 G.H. 普特南主持编纂的以国会图书馆藏书为对象，并参照了杜威十进法和克特展开分类法等："比较各家分类法之得失，以备去取；斟酌本馆之情形，以便适合。"[2] 并最初由戴志骞先生于 1923 年将该法引入中国。1929 年，严文郁先生在《图书馆学季刊》3 卷 4 期上发表了一篇名为《美国国会图书馆及其分类法》的论文，较为详细地介绍了美国国会图书馆及该馆所使用的图书分类法，并综合了当时学界关于该法优劣的讨论，提出了自己对于国会图书馆分类法价值得失的看法，是民国时期介绍美国国会图书馆分类法的代表著作。

美国国会图书馆于 1800 年建立，其后便有图书分类法问世，不过当时的分类法按照图书的大小形式为标准予以分类，图书内容与体裁均

---

① 洪有丰：《克特氏及其展开分类法》，《图书馆学季刊》1 卷 3 期（1926 年），第 423—434 页。

② 严文郁：《美国国会图书馆及其分类法》，《图书馆学季刊》3 卷 4 期（1929 年），第 42—71 页。

不作考虑，违反了图书分类的基本原则，因此受到人们的质疑，不久便被新分类法所替代。1812 年，"马路得为馆长，乃自编一分类法，分所有书籍为十八类，凡类相同者，再按本头之大小为序"[①]。图书已按内容划分了一级类目，而图书的装帧形式仍成为重要参考。1814 年，国会图书馆购入美国第三任总统杰弗逊（Jefferson，任期 1801—1809）的藏书共计七千余部，并成为图书馆藏书的基础。杰弗逊的私人藏书曾经过其本人的整理，并自创有共四十四大类的图书分类法。该分类法存在了较长时间，直至 1861 年，该分类法做过一些子目方面的变动，但整体并没有受到影响。1897 年，国会图书馆迁入新馆，图书数量也因此大增："庋藏达七十五万册，而以历史与社会科学之书为最多。"[②] 图书结构发生较大变动，过去所使用的分类法，以及同时期其他图书馆所使用的分类法均不适合国会图书馆的实际情况，因此有再创新法的必要。在此背景之下，国会图书馆分类法应运而生，该法的具体分类如下：

A　General works 总类

B　Philosophy Religion 哲学宗教

C　History（Auxiliary）历史（辅助科学）

D　History（Except America）历史（除美国外）

EF　History-America 美国历史

G　Geography Anthropology 地理学 人类学

H　Social sciences 社会科学

J　Political science 政治科学

K　Law 法律

L　Education 教育

M　Music 音乐

---

① 严文郁：《美国国会图书馆及其分类法》，《图书馆学季刊》3 卷 4 期（1929 年），第 42—71 页。

② 严文郁：《美国国会图书馆及其分类法》，《图书馆学季刊》3 卷 4 期（1929 年），第 42—71 页。

N Fine arts 美术

P Philology linguistic 语言学

Q Science 科学

R Medicine 医学

S Agriculture 农业

T Technology 工艺学

U Military science 陆军学

V Naval science 海军学

Z Library science & Bibliography 图书馆学与目录

该法共分图书为 20 大类，大类之下又分小类，分别为：1. 总类：（General form divisions）杂志、会社、丛书、辞典等；2. 哲理（Theory, Philosophy）；3. 历史（History）；4. 概论（Treatises, General Works）；5. 法规（Law, Regulations）；6. 教学（Study and Teaching）；7. 特论（Special Subjects）。

（1）国会图书馆分类法的主要特点

该法自问世以后，就以分类不受分类号牵制，类目伸缩性较强而受到关注。所谓不受分类号限制，即试图解决文献结构与分类号结构相矛盾的问题。如"杜威十进法"，共分图书为十类，每科又分十小类，则稍显形式化："杜威分世间学科为十部，每部分十类，每类分十小类，由此递推，是不论学科范围之广狭，皆以十进，未免失之牵强。"[①]而国会图书馆分类法改变了此种形式，分类号将根据学术类目和文献结构而定，图书实际有多少类，就有多少符号与之相应。如该法共分图书为二十大类，就有二十个分类号，比"杜威法"正好多出十位，细化了学术类目和文献结构。

国会图书馆分类法的分类号是由字母和数字混合而成，每一大类用字母表示，二级类目也用字母表示，而至三级类目时则使用数字，字母有 26 位，数字则由 1—9999 共万位。对照上表，则字母仍有 I、O、W、X、

---

① 严文郁：《美国国会图书馆及其分类法》，《图书馆学季刊》3 卷 4 期（1929 年），第 42—71 页。

Y五位没有使用，而数字也有间断处，类目可扩充的余地就很大。数字与字母混合制的分类号，即使在当今图书馆学和目录学界，也是极为提倡的，如《中国图书馆分类法》等，其最重要的原因就在于能较好地解决单纯一种号码所带来的对文献结构的限制。

（2）该法存在的主要缺陷

然而该法在民国时期并没有受到学者的广泛关注和利用，这是与其本身所具有缺陷分不开的。该法的大类顺序稍显混乱，在学术结构上不能显出系统性。时人评价道："夫人类彼此先有接触，而后有语言文字，以谋互相沟通；文字产生，然后将其生活作为记录。故社会科学与语言文字学，应居于历史之前。再者人类必先利用天然环境，而后从事审美的研究。故各家分类法，皆列美术于自然与应用科学之后。"[1]另外，类目划分的逻辑稍显混乱，如历史区别美国史与否；法律、教育、军事等也从社会科学中分出单独立类，而陆军学和海军学又单独立类，这些原本为子目的类目与一级类目如社会科学并不属于同一逻辑层面。该法的分类号也过于冗长，且没有助记表，如加上复分表中的号码，有些类目会长达十几位符号，不论是读者还是图书馆员均会感觉不便，反而阻碍了图书馆目录取便检索的作用。造成这些缺陷的因素，很大程度上是因为该法所针对的为国会图书馆之图书："国会法乃一馆之私法，用于其他图书馆，自有不能满意之处。"[2]而在该法传入中国之后，也存在同样的问题，无法在中国推广开来。

第三节　民国时期出现的新分类法

一、图书分类法理论的探讨

在以上内容中，笔者曾经提到了民国时期的图书馆学家和目录学家

---

① 严文郁：《美国国会图书馆及其分类法》，《图书馆学季刊》3卷4期（1929年），第42—71页。
② 严文郁：《美国国会图书馆及其分类法》，《图书馆学季刊》3卷4期（1929年），第42—71页。

因为"四分法"已不适合新的学术和文献结构的现实需要，而提出必须改革，以创新图书分类法。而随着西方图书分类法理论和实践的传入，这些学者逐渐将其与中国的学术和文献实际相结合，并形成了中国式的新的图书分类法，在这其中，也展开了关于新分类法理论的讨论，为当时新分类法的编制奠定了坚实的基础。

（一）图书分类的定义及分类标准

中国古代分类概念产生很早，自先秦时期的《荀子·正名篇》中就提出了"同则同之，异则异之，使异实异名，同实同名"①的分类概念，儒家学派、道家学派、杂家学派都提出过自己的关于学术分类的思想，至司马谈《论六家要旨》中，已对先秦时期的诸子百家予以分类，并在刘歆编纂《七略》时被用于实践。但是，我国传统中专门关于图书分类法理论的论著较少，只有郑樵《通志·校雠略》等少数几篇，在这其中，关于图书分类的定义则鲜有讨论者，无怪于乎杜定友说："夫学之分类，人能言之，书之分类，未易言也。"②直至民国时，学者才对图书分类加以定义，以确定其性质。刘国钧曾对此进行过阐述："所谓图书分类，就是将图书根据某种特征或标准而排列之，并且表明各类间之系统的关系。"③定义虽然简单，但是对于当时图书分类学的学科建设来说至关重要，

而关于图书分类的标准问题，似乎在当时的大部分学者中已经达成了共识，即图书的内容（或称为性质、"义"）必须成为分类的第一参考标准，刘国钧认为："图书分类多以他们内容的性质作为分类的标准。"④杜定友在其《校雠新义》中阐明了"类例条别，例当从义"⑤的观点，而程伯群也同样持有"分类之时须注意书之大部分属于何类，如某册书籍一部分为工程，一部分为卫生者，视其性质之所宜而分类"⑥的态度。

① 梁启雄：《荀子简释》，第 314 页。
② 杜定友：《校雠新义》上册，第 1 页。
③ 刘国钧：《图书馆学要旨》，中华书局，1934 年，第 75 页。
④ 刘国钧：《图书馆学要旨》，第 76 页。
⑤ 杜定友：《校雠新义》上册，第 4 页。
⑥ 程伯群：《比较图书馆学》，世界书局，1935 年，第 167 页。

然而，以内容为标准的同时，也要参考图书形式（或称体裁、"体"）在分类法中的作用。"主义、主体非不可并用，但必先立义，其同义者乃得体分，此乃正当之法。"①"图书的分类，虽然以学术的性质为主，但同时不能不顾及著述的体裁。因此，体裁也是分类标准之一。"②譬如史书，可按时间分成不同类，但是，每类之中各体裁史书均存在，则传统分类法中确定的史书体裁，则可加以利用："虽然史以纪事，历代相承，自当以时为贯，其同朝同代因卷帙之浩繁，因体以部别，亦无不可。"③此外，当时的学者也强调在编制分类法中考虑到读者的实际需要："同时需研究阅者之心理，以何种分类为最易检查，如拘泥其次序，而忽略相习之观念，则寻查之时，殊多不便。有背习惯，利用乃小。"④如在文学作品方面，图书分类法中文学作品多按体裁分为诗歌、散文、小说等，以方便读者在查阅图书时的需要，若再机械地按照内容分类，显然无助于分类法作用之发挥。

其实，民国时期出现的这些学术观点与其说是从西方引进而来，不如说在中国传统目录学中就已经存在。自《七略》创立"六分法"以来，中国的传统学者就强调"辨章学术、考镜源流"，以图书所包含的学术共同性为分类之标准。试分析"诸子略"所分之十类，"兵书略"所分之四类等，均以内容作为分类的标准。此后这种方法一直没有间断，直至乾隆编制《四库全书总目》时，还提出"文章流别，历代增新，古来有是一家，即应立是一类。作者有是一体，即应备是一格"⑤的观点，也说明了中国传统分类法在以图书内容为标准上的明确态度。只是中国古代的学术及其分科与近现代西方学术及其分科有着完全的不同，加之传统政治思想对学术和图书的影响，因此让人感觉中国传统分类法"体""义"不分。然而也正是这种"体""义"不分，体现了中国学术强调"博通"的特点，没有严格的学科分类，

---

① 杜定友：《校雠新义》上册，第59页。
② 刘国钧：《图书馆学要旨》，第77页。
③ 杜定友：《校雠新义》上册，第36页。
④ 程伯群：《比较图书馆学》，第167页。
⑤ 永瑢等：《四库全书总目·凡例》，第18页。

都是通贯一体的："中国古籍后来分为经、史、子、集四部分，主要是为了编目方便，实际上都是史料。"① 只是在近现代学术日益分科化的背景下，图书分类的标准随之转变，中国传统的分类法也失去了存在的环境。

（二）图书分类与知识分类的关系

中国传统目录学多有阐述图书分类与知识分类之间关系的理论，最明显者莫过于郑樵，他在《通志·校雠略》中多次表达了图书分类即知识分类的观点："学之不专者，为书之不明也。书之不明者，为类例之不分也。有专门之书，则有专门之学。有专门之学则有世守之能。人守其学，学守其书，书守其类，人有存没而学不息，世有变故而书不亡。""类例既分，学术自明，以其先后本末具在。"至章学诚时，又明确表达"学在王官"的观点，先秦时期各官职的分类，就是图书的分类："私门无著述文字，则官守之分职，即群书之部次，不复别有著录之法也。"②均阐明了以学术分类代替图书分类的观点。中国传统分类法中均有"辨章学术、考镜源流"的作用，则体现了古人对于图书分类和知识分类密切关系的看法。

而自近代以后，随着西方分类理论的传入，民国学者开始思考图书分类与知识分类之间的差异。他们将图书分类看作人们对于这个宇宙分类中的一部分，是人们逻辑思维发展到一定阶段的产物："人类自有了组织与分析的观念后，分类的意义就同时发生了，其后渐趋于复杂，终至施之于宇宙间的万象万物，图书分类特其中之一种耳。"③并从人类学和进化论的视角，看待各类型分类之间的递进关系，在姚名达、蒋元卿诸先生的著作中均认为人类最早之分类起源对事物分类，之后人们对事物的认识逐渐加深，于是事物分类深化至知识分类，最后当知识形成文字时，并被编为图书时，便有了图书分类。因此，图书分类要比知识分类更高一层，这种观点直到建国后仍有学者信奉："我国分类应用之

---

① 张舜徽：《史学与传记》，《訒庵学术讲论集》，第 122 页。
② 章学诚著，王重民通解：《校雠通义通解》，第 1 页。
③ 蒋元卿：《中国图书分类之沿革》，第 4 页。

演进，始于事物，继于学术，终于图书。"① 因此，不能将图书分类与知识分类等而视之。1920 年，署名之嘉的作者在《新中国》杂志上发表了一篇名为《科学分类之历史》的文章，较系统地介绍了公元前 3 世纪至公元 20 世纪初，西方科学分类发展的历史，从最早的亚里士多德将知识分为理论的、实践的和创制的三大类开始叙述，"为图书分类法的编制提供了一种重要的理论依据"②，也使当时的学者对于知识分类和图书分类之间的差异有了较清楚的认识："学术乃是演绎知识的；图书虽也是知识的产物，但它俩的性质是各不相同，所以分类也就不同了。盖图书分类之标准，虽以学术的分野，作平衡的支配，惟要切诸实用，不像学术的分类是以论理的科学为标准，不能有丝毫的含糊。"③ 他们希望图书分类法能以知识分类为基础，能达到古人所称的"辨章学术"的地步："类例之法，重在辨章学术、部次甲乙，使图书典籍按类而归，以见学术之范围，各科之关系。"④ 但是，又不能不考虑到图书的实际情况，以知识分类法囊括图书分类法，当时的学者举的最明显的例子就是关于丛书的分类，丛书在中国古代已经颇为发达，"合数家之书，以成一编者，俗谓之丛书"⑤。但是在"四分法"中，丛书列入子部杂家类之杂编子目中，后人颇有异议。至张之洞《书目答问》时，创立"五分法"，丛书单独列为一类，以体现了丛书文献的特殊性。其他如期刊类文献，其中涵盖的内容也很丰富，这些文献在知识分类中已经很难有其位置，因此梁启超《西学书目表》中单列"杂类之书"，以收录报章等无可归类之书。当西方图书分类法传入中国后，更使当时的学者认识到"夫世无包罗万状之学，而有六通四辟之书，是书与学之不得不分也"⑥。图书分类必须要在知识分类为基础上，创造独立的分类体系："图书分类原为供研究学术而作，故宜以学科分类（即论理的分别）为准。

---

① 昌彼得：《中国目录学讲义》，第 45 页。
② 俞君立：《中国文献分类法百年发展与展望》，第 18 页。
③ 胡芸非：《学术分类与图书分类》，《学风》4 卷 10 期（1934 年），第 1—2 页。
④ 杜定友：《校雠新义》上册，第 2 页。
⑤ 永瑢等：《四库全书简明目录》，上海古籍出版社，1985 年，第 511 页。
⑥ 杜定友：《校雠新义》上册，第 2 页。

但因书籍实质上之特点不能处处合于论理，故不得不稍加变通，而参以体裁的分别。"①他们明确了新的图书分类法应以图书而非学术作为研究对象。

（三）图书分类法的作用

关于图书分类法到底应该起到什么样的作用，在民国图书馆学和目录学者中也多有探讨，主要分为两种观点：第一种认为图书分类法的使用使读者从中找到学术源流，达到"辨章学术、考镜源流"的作用；而第二种观点则认为图书分类法的作用是便于读者和图书馆员查找图书，达到取便检索的目的。

持第一种观点者，通常将分类法作为目录学的一部分对待，视其为实现目录学作用的有效手段，如姚名达在给目录学所下的定义，曰："目录学者，将群书部次甲乙，条别异同，推阐大义，疏通伦类，将以辨章学术、考镜源流，欲人即类究书，因书究学之专门学术也。"②汪辟疆也抱有相似的观点："目录学者，则非仅类居部次，又在确能辨别源流，详究义例，本学术条贯之旨，启后世著录之规，方足以当之。"③此两种目录学之定义，颇有相似之处，即目录学均有"辨章学术、考镜源流"之功用。

持第二种观点者，并非反对图书分类法在体现学术脉络中的作用："今之类例，但求学术系统之明瞭，门类范围之该括可也。"④但是，更多的仍是将图书分类法作为近现代图书馆学的一部分看待，而分类法的作用与图书馆也相一致。因此，分类法的制定要便于图书之利用，即增加图书的利用率，提高图书馆的社会效用。"类例不分则图书散乱，图书散乱则无以致用，故今之分类所以求图书之便于应用而已。"⑤由此可见与第一种观点之差异。当时的学者曾总结了图书分类法的作用："其应注意者，有三要点：（一）须使管理图书者，取书时能于最短时间，

---

① 刘国钧：《中国图书分类法·导言》，第4页。
② 姚名达：《中国目录学史》，第7页。
③ 汪辟疆：《目录学研究》，第10页。
④ 杜定友：《校雠新义》上册，第3页。
⑤ 杜定友：《校雠新义》上册，第2页。

达到希望目的。（二）还原时，须有一定之法则可循。（三）书有增减时，须不影响于已办之手续。"[1]

而刘国钧则更为详细地罗列了图书分类法对于图书馆员及读者两方面的作用："图书所以必须分类，可分两方面看，先就对于管理方面说：第一，有了分类法，图书易于排列顺序；第二，出纳时容易检取又容易归还架上；第三，参考图书时，因为同类的书集中一处易于检寻；第四、检点时易于稽核。再就对于读者方面说：第一，心中欲研究某问题而不知用何种书者可因类以求；第二，同类的书既集中一处，可由此书而引及他书；第三，同类的书既经集中，那么欲找某类的书便可一案而得，节省不少时间。所以图书馆内必定要有适当的分类法。分类法定，然后图书可以依其种类而排列。凡性质相近的，位置也必定相近，然后才能得到检查上的便利。"[2]

为了便于利用，因此图书不但要分类，还要辅之以分类号，以使每一部图书都有自己的固定位置，便于插架和查找。这一点即使是持第一种观点的学者也予以了肯定："目录既可免登记架号之烦，而新书复无无架可插之患……然必有赖于分类之用号码始得如意。向来我国目录学家从未注意及此，故部类之增减虽层出不穷，而求其最便于庋藏检寻者，迄未之见也。"[3] 分类法配以分类号在民国时期已成为大多数图书分类法的选择，即使提倡改革"四分法"的学者，也建议使用了分类号，这在下文将做介绍。

（四）对于经部文献的看法

民国时期，图书馆学家和目录学家对经部文献的看法，从一个侧面反映了他们对中国传统文献的态度，以及中国传统图书分类法的可借鉴作用。因经部是中国传统文献的主体，也是传统图书分类法中最牢固的一个类目，当时的学者主要分成两派，一派认为经部代表了中国传统文化的精髓，应该在新的图书分类法中保留该类目并归入总类中，而另一

---

[1]　洪有丰：《图书馆组织与管理》，商务印书馆，1933年，第111页。
[2]　刘国钧：《图书馆学要旨》，第74页。
[3]　姚名达：《中国目录学史》，第124页。

派则认为，经部不过是周代的典籍，其权威地位已经丧失，且经学文献从现代学术分科的角度来看，可分隶于各类之中，不需保留经部。还有一派采取了折中的态度，即认为经部应该拆散分入各类中，但是诸如通论群经的著作还应归入总类之中。

持第一种观点者，如霍怀恕在一篇名为《近人对于经部分类意见之纂述》的文章中认为："依我的鄙见，经部在大体上究仍以不必按照性质拆开，较为妥善。其理由：因经书实在是体大精思，无美不备的。近世诸家固然如此说，古代学者亦莫不如此说。"[1] 其他如裴开明也持同样观点。《湖北省立图书馆图书目录》《清华学校图书馆目录》《国立北平师范大学图书馆图书目录》等都专列"中国经籍"一类（类目名称不同，但本质一样），以收录经学文献。

持第二种观点者，如陈乃乾《南洋中学藏书目》之分类体系，"首先对经部作严烈的攻击，而以一向奴视之一切书籍与之并列"[2]。在汤济沧为该书所作的序中也表明了此种态度："四库之名，最不妥为经，《尚书》记言，《春秋》记事，皆史也；《毛诗》为有韵之文，《三礼》亦史之一类；而孔、孟之在当日，与老、庄、管、墨、商、韩等何别？自汉武罢黜百家，尊崇儒术，后人踵事增华，经之数增至十三。今政体革新，思想界不复如前之束缚，此等名目，将必天然淘汰，大势所趋，无可强勉。"[3]

另外如陈天鸿所作《中外一贯实用图书分类法》也将经部文献分入各类之中："若因尊一家之言，而必须列为专部，则数千年来世人之信仰者，岂仅孔子哉？各以其所尊而尊其书曰经，则经何止十三种。……吾故曰，图书分类不尚一家言，已不拘泥于形貌，专以作者之意旨，分辨其性质，而归入相当门类，方合实用。"[4]

---

① 霍怀恕：《近人对于经部分类意见之纂述》，《学风》第 4 卷第 10 期（1934 年），第 1—12 页。

② 蒋元卿：《中国图书分类之沿革》，第 154 页。

③ 汤济沧：《南洋中学藏书目序》，李希泌、张椒华《中国古代藏书与近代图书馆史料（春秋至五四前后）》，第 361—362 页。

④ 陈天鸿：《中外一贯实用图书分类法》，上海民立中学图书馆，1926 年，第 7—8 页。

持第三种观点者，如刘国钧，他在《中国图书分类法·导言》中称："今以学科为分类之原则，在今日既无将学校中所习之科目汇为专类之理。然历代以来，通论群经之著作实为不少，不能不为之辟一位置。兹以其通论各科，不名一部，故总置于总部为一类。其有愿依旧习，将此种古典汇于一处者，亦得以此充之，盖以类例言，所谓六经实一丛书也。"[①]

综合以上三种观点，第一种观点则稍显保守，经学的正统地位已经不在，且现代的学术分科与经学的存在已相矛盾，非要单列一类，则只能视作传统分类法向现代转型的一种过渡形式。而第二种观点也过于偏激，因要打破经学的权威地位，而忽略了经学的历史作用以及经学文献的实际，倒是犯了"自来目录学者，好为门户尊卑之见"的毛病。惟第三种观点较显实际，既考虑到了新图书分类法与经部文献之间的矛盾，又考虑到文献的实际情况，以及部分读者研究经学的需要。

（五）关于图书分类法史的研究

随着清王朝的覆灭，中国传统图书分类法也完成了自己的历史使命，从国家图书分类法逐渐转向了特藏文献分类法，新的图书分类法呼之欲出，人们都在进行着理论和实践方面的探讨。其中如何总结中国传统分类法的经验，如何看待西方图书分类法传入中国及其历史地位问题就落在了图书馆学史和目录学史工作者的头上。民国时期，关于图书分类法史的研究也在如火如荼地展开。

当时学者在所编纂的图书馆学或目录学著作中几乎均涉及了图书分类法史研究。然而专门研究分类法史者莫过于蒋元卿先生之《中国图书分类之沿革》一书，该书由中华书局1937年印行，共分为五章，分别为"分类的起源""分类法之两大系统""四部分类法之统一""四部分类法之盛衰"和"西学输入后的图书分类"，书后附录"最近各图书馆图书分类之鸟瞰""七略四部演变表"和"诸家分类大纲比较表"三章。据作者自序介绍："本书论列，大都偏重于历代分类之沿革，上迄秦汉，

① 刘国钧：《中国图书分类法·导言》，第6—7页。

下迨近今，无不剖析其渊源，详究其得失，而殿之以今后分类法之趋势。虽非目录学之全，然凡属类例之事，略已燦然备具。"① 后世研究分类法借鉴该书颇多，被称为"我国图书分类法史研究之大成"②。

二、民国时期的图书分类法

民国时期图书分类法理论研究在多个问题中已展开，而随着理论研究的深入，也推动了图书分类法实践探索的进步。在整个民国三十几年的时间里，涌现出了各种不同的图书分类法，其中既有坚持"四分法"或对其稍加改革的图书分类法，又有根据"杜威十进法"并结合中国学术和图书实际而编制的图书分类法。"有增补四库旧制者；有采访或补充西法者；亦有融汇中西另制新法以容纳旧籍新书者；甚至有专门性质之图书馆，亦随时代需要而产生，又不得不另为方法，以为用。"③

关于民国时期所出现的新的图书分类法的学派，各家学者的看法较为一致，均是围绕对"四分法"和"杜威十进法"新旧两种图书分类法的改革与创新划分不同的派别。

姚名达认为受"杜威十进法"影响的图书分类法有五派："第一派为仿杜威十分十进之意而变更部类之名称次序者……第二派为保存杜威之十部及大多数类目而增加及变动许多类目者……第三派为仿杜威用三位数字作分类号码之意而另创部类不用十分法者……第四派为遵守杜威成法而稍微增改一二子目者……第五派为不改动杜威成法而增加几种符号及号码以容纳中国之书者。"④

程伯群也认为中国的新分类法有三类："中国现行之分类，大多采取十进分类法，关于十进分类法的著述，约分为三派：一为增补杜威式者，一为增改杜威式者，一为采用十进符号，而另立新目者。"⑤

刘国钧把新分类法分成四派："第一，将新学科勉强归入四分法中

① 蒋元卿：《中国图书分类之沿革·自序》，第 2 页。
② 俞君立：《中国文献分类法百年发展与展望》，第 19 页。
③ 刘简：《中文古籍整理分类研究》，第 153 页。
④ 姚名达：《中国目录学史》，第 131 页。
⑤ 程伯群：《比较图书馆学》，第 101 页。

间……第二种趋势便是将图书分作新旧两部分，旧的沿用四库分类，新的多半自造的或采用西洋的一种分类法，但不久又有人发现新旧的标准没有什么明确的界限，而且同样性质的书——如中国历史——分置在新旧两部，于研究检查都不便利，于是以研究便利为立场，毅然采用西洋的方法，特别是十进分类法，来分类中国的图书，这是第三种趋势。……最近的趋势是偏于创造一种新的分类法。"[①]

蒋元卿将当时出现的新分类法分为"新旧混合制""增改杜威派""采用杜威派""中外统一制"[②]四派。刘简分近代图书分类法为"增订四库法""革新法""新旧并用法""采访杜威法"[③]四派。

笔者在划分民国时期出现的各类图书分类法时，也借鉴了此种划分标准，分为增补"四分法"派和重立新法两派，并参考前人关于此两派中不同小派的划分，力求通过展示具体的图书分类法，探索其脉络，希望能对该时期分类法的历史地位作浅薄的研究。

（一）增补"四分法"

上文多次提到："四分法"在民国时期已经无法适应新的学术和文献结构变化的需要，逐渐退出历史舞台，但是并不是所有的图书馆在整理图书和编制目录时，均视其为主观的分类法或卫道的产物，仍有不少图书馆使用之，并针对现实情况，进行了必要的改革，使之适合新的学术理念及图书馆工作的需要。当时有学者对"四分法"存在的合理性进行的分析："在下列情形之下，现仍存在：（一）有些图书馆与藏书楼，所藏者以旧籍为主要，其范围不外经史子集，故其分类没有采用任何新分类法的必要，而以四部法最为适宜；（二）有些图书馆，当初因着种种关系，旧籍分类用四部法，现在虽欲改用新法，但是已成积重难返之势，以财力人力及其他关系，改革为难，只得因循下去；（三）有些图书馆，关于善本图书的编藏，不与普通书同一办法，普通书用新分类法，

---

① 刘国钧：《图书馆学要旨》，第83—84页。
② 参见蒋元卿：《中国图书分类之沿革》，第206—246页。
③ 参见刘简：《中文古籍整理分类研究》，第156—323页。

但善本图书则仍用四部法。"①因此："四分法"对于某些特殊图书，或图书馆中的特藏图书，仍具有重要意义。民国学者也对"四分法"的继续存在进行了有价值的探索。

1. 对"四分法"的类目予以修改

清末以来，随着西学的逐渐引入，部分学者已经开始反思"四分法"能否继续担当图书分类法的角色，该法能否收录日益增长的西学图书，于是他们开始对"四分法"进行必要的改革。自民国以来，部分图书馆在分类图书时采用新旧分开的制度，即新书用新分类法，旧书用旧分类法。新图书分类法层出不穷，而对于"四分法"的改革也从来没有中断，其目的就是希望能更好地收录中国的旧籍。

江苏省立国学图书馆原名江南图书馆，光绪三十四年（1908）由端方奏办，于南京盋山园之惜阴书院建"江南图书馆"，该馆建成之后，在省内影响巨大："江苏省之有大规模之公开图书馆，实自是始。"②辛亥革命之后，又改名为"江南图书局"，1913年改名为"江苏省立图书馆"，1919年改称"江苏省立第一图书馆"，1927年改名为"第四中山大学国学图书馆"，1929年复改名为"江苏省立国学图书馆"。该馆编有《江南图书馆善本书目》《江南图书馆书目》《南京图书局书目二编》等，均以传统"四分法"为分类标准。至1933年，江苏省立国学图书馆印行了由柳诒徵等编订、王焕镳等补编的《江苏省立国学图书馆图书总目》，其具体类目如下：

经部

　　易类

　　　　白文读本、传记、图书、筮法、文字音义、古易、谶纬、沿革

　　书类

　　　　白文读本、传记、文字音义、逸书、谶纬、沿革

---

① 张英敏：《四部分类号码表》，《图书馆学季刊》10卷2期（1936年），第201—220页。

② 《江苏省立图书馆沿革（一九〇七——一九〇九年）》，李希泌、张椒华《中国古代藏书与近代图书馆史料（春秋至五四前后）》，第298页。

诗类

　　白文读本、传记、文字音义、三家逸诗、谶纬、沿革

礼类

　　周礼（白文读本、传说、文字音义）、仪礼（白文读本、传记、图说、文字音义、目录索引）、礼记（白文读本、传说、文字音义、大戴记）、三礼总义、图说、通礼、杂礼、谶纬

乐类

　　乐理、律吕、乐器、谶纬

春秋类

　　左传（白文读本、传说、文字音义、史评）、公羊传（白文读本、传说、文字音义）、穀梁传（白文读本、传说、文字音义）、总义（白文读本、传说、文字音义）、谶纬

四书类

　　论语（白文读本、传说、文字音义、齐古逸、谶纬）、孟子（白文读本、传说、文字音义、逸文）、四书（白文读本、传说、文字音义）

孝经类

　　白文读本、传说、文字音义、谶纬

小学类

　　训诂（尔雅、群雅、方言、字诂、释文）、字书（说文、古契文、字典、字体杂说、训蒙）、韵书（集韵、图说、字母拼音）

经总类

　　石经、传说、图说、文字音义、师承沿革、目录索引

史部

　　正史类

　　编年类

　　纪事本末类

别史类

杂史类

专史类

史钞类

节钞、类钞、摘句、启蒙

史表类

传记类

事状、年谱、志录、图赞、家谱（谱牒系表、杂录）、总
录（通代、通录、断代、郡邑、专录、儒林、文苑、忠义、
孝友、循吏、奸逆、隐逸艺术、释道、杂品、烈女）、人表、
杂录

载记类

地理类

水道（总录、河、江淮、海、郡邑、通论）、山川（山、川）、
专志（宫殿、古迹、寺观、祠庙、陵墓、园亭、书院、杂
录）、杂记（总录、唐至明、清代、近代、游西欧美诸国、
外国人著述）、边防（北徼、江海、东南、西徼）、外纪、
总录

外国史类

时令类

政书类

通制、仪制（通礼、祭祀、万寿、大婚、临幸、谥讳、纪元、
科举、宫闱、杂仪）、职官（官制、官箴）、邦计（理财、
全国财政、各省财政、关权、漕赋、海运、盐法、捐税、
货币、荒政、杂录）、邦交（总录、中日、中俄、各国租
界及领事裁判权、商约、国联）、军政、律例、诏令、章
则、奏议、实业、交通、教育、党务、公报（中央、省府、
县市）、杂录

目录学

解题考订、史志、方志、族志、类录、题识赏鉴、家藏总目、公藏书目、特编、丛录、版刻、书景样本、检目、藏书史、藏书约、义例、图书馆学

金石类

总录（目录、图象、文字、通考、题跋、杂著、传记）、金（目录、图象、文字、杂著）、钱币（图象、文字、题跋、杂著）、玺玉（文字、通考）、石（目录、图象、文字、石经、通考、题跋、义例）、玉（图象、通考）、甲骨（文字、字书）、匋（图象、文字）、竹木、郡邑（目录、图象、文字、题跋、杂著）

史评类

史法、考订、论事、咏史

史总类

总录、专录、杂录

子部
集部

别集类

周秦汉诗文、魏晋诗文、南北朝隋诗文、唐代（诗文、词）、五代（诗文、词）、宋代（诗文、词）、金代（诗文、词）、元代（诗文、词、曲、散曲、杂剧、传奇）、明代（诗文、词、曲、散曲、杂剧、传奇、制艺）、清代（诗文、词、曲、散曲、杂剧、传奇、制艺、楹联）、现代（诗文、词、曲、制艺、楹联、新文艺）、外国

总集类

赋编（楚辞、古赋、律赋、清律赋）、诗编（断代、通代、郡邑、氏族、闺秀、杂录）、文编（断代、通代、郡邑、氏族、闺秀、杂录）、词编（断代、通代、郡邑、氏族、闺秀、杂录）、曲编

文评类

> 通论、文学史、体制源流、文法、律谱（文、诗、词、曲）、
> 评论（文、诗、词、制艺、试帖、公文、楹联、新文艺）
>
> 集丛类
>
> 诗文、词、曲、文评

从以上分类系统可知，《江苏省立国学图书馆总目》基本按照"四分法"的分类标准，主要在二级和三级类目方面予以必要的变动。

2. 新旧并行制

所谓新旧并行制，是指当时学者迫于新旧图书不能混合编目："四分法"不能适应于西学图书，而近代西方分类法又不能满足分类中国旧籍的要求，因此采用旧籍仍用"四分法"，而新籍则采用新分类法的新旧并行制度。虽该法不被多数学者所看好："采用新旧并行制，往往因新旧标准之无定，以致牵强附会，进退失据，言之似易，行之实难。"①但是它也代表了当时新旧文献结构不同而体现在分类法上的一种现象，且因工作的需要，还是有部分图书馆采取了此种折中的分类方法。

最能代表此派分类特点的还要属孙毓修先生在《教育杂志》上发表的《图书馆》一文中的图书分类系统，作者主张新旧并行的分类制度："新书分类，断不能比附旧书联为一集者，以其系统至广且博，非四部之界所能强合也。惟方草创，前乏师承，适当为难耳。"因此，他独创了一部新书分类法，具体分类如下：

> 哲学部：总记类(字书、哲学史)、论理学类、心理学类、伦理学类(总记、伦理史)
> 宗教部：佛教部（总记、佛教史、法规、经典、疏解、因明）、耶教类（总记、耶教史、经典、疏解、寺院）、诸教类
> 教育部：总记类（教育学、儿童教育、教育史、教育制度法令、军事报告、统计）、实地教育类（学校管理法、教授法、各

---

① 刘国钧：《中国图书分类法·导言》，第4页。

科教授法）、普通教育类（幼稚园、家庭教育）、体育类（体操、学校卫生）、特殊教育类（农业、学校园、水产、工业、女子教育）、校外教育类（读书法、格言、童话、少年书）

文学部：诗文类（唱歌、军歌、日记、诗文评）、文典类、函牍类、字帖类、戏曲类、小说类、演说类、书目类、语学类（国语、外国语、字书、会话、文典、自修书）

历史地志部：历史总记类（世界史、年表、字书、历史地理）、本国史类、外国史类、传记类、史论类、地理总记类（政治地理、经济地理、人文地理、地理史、地学、字书、万国地理志）、本国地志类、游记类（指南）、地图类（本国、外国）

国家学部：总记类（字书、政治史）、国法学类（宪法、议院法、选举法）、行政法行政学类（地方行政、内务行政、财务行政、行政裁判）

法律部：总记类（字书）、法理学类、古代法制类、刑法类、民法类（注册）、商法类（外国商法、商标）、裁判所构成法类、民刑诉讼法类（总记）、判决例类、国际法及条约类（国际公法、国际私法）

经济财政部：经济类（字书、经济史、货币、贮金、保险、殖民）、财政类（财政学、租税、关税）

社会部：社会学类（社会史、职业、慈善事业、风俗）

统计部：统计学类（统计表）

数学部：总记类（字书、表解）、算术类、代数学类、几何学类（曲线法、几何画法）、三角法类、解析几何学类、微积分学类

理科部：总记类（字书、掛图、笔记帐）、物理学类（磁气、电气）、化学类（无机化学、有机化学、分析化学）、天文学类（历书）、地文学类、气象学类、博物学类（总记、生物学、人类学、动物解剖、植物学、植物生理、矿物学、地质学、地震学）

医学部：总记类（字书、医学史、器械、试验问题答案、看病学、

针灸按摩）、解剖学类（局处解剖、病理解剖、组织学）、生理学类（生理卫生）、药物学类、治疗法类（电气治疗、急救法、处分）、病理学类、诊断学类、内科学类、外科学类、诸病学类（精神病、皮肤病、眼科、喉症、鼻科、齿科）、妇科学类（产科、妇女卫生）、小儿科学类、法医学类、医化学类、□菌学类、卫生学类（卫生法规、养生法）、兽医学类

工学部：总记类（字书、用器画法）、土木工学类（铁道、道路、桥梁、治水、筑港）、机树工学类、造船学类（舶用机关）、电气工学类、建筑术类、采矿冶金学类、测量学类、航海学类

兵事部：总记类（赤十字、军事卫生、图画）、陆军类（服制、军队教育、步兵、骑兵、炮兵、工兵、辎重、图画）、海军类（军舰、图画）、兵器类、武艺类

美术及诸艺部：书画类、写真类、印刷类、雕刻类、音乐类（乐器）、游戏游艺类（煮茶、种花、盆栽、博弈、舞蹈、相扑、击球、游猎、泗水、赛马、赛船、自转车）

产业部：总记类（历史）、农业类（总记、史传、字书、农政、农历、种子、农业、农业经济、农具、农业土木、农业理化、气候、肥料、土壤、农业制造、除害法、耕种栽培、茶园、备荒）、园艺类（园亭建筑、花卉栽培、果树栽培）、山林类（树木栽培、林政）、畜牧类（养禽、饲蜂）、水产渔业类（水产制造法、渔业）、养蚕制丝类

商业部：总记类（字书、商业史、商业地理、度量衡、商业算术）、商业经济类、商品类、银行类、公司类、外国贸易类、报告类、簿记类（银行、家计、农工业）、交通类

工艺部：总记类（字书、历史、目录）、化学工艺类、化妆品制造类、饮食物制造法、机织类、金木工类

家政类：总记类、裁缝类、手艺类、烹饪类

丛书部

杂书部

　　该分类体系发表在晚清的最后两年，但直至民国初期也可谓是最为详细的新书分类法，虽然其中有些许值得商榷的地方，尤其表现在某些子目的安排方面，如教育部总记类的子目中有军事报告，其设立之意义不甚明确；理科部博物学类的子目，逻辑稍显混乱等。但是，该分类法从整体上是同时期图书分类法中结构较完整，类目划分较细致，且基本能体现西方图书分类法的分类理论，为当时之图书馆提供了一种可供借鉴的图书分类法。而其作者不但向中国学人介绍了"杜威十进法"，且不为该法所限制，另立新法，体现了作者对近代以来中国学术和文献结构所发生的变化有较为深刻的认识。但是，这种新旧并行的分类方法，最终因在图书馆工作实践中，不能满足图书馆员和读者的实际需要而逐渐消失。

　　民国时期较流行使用新旧并行法，以适应文献结构变化需要的属1916 年编制的《山东图书馆书目》。山东图书馆创建于 1909 年，并在1911 年 9 月编制过目录，当时收录图书九万一千余卷，之后由于图书变动，旧目已不能真实无误地反映馆藏，因此于 1916 年重新编制目录。该目录的分类体系，以"四分法"为蓝本[①]，同时实践中考虑到西学图书、山东本省的乡邦文献，以及在编制书本目录时，有陆续新到之书等现实情况："录分九部，凡子目析八十七类，记图书得十三万卷。"[②]现仅录其九大类，以见梗概：

　　经学昌明，师承祖述，帝典王谟，炳星灼日，笺疏训诂，斠若画一，

----

　　① 该书目的前五类实为经、史、子、集、丛五部，与《书目答问》"五分法"之大类相同，也可说是增改"五分法"的图书分类法。但是，所谓"五分法"仍不能脱离"四分法"之藩篱，且其本身就是增改"四分法"的产物。因此，笔者认为《山东图书馆书目》仍以增改"四分法"为主线。此后所遇到的类似情况，均作相同处理。

　　② 袁绍昂：《山东图书馆书目序》，李希泌、张椒华《中国古代藏书与近代图书馆史料（春秋至五四前后）》，第 286 页。

搜集简编，网罗散佚，辑经部第一。

史之为用，与经同符，天文五行，地理河渠，礼乐兵刑，食货赋租，
兼收博采，宏我国图书，辑史部第二。

诸子之文，胥以明道，同归殊途，蔚为国宝，磅礴□积，竞智斗巧，
条分类别，旁搜远绍，辑子部第三。

学问之道，与时偕行，上自秦汉，下迄有清，著述宏富，专集以名，
按其时代，搜厥菁英，辑集部第四。

汗牛充栋，典籍日滋，形形色色，怪怪奇奇、浩如烟海，茫无津涯，
汇为巨帙，合而刊之，辑丛书第五。

人事纷伦，理化殽陈，致知格物，吐故吸新，谁为沟通？大造之仁，
莘莘学子，于焉问津，辑科学第六。

欧学东渐，文化蔓衍，列国殊语，通之者尠，象译流传，真理妙演，
微显阐幽，式光坟典，辑外国文第七。

文献旧邦，古称邹鲁，代有名人，更仆难数，著作等身，辉燿今古，
撷其精华，实镇东土，辑山东艺文第八。

编录已竟，钞写殆遍，脱漏恐多，目为之眩，拾遗补阙，鱼贯珠穿，
殿于其末，别为一卷，辑补遗第九。①

1922 年左右直隶省立第二图书馆制定了《直隶省立第二图书馆章
程》，该《章程》的第四章第四条对本馆的图书分类有一较具体的介绍：

甲部：经书类属之，略分正经、诸经。

乙部：史书类属之，略分正史、杂史。

丙部：子书类属之，略分周秦诸子、汉、魏、晋、唐、宋、元、明、
清诸子。

丁部：诗文集类属之，略分别集、总集。

戊部：合刻诸书属之，略分丛书，类书。

---

① 袁绍昂：《山东图书馆书目序》，李希泌、张椒华《中国古代藏书与近代图书馆史料（春秋至五四前后）》，第 286—287 页。

己部：科学诸书属之，略分名学、哲学、心理、伦理、教育、法政、兵学、理科、天算、地理、农工商学、医药学。

庚部：各种图书属之，略分地图、标本。

辛部：各种教科书属之。

壬部：各种学报属之。

癸部：各佛道经书属之。[1]

民国时期的新旧并行法大多数都没有使用很长时间，如安徽省立图书馆，民国初期分图书为经、史、子、集、丛、新六部分，其中新书分类如下：

文科部：文学类、音乐类、美术类、小说类

哲科部：总论类、心理学类、伦理学类、论理学类

政科部：政法类、财政类、经济学类、教育类、陆海军类、实业类

理科部：医学类、卫生学类、算学类、博物学类、理化学类

杂部：杂书类

外国文部：英文类、法文类、德文类、日文类

不过至1934年时，该馆就已经使用了新的以"杜威十进法"为基础的"安徽省立图书馆图书分类法"。其他使用增订"四分法"的图书馆，也随着时间的推移，数量逐渐减少，此种分类方法也被更合理的图书分类法所代替了。

3. 有辅以分类号，以适应图书检索之需要者

随着近代西方图书馆在中国落地生根，中国的图书馆学家和目录学家对于图书馆担当社会教育责任，并为读者提供阅读的良好条件多持赞成之态度，而图书分类法中分类号的使用正是提高读者阅读效率的主要因素之一，并认为中国传统分类法在此方面很是欠缺。"四部究竟是一

---

① 《直隶省立第二图书馆章程》，李希泌、张椒华《中国古代藏书与近代图书馆史料（春秋至五四前后）》，第283页。

种不具体的分类法，其最大缺点是没有分类号码。分类号码的作用，是在使图书目录，门类显明，检查容易，书架排列，序秩井然，管理灵便。"①传统"四分法"如配以西方图书分类法中的分类号，将更有助于该法在图书馆工作条件下的使用。

1936 年，张英敏在《图书馆学季刊》10 卷 2 期上发表了名为《四部分类号码表》的论文，通过自己的研究，为"四分法"及其子目配以数字分类号，具体类目如下：

> 100 经部：101 易、102 书、103 诗、104 礼、105 春秋、106 孝经、107 经总、108 四书、109 乐、110 小学
>
> 200 史部：201 正史、202 编年、203 纪事本末、204 别史、205 杂史、206 诏令奏议、207 传记、208 史钞、209 载记、210 时令、211 地理、212 职官、213 政书、214 目录、215 史评
>
> 300 子部：301 儒家、302 兵家、303 法家、304 农家、305 医家、306 天文算法、307 术数、308 艺术、309 谱录、310 杂家、311 类书、312 小说家、313 释家、314 道家
>
> 400 集部：401 楚辞、402 别集（照时代表分）、403 总集、404 诗文评、405 词曲

该分类系统一级和二级类目上保留了"四分法"的完整面貌，但是对某些类目已赋予了更宽的涵义，如子部释家类，《四库全书总目》对佛、道文献的收录态度，在释家类小序中已有说明："《旧唐书》以古无释家，遂并佛书于道家，颇乖名实。然惟录诸家之书为二氏作者，而不录二氏之经典，则其义可从。"②而至《四部分类号码表》时，已囊括了释、道二家的所有类型著作，因此特地设立了子目，并进行了细分。又如史部传记类，《四库全书总目》分为五个三级类目，为圣贤、名人、总录、杂录、别录，而至《四部分类号码表》时，已有五级类

---

① 张英敏：《四部分类号码表》，《图书馆学季刊》10 卷 2 期（1936 年），第 201—220 页。
② 永瑢等：《四库全书总目》，第 1236 页。

目出现：

207 传记

- ・1　圣贤
    - ・11　孔子
    - ・12　孔子弟子
    - ・13　弟子之弟子
    - ・14　孟子
- ・2　名人
- ・3　总录
    - ・31　断代（照时代表分）
    - ・32　通代
    - ・33　郡邑（照地理表分）
    - ・34　氏族
    - ・35　专录（・351—358 均照时代表分）
        - ・351　帝王
        - ・352　仕宦
        - ・353　将士
        - ・354　儒林，文苑
        - ・355　艺术
        - ・356　高逸
        - ・357　忠义，节孝
        - ・358　烈女
        - ・359　其他
- ・4　杂录
- ・5　别录
- ・6　谱牒

因为配以分类号，所以类目虽细，却并不显得混乱，且方便了图书的插架和读者的借阅，在修改"四分法"中是比较突出的。民国时，以"四分法"配以数字分类号编制目录的情况多有发生。

20世纪20年代左右，戴志骞任清华学校图书馆馆长时，也对"四分法"予以变动，并辅以分类号码，成为"清华学校图书馆分类法"，其具体类目如下：

经部：000 群经类（000 群经合刻本、010 群经总义）、100 易类、200 书类、300 诗类、400 礼类（410 周礼、420 仪礼、430 礼记）、500 春秋类（510 左传、520 公羊、530 穀梁）、600 四书类（610 学庸、620 论语、630 孟子）、700 孝经类、800 尔雅类、900 小学类（910 说文、920 字书、930 训诂、940 韵书）

史部：000 总史类（000 正史合刻本、010 正史分刻本、020 编年、030 纪事本末、040 古史、050 别史、060 载史、070 杂史、080 传记）、100 诏令奏议（110 诏令、120 奏议）、200 时令类、300 地理类（300 总志、310 都会郡县志、320 河渠、330 山川、340 边防、350 外记、360 游记、370 舆地丛记）、400 政书类（410 历代通制、420 各代旧制、430 仪制、440 法令、450 军政、460 邦计、470 外交、480 考工、490 掌故杂记）、500 职官类（510 官制、520 官箴）、600 谱录类（610 书目、620 家乘年谱、630 姓名年龄、640 盛事题名）、700 金石类（710 目录、720 文字、730 图象、740 义例）、800 史钞类、900 史评类（910 论史法、920 论史事）

子部：000 诸子类（000 诸子合刻本、010 诸子分刻本、020 杂家、030 类书）、100 儒家类、200 兵家类、300 法家类、400 农家类、500 医家类、600 天文算法类、700 艺术类、800 释道阴阳类（810 释家、820 道家、830 术数）、900 小说类

集部：000 总集类（010 文选、020 古文、030 骈文、040 经世文、050 书牍、060 课艺、070 诗赋、080 词曲、090 科举文）、100 楚词类、200 先唐别集类、300 唐别集类、400 宋别集类、

500 金元别集类、600 明别集类、700 清别集类、800 现代别集类、900 诗文评类

另外，如 1935 年《江西省立图书馆图书目录》之分类系统，分图书为经、史、子、集、丛五类，其中前四类之分类号与《四部分类号码表》之分类号一致，而 500 丛部下分三个子目，分别为 501 自著类、502 合刻类、503 郡邑类。

以上所列的几种图书分类法，均是针对"四分法"不适应于新的学术和文献结构需求背景下，做出的较为保守的对新的分类法体系的探索。不论如何变动其子目，或是为类目附上分类符号，也无法弥补学术的近代化及文献结构的质变，对"四分法"所造成的巨大破坏。"四分法"存在的理论基础已经不复存在，再如何修改也只能捉襟见肘："根本在四库法则上，已失功效；则势有不得不另创新制之必要。"[1] 因此民国时期修改"四分法"形成的新图书分类法并不多见，而更多的则是打破"四分法"的限制，创制新的图书分类法。

（二）重立新法

1. 脱离"杜威十进法"之外的新分类法

"四分法"既不适合，学者们就希望能开创一种新的图书分类法以替代之，而不仅仅停留在对"四分法"的修改和增补上。1904 年成书的《古越藏书楼书目》之分类系统已开此派之先河，这在上文已经提及，不再重述。而至民国时，能继承该派之思想者，最典型者则有《南洋中学藏书目》。1919 年陈乃乾编定了《南洋中学藏书目》，其分类系统具体如下：

周秦汉古籍：历史（尚书、春秋、杂史）、礼制、易、诸子（儒家、兵家、法家、墨家、道家、杂家、合刻）、诗文（诗、文）、古籍总义、古籍合刻

历史：官修史、私家撰述（编年、纪事本末、正史、杂史）、传记

---

[1] 刘简：《中文古籍整理分类研究》，第 177 页。

谱牒（列传、别传、氏族谱牒）、论述（史评、史钞）

政典：总志、礼乐、职官仕进、兵制屯防、刑法、盐法、农政水利

地方志乘：区域（总志、省志、府州县分志、私家记述、古代志乘、市镇）、山川（总志、分志）、古迹、居处（书院、祠庙）

小学：说文、字书、音韵、训诂、汇刻

金石书画书目：金石（目录、图谱、论辨）、书画（目录、图谱、论辨）、书目、杂录

记述：读书论学（群集分考、杂考、论述）、修身治家、游宦旅行（各家撰述、汇辑、外域）、名物、掌故、杂记

天文算法：中法、西法、中西合参

医学术数：医经、本草、术数（道家、五行占卜）

佛学：经藏大乘（华严、方等、般若、法华、涅槃）、经藏小乘、论藏大乘（宗经论、释经论、诸论释）、论藏小乘、杂藏西土撰述、杂藏中土撰述（净土宗、台宗、禅宗、贤首宗、慈恩宗、律宗、纂集、传记、护教、融通）

类书

诗文：各家著述（诗、文、诗文合刻、数家合刻）、选本（历代诗选、各郡邑诗选、历代文选、各郡邑文选、骈文时文、尺牍、诗文合选）、评论（诗论、论文）

词曲小说：词类（词谱、词集、词选）、曲类（曲谱、杂剧、曲选）

汇刻：一人著述、数家著述

该分类系统力图打破"四分法"的限制，《尚书》《春秋》本为经学著作，却归入历史类中，取消集部之名，划分为诗文和词曲小说两类。至于单列"周秦汉古籍"一类，似效仿《书目答问》子部列"周秦诸子"，而可远溯至荀勖《晋中经新簿》。

2. 围绕"杜威十进法"创立的图书分类法

"杜威十进法"之传入中国及其特点，在上文已作阐述。毋庸置疑的是："杜威十进法"的传入，为中国新图书分类法的诞生，提供了可

资借鉴的理论与方法。自该法传入中国之后，中国早先自行探索的新分类法基本上均告终结。民国图书馆学家和目录学家围绕该法开始了大讨论，他们吸收其中的优秀经验，然而对于该法在中国的的适应性也有着较为清楚的认识。"杜氏十类，吾国书籍，不占重要地位，例如方言文学诸类，吾国之文仅仅列入各国文中，采用之时，颇感不便。克氏之法，亦以字母排列，更非吾人所习，果欲用以分类，非略加变易不可。近日图书馆专家，颇有从事于此，以定立公同分类方法者，是诚吾国图书馆事业之最要职务也。"[1] 在改进"杜威十进法"的同时，他们中的大多数也能较为公正地看待中国传统图书分类法在分类中国图书，尤其是社科类图书时的已有成就，因此很多分类法均保留了传统"四分法"中的子目。因而大多数情况下形成了一种以"杜威十进法"或近代西方学术分类思想为主导划分大类，在子目设置中融合西方分类法和中国传统分类法的新图书分类法。这一类的分类法能较客观地对待近代西方分类法和中国传统分类法，在中国图书分类法向现代化转型的过程中，起到了很好的示范作用。在围绕"杜威十进法"创立的图书分类法中，又分成以下四种不同类型：

（1）不改变"杜威十进法"的大类，只是"增加几种符号及号码以容纳中国之书"[2]

最有代表性的就是王云五于1928年编定的《中外图书统一分类法》，作者深感"杜威十进法"在分类中国图书时有两个缺点："第一就是许多关于中国的书，简直无法归入杜威原有的分类法内。第二杜威是一个美国人，他对于中国情形，不很熟悉，所以他把关于中国的事物，都放在很小的地位，纵然可以容纳，但轻重失当，也不是好的。"[3] 作者以统一分类中外书籍为己任，注意到中国文献在"十进法"中收录的缺陷，而做出相应的调整。但是，却没有改变"十进法"的大类及顺序。该分

---

① 蔡莹：《图书馆简说》，中华书局，1922年，第17页。
② 姚名达：《中国目录学史》，第131页。
③ 王云五：《中外图书统一分类法绪论》，《新目录学的一角落》，商务印书馆，1943年，第5页。

类法采用＋（位于杜威原有号码之前，就成为一个新号码，与原有号码并行①）、〹（位于接连许多新号码之前，这许多新号码必定从整数起首，可以继续到九为止②）、±（不问有无小数及小数的大小一律排在整数相同的号码之前③）三种符号，以期在大多数情况下能突出每一类中的中国文献，以示对本国文献之注重。使"中外并列，而大小不致倒置"④。

今将其具体类目尤其包括中国图书的子目列之如下：

000 总类

    010 书目、目录学

    020 图书馆学

    030 百科全书、类书

    040 各科论文丛辑、丛书

    050 普通杂志、定期刊

    060 普通学会刊物

    070 新闻学、日报

    080 特别藏书

    090 精本或抄本

100 哲学

    〹110 中国哲学

        〹111 易经

        〹112 儒家

        〹113 道家

        〹114 墨家

        〹115 名家

        〹116 杂家

---

① 王云五：《中外图书统一分类法绪论》，《新目录学的一角落》，第 10 页。
② 王云五：《中外图书统一分类法绪论》，《新目录学的一角落》，第 10 页。
③ 王云五：《中外图书统一分类法绪论》，《新目录学的一角落》，第 11 页。
④ 姚名达：《中国目录学史》，第 133 页。

╫ 117 近古哲学家（宋至明末）

╫ 118 近代哲学家（清至民国）

110 形而上学

120 其他形而上学问题

130 心身、人类学

╋ 133 筮、谶纬、术数

140 哲学派别

150 心理学

160 论理学

170 伦理学、理论的及应用的

180 古代哲学家

190 近代哲学家

200 宗教

210 自然神学

╋ 220 佛教与佛经

╋ 221 经

╋ 222 律

╋ 223 论

230 耶教经典

240 耶教教义

250 耶教说法学

260 耶教教会

270 耶教史

280 耶教教会及教派

290 神话及其他各教

╋ 294 孔教

± 295 道教

300 社会科学

300 一般社会学

＋301 三民主义

310 统计学

320 政治学

　　＋320.1 中国法家

　　＋323.1 民族主义

　　＋324.4 民权主义

330 经济学

　　＋330.1 民生主义

340 法律

350 行政

360 社团与各种机关

370 教育

380 商业交通

　＋390 中国古礼仪

390 习俗礼制

400 语言学

　410 比较语文学

　╫420 中国语文学

　420 英国语文学

　╫430 日本语文学

　430 德国语文学

　440 法国语文学

　450 意国语文学

　460 西班牙语文学

　470 拉丁语文学

　480 希腊语文学

　490 其他各国语文学

500 自然科学

　510 算学

520 天文学

530 物理学

540 化学

550 地质学

560 古生物学

570 生物学、考古学

580 植物学

590 动物学

600 应用技术

╪610 中国医药

610 医学

620 工程学

630 农业

640 家政、家事

650 商业实践

660 化学工业

670 制造

680 手工业

690 建筑

700 美术

710 风景园艺

720 建筑术

730 雕刻学

740 图案、装饰

╪750 中国书画碑帖

750 油画、水彩画

760 雕板

770 摄影学、照相

780 音乐

790 娱乐

800 文学

　　╪810 中国文学

　　810 美国文学

　　╪820 日本书学

　　820 英国文学

　　830 德意志文学

　　840 法兰西文学

　　850 意大利文学

　　860 西班牙文学

　　870 拉丁文学

　　880 希腊文学

　　890 其他各国文学

900 史地

　　910 地理与游记

　　　　╪912 中国地图、中国市街图

　　　　╪915 中国地理游记地方志等

　　╪920 中国传记

　　920 世界传记（中国除外）

　　930 世界上古史

　　940 欧洲史

　　╪950 中国历史

　　950 亚洲史

　　960 非洲史

　　970 北美洲史

　　980 南美洲史

　　990 大洋洲史、两极地带史

全目以突出中国图书为主导思想，通过增加符号等手段，使中国图书在"杜威十进法"中有了较为重要的地位，但是，最值得商榷之处就是中国文献是否均能单独立类，即这种分类理论能否真正满足分类实践的需要。如 600 应用技术中，划出╪610 为中国医药，以突出中医图书的分类学地位，但是中国图书中还有农业图书，我国是农业大国，历代农业图书不断涌现，因此"四分法"中子部专立"农家"以收录之。该法为中医文书单独立类，而不为中国农业图书单独立类。而且，如果把关于中国的事物全部单独立类，就造成了类目繁杂的缺陷，在实践中也是不可行的，其实质仍似新旧并行制度，只不过是在"杜威十进法"框架下的新旧并行。另外，诸如＋、╪、± 等符号，专业性较强，读者入图书馆检索图书，也很难理解这一类符号的意义。

同类型之分类法又有 1934 年由国立北平师范大学图书馆出版的何日章、袁湧进所编《中国图书十进分类法》。该分类体系在整体上保留了"杜威十进法"的大类，而在子目上设立了专对中国图书的分类号，较《中外图书统一分类法》变动为小。具体分类如下：

0 总部：000 特藏，010 目录，020 图书馆学，030 新闻学、报纸，040 普通类书、辞典，050 普通杂志、年鉴，060 普通会社出版物，070 普通论丛、国学，080 普通丛书，090 经籍

1 哲学部：100 哲学总论，110 比较哲学，120 中国哲学，130 东方其余各国哲学，140 西洋哲学，150 论理学，160 形而上学，170 心理学，180 美学，190 伦理学

2 宗教部：200 宗教总论，210 比较宗教学，220 佛教，230 道教，240 基督教，250 回教，270 其他各教，280 神话，290 术数

3 社会科学部：300 社会科学总论，310 统计，320 政治，330 经济，340 财政，350 法律，360 社会，370 教育，380 军事，390 礼俗

4 语言文字学部：400 比较文字学总论，410 比较语言学，420 中国语言学，430 东方其余各国语言学，440 罗马语系，450 日耳曼语系，460 斯拉夫语系，470 其他印欧语系，480 其

他各洲语系，490 人为语

5 自然科学部：500 自然科学总论，510 数学，520 天文学，530 物理学，540 化学，550 地学、古生物学，560 生物学、博物学，570 植物学，580 动物学，590 人类学、解剖学、生理学

6 应用科学部：600 应用科学总论，610 医学，620 家事，630 农业，640 工程，660 化学工艺，670 制造，690 商业

7 艺术部：700 艺术总论，710 园林美术，720 建筑，730 雕刻，740 中国书画，750 西洋书画，770 摄影，780 音乐，790 游艺

8 文学部：800 文学总论，810 比较文学，820 中国文学，830 总集，840 别集，850 特种文艺，860 东方其余各国文学，870 西洋文学，880 西方诸小国文学，890 美非澳诸洲及其他各地文学

9 史地部：900 史地总论，910 世界史地，920 中国史地，930 东洋及亚洲史地，940 西洋及欧洲史地，950 美洲史地，960 非洲史地，970 澳洲史地，980 传记，990 古物

此外，又有皮高平所编之《中国十进分类法》，该法由文华图书馆学专科学校于 1934 年出版，该分类法的大类与"杜威十进法"一致，唯一不同则是将"应用科学"改为"实业、工业"，同样该分类法在子目中也充分照顾到了中国图书的位置。另外，在子目设置上如将婆罗门教等小宗教，单独列为一类，似不太必要。又如全部地理类图书只占一个二级类目，而将纹章学单独立为二级类目等，这些都是值得商榷的。但是该法大体上做到了结构合理，重点突出，具体分类如下：

000 总类：010 图书学、目录学，020 图书馆学，030 普通百科全书，040 报学、报章，050 普通杂志，060 普通学会，070 国学，080 丛书，090 经学、经书

100 哲学：110 东方哲学，120 西方哲学，130 形而上学，140 逻辑学，150 心理学，170 人生哲学，180 伦理学，190 美学

200 宗教：210 孔教，220 道教，230 佛教，240 婆罗门教，250 基督教，
　　　 260 犹太教，270 回教，280 祆教，290 其他宗教
300 社会科学：310 社会学，330 教育，340 统计学，350 经济学，
　　　 360 财政学，370 政治科学，380 国际政治，390 法律
400 语言文字学：410 中国语言文字学，420 日本语言文字学，430
　　　 希腊、拉丁、罗马语言文字学，440 法国语言文字学，
　　　 450 英国语言文字学，470 德国语言文字学，480 俄国语
　　　 言文字学，490 其他各国语言文字学
500 自然科学：510 数学，520 天文学，530 物理学，540 化学，550
　　　 地质学，560 生物学，570 植物学，580 动物学，590 医学
600 实业、工业：610 农业、农学，620 商业，630 交通、运输，
　　　 640 工艺，650 工程，660 化学工业，670 制造工业，680
　　　 手工艺，690 家政学
700 美术：710 建筑，720 雕刻，730 绘画，740 板刻、板画，750 摄影，
　　　 760 工艺美术，770 音乐，780 演剧、戏园，790 游艺、
　　　 娱乐
800 文学：810 中国文学，820 日本书学，830 希腊、拉丁、罗马文学，
　　　 840 法国文学，850 英国文学，860 美国文学，870 德国文学，
　　　 880 俄国文学，890 其他各国文学
900 历史：910 中国史，920 亚洲其他各国史，930 欧洲各国史，
　　　 940 美洲各国史，950 非洲大洋洲各国史，960 纹章学，
　　　 970 传记，980 地理，990 考古学

　　该类型的分类法还有 1934 年《国立北平师范大学图书馆图书目录》分类系统，1943 年《内政部图书馆图书目录》分类系统等，这些分类法都在大类上保留了"杜威十进法"的原型，在增改"杜威十进法"中属于较为缓和的一派。

　　（2）对"杜威十进法"的类目予以调整，以容纳中国文献

　　这一派有些自己对于知识系统和文献结构的理解，他们不但认为"杜

威十进法"在分类中国图书时存在困难，更有甚者认为杜威对于知识系统的理解需要重新考虑，他们打破了"杜威十进法"中大类的顺序，按照自己的认识重新安排。当然，这一派也设置了适合中国图书类目，因而更使之在分类实践上趋于完善。有些分类法在新中国建立以后，仍旧在某些地区使用，由此可见该派学术影响力之大。

刘国钧的《中国图书分类法》就是其中的突出代表，该分类法最初出版于1929年，由金陵大学图书馆印行，之后陆续有修订。建国以后，该法在中国大陆不再被广泛利用，而台湾地区却一直沿用下来，现在台湾赖永祥的《中国图书分类法》，也参照了刘先生的分类法。现将1936年该法修订本[①]的具体类目列之如下：

0 总部：000 特藏，010 目录学，020 图书馆学，030 国学，040 普通类书，050 普通杂志，060 普通会社出版社，070 普通论丛，080 普通丛书，090 群经

1 哲学部：100 总论，110 思想史，120 中国哲学，130 东方其余各国哲学，140 西方哲学，150 论理学，160 形而上学、玄学，170 心理学，180 美学，190 伦理学

2 宗教部：200 总论，210 比较宗教学，220 佛教，230 道教，240 基督教，250 回教，270 其他各教，280 神话，290 术数、迷信

3 自然科学部：300 总论，310 数学，320 天文学，330 物理学，340 化学，350 地质学，357 矿物学，359 古生物学，360 生物学、博物学，370 植物学，380 动物学，390 人类学、解剖学、生理学

4 应用科学部：400 总论，410 医药，420 家事，430 农业，440 工程，460 应用化学、化学工艺，470 制造，480 商业、各种营业，

---

① 该修订本由金陵大学图书馆1936年出版，该法与1929年的《中国图书分类法》相比，在大类上没有变动，更多的是在子目内容上予以补充与细化，修订本的子目内容约是原本内容的两倍。

490 商学、营业方法

5 社会科学部：500 总论，520 统计，520 教育，530 礼俗，540 社会，
550 经济，560 财政，570 政治，580 法律，590 军事

6—7 史地部：600 史地总论

中国：610 通史，620 断代史，630 文化史，640 外交史，
650 史料，660 地理，670 方志，680 类志，690 游记

世界：710 世界史地，720 海洋，730 东洋及亚洲，740
西洋及欧洲，750 美洲，760 非洲，770 澳洲及其他各地，
780 传记，790 古物学、考古学

8 语文部：800 语言学，810 文学，820 中国文学，830 总集，840
别集，850 特种文学，860 东方各国文学，870 西洋文学，
880 西方诸小国文学，890 新闻学

9 美术部：900 总论，910 音乐，920 建筑，930 雕刻，940 书画，
950 摄影术，990 游艺

刘先生将总部放置首位，并认为："哲学为学术之原……故次于
总部。宗教借超自然之力以解释现象……不同于哲学。爰取隋志佛道
自为一部之意，次宗教于哲学部之后。科学者以自然现象解释自然
者也……故入于宗教部之末，而以自然科学为一部。科学研究，自
无生以至于有生。有生之物体，至人为极。人智初启但务养生。医药、
农工，相继而起。……故立应用科学部于自然科学之后。……人群相处，
而有社会制度于以产生……总名之曰社会科学，次于应用科学之后。有
人事，然后有记载。故次之于史。地理方志亦史之流。……记载必有文
字，而文字原于语言，故次之于语文部。……文学之一要素曰美，盖人
生之极境也。"[1]可见，该分类法的主导思想是以人类知识发展由低至
高的发展为顺序的，颇有传统目录学中"辨章学术、考镜源流"的意味。
在大类中，作者将语言与文学合并为一类，以体现二者的同源性及相关

---

[1] 刘国钧：《中国图书分类法·导言》，第5—6页。

性，但是语言学只占一个二级类目，则不利于该类图书的细分。史地部占两个分类号，并分为"中国"和"世界"两类。减轻了"杜威十进法"中历史地理只占一个类目的压力。在子目方面，该分类法取消了"四分法"的大类，但是却保留了不少子目，并按照现代学术分科的特点归入各类之中。而在自然科学和应用科学等类中则多借鉴"杜威十进法"的成例。

杜定友《杜氏图书分类法》由中国图书馆服务社于 1936 年出版。杜定友在民国期间发表了很多图书分类法，有 1925 年制定之《世界图书分类法》、1932 年附于《图书馆管理学》一书之后的图书分类法，另外还有下文所要提到的 1943 年编定之《三民主义化图书分类法》。在这些图书分类法之中，《杜氏图书分类法》是代表该派的著作之一。其具体分类如下：

000 总类：010 图学、020 中国经籍、030 百科辞典、040 学术论丛、050 期刊、060 会社、070 新闻学、080 丛书、090 统计年鉴

100 哲理科学：110 各国哲学、120 中国哲学、130 形而上学、140 哲论、150 心理学、160 论理学、170 伦理学、180 神秘学、190 宗教

200 教育科学：210 教育行政、220 学校管理与训育、230 课程与教材、240 教授法、250 师资、260 学校教育、270 社会教育、280 高等教育、290 特殊教育

300 社会科学：310 社会思想、320 政治学、330 行政学、340 法律学、350 军事学、360 经济学、370 理财学、380 劳工问题、390 社会学

400 艺术：410 建筑、420 中国字画、430 图画、440 雕刻、450 装饰手工、460 印刷、470 摄影、480 音乐、490 游艺

500 自然科学：510 数学、520 天文、530 物理、540 化学、550 地质、560 博物、570 生物、580 植物、590 动物

600 应用科学：610 建筑、620 工程、630 农业、640 化学工艺、650

交通、660 商业、670 工业、680 实业、690 其他

700 语文学：710 比较语文学、720 中国语文学、730 英美语文学、
740 法国语文学

800 文学：810 总集、820 诗歌、830 词曲、840 戏剧、850 文集、
860 小说、870 演词日记、880 儿童文学、890 民间文学

900 史地学：910 世界史、920 中国史地、930 英国史地、940 法
国史地、950 德国史地、960 日本史地、970 俄国史地、
980 美国史地、990 其他各国史地

该分类法的大类脱胎于《世界图书分类法》，只是将后者大类的顺序予以调整[①]，在类名上稍加改动，而更多的变动则体现在子目的数量及内容方面。《杜氏图书分类法》的特点在于教育科学从社会科学中析出并独立分类，语文学和文学作为相关的两门知识，设置在相邻的两个类目中。艺术类列于社会科学类之下，将历史类改为史地类，更能体现地理图书在分类法中的重要性。

1926 年，上海民立中学图书馆印行了陈天鸿所作之《中外一贯实用图书分类法》，在大类的设置上与杜定友多有相同之处，具体分类如下：

〇〇〇 通书：〇一〇目录、〇二〇图书馆学、〇三〇类书及百科
全书、〇四〇普通丛书、〇五〇普通杂志、〇六〇
普通会社刊物、〇七〇普通日报、〇八〇专门学丛书、
〇九〇珍本

一〇〇普通哲学：一一〇形而上学通论、一二〇易学通论、一三〇
古今哲学家所作哲理专书、一四〇分类哲论、一五〇
心理学通论、一六〇论理学通论、一七〇伦理学通论
一八〇宗教通论、一九〇分类宗教专书

---

① 《世界图书分类法》大类分别为：000 普通图书、100 哲学、200 教育学、300 社会科学、400 自然科学、500 应用科学、600 美术、700 方言学、800 文学、900 历史地理。

二〇〇教育学通论：二一〇教育行政学通论、二二〇关于述及教育
之通书、二三〇学校管理法通论、二四〇教授法通论、
二五〇关于幼稚园及小学教育之通论、二六〇关于中
学及师范学校教育之通论、二七〇关于大学教育之通
论、二八〇关于女子教育之通论、二九〇其他特殊教
育通论

三〇〇社会学通论：三一〇统计学通论、三二〇政治学通论、三三
〇政治经济学通论、三四〇法律学通论、三五〇行政
学通论、三六〇社会通论、三七〇商情通论、三八〇
交通概况、三九〇民情风俗礼制通论

四〇〇方言学通论：四一〇中国语言、四二〇 English Philology、
四三〇 German Philology、四四〇 French Philology、
四五〇 Italian Philology、四六〇 Spenish Philology、
四七〇 Latin Philology、四八〇 Greek Philology、
四九〇 Miuor Languages

五〇〇科学大纲：五一〇数学通论、五二〇天文学、五三〇物理学
通论、五四〇化学通论、五五〇地质学、五六〇古生
物学通论及化石学通论、五七〇生物学考古学、五八
〇植物学通论、五九〇动物学通论

六〇〇技艺学通论：六一〇医药学通论、六二〇工程学通论、六三
〇农学通论、六四〇家政学通论、六五〇交通学及商
学之通论、六六〇化学工艺通论、六七〇制造学通论、
六八〇机器制造学、六九〇造屋学通论

七〇〇美术学通论：七一〇风景学通论、七二〇建筑学通论、七三
〇雕刻学通论、七四〇绘事学通论、七五〇油画学通
论、七六〇雕板学通论、七七〇摄影术通论、七八〇
音乐学、七九〇娱乐法总论

八〇〇文学通论：八一〇中国文学通论、八二〇英美文学通论、
八三〇德意志文学通论、八四〇法兰西文学通论、

八五〇意大利文学通论、八六〇西班牙文学通论、
八七〇拉丁文学通论、八八〇希腊文学通论、八九〇
其他小国文学通论
九〇〇万国史：九一〇万国舆地及游记、九二〇万国名人传记及言
行录等之汇刊总集以地方分别、九三〇古代邦国通
史、九四〇欧洲各国通史、九五〇亚洲各国通史、
九六〇非洲史、九七〇北美洲史、九八〇 History of
South America、九九〇 History of Oceania & Polar
Regions

　　该分类法利用汉字代替阿拉伯数字作为分类符号，反而不利于图书
号的书写与阅读，徒增不必要之工作。此外有些子目的名称颇显冗长，
如"万国名人传记及言行录等之汇刊总集以地方分别"，不符合类名"简
单、概括、易懂、易记"的原则。分类法中也没有必要使用汉文与英文
两种语言。因此，该法一出，就受到部分学者的批评："此书之作，不
过仿杜威《十进法》及杜定友《世界分类法》之皮毛而已，诚所谓仿杜
威而不成，改杜威而不足，徒费苦心，无多补益也。"[①]
　　1934年《学风》杂志4卷10期上登载了陈东原所编之《安徽省立
图书馆图书分类法》，该分类法也分图书为十类，将地理类图书从历史
类中析出，单独列为一类，并与历史类相邻，体现了编者对于历史、地
理两类图书之间区别与联系的认识。与《中国图书分类法》相同，将语
言学和文学两类合并为语文学，而其中语言学由过去的一级类目下降至
二级类目。另外，在每一类的子目中，均以"总论"为第一类，逻辑顺
序较为明确。现举其类目如下：

0 总类：000 特藏、010 目录、020 图书馆学、030 普通类书、040
普通论丛、050 普通杂志、060 普通社会出版社、070 新

闻学、080 普通丛书、090 经籍

1 哲学类：100 哲学总论、110 比较哲学、120 中国哲学、130 东方哲学、140 西洋哲学、150 论理学、160 形而上学、170 心理学、180 美学、190 伦理学

2 宗教类：200 宗教总论、210 比较宗教学、220 佛教、230 道教、240 基督教、250 回教、260 270 其他各教、280 神话、290 术数

3 社会科学类：300 社会科学总论、310 统计学、320 社会学、330 经济学、340 财政学、350 政治学、360 军事学、370 教育学、380 法律学、390 礼俗

4 语文类：400 文学总论、410 语言学、420 中国文学、430 东方文学、440 西洋文学、450 北欧各国文学、460 中欧各国文学、470 东欧各国文学、480 美洲各国文学、490 菲奥两洲及其他各地文学

5 自然科学类：500 自然科学总论、510 算术、520 天文学、530 物理学、540 化学、550 地质学、560 古物学、570 生物学、580 植物学、590 动物学

6 应用科学：600 应用科学总论、610 医学、620 工程学、630 农业、640 家事、650 商业、660 化学工艺、670 制造工业、680 手工业、690

7 美术类：700 美术总论、710 音乐、720 建筑、730 雕刻、740 书画与瓷器、760 770 摄影、780 美术工艺、790 体育

8 地理类：800 地理学总论、810 世界地理、820 中国地理、830 东洋地理、840 西洋地理、850 美洲各国地理、860 菲洲各国地理、870 奥洲各国地理及其他各地地理、880 地图、890 古物

9 历史类：900 历史总论、910 世界史、920 中国历史、930 东洋史、940 西洋史、950 美洲各国史、960 菲洲各国史、970 奥洲各国史及其他各地史、980 传记、990 谱系

（3）以"十进"为方法，在类目设置上大胆创新，重新制定了分类法

这一派认为"杜威十进法"的最大优点不在于知识系统的划分，而在于利用十进分类号后，能使各大小类之间逻辑顺序明朗，便于图书插架与读者的借阅。因此，他们借阅了"杜威十进法"的十进原则，但是在类目设置上却突破了该法的限制，按照作者自己对于民国时期的知识系统和文献结构的理解，重新编制新分类法。其中比如1923年沈祖荣、胡庆生所编《仿杜威书目十类法》（改订版），其具体分类如下：

000 经部类书：010 经解类，020 图书科，030 百科全书，040 丛书，050 类书，060 杂志，070 抄本善本，080 目录，090 统计学

100 哲学宗教：100 哲学总论，110 东方哲学，120 泰西哲学，130 哲学类别，140 哲学派别，150 宗教总论，160 孔教，170 基督教，180 佛教，190 其他宗教

200 社会学教育：200 社会学，210 家庭，220 风俗及礼教，230 教育，240 教育行政，250 教授法、管理法、教员，260 学校教育，270 校外教育，280 课程及教科书，290 学校卫生建筑

300 政法经济：300 政治学，310 立法，320 司法，330 行政，340 法律，350 军政，360 经济，370 财政，380 商业学，390 交通

400 医学：400 医学总论，410 中国医学，420 组织学（解剖学）胎生学，430 生理学，440 病理学，450 外科，460 妇科产科小儿科，470 卫生学，480 药类制药学，490 兽医学

500 科学：500 科学总论，510 数学，520 天文学，530 物理学，540 化学，550 地质学，560 博物学，570 农林学，580 畜牧，590 水产

600 工艺：600 工艺，610 机械工程，620 电学工程，630 采矿工程冶金学，640 陆海军建筑工程，650 卫生工程，660 化学

工艺，670 制造（工厂制造）手工，680 空中工学输车制造，690 土木工程

700 美术：700 美术，710 书画，720 瓷器，730 雕刻、篆刻、印玺，740 布置，750 油漆画，760 图案印刷，770 照相幻灯，780 音乐，790 游戏运动

800 文学语言学：800 文学，810 文派及文体，820 诗文，830 辞赋戏曲，840 诏令及奏议，850 小说，860 公文尺牍，870 幼年文学及读本，880 语言学，890 外国语

900 历史：900 历史，910 泰西史，920 东洋史，930 中国史，940 年表及谱姓氏，950 传记，960 地理游记，970 省府县志，980 地图，990 考古学

该法力求打破"杜威十进法"在大类设置上的限制，但是在某些方面也值得探讨。如第一大类为"经部类书"，但是其所包含之子目，却并非只是"经书"和"类书"，因此，反不如"杜威十进法"中"总类"之更有概括性。诏令奏议类归入"文学语言学"类，古代有马端临《文献通考·经籍考》、黄虞稷《千顷堂书目》等已有此先例，至《四库全书总目》时已对此种方法表示疑义，而归入史部诏令奏议类。新分类法中虽已无史部之设置，但此类文献仍旧为"政事之枢机，非仅文章类也"[①]，归入"政治经济"或"历史"类则更为妥当。公文尺牍也存在同样问题。另外，如将哲学、宗教并为一类，语言、文学并为一类，均成为后来部分图书分类法效仿之对象。

1943 年，广东省立图书馆出版杜定友编制的《三民主义化图书分类法》，该分类系统以孙中山先生"三民主义"作为指导思想，以期解决当时"图书分类方法，□乏中心思想，以至意见分歧，门户壁立，做成分崩离析之象"[②]的图书分类法混乱局面，并希望能通过学术三民主义化，

---

① 永瑢等：《四库全书总目》，第 492 页。
② 杜定友：《三民主义化图书分类法·弁言》，广东省立图书馆，1943 年，第 2 页。

以"形成三民主义的思想体系"①，并以此种思想体系，作为分类图书的基础。其具体分类如下：

000 三民主义：010 国父遗教、020 总裁言论、030 三民主义原著、
　　　　040 三民主义研究、050 三民主义文化、060 三民主义哲学、
　　　　070 三民主义参考资料、080 特藏、090 特藏

100 民族主义：110 民族总说、120 语言、130 宗教、140 民俗、
　　　　150 心理、160 伦理、170 科学、180 生物、190

200 中国民族志：210 中国通史总传、220 民族发祥史［上古史］、
　　　　230 民族发达史［中古史］、240 民族纷争史［近古史］、
　　　　250 民族中落史［清代史］、260 民族复兴史［民国史］、
　　　　270 280 290 中国方志

300 外国民族志：310 亚洲民族志［印度等国］、320 太和民族志［日
　　　　本］、330 欧洲民族志［英国］、340 拉丁民族志［法
　　　　意］、350 日耳曼民族志［德］、360 斯拉夫民族志［俄］、
　　　　370 美利坚民族志、380 非洲民族志、390 海洋洲民族志

400 民权主义：410 民权总说、420 国民、430 国籍、440 政权、450
　　　　民权初步、460 国民大会、470 革命、480 490 政治思想

500 国家建设：510 治权总说［政治学］、520 建军、530 建党、
　　　　540 建国、550 地方政府、560 中央政府、570 法律、580
　　　　外交、590 国防

600 国际关系：610 国际法律、620 国际条约、630 国际组织、640
　　　　国际政治、650 国际经济、660 世界史地、670 世界大战、
　　　　680 本国国际关系、690 外国国际关系

700 民生主义：710 民生总说、720 平均地权、730 节制资本、740 生产、
　　　　750 劳工、760 分配、770 金融、780 财政、790

800 实业计划：810 交通、820 水利、830 工程、840 农业、850 矿业、

---

① 杜定友：《三民主义化图书分类法·弁言》，第 1 页。

860 工业、870 商业、880 公用事业、890

900 民生问题：910 民生社会、920 社会问题、930 食衣住行、940 育：教育、950 养育、960 医育、970 乐：文学、980 艺术、990 大同世界

《三民主义化图书分类法》的最大特点在于，它力图重建一种新的图书分类法指导思想。自清王朝灭亡后，中国的传统文化受到前所未有的冲击，经学的统治地位不复存在，以经学为中心的分类体系也随之消亡。民国时，社会一直处于混乱动荡的状态，全国的思想意志无法统一，反映到图书分类法上，即新法层出不穷，而理论各有不同。"个人认为社会科学重要，就把它放在第一类。认为唯物辩证法时髦，就编在哲学之上。认为中国重要，就把它放在世界之外。"[1]这虽有利于学术探讨，但是无助于提高图书馆的工作效率，当时的学者极力希望能使图书分类法标准化："中国昔日之图书分类有一甚佳之现象，即除一二私人外，均依四库成例也。此种办法之优点，即故能不需处处学习特别之分类法，故能有整齐统一之效，而亦可省翻阅之劳。"[2]1929 年，中华图书馆协会第一次年会，也重点讨论了该问题。然而，全国学术思想得不到统一，则图书分类法之指导思想也无法一致。该分类法就是希望能找到一种权威思想来统一图书分类法。但是，此法最终也没有得到太多人的响应。直到建国后，学者又提出"中国的新的图书分类法必须以马克思列宁主义和毛泽东思想为根据"[3]，他们以马克思主义世界观统一图书分类法："基本类的顺序必须要能够符合马克思列宁主义的一般世界观，这是起码的要求。……物质是第一性，意识是第二性。……人类知识的发展是先认识了物质，然后才认识自己。"[4]分成哲学、自然科学、社会科学

---

① 杜定友：《新图书分类法刍议》，钱亚新、白国应编《杜定友图书馆学论文选集》，第 59 页。

② 刘国钧：《中国现在图书分类法之问题》，《刘国钧图书馆学论文选集》，第 36 页。

③ 杜定友：《图书分类法的理论体系》，《杜定友图书馆学论文选集》，第 69 页。

④ 刘国钧：《关于新中国图书分类法的一个基本问题》，《刘国钧图书馆学论文选集》，第 92 页。

三大块，图书分类法才在这样的思想意识下得到了基本统一。

（4）采用"十进法"分类递进的方法，不考虑"十进"原则

该派在改进"杜威十进法"方面，表现较前三类为激进，他们不但认为中国的图书分类法应该重新制定，不能被"十进法"的大类所限制。同时，还不满于"杜威十进法"分类的机械性，全目分十类，每一类分十小类，以此类推而至无穷，从理论上似乎可以实行，但是图书有自己的特殊性质，其发展不会被动地受"十进"之限制，前文已提到该法的这一弊端。民国时期大多图书馆学家和目录学家批评中国传统分类法，曰主观的分类法。其实："杜威法"之十进，从另一视角来看，也犯了主观划分类目之错误。虽后来如杜定友等为其作为辩护，认为"十进法"与"十进制"是两回事："十进制是供人利用的。用得对不对在乎其人，而不在乎制度。"①但是，从民国至新中国成立，"十进法"的这一弊端仍旧为学者所质疑，因此这一派取消十进原则，只是利用"十进法"的分类递进的方法，而其他均为编者自行设定。

1931年，施廷镛编定了《清华大学图书馆中文图书分类法》，该法以中国天干为大类之分类号，颇有中国传统分类法中甲、乙、丙、丁之意味。总共分图书为八大类，亦突破十进之限制。具体类目如下：

甲、总类：100 图书学、图书目录，200 图书馆学，300 类书、百科全书，400 普通学术论丛，500 普通杂志期刊，600 普通会社概况报告，700 新闻学、报章，800 丛书，900 经书

乙、哲学宗教：100 东方哲学、中国哲学，200 西方哲学，300 哲学各论，400 论理学，500 心理学，600 美学，700 伦理学，800 宗教——佛教，900 道教及其他

丙、自然科学：100 算学，200 物理学，300 化学，400 天文学，500 地质学，600 生物学，700 动物学，800 植物学，900 人类学

---

① 杜定友：《分类原则与分类问题》，《杜定友图书馆学论文选集》，第 172 页。

丁、应用科学：100 医药，200 农业，300 农业制造，400 工业，500 化学工艺，600 工程，700 商业，800 交通运输，900 家事

戊、社会科学：100 社会学，200 统计，300 经济，400 财政，500 政治，600 法律，700 军事，800 教育，900 礼俗

己、史地：100 中国史——通史，200 中国史——断代，300 中国地理地志，400 中国地理类志，500 中国谱系传记，600 各国史，700 各国地理，800 各国谱系传记，900 考古学

庚、语文：100 中国语文，200 中国文学，300 中国文学——文，400 中国文学——诗赋，500 中国文学——词曲，600 中国文学——戏剧，700 中国文学——民间文学，800 中国文学——小说，900 各国语文

辛、艺术：100 乐舞，200 书画，300 雕刻，400 摄影，500 印刷制版，600 美术工艺，700 美术建筑，800 竞技运动、体育，900 游艺、娱乐

1933 年，商务印书馆出版了洪有丰先生所作之《图书馆组织与管理》，该书的第十二章"分类法"，简要介绍了历代图书分类的发展演变，并在最后附上作者自己所编之图书分类法。作者自称："根据《四库全书总目》，参酌杜威氏十进分类法"[1]，并根据中国图书的实际情况："期适合于中文图书之性质也"[2]。实则不受十进之限制，只分文献为八类，多数大类中的子目也并非以十为单位。总之，以体现文献实际为目的。

〇〇〇丛：〇一〇目录学、〇二〇图书馆学、〇三〇类书、〇四〇丛书（诸家合刻）、〇五〇丛书（一人自著）、〇六〇普通杂志、〇七〇普通社会报告期刊、〇八〇报章、〇九〇善本书

---

[1] 洪有丰：《图书馆组织与管理》，第 144 页。
[2] 洪有丰：《图书馆组织与管理》，第 144 页。

一〇〇经：一一〇易、一二〇书、一三〇诗、一四〇礼、一五〇春秋、
　　　　一六〇四书、一七〇孝经、一八〇小学

二〇〇史地：二一〇世界史、二二〇中国史、二三〇传记、二四〇
　　　　世界地理、二五〇中国地理、二六〇游记、二七〇地图

三〇〇哲学及宗教：三一〇东方哲学、三二〇西方哲学、三三〇名学、
　　　　三四〇心理学、三五〇伦理学、三六〇释家及释教、三七
　　　　〇道家及道教、三八〇耶教及其他宗教、三九〇术数

四〇〇文学：四一〇总集、四二〇别集、四三〇词曲、四四〇书牍、
　　　　四五〇戏剧、四六〇小说、四七〇儿童文学、四八〇杂著、
　　　　四九〇各国文学

五〇〇社会科学：五一〇统计学、五二〇社会学、五三〇政治学、
　　　　五四〇经济与理财、五五〇法制、五六〇行政、五七〇
　　　　会社、五八〇教育、五九〇实业交通

六〇〇自然科学：六一〇数学、六二〇天文学、六三〇物理学、
　　　　六四〇化学、六五〇地质学、六六〇古生物学、六七〇
　　　　生物学

七〇〇应用科学：七一〇医药、七二〇工程、七三〇农业、七四
　　　　〇家政、七五〇商业、七六〇化学工艺、七七〇制造、
　　　　七八〇机器

八〇〇艺术：八一〇布景与陈设、八二〇塑绣、八三〇雕刻、八四
　　　　〇书画、八五〇西洋画、八六〇印刷制版及图案、八七
　　　　〇照相、八八〇音乐、八九〇游艺

　　1935 年国立中山大学印行的由梁格所编之《国立中山大学图书馆中
文古书分类目录》，该分类法主要以分类中文图书和古书为准，共分为
11 大类，因数字的限制，所以在分类中使用了英文字母和其他标记符号，
具体分类如下：

S00 革命文库：S10 孙文主义、S20 中国国民党、S30 党化教育、

S40 国民政府、S50 中国革命问题、S60 世界革命问题、S70 反革命问题、S80 备用、S90 备用

000 总记：010 图书学书目学、020 中国经籍、030 普通类书、040 论文汇刊、050 普通杂志、060 普通学会、070 新闻学报纸、080 丛书特别文库及善本、090 年鉴

100 哲理科学：110 外国哲学家、120 中国哲学家、130 形而上学、140 哲论、150 心理学、160 论理学、170 伦理学、180 占卜杂技、190 宗教

200 教育科学：210 行政、220 管理、230 科目课程、240 教授法、250 教员、260 初等教育、270 中等教育、280 高等教育、290 特殊教育

300 社会科学：310 统计学、320 政治学、330 经济学、340 法律、350 行政及政府、360 会社机关、370 理财学、380 军事学、390 社会学

400 艺术：410 建筑、420 中国字画、430 雕刻、440 图画图案、450 装饰手工、460 印刷刻版、470 摄影术、480 音乐、490 游艺

500 自然科学：510 数学、520 天文学、530 物理学、540 化学、550 地质学、560 理科、570 生物学、580 植物学、590 动物学

600 应用科学：610 医药学、620 工程学、630 农业、640 化学工艺、650 交通转运、660 商业、670 制造工业、680 机械贸易、690 家政及其他科学

700 语言学：710 普通与比较的、720 中国、730 英国、740 法国、750 德国、760 日本、770 俄国、780 美国、790 其他小国

800 文学：810 万国、820 中国、830 英国、840 法国、850 德国、860 日本、870 俄国、880 美国、890 小国

900 历史：910 万国历史、920 中国、930 英国、940 法国、950 德国、960 日本、970 俄国、980 美国、990 小国

900-地理：910-万国地理、920-中国、930-英国、940-法国、

950-德国、960-日本、970-俄国、980-美国、990-小国

　　此外，该派的代表分类法还有 1946 年由美国哈佛大学图书馆出版的《燕京哈佛大学图书馆中文图书分类法》（又称汉和图书分类法），该分类法以四位数为单位，共分图书为九类。每一大类的子目数又有不同，具体分类如下：

100-999 经学类：100-199 群经，200-299 易，300-399 书，400-499 诗，
　　　　500-669 礼，670-809 春秋，810-849 孝经，859-999 四书
1000-1999 哲学宗教类：1000-1749 哲学，1750-1999 宗教
2000-3999 史地类：2000-2199 考古学、金石学，2200-2249 人种
　　　　学、人种志，2250-2255 家谱，2256-2299 传记，2300-
　　　　2349 世界史，2350-2399 世界地理，2400-2449 亚洲史地，
　　　　2450-2999 中国史，3000-3299 中国地理，3300-3399 日
　　　　本史，3400-3479 日本地理，3480-3599 高丽及其他，
　　　　3600-3799 欧洲史地，3800-3899 美洲史地，3900-3949
　　　　非洲史地，3950-3999 澳洲及其他
4000-4999 社会科学类：4000-4019 总论，4020-4099 统计学，
　　　　4100-4299 社会学，4300-4599 经济学，4600-4899 政
　　　　法学，4900-4999 教育学
5000-5999 语言文学类：5000-5059 比较语言文学，5060-5099 报学，
　　　　5100-5199 中国语言，5200-5799 中国文学，5800-5849
　　　　日本语言，5850-5969 日本书学，5970-5989 高丽及其他
　　　　亚洲各国语言文学，5990-5999 欧洲语言文学
6000-6999 美术类：6000-6019 总论，6020-6029 美学，6030-6059
　　　　美术史，6060-6069 书画，6070-6189 中国书画，6190-
　　　　6289 日本书画，6290-6399 文房，6400-6499 雕刻，6500-
　　　　6599 建筑，6600-6699 实用美术，6700-6799 音乐，6800-
　　　　6999 娱乐、体育

7000-7999 自然科学类：7000-7019 总论，7020-7099 算学，7100-
7199 天文、地文，7200-7299 物理，7300-7399 化学，
7400-7499 地质学，7500-7599 生物学，7600-7699 植物
学，7700-7799 动物学，7800-7899 人类学，7900-7999
医学

8000-8999 农林工艺类：8000-8029 总论，8030-8199 农林，8200-
8299 家政，8300-8399 工艺，8400-8499 矿务、冶金，
8500-8599 化学工程，8600-8699 制造，8700-8899 工程，
8900-8999 军事学

9000-9999 丛书目录类：9000-9039 丛书，9040-9199 杂著，9200-
9279 杂志、会社刊物，9280-9289 日报，9290-9329 类书，
9330-9399 年鉴，9400-9499 印刷、书丛，9500-9699 书
目，9700-9999 图书馆学

第四节　民国时期中国主要新分类法简表

民国所出现的图书分类法的主要类型和各代表著作，笔者已简要述
之如上。但是，当时出现的图书分类法绝不仅仅只有上述的几部而已，
因限于篇幅不能一一做介绍，现根据俞君立先生《中国文献分类法百年
发展与展望》、姚名达《中国目录学史》、刘简《中文古籍整理分类研究》，
并参之以笔者自己所得，编制《民国时期中国新分类法简目》和《民国
时期图书分类法论文简目》，以窥民国学者探索图书分类法之部分成绩。

《民国时期中国新分类法简目》

名称	编者	年份
《古越藏书楼书目》分类体系	徐树兰	1904
孙毓修所创分类法	孙毓修	1910
广西图书馆图书分类简明表	广西图书馆	1913
《山东图书馆书目》分类体系	山东图书馆	1916
中国书目十类法	沈祖荣	1917
仿杜威书目十类法	沈祖荣、胡庆生	1918
《南洋中学藏书目》分类体系	陈乃乾	1919
仿杜威书目十类法（改订版）	沈祖荣、胡庆生	1923
图书分类法	洪有丰	1924
杜威书目十类法补编	查修	1924
世界图书分类法	杜定友	1925
中文书籍分类法	查修	1925
杜威书目十类法	桂质柏	1925
中外一贯实用图书分类法	陈天鸿	1926
南开大学中文书籍目录分类法	王文山	1926
S.T.T 图书分类法	上海通信图书馆	1926
图书分类表	劳动大学图书馆	1927
清华学校图书馆中文书籍目录	查修	1927
革命文库分类法	杜定友、蒋经三	1927
中外图书统一分类法	王云五	1928
文件分类法	中山大学	1928
中国图书分类法	刘国钧	1929
中央大学区立苏州图书馆图书分类法	陈子彝	1929
东北大学图书馆图书分类法纲要	徐庭达	1929

名称	编者	年份
中文普通线装书分类表	刘国钧	1929
福建教育厅图书馆图书分类法	姚大霖	1929
江苏省立苏州图书馆分类简表	苏州图书馆	1930
图书分类表	大夏大学图书馆	1930
颜色位置序列法	钱亚新	1930
民众图书分类法	徐旭	1930
中文图书分类简表	南京民众教育馆	1930
上海交通大学图书馆档案分类法	上海交通大学图书馆	1930
民众阅书处图书分类法	蒋希益、袁世忠	1931
类名记首分类法	殷公鼎	1931
清华大学图书馆中文图书分类法	施廷镛	1931
中日文图书分类法	燕京大学图书馆	1931
厦门大学图书馆图书分类法	厦门大学图书馆	1932
民众图书分类法	邵晓堡	1932
民众图书馆图书分类法	周立慈	1932
民众图书馆图书分类法	余和笙	1932
民众教育文籍分类总表	盛盈川	1933
哈佛大学燕京大学中文图书分类法	裘开明	1933
洪有丰图书分类法	洪有丰	1933
《江苏省立国学图书馆图书总目》分类体系	柳诒徵等编订，王焕镳等补编	1933
中国十进分类法	皮高品	1934
中国图书十进分类法	何日章、袁湧进	1934
安徽省立图书馆图书分类法	陈东原	1934
民众图书馆图书分类法	朱英	1934
仙舟合作图书馆分类法	程君清	1934

名称	编者	年份
民众教育图书分类法	王中一	1935
中日文图书分类表	桂质柏	1935
国立中央图书馆分类大全	桂质柏	1935
中文图书十部分类法	宋孔显	1935
中文图书分类简表	国立中央图书馆	1935
普通图书馆图书分类法	林凤春	1935
《（生活）全国总书目》分类体系	平心	1935
《国立中山大学图书馆中文古书分类目录》分类系统	梁格	1935
《江西省立图书馆图书目录》之分类体系	江西省立图书馆	1935
铁道部图书分类法	杜定友	1935
浙江省立图书馆图书分类表	金天游	1936
中国图书分类法（增订版）	刘国钧	1936
杜氏图书分类法	杜定友	1936
图书联合分类法	程伯群	1936
四部分类号码表	张英敏	1936
集美学校图书分类法	集美学校图书馆	1936
培德中学图书馆图书分类法	培德中学图书馆	1937
档案分类表	何鲁成	1938
三民主义化图书分类法	杜定友	1943
燕京哈佛大学图书馆中文图书分类法（汉和图书分类法）	裘开明	1946
三民主义化的图书分类标准	沈宝环	1946
广东国民大学图书馆图书分类法	蔡光聆	1947
教育部档案分类法	教育部掌卷股	1947
东北图书馆图书分类法	东北图书馆	1948

《民国时期图书分类法论文简目》

篇　名	著者	出　　处	年代
图书分类原理	沈丹泥译	《图书馆学季刊》一卷二期	1926
杜威及其十进分类法	朱家治	《图书馆学季刊》一卷二期	1926
图书分类法出版以后之讨论	杜定友	《图书馆学季刊》一卷二期	1926
四库分类法之研究	刘国钧	《图书馆学季刊》一卷三期	1926
对于中文旧书分类之感想	吴敬轩	《图书馆学季刊》一卷三期	1926
克特氏及其展开分类法	洪有丰	《图书馆学季刊》一卷三期	1926
中国现在图书分类法之问题	刘国钧	《图书馆学季刊》二卷一期	1927
薛尔图书馆分类法手鉴	陈长伟	《图书馆学季刊》二卷二期	1928
图书分类规则	章新民译	《图书馆学季刊》二卷三期	1928
类例论	杜定友	《图书馆学季刊》二卷四期	1928
王云五中外图书统一分类法评	金敏甫	《图书馆学季刊》三卷一、二期合刊	1929
中国图书分类问题之商榷	蒋复璁	《图书馆学季刊》三卷一、二期合刊	1929
美国国会图书馆及其分类法	严文郁	《图书馆学季刊》三卷四期	1929
布鲁塞尔分类法	钱亚新译	《文化图书科季刊》一卷三期	1929
哈佛大学中国图书分类法凡例	裘开明	《文化图书科季刊》一卷三期	1929
儿童图书之分类与编目	曾宪文	《文化图书科季刊》一卷四期	1929
图书分类法之理论	章新民译	《文化图书科季刊》一卷四期，二卷一期，七卷一期（至1935年）	1929

续表

篇　名	著者	出　　处	年代
补充杜威制之革命文库分类法	钱亚新	《文化图书科季刊》一卷四期	1929
中国史籍分类之沿革及其得失	傅振伦	《图书馆学季刊》四卷三、四期合刊	1930
论万有文库之分类与编目	金敏甫	《图书馆学季刊》四卷三、四期合刊	1930
上海交通大学图书馆档案分类法	上海交通大学图书馆	《文化图书科季刊》二卷三、四期合刊	1930
儿童用书之分类编目	陈东原	《学风》一卷三期	1930
图书分类条例	金敏甫	《图书馆学季刊》五卷一期	1931
增修杜威氏十进分类法一部分之商榷	陈普炎	《文华图书科季刊》三卷四期	1931
安徽省立图书馆图书分类简表	佚名	《学风》一卷五期、九期	1931
图书馆及其分类法	林草坪	《读书月刊》二卷一期	1931
法律图书的分类	童世纲	《文华图书馆学专科学校季刊》四卷三、四期合刊	1932
中外图书统一分类法新旧版本之就看	霍怀恕	《学风》二卷八期	1932
对于王云五中外图书统一分类法之修正	金天游	《浙江省立图书馆月刊》一卷三期，四期，九期，十期，二卷一期，二期（至1933年）	1932
杜威图书分类表	李玉麟译	《山东省立图书馆季刊》一集一期	1932
类分图书的要诀	钱亚新	《图书馆学季刊》七卷三期	1933
中国史地图书分类商榷	杜定友	《图书馆学季刊》七卷四期	1933
杂志的价值及其分类管理法	吴景贤	《学风》三卷五期	1933

篇　名	著者	出　　处	年代
江苏省立国学图书馆编目分类纲要	佚名	《中华图书馆协会会报》八卷五期	1933
苏俄之图书馆与分类法	日·平田多功著，张慕骞译	《浙江图书馆馆刊》二卷二期	1933
两汉乐府的新分类	章桢	《光华大学半月刊》二卷三期	1933
七略四部之开合异同	汪辟疆	《国风半月刊》二卷七期	1933
中外合作统一分类法	南京仙舟图书馆	《图书馆学季刊》八卷二期	1934
西洋分类法沿革略说	戴镏龄	《文华图书馆学专科学校季刊》六卷一期	1934
子部分类管窥	汪应文	《文华图书馆学专科学校季刊》六卷一期，三期	1934
中文书籍分类法之比较	陈鸿飞	《文华图书馆学专科学校季刊》六卷一期	1934
分类之理论与实际	刘子钦	《文华图书馆学专科学校季刊》六卷三期，四期	1934
学术分类与图书分类	胡芸非	《学风》四卷合订本	1934
中国图书分类法之史的检讨	蒋元卿	《学风》四卷合订本	1934
L·C分类法之鸟瞰	舒纪维	《学风》四卷合订本	1934
图书分类的面面观	霍怀恕	《学风》四卷合订本	1934
近人对于经部分类意见之纂述	霍怀恕	《学风》四卷合订本	1934
法律图书分类的我见	姚俊德	《学风》四卷合订本	1934
儿童读物及其分类之商榷	舒纪维	《学风》四卷合订本	1934

篇　　名	著者	出　　　　处	年代
介绍吴谨心君儿童图书分类法	舒纪维	《学风》四卷合订本	1934
杂志之分类管理法	赵小梅	《学风》四卷合订本	1934
安徽省立图书馆图书分类法	佚名	《学风》四卷合订本	1934
论图书分类法标记	喻友信译	《中华图书馆协会会报》十卷一期	1934
图书分类概论序	陈训慈	《浙江图书馆馆刊》三卷二期	1934
增修杜定友图书分类法一部分之商榷	何多源	《广州大学图书馆季刊》一卷一期	1934
图书分类之两难	何多源译	《广州大学图书馆季刊》一卷四期	1934
民众图书馆分类法的检讨	萧廸忱	《山东民众教育月刊》五卷第五期	1934
图书分类指南	美·利尔著，张鸿书译	《文华图书馆学专科学校季刊》七卷一期，二期	1935
评杜威十进法	喻友信译	《学风》五卷一期	1935
中国图书分类的起源	蒋元卿	《学风》五卷四期	1935
评克特氏展开分类法	喻友信译	《学风》五卷七期	1935
对于民众图书馆图书分类之刍议	朱英	《天津市市立通俗图书馆月刊》七、八、九期合刊	1935
读完了《对于民众图书馆图书分类之刍议》以后	西侯	《天津市市立通俗图书馆月刊》七、八、九期合刊	1935
杜威卡特王云五分类法的比较	王晓初	《天津市市立通俗图书馆月刊》十、十一、十二期合刊	1935

篇　名	著者	出　　处	年代
欧洲的三种图书分类法之批评	白黎斯著，林斯德译	《时事类编》三卷五期	1935
四部与七略	张友梅	《图书展望》一卷二期	1935
《汉书艺文志·诗赋略》首三种分类遗意考	程会昌	《金大文学院季刊》二卷一期	1935
四部分类号码表	张英敏	《图书馆学季刊》十卷二期	1936
介绍蓝氏双点（：）分类法	胡延钧	《文华图书馆学专科学校季刊》八卷三期	1936
评美国国会图书馆分类法	喻友信译	《学风》六卷合订本	1936
皮著《中国十进分类法》质疑	景培元	《中华图书馆协会会报》十二卷一期	1936
刘国钧氏中国图书分类法评	沈丹泥	《图书馆学季刊》十一卷一期	1937
七略与四部之变迁	钟国楼	《书林》一卷七期	1937
七略四部之沿革	白丁	《文艺（天津庸报副刊）》十月十日	1938

第四章　特种目录研究

第一节　图书馆与目录

图书馆目录是伴随图书馆而出现的产物，从本质上说，仍旧是一种藏书目录。尽管有学者将我国图书馆定义为传统的藏书楼，但是，近代意义上的图书馆却是晚清时期随着西方列强的坚船利炮进入中国的，因此图书馆目录也与图书馆一样，起源于晚清，而在民国时期得到了较迅速的发展，并最终为目录学社会作用的转变打下了坚实的基础。本书拟就以图书馆目录出现的新特点作一简要介绍。

一、晚清时期的图书馆目录简述

晚清时期尤其是到了 20 世纪初，由于对兴办公共图书馆以开民智的支持，各地纷纷建立具有近代意义的图书馆或公共藏书楼，如古越藏书楼（1900 年）、皖省藏书楼（1901 年）、湖南图书馆兼教育博物馆（1904 年）、湖北省图书馆（1904 年）等，这些公共藏书楼或图书馆的兴起，为图书馆目录的编制提供了必要条件，而《古越藏书楼目录》便是其中的重要代表。该目录被称为"开近代图书馆编目之先"[1]，在图书分类法上具有重要意义。该目录以"一曰存古，一曰开新"[2]为宗旨，共二十卷，卷首一卷，将馆藏的全部中西文图书统一编目，并因该藏书楼的公开性质，且目录"由监督编定，司书二人各誊一份：一为清本，

---

[1]　彭斐章等：《目录学》（修订版），武汉大学出版社，2003 年，第 118 页。

[2]　徐树兰：《古越藏书楼章程》，李希泌、张椒华《中国古代藏书与近代图书馆史料（春秋至五四前后）》，第 113 页。

存司事处，备来阅者共阅；一为稿本，存监督处备查"①，而使目录具有了一定的供阅者使用而查阅图书的作用。1909年，云南省设立图书馆，在其《章程》中也提及了图书馆目录所具有的取便检阅的功用："凡本馆各种图书、报纸，除借阅者暂行寄存外，其余勿论购入、捐入，须将所有存储，榜示目录，俾便阅者择取。"②此类目录的编制，成为公共图书馆目录的萌芽，已具备了图书馆目录的部分作用。但是，当时学者对于近代图书馆的认识只处于起步阶段，因此更没有精力从事于图书馆目录的学术研究，所以此时期的图书馆目录从数量和质量方面均不能与民国时期相比，目录编制较为简单，在图书馆中之作用也无法发挥，因此给人以"图书馆之编目仅便检查"③的感觉，从整个图书馆编目的角度说，与近代意义的图书馆目录还存在差距。这种现象直到民国时期才逐渐得到解决，而图书馆编目也成为当时目录学和图书馆学者所讨论的重点内容之一。

二、民国时期的图书馆目录

民国时期尤其是20世纪二三十年代是我国目录学和图书馆学的大发展时期：新文化运动促使社会大众反对封建藏书楼，注重普及社会教育的重要性；整理国故运动，使学者更使用现代科学的方法看待中国的传统文化和文献；而对于西方目录学和图书馆学的继续学习，则更坚定地成为一部分学者在中国目录学研究中的理论指导。这些因素的出现，均使得民国图书馆目录真正得以发展，并成为目录著作中的重要一部分。

（一）图书馆目录理论的探讨

抗日战争之前，我国图书馆学和目录学事业快速发展，并分别形成了研究的高峰："从1928年至1937年的10年，是本世纪我国图书馆

---

① 徐树兰：《古越藏书楼章程》，李希泌、张椒华《中国古代藏书与近代图书馆史料（春秋至五四前后）》，第115页。
② 《云南图书馆章程》，李希泌、张椒华《中国古代藏书与近代图书馆史料（春秋至五四前后）》，第160页。
③ 余嘉锡：《目录学发微：含〈古书通例〉》，第14页。

学理论研究的第一次高潮。"① 这直接影响了我国图书馆数量及在社会教育中的地位和作用日益明显，这在上节中已有提及。而此时期也是"中国目录学在二三十年代又全面复兴"②，学者对于目录学理论、目录学史、目录编纂实践等进行热烈讨论，并出现了数量众多、价值极高的目录和目录学著作。

中国传统目录学理论与西方目录学理论有着根本的不同。中国传统目录学强调目录与学术之间的关系，即目录必须通过解题、大小序和分类等形式体现某一朝代或某一学科在一定历史阶段的发展趋势，使读者在阅读目录后，能认识图书，更能"即类究书、因书究学"，并通过目录以指导读书之门径，而所谓门径者，知书更需知学，由此可见目录学在中国传统文化中之地位。而自文艺复兴以来，西方更强调于个人在社会中之地位，目录学理论更注重于实用，即通过编纂索引和排序等方法，便于读者在图书馆中查找图书。这也由我国传统藏书楼与近代意义图书馆之差别所导致。当时已有学者对此进行了阐述，认为："因现代图书馆之性质，与藏书楼不同，故其分类编目方法，以与前有别矣。"③ 因此，以西方图书馆学理论为指导，部分学者提出了新的目录理论。

理论有利于指导实践向正确方向发展，民国时期图书馆目录理论的探讨，也为图书馆目录编纂实践起到了现实的指导意义。随着图书馆理论研究和目录学理论研究的深入，学者对于二者的综合，即图书馆目录理论的探讨，也达到了顶峰。他们在关于图书馆目录的研究对象、作用、在图书馆工作中的地位等方面予以了重点关注，并形成了以西方图书馆目录理论为主，并辅之以我国传统目录学理论的新的图书馆目录学理论。他们一改中国传统目录中所强调之"辨章学术、考镜源流"的理论，而以方便读者之查阅作为首要目的，在图书目录的编制方面也有了很大的变化。

① 张峰：《20世纪我国图书馆学理论研究两次高潮的比较与分析》，《图书情报知识》1992年2期，第10—14页。
② 贺修铭：《20世纪目录学研究的两次高潮及其比较》，《图书馆》1994年5期，第14—17页。
③ 楼云林：《中文图书编目法》，第7页。

1. 图书馆目录的研究对象

关于目录学研究对象的讨论是民国时期目录学理论研究的重点问题之一。不少目录学史家对其进行过总结，其中就有刘纪泽、汪辟疆等学者将当时存在的以不同学术观点为指导的目录分为四个部分，即"有目录家之目录，有史家之目录，有藏书家之目录，有读书家之目录"①，而目录家之目录，则成为图书馆目录的主要形式，也是受西方图书馆学和目录学影响的学者所极力主张的目录形式。刘纪泽在其著作《目录学概论》中就给所谓的目录学家之目录下了定义，曰："目录之学，乃为纲纪群籍，簿属甲乙，取便寻检而设，非有其他深微含义也。"②当时凡主张图书馆目录者，多持此种观点，且将藏书作为目录首要应解决的问题，力求通过目录正确反映图书的特征，而认为中国传统所谓的学术，并不是目录所要解决的主要问题。刘国钧就认为："图书目录的主要目的，就是纪载书籍本身的各种特点。"③在先生所作的《图书目录略说》一文中，则更清楚地表达了这一观点："宋元以来之书目，四库谓有解题与无解题二体。今试考其书，显分两类，一则簿录藏书，一则泛载一切。……然此二者，目的虽不同，亦有共同之中心点，即其所记者皆以书为对象，而不必顾忌此书与其所代表之学科之历史关系为何如也。"④

作为民国时期图书馆学的代表，杜定友也充分表达了图书馆目录的特点："目录之簿，所以记书也。后世昧于此义，复误以目录之学为'辨章学术、考镜源流'之本。"⑤作为图书馆藏书目录，应根据图书馆的性质而决定："今之图书馆……其唯一之目的，在供公众之研究，不徒以庋藏为能事，而以应用为急务者也。"⑥图书馆以整理藏书，以供阅者借阅为主要目的，则图书馆目录必定要以此种目的为准，主要考虑到如何便于读者，而"辨章学术、考镜源流"的目录学理论虽也适用于藏书，

① 刘纪泽：《目录学概论》，中华书局，1931年，第11页。
② 刘纪泽：《目录学概论》，第8页。
③ 刘国钧：《图书馆学要旨》，第91页。
④ 刘国钧：《图书目录略说》，《刘国钧图书馆学论文选集》，第38—39页。
⑤ 杜定友：《校雠新义》（下册），第1页。
⑥ 蔡莹：《图书馆简说》，第2页。

但古今藏书主旨已颇不同。阅读古代藏书目录尤其是官府藏书目录可知一代藏书之盛，多通过解题得知图书内容，通过分类了解图书性质，通过大小序了解图书在学术史中的地位，整部目录可独立成书，作为校雠学的一部分，可最终反映校雠成果，并展示于读者面前。而阅读图书馆藏书目录，凡有读者认为需要之书，基本可借阅而得其全部内容。编纂目录只是图书馆工作的一个环节。即使有独立发行之目录，而最终还是指导读者入图书馆查阅书籍。藏书的功用不同，目录的研究对象也自然因之而异。民国时期关于图书馆目录研究对象的讨论，从本质上体现了图书馆目录区别于中国传统目录研究对象的差异性，也对图书馆目录的编纂方向起到了重要的指导作用，为图书馆目录在民国时期沿着正确的轨道发展提供了理论支持。只是有部分学者在研究中稍显偏激，将图书馆目录视为目录类型之全部，以图书馆目录之概念覆盖各类目录之编纂，则值得商榷。另外，还存在受西方目录学思想影响，在引入中国目录学研究后，因文化和翻译等原因，反而造成一定的概念模糊的情况，如根据西方 Catalogue，Bibliography 及 Literary history 之不同，而翻译成中文的"书目""书志"及"著述史"三类，而书目则专指藏书目录，书志为记载一切书籍或某一问题的一切书籍的非藏书目录，著述史则为中国所特有的目录形式。中国传统目录有书目、书志之称，且在概念上并无特别之区分，民国以来为强调图书馆目录及与传统目录之不同而划分的概念，反让研究传统目录学者一时难以理解。

2. 关于图书馆目录的作用

图书馆目录的作用是以图书馆作用为基础的，即编制和使用图书馆目录作为图书馆工作中的一部分，成为图书馆发挥作用的一个组成部分而存在。其性质、编纂形式、内容的详略等均要以图书馆为依托："图书馆中之编目，其目的固在便于检查，其范围亦以所藏者为限，其详略则以图书馆之性质为衡。"① 而图书馆的设立以方便读者读书为根本目的："图书馆者，收罗群籍，整理排比，使成有系统之组织，以供学者

---

① 刘国钧：《图书目录略说》，《刘国钧图书馆学论文选集》，第 46 页。

之搜讨也。"①因此民国时期的图书馆学家在提及图书馆目录的作用时，无不强调其便于检索、方便读者查阅图书的作用，并以此作为编制图书馆目录的主导思想。且在当时甚或当代的传统目录学家眼中，图书馆目录也是以甲乙簿记、取便检索的形式出现的。从刘国钧先生的一句话"图书馆所以需要目录的，一言以蔽之，就是便于检查"②，便可予以总结。

读者去图书馆的主要目的就是为了借阅图书，而当时的图书馆尤其是较大规模的图书馆之图书可谓汗牛充栋，无图书馆目录则使读者查找图书时无从下手，因此图书馆目录的作用从读者的角度来说，是便于检查。中国的传统目录也是以读者作为主要对象的，《书目答问》的出现就是要解决"诸生好学者来问应读何书，书以何本为善"③的问题，并帮助读者阅读他们需要的书籍，因此后人总结中国传统目录之作用，曰"目录本欲示人以门径"④。但是两者所使用的方法却不同。中国传统目录为达到指导读者读书的作用，注重于分类、解题等方面，利用其使读者了解图书的大致内容，并且通过图书中所包含的内容以及目录中大、小序等的编纂，达到"学术自明"的目的。而图书馆目录则与之不同，其"较之古代目录，条目较多，检查益便"⑤，作用主要体现在检索上，虽目录中也有介绍图书内容等项目，但是较传统目录者为简单："盖现今之图书馆，应付群众使用，几至供不应求，编目者适难得先儒之宽闲，作正确之解题，精密之考订。"⑥且如索书号的设置则纯粹是以查阅为目的的。

可见晚清民国的图书馆目录与中国传统目录虽都以读者为目的，但是两者实现的方法产生了根本性的差异，主要原因就在于传统藏书楼与图书馆的不同，一者为藏，一者为用，前者以阅读目录为目的，而后者则以阅读目录为手段。这也成为了中国目录学现代化的主要特征之一，

① 蔡莹：《图书馆简说》，第2页。
② 刘国钧：《图书馆学要旨》，第90页。
③ 张之洞著、范希曾补正：《书目答问补正·略例》，中华书局，1963年，第3页。
④ 余嘉锡：《目录学发微：含〈古书通例〉》，第79页。
⑤ 姚名达：《中国目录学史》，第139页。
⑥ 裘开明：《中国图书编目法》，商务印书馆，1931年，第1页。

使目录在指导读者读书，指示读书门径的作用上又进一步拓宽。

民国时期的学者在总结图书馆目录的作用时，以取便检索为根本。同时随着图书馆工作的多环节性，各部门的专业性日趋增强，对部门馆员的要求也日益提高："图书馆欲求馆务之发展，效率之增进，则选配馆员，分配职务，不容忽视也。"[①]为能更有效地为读者服务，并提高自身的工作效率，馆员利用目录也提到日程之中，并成为当时图书馆学者所日益关注的问题。有学者便总结出图书馆目录除服务读者工作之外在图书馆其他工作中的作用，曰："供采购时之查考。……供典藏时之参考。……便利馆员之指导。"[②]中国传统目录工作中，以目录为参考便于采购或典藏者，多有其事。姚名达先生推断至西汉成帝时，陈农之访书："汉'成帝时，以书颇散亡，使谒者陈农求遗书于天下。'倘使秘府原无目录，则何以知其'书颇散亡'？倘使不备阙书目录，则陈农求得之书何以知其为秘府所阙？"[③]至有实证者，则为《隋书·经籍志》中所收录之《魏阙书目录》，以为北魏访书之凭证。

此外如"收藏之参考"者，则为图书馆排架目录的主要作用："排架次序，必依书架目录而定，欲阅何书，即可按书架目录次序查得。"[④]我国古代目录中，如明杨士奇《文渊阁书目》"多不著撰人姓氏，又有册数而无卷数，惟略记若干部为一橱，若干橱为一号而已"[⑤]，颇有书架目录的意义。但是此类目录不为中国传统目录学主流所接受，且此类排架目录的号码为固定的，图书一旦插架后不能随意变动，增加或减少图书都比较困难。后世效仿者也少见，在中国传统目录中不占主要地位。而自近代西方图书馆学传入中国之后，因图书登记架号较为方便，新书上架也比较灵活等原因，此种目录被图书馆藏书工作所广泛接受，成为图书馆员排列图书，读者查找图书的主要目录之一，直至建国后的相当一段时间仍旧存在。

---

① 洪有丰：《图书馆组织与管理》，第 61 页。
② 楼云林：《中文图书编目法》，第 10 页。
③ 姚名达：《中国目录学史》，第 334 页。
④ 楼云林：《中文图书编目法》，第 10 页。
⑤ 永瑢等：《四库全书总目》，第 731 页。

因此，图书馆目录对于图书馆工作中的采购和典藏两项工作在中国古代已出现，而至民国后其所占之地位日益明显。至便利馆员指导读者阅书，则是馆员较读者更熟悉图书馆目录之内容，而能告知图书之有无、位置、价值等，其作用是建立在图书馆目录基础之上的，也是以图书馆的公开性为前提的。

图书馆目录与中国传统目录在作用上的另一个不同则在于对文献的认知。中国历来强调"文以载道"，史书如此，即便为编纂目录者，也要以"辨章学术、考镜源流"为最高标准，将目录视为学术之承载物。以《四库全书总目》为例，该书是我国传统目录之代表，其凡例中便认为："是书卷帙浩博，为亘古所无。然每进一编，必经亲览。宏纲巨目，悉禀天裁。定千载之是非，决百家之疑似，权衡独运，究钺斯昭。"①目录成为统一学术思想，为官方意识之承载。在经部小序中，提到自来经学有汉宋之争，《四库全书总目》收录经学文献就要达到"消融门户之见而各取所长，则私心祛而公理出，公理出而经义明"②的目的。而在图书馆学家看来，目录是以图书为研究对象，图书馆目录以方便读者查阅为主，而"自来目录学者，好为门户尊卑之见"③。因解题、小序等的编写含有一定的主观性，有时会将作者的思想体现于其中，反而不能客观地将图书之真实面貌展现于读者面前，所以提倡在图书馆目录中公正客观地体现文献的特性，如书名、著者、版本、主题内容等："目录惟便检查，于学术源流、文章派别无所与焉"④，将目录与学术史区分开来。并由此主张利用索引而非分类法，以避免分类法中学术主观性的影响："分类目录断难离乎主观，主观之法又断难便于客观之用。此所以不得不立类次目录也。"⑤民国时期，关于图书馆目录作用的探讨，使我国目录学突破了传统理论，而将图书在目录中的地位更加凸显起来，在图书馆工作中更显示出在图书馆目录的重要作用。

---

① 永瑢等：《四库全书总目》卷首，第 16 页。
② 永瑢等：《四库全书总目》，第 1 页。
③ 杜定友：《校雠新义》上册，第 42 页。
④ 杜定友：《校雠新义》下册，第 2 页。
⑤ 杜定友：《校雠新义》下册，第 8 页。

3. 图书馆目录在图书馆中的地位

图书馆目录的作用以取便检索为中心，这与图书馆以借书为原则的方向相一致，由此可知图书馆目录在图书馆工作中的重要地位。而民国时期图书馆学家所倡导之图书馆目录，其更多的是从图书馆工作的角度出发，将图书的编目（包括分类）作为工作中的重要环节，以达到图书馆所应起到的社会作用。从民国时期出版之图书馆学著作中，可以看出基本上所有著作均会涉及图书编目，并将其视为直接为读者服务的重要工作："图书馆之图书，苟不编目，则群书失驭，检索无从，故编目实为图书馆最重要之工作。"①这些学者认为，读者通过不同的方式查阅图书，图书馆工作者就应该在编目上作重点研究，满足不同读者的要求："自购书以至于到读者的面前阅读，这其中编目员要负一大部分的责任。编目工作有一种重要性和永久性。"②也可以通过目录的编纂，节省读者查阅图书的时间，提高读者的阅读效率和兴趣："所谓经济时间供大众使用，非赖目录不为功，故目录实为图书馆完成社会教育之利器。"③同时，因图书馆以藏书为手段，以借书为目的，为满足读者的阅读要求，会经常性地购进各种图书，图书的更新速度较中国古代已有了明显的进步，至1926年以前，"出版物的品种日渐多样化，包括教科书、文学作品、学术著作、工具书、儿童读物以及大量刊印的古典文献，而且，图书内容也十分庞杂"④，至抗日战争前夕，中国的出版物数量已达到9439种之多。而期刊、报纸一类的连续出版物也日益受到社会之关注，并成为近代继图书之后，被人们所广泛接受的出版文献。"现代文化之发扬传播，所赖以为利器者，图书而外，各种期刊，实占重要之地位。"⑤报刊因其时效性的特点，需要经常更新，而图书馆也需要及时更新图书馆报刊目录，以及时反映馆藏，指导读者阅读最新的报刊。因此，自民国以后，不应再像传统目录那样只是单纯反映藏书，且编目的时间间隔较

---

① 楼云林：《中文图书编目法·自序》，第1页。
② 程伯群：《比较图书馆学》，世界书局，1935年，第169页。
③ 楼云林：《中文图书编目法》，第12页。
④ 来新夏等：《中国近代图书事业史》。
⑤ 吴天植：《安徽省立图书馆期刊目录·弁言》（1937年），第1页。

长，甚或有亡国之后而编纂书目者，而新形势下的图书馆更需要目录及时反映馆藏图书的变化情况，以达到图书利用的最高效率。当时的学者已显然认识到此种特征在图书馆工作中的重要地位，强调于此类目录的情报性，说道："图书馆往往有因忽视编目之重要，而将购得书籍暂为搁置者，不知搁置一久，新书沓来，而编目之事遂愈繁重；愈繁重遂愈不易编排，而失其图书之效用。"[①]此种理论对中国传统目录学理论与实践也造成一定影响，并直接导致了目录形态的扩大，如卡片目录。因图书馆藏书流动性较大，遗失和添置图书成经常性问题，而导致书本式目录经常需要重编，以准确反映馆藏，以免造成有目无书或有书无目的情况，每一次重编均造成的人力和物力的巨大消耗。京师图书馆分馆在1916年的年终报告中，已提到了图书流动不利于目录编纂的现实："现本分馆所藏图书，业已逐渐登载原籍，暂以原印油印简目为阅览人查阅之需。其陆续增藏之书，备置钞本一册，或附录于油印简目之中。一俟原簿完全编竣后，再行着手编制正式目录。"[②]因此，图书馆目录的时效性和情报性也成为不同于中国传统目录的重要特点之一。

4. 对于传统目录学理论的继承

以上所提到的均为民国时期的图书馆学家和受西方目录学思想影响较深的学者对于图书馆目录学理论的观点，但是这并不代表在这些学者之中，中国的传统目录学理论就不在其研究之范围之内，他们也充分借鉴了中国传统目录学中的优秀编目理论，并将其与西方目录学相结合，运用于编目实践中，这主要表现在别裁和互著两方面。

别裁和互著是中国传统目录学中的优秀编目理论，如按有些学者所得出的结论，自《七略》时已使用了此种编目法，其后，经章学诚等人的研究，而在理论上将此编目法确定下来。民国时期，运用此种理论编制目录者，专科目录中多可见之。另外，编制图书馆目录也多采用此法，当时学者多有理论之阐述，并予以适当之改进，扩大其范围，以适应此

---

① 楼云林：《中文图书编目法》，第12页。
② 《京师图书分馆民国四、五、六、七、八年度年终工作报告》，李希泌、张椒华《中国古代藏书与近代图书馆史料（春秋至五四前后）》，第241页。

类目录取便检索、指导阅读的作用。

　　民国学者针对分类目录在以图书内容为标准时所产生的"分类之道，有时而穷"①的弊端，希望通过此种编目方法解决图书内容多样性和分类法中类别的专一性之间的矛盾，时人对互著（又可称互见）和别裁（又可称别出）予以重新定义，并运用于卡片目录之中："互著——一书内容，兼涉数类学科者，应制分析分类目录片，分入各类。"②"别裁——一书中篇章所论者非尽属该书正论范围，应有分类分析目录片，以表示该篇章之论题。"③但是，与中国传统目录中所提到的互著与别裁不同的是，后者只是编制分类目录的一种方法，以此更能反映出每一类别的学术完整性；而前者则需要制成卡片目录，分入各类之中，使读者在通过目录查阅图书时，尽量能在一类之中，找到自己所需要的图书。当时的学者有"依一书中篇章附录之名目、著者、注者……等，或其内容，所制之目录片"④，编成分析目录卡片的形式，此可视为别裁法。"一书如含有原书范围以外之其他重要作品，或原书一部分有裁篇别出之价值者，均应另置分析目录。分析目录之功用，系将一书重要内容、篇章名目及其著者显示阅者。"⑤在互著法中，有学者就提出七种不同的方式，从图书内容扩大到图书著者或主题等多方面。"有下列情形时，都应当互见：1.一书著者不止一人时，应当分别互著于各个著者名下。2.注释的书，应互见于原书著者和注释者的名下。3.翻译的书，应互见于原著者和译者的名下。4.个人著作而以机关名义发行者，应互见于机关与著者名下。5.一书有别名时，应互见于各个书名下。6.一书的性质，可以归入两类时，应互见于各类之下。7.一书讨论数个主题的时候，应一一互见于各主题之下。"⑥由此可见，互著法已由过去只运用于分类目录中扩大到运用于其他类型之目录，如著者目录、主题目录等。

　　① 姚名达：《中国目录学史》，第 57 页。
　　② 裘开明：《中国图书编目法》，第 81 页。
　　③ 裘开明：《中国图书编目法》，第 82 页。
　　④ 裘开明：《中国图书编目法》，第 48 页。
　　⑤ 楼云林：《中文图书编目法》，第 86—87 页。
　　⑥ 刘国钧：《图书馆学要旨》，第 106 页。

别裁与互著两种编目方法本为目录实现"辨章学术、考镜源流"之用，直至当代仍有学者抱有此种观点。但是，作为图书馆学目录中的别裁与互著，虽与中国传统编目方法有重复之处，但是从所发挥的作用上来看，是截然不同的。其理论已从学术史的角度拓展为方便读者查阅的范围，以中国传统目录学方法为基础，而又摆脱其传统观念独立发展。

（二）新目录形式的出现

民国时期图书馆目录的发展除了在理论研究领域出现突破之外，在目录学实践上，也出现了许多新的特征，其中最值得探讨的就是出现了中国传统目录之外的新的目录形式，为我国目录学的多元发展奠定了坚实的基础。

1. 卡片式目录

中国传统目录的装订形式为书本式，以卷、册等单位计算目录数量："《汉书》录《七略》书名，不过一卷，而刘氏《七略别录》至二十卷。"[①]或单独成书，或附于史书之中，凡目录编定之后，无拆散之可能。且目录中的所收录的每一部书的位置是固定的。凡编定之后，无法随意变动。这种方式使用在分类目录中，能突出每部文献在目录中的作用，尤其在以学术史思想为指导的目录实践中，通过文献的排列更能反映学术之发展。

但是这种编纂方式大多为回溯性质，在反映图书现行性上则相对较弱，在古代时就已经出现了一定的弊端，尤其是新文献在目录编定后很难再融入其中。如西晋荀勖编纂《晋中经新簿》，分文献为甲乙丙丁四部，其中丁部，一般认为是后来集部的雏形，但是该类"有诗赋、图赞、《汲冢书》"[②]。其中，《汲冢书》为当时新出土之文物，其中包括了诸如《穆天子传》《逸周书》《竹书纪年》等非文学类文献，丁部收录之文献范围明显有拼凑之感。因此就有学者认为："《汲冢书》何以不入丙部而附于丁部？意者《汲冢书》出于编定目录之后，为插架方便计，故置于

---

① 永瑢等：《四库全书总目》，第 728 页。

② 魏徵等：《隋书》，中华书局，1973 年，第 906 页。

最后之空架耶？"①而编定《四库全书》时，因收录的文献陆续有变动："乾隆仍察察为明，不时抽阅，对一些书籍中存在的讹误，时时予以指责。"②"七阁"均不同程度地进行了复校，在此过程中，有些书抽出或补入，而《四库全书总目》因提前写定，则很难再次修改，所以造成了目录与藏书在文献收录上不一致的情况，这也是书本式目录在收录文献方面总是滞后于藏书，且形式较为固定造成的。但是，因我国古代时期图书发行量有限，图书以藏为主，流动性不大，因此，书本式目录足可以满足文献著录的需要。

　　而至民国时，随着印刷技术的提高，图书与报刊等出版物发行量增大，且随着各类型图书馆的建立，图书在社会中的作用也越来越受到人们的关注。使用书本式目录反映藏书已不能完全适应图书馆目录的需要，尤其是图书馆中的图书在流通时，会出现购进和遗失的现象，如果不能及时更新目录，会给读者造成检索上的不便。同时，读者在借阅图书后，图书馆目录也要能及时向别的借阅相同图书的读者反映此信息，以免读者或馆员查找已借出之图书。当时的图书馆学家已颇感书本式目录在图书借阅过程中所产生的不便："图书目录最多年印一次，但图书日增，难以随时加入。"③因此，急切需要有一种目录形式，能及时反映藏书变化，而自西方图书馆学和目录学传入中国之后，当时的中国学者逐渐接受了卡片式的目录形式，并在民国时期的图书馆目录中普遍运用开来，成为读者借阅图书和馆员编目的主要形式。当时学者描述卡片目录曰："编印目录而外，尚有一法，最为完美，各国图书馆，无不采用，法以书名，分写洁白纸片之上，每书一纸。"④卡片目录的最显著特点就是其可伸缩性，每一本书均有一张独立的卡片，记载书号、书名、著者、版本或主题等方面，并可根据读者索书方式的不同，编成各类形式的卡片目录。目录的具体形式如下图：

①　姚名达：《中国目录学史》，第59页。
②　黄爱平：《四库全书纂修研究》，中国人民大学出版社，1989年，第183页。
③　洪有丰：《图书馆组织与管理》，第194页。
④　蔡莹：《图书馆简说》，第21页。

书 码		顶　　　　线		
		项　目　　线		
	著　书			
	者　名			
	线　线			
		○　　　圆　孔		

　　近代卡片目录最早出现在 18 世纪的法国，但在当时并没有受到足够的重视："在 18 世纪时，虽已流行于法国，但迄于 19 世纪，方见进步。"① 也有学者指出，其最早出现在我国南宋时期："李焘编纂《资治通鉴长编》时，曾用过卡片目录辑录资料，设置十只橱柜，每柜有二十个抽屉。"② 至 1850 年，卡片目录开始在美国批量印刷，并逐渐在各国图书馆目录中普遍利用。民国时期首先由商务印书馆使用了这种目录形式，在其所出版的《万有文库》中，曾附上卡片目录。此后清华大学和南洋大学在图书馆工作中使用了卡片目录，该类目录随之在国内普及。随着卡片目录在国内的使用，原先以抄录为主，也逐渐转变为印刷。卡片目录在拓展我国目录种类的同时，对书本式目录也造成了一定的冲击，民国的不少学者对两种目录进行了比较，在当时形成了一次大讨论，希望能在图书馆目录研究和编纂中找到一个平衡点，使书本式目录和卡片式目录均能被人们所接受。

　　有学者对书本式目录和卡片式目录作了较公正的比较，而这也体现出了民国时期的图书馆学家对两者的一般态度，兹将原文录之如下 ③：

---

　　① 金敏甫译：《图书馆编目史略》，《图书馆学季刊》6 卷 2 期（1932 年），第 211—216 页。

　　② 张玉麟：《简论图书馆卡片目录的产生和发展》，《图书馆工作与研究》1987 年 3 期，第 59—63 页。

　　③ 程伯群：《比较图书馆学》，第 171—173 页。

兹将书本式之目录利益分别如下：

一、印刷成书，便于分布，穷乡僻壤，人各--篇，能知图书馆之内容。

二、因事物在身，不能来图书馆参观者，一读目录，便知内容。如能通信借书，此制尤佳。

三、创立图书馆或研究图书馆学者，得此目录可为借镜。

四、印刷成书，不啻为图书馆之广告，无论远近，皆可得知。

五、书本式的目录，可彼此互观，收切磋之功。

凡一样事件有利益，也同样发生了弊端，书本式的目录也是如此。但是也不能因为弊端就损失了它的原来价值。兹将书本式的目录的批判如下：

一、印制成册往往需用时间，所有续到书籍不能随时插入。

二、增加新书，不能补印；补印过多，检查不便，时间荒废。

三、书本式目录发现错误，不能立时更改。

四、印刷目录费用较大，编辑、校对，手续繁多。

书本式目录既然有这些批判，所以有许多人主张用卡片式目录。卡片式目录是活动的，是便于检查的，不过比较笨重。卡片式的目录利益如下：

一、卡片形式简单，运用便利，若有新增，随时插入。

二、卡片式目录修改便利。

三、易于按序排列。

四、馆内书籍如有遗失，书目即可抽出。

五、编辑书目或检查书目，时间上均极便利。

六、卡片式目录多用抽屉存放，外有标目，内有引得，形式上颇为美观。

七、检查便利。

卡片式目录也有问题。在小的图书馆内运用是没有多少问题，惟大的图书馆如只有卡片式的目录，其效用就减少多了。

卡片式的缺点就在只有一份目录在图书馆，而且不能拿走。

一、不能携出馆外，以供流传阅览。

二、不能与其他图书馆互相交换。

三、不能广布。

四、每张卡片之上只能注明一书。

五、不能同时多人检阅。

六、稍欠检点，易于杂乱或遗失。

但是，作为图书馆目录的特殊需要，卡片式目录在使用上仍得到了更多青睐，不少学者将研究的重点指向卡片式。以沈祖荣先生为代表的图书馆学家认为图书馆目录应采取卡片式目录的形式，并认为中国书本式目录的优势值得商榷，如"印刷成书，便于分布"一条，便认为图书馆的最终目的是让藏书能被社会大众所接受，如果采用邮寄书本式目录给读者，而不是读者亲自来图书馆阅览的话，是没有意义的。譬如看花应看实物，如只看花谱，则仍不能对花有实际的了解。因此，从图书馆学角度来看，书本式目录是不如卡片式目录的。他在一篇文章中总结道："我国旧式图书馆，皆以书本式目录为善本，甚至因编目之故，停止阅览。……以编辑目录，为办理图书馆之唯一要事，目录告竣，即图书馆之工作告成。此种见解，其谬孰盛？况我国之分类法素无号码。取阅之时，甚非易易，每因取一书，费去阅者及馆员时间甚多，而妨及阅者之兴趣，使主张书本式目录者，于此种问题，加以审查，当知舍短取长，改采卡片，可无疑矣。"[1]

笔者认为，图书馆在使用卡片式目录后，确实能给读者的查阅和馆员的编目工作带来了很大的方便，但是卡片式目录也并不能完全取代书本式目录的作用。因为读者阅读图书馆目录主要是为借阅藏书，目录采取何种形式应根据读者的需要，来图书馆之读者自可以利用卡片式目录。民国时期，学者已普遍认识到图书馆在社会教育中的重要作用，应积极

---

① 沈祖荣:《中国图书馆目录应采书本式抑卡片式》，《图书馆学季刊》第1卷第3期（1926年），第439—445页。

吸引读者之关注："图书馆断然不能安坐着，静默着，等待人来；而必自己用种种方法引起社会上各人读书的兴趣；并且谋阅览人的种种便利。"[①] 因此，需要对藏书予以推荐，则书本式目录更便于流传和保存，且拓宽了读者了解图书馆藏书的途径。我们现在所能见到的民国时期的图书馆目录，基本都是以书本目录的形式存在，就说明了其便于流传和保存的特点。

而更重要的在于，目录是以收录图书为目的，但是图书可为存书，也可为佚书，可为藏书，也可为非藏书，图书的类型不同，目录的类型也随之不同。除去图书馆目录之外，如专科目录或反映学术史的目录等，更需要著录文献位置相对固定，解题较为完善的目录，以便于读者之阅读，则卡片式目录无法承担此种任务。因此，卡片式目录的作用较单一，而书本式目录则可满足多种需要。所以直到今日，因检索技术的提高，卡片式目录有被机读目录代替的趋势，读者入图书馆基本可通过电脑查找图书之位置，卡片式目录也将逐渐退出历史舞台。而书本式目录仍旧保持了原本之特性，其所发挥的作用无法被其他目录形式所取代。从民国开始，就出现了图书馆目录过于强调检索，与中国传统目录"辨章学术、考镜源流"截然分离的情况，且一直延续至今。当时有学者希望能将二者予以结合："然书目为用，在因目寻书。是每书亦不得不有相当之节述，使未睹书仅见目者，略知其内容与形式，故书目之体例及其详略，应如何为适当，实为今日图书馆编目亟待解决之一问题。"[②] 但是至今也没有得到很好的解决。其实这种现象本质上是一种中西目录学没能很好交融的表现。所以对于卡片式目录和书本式目录，二者之间孰重孰轻的问题，实为中国传统目录学理论与近代西方目录学的交融问题。民国时期的学者能较客观地看待这一问题，但是仍只是条列出各自之特点，至于如何将二者融合成新的目录形式，统一书本式目录和卡片式目录，却没有提出确切的答案。

---

① 刘国钧：《图书馆学要旨》，第6页。
② 裘开明：《中国图书编目法·自序》，第1—2页。

2. 分类目录以外的其他目录

中国传统的目录形式——书本式目录受到了卡片式目录的冲击，同时，因为图书馆工作的需要，中国传统的分类目录占主导地位的局面在民国时期也被打破。中国历来以分类目录为目录之主流，甚至成为传统目录的全部，凡目录者必分类，更有学者将分类之有无视为目录著作能否实现学术作用的重要标准："类例既分，学术自明"。因此分类法与目录编纂紧密结合："夫文字之原，古人所以为治法也。三代之盛，法具于书，书守之官；天下之术业皆出于官师之掌故……天下所以以同文为治，而《周官》六篇，皆古人所以即官守而存师法也。"①此种情况一直持续到晚清时期，才在近代西方图书馆学和目录学的冲击下，逐渐得到了改变，目录的编纂形式进一步拓展。

民国时期，随着图书馆事业在我国的发展，使用卡片式目录以方便读者检索而成为书目工作的主流，然而只是以分类卡片的形式不能满足读者各方面的检索需要。当时的学者就提出，读者在图书馆查阅图书，不会对图书有全面了解，更多的只是了解图书的一些片段，甚至来图书馆借阅何书，本人并不清楚。这些不同的检索需要可分为："第一，有些人只知道正确的书名而想查有没有这本书。第二，不知道正确的书名，但知著者姓名而想查这本书。第三，要想查出本馆所有某著作人的作品。第四，有时因研究某种学问而想尽查得那一类的书。第五，有时因研究某项问题而想查得一切和那问题有关的书。第六，有时书名和著者都知道而想查得一种特别的版本。第七，有时要想查出一书有没有注释或翻译，以及什么人所注释或翻译；或已经知道注释人或翻译人的姓名，而想查看那本书。第八，有时特别想知道书内有无图画或表格等重要附件。第九，有时要想知道一书的大概性质。第十，最后还要知道某书在书库内什么地方。"②

因此需通过不同的目录予以解决，而单就分类目录而言，已远不能满足以上所提到的各项需求，因此必须拓展目录的编纂形式，根据读者

---

① 章学诚著，王重民通解：《校雠通义通解》，第134页。
② 刘国钧：《图书馆学要旨》，第92页。

的需要，编纂其他类型的目录。于是书名目录、著者目录、主题目录、书架目录和字典式目录等纷纷在我国兴起，成为与分类目录并驾齐驱的目录形式，在当时已被学者认为是中国传统目录学转型的一个主要表现："自昔国人习于分类目录，以为不分类则不能以为目。……夫分类目录，特为目录之一体，编制适当，可以见一类书籍之次第，亦即可以瞻其学之源流，诚为研究学术之利器；然而匆遽之中，欲检一书之有无，则不可骤得，欲寻一某作者之著述，亦不可骤得，其为用实有不便；故必以著者目录与书名目录辅之，始相得而益彰。抑吾人研究学术之际，使用图书，往往不能限于一定之类目，故分类目录之用，至此而穷，而主题目录以起，此为近代目录之一大特点。"①

以上所提到的有些目录，在我国古代已有存在，但是均因不适合我国学术和文献的特点而没有被重视，如著者目录，即是郑樵所提到之"以书类人"的方法，因古代所提倡之"述而不作"以及在实际编目过程中人名易与书名混合等原因而没有广泛使用。而书名目录、书架目录等，均因"簿录甲乙"，不能体现出学术性而不被重视。古代的类书实为"主题目录之扩大。……倘删其繁文，仅存书目，即现代最进步之主题目录也"②。但是这些目录在近代西方的图书馆中得到了充分发展，如著者目录，由于"16世纪人文主义开始，西方强调人的自身价值和独创精神，鼓励出人头地"③等原因，从而使得该目录在图书馆工作中大受重视，并成为目录的主要形式。我国近现代所出现的新的图书馆目录形式，是西方图书馆学和目录学传入中国后的产物，而从中国传统目录学中所能继承者则寥寥无几。20世纪二三十年代，是我国目录形式大发展的时代，图书馆学者和目录学家对此多有论述，并提倡向西方学习编纂书名目录、著者目录、主题目录等，编制不同类型的卡片目录，以改善我国传统目录结构单一的情况，并满足读者检索之需要，其中主题目录和字典式目

---

① 刘国钧：《现代图书馆编目法序》，《图书馆学季刊》8卷1、2合期（1934年），第142—143页。

② 姚名达：《中国目录学史》，第57页。

③ 陈曙：《主要款目比较之研究——兼论东西方不同文化之影响》，《中国图书馆学报》1994年1期，第22—25页。

录最为学者称道。

（1）关于主题目录

主题目录主要解决的是读者根据研究或阅读的需要，将图书中的研究内容分成不同的主题，并按照主题之相同与否，排列文献。"以事物为主题，汇列参考资料于各主题之下，使学者一目了然，尽获其所欲见之书。"①由此可见学者对主题目录之关注程度，而如姚名达，则更希望能通过改造我国类书的传统形式，以达到主题目录的效果，创造我国自己的主题目录，且在"目录学史上，苟能闯出逼仄之分类目录樊篱，而远瞩高瞻，则此种接近主题目录之类书，亟宜研究之，改良之"②。由此可见，民国目录学家对于主题目录之关切程度以及利用此种目录的迫切心情。

对主题目录于分类目录所造成的影响，当时的学者均能较公正地看待二者之间的关系问题，尤其是在图书馆目录方面，他们采取了折中的看法，即认为分类目录和主题目录均是为满足读者检索的特定需要所编纂的目录，不存在孰优孰劣的问题。他们要求改革中国传统之"四分法"，创造新的图书分类法，但是并不主张分类目录退出历史舞台，只是将分类目录所无法实现的某些检索，由其他类型的目录予以补充。而民国时期图书分类的大讨论以及出现的各种类型的分类法，对于分类法在检索方面的某些改造，更昭示了分类目录在民国时期日益巩固其地位的趋势。当时就有学者指出："分类目录，系将各书所属之门类概括指出，利在能表现学术之统系，使代表性质相关书籍之目录卡，能排在一处；惟不能细分，是其弊点。标题目录，则能将各书所讨论之各种题目尽量显示，使门类得以细分，是其优点；但此种目录，系按检字法排列，致使性质相同之书籍拆散，是其弊端。"③

因此当时的学者更希望主题目录能成为与分类目录互补的一种目录形式，一种按照性质查阅图书，一种按照主题查阅图书，共同满足图书

① 姚名达：《中国目录学史》，第 57 页。

② 姚名达：《中国目录学史》，第 58 页。

③ 楼云林：《中文图书编目法》，第 89—90 页。

馆工作的需要。

编制主题目录最难者为主题名词之确定，这如同编制分类目录中关于类名和分类标准的讨论。中国传统分类以"四分法"为主，但仍有其他分类法陆续出现，所谓"闯出'四部'牢笼之十几种分类法"[①]，而主题之确定与此有雷同之处，很难得到统一。在当时翻译的外国图书馆学著作中，已经提到了国外遇到了类似情况："主题之款目，除专有名词外，各馆所制，绝难一致。设有人往美国各图书馆中，检阅著者之款目，将见其所用格式，大都相同，然欲检某一论题之书，则不复如此矣。"[②]因此，民国时期出现了一些主题表和研究标题目录等论著，以统一我国各图书馆在编制标题目录中的分散局面。其中20世纪30年代的论著主要有：梁格《分类编目与标题之方法》，金敏甫译《主题标题》，何多源《标题表》，钱亚新《类名标题目录》，（日）加藤宗厚撰、李尚友译《标题目录要论》，吕绍虞《中文标题总录初稿》等，极大地丰富了我国标题目录的理论发展，但是关于主题名词的统一仍旧没有很好的解决，也影响了民国时期书目工作标准化的进度。

（2）关于字典式目录

所谓字典式目录，实质上为一种索引。"按照字顺排列所形成的目录实际上就是文献索引。"[③]字典式目录，可以把书名目录、著者目录和标题目录中的各款目混合入一部目录之中，按照一定的次序排列，是一种纯粹的索引。民国时期，该类目录深受图书馆学者之提倡，并成为图书馆目录中所不可缺少的首要目录，被称之为"目录的主干"[④]，其实质就在于方便检索的特性。当时的学者对此已有总结："字典式目录之功用，在会合各种目录片于一炉，排成一有统系的顺次，使阅者在此目录中检查某书，如在字典中检字然，一按书名或人名或地名或团体名或标题名之笔画检寻，即得关于某书之目录片。"[⑤]从中可看出，字典

---

① 姚名达：《中国目录学史》，第83页。
② 金敏甫译：《主题标题》，《图书馆学季刊》6卷4期（1932年），第481—502页。
③ 彭斐章等：《目录学》（修订版），第123页。
④ 刘国钧：《图书馆学要旨》，第97页。
⑤ 裴开明：《中国图书编目法》，第79页。

式目录实为索引，或以拼音排列，或以笔画排列。目录中所收录的款目在性质上并不属于同一类型，除便于检索外，没有其他特殊作用。

关于此种编制方法，我国在唐宋时期就已出现。有学者将类书作为索引看待："中国类书中，有一部分，可以当工具使用，减轻学者翻检原书之劳。"①1575 年，我国出现了第一部索引《洪武正韵玉键》，到清代章学诚时已对索引编制理论进行了阐述，他在《校雠通义》中说："窃以典籍浩繁，闻见有限，在博雅者且不能悉究无遗，况其下乎？以为校雠之先，宜尽取四库之藏，中外之籍，择其中之人名地号，官阶书名，凡一切有名可治，有数可稽者，略仿《佩文韵府》之例，悉编为韵；乃于本韵之下，注明原书出处及先后篇第，自一见再见以至数千百，皆详注之，藏之馆中，以为群书之总类。"②我国古代的索引形式，一般有篇名索引如宋代之《群书备检》等和人名索引如《明代列传人名韵编》等两类，索引的款目类型较单一。至 20 世纪二三十年代时，随着"新图书馆运动"在我国如火如荼地展开，以及从 20 世纪20 年代开始，至三四十年代得到迅速发展的索引运动的开展，索引在我国得以普及。由过去的篇名索引、人名索引，向图书更深层次的内容，如主题索引发展，且随着索引编纂技术的成熟，混合各款目的索引也开始出现。字典式目录作为其中的重要代表，体现了民国时期索引理论与实践在图书馆工作中的运用，将图书馆目录取便检索的功能在当时推向了极致。

然而字典式目录的最大问题就在于，各款目之间没有明显的学术联系，因此读者只能按目索书，如想得知各图书的内在联系性，或希望达到"即类究书，因书究学"的目的，则此种目录已无法完成。而分类目录仍因其在反应图书性质上所具有的特点，而在图书馆目录中占有一席之地。有学者对字典式目录和分类目录做过比较，最后得出结论曰："分类目录，这是依分类系统排列的，可以满足学者方面的需要而补字典式

① 洪业：《引得说》，燕京大学图书馆，1932 年，第 1 页。
② 章学诚著，王重民通解：《校雠通义通解》，第 38 页。

目录的不足。"①从而将分类目录在民国图书馆目录中的地位确定下来，并一直发挥重要作用。

（三）总结

民国时期目录学发展的重要表现之一就是出现了图书馆目录，其以图书馆工作之目的作为编制准则，并以取便检索作为根本任务。其本质为一种藏书书目，但是与我国传统的藏书目录又有不同，在目录编纂理论、编制方法上具有很大的差异。中国的图书馆目录基本上是以西方图书馆学和目录学理论为指导，并有选择性地借鉴了中国传统目录学中的部分优点，能较好地配合图书馆工作的进度，在客观上促进了传统目录学向现代化过渡的步伐。目录的形式也出现了多样化的趋势，卡片式目录的出现，冲击了中国传统的书本式目录的一统局面，分类目录也逐渐扩大到著者目录、书名目录、主题目录等，使民国图书馆目录呈现出多元发展的局面。但无可置疑的是，由于图书馆目录的出现，使部分学者对于中国传统目录学理论的历史价值和现实意义无法公正地看待，或是采取回避的态度，或是无法解决传统理论在图书馆目录编纂中的指导作用问题。民国时期出现一些编目法著作，以指导馆员编目时应有哪些项目，每个项目应该怎样写，逐渐形成一种定式，在提高了编目效率的同时，也束缚了人的主观能动性在编目中的作用："一检各家之目，往往同一书名也，或举其全名，或举其简称；同一著者也，或举其姓名，或举其别署；同一版本也，或举其刊刻之年，或举其校印之人；遂使检阅者生疑，初学者误认。此无公认之编目条例以为之整齐划一之过也。"②随着编目法的日益成熟和标准化，图书馆的工作效率得以提高，读者检索也更为方便，但是目录性质已变，图书馆目录逐渐退出"辨章学术、考镜源流"的目录学队伍，而这无疑是一种值得关注的现象。

---

① 刘国钧：《图书馆学要旨》，第 97 页。
② 刘国钧：《中文图书编目条例草案》，《图书馆学季刊》3 卷 4 期（1929 年），第 473—508 页。

第二节　地方文献目录

一、反映乡邦先贤的目录

（一）《温州经籍志》的目录学特点与价值

《温州经籍志》是晚清朴学大师孙诒让编纂的一部地方志目录，曾被誉为"最著名的地方《艺文志》"[1]，其体例参照朱彝尊《经义考》，以四部分类法为其类例，全书三十三卷、外编两卷、辨误一卷，记载了自唐至道光时期的温州区域范围内的大部分图书，全目收录图书颇丰："著于录者一千三百余家。"[2]该书是研究我国传统目录学、地方史、学术史的重要著作，但是长期以来，学术界对该著作的关注程度不够，很少有专文对其内容、价值进行分析。因此，笔者拟在此谈谈对该书学术价值的看法。

1. 作者简介及成书的起因、出版过程

（1）作者简介

《温州经籍志》的作者孙诒让（1848—1908），浙江瑞安人，字仲容，号籀廎，我国晚清时期著名的朴学大师，在语言文字学、经学、诸子学、历史学、文献学、方志学等各领域均有很高的建树。孙氏一生著作颇丰，共计八十余种，如《周礼正义》《墨子间诂》《契文举例》《名原》等，并纂修了大量的地方志文献，被后来学者称为"清儒主流中最后一位大师，也是现代学术研究（如甲骨文研究）领域里的一位开山大师"[3]。而在目录学方面，则以《温州经籍志》为其代表，在中国传统目录学尤其是方志目录学领域中具有举足轻重的作用。

（2）成书的起因、出版过程

1）成书的起因

该书的编纂始于同治年间，属于孙氏的早年著作。此时期，正是朝

---

① 姚名达：《目录学·原理篇》，台湾商务印书馆。

② 孙诒让：《温州经籍志·叙例》，第13页。

③ 姜亮夫：《孙诒让学术检论》，《浙江学刊》1999年1期，第94—99页。

廷重视地方志编修，及方志数量大增长的时期，尤其在光绪朝时期，政府成立了《会典》馆，征集天下方志，并鼓励各地编修地方志："清代历朝中惟有光绪时期全国所有的省区都编修了地方志，光绪朝留存的志书凡 733 种。"①

在编纂此书时，受其父亲孙衣言的教导，颇留心于乡邦文献之搜集与研究："承……琴西先生过庭之训，于其乡文献，尤所研究。"②因此，有过一番校雠性质的整理、考证过程，有必要对校雠之结果做出学术总结。

关于温州地区的艺文志，前人早已做过整理，不但各地方志中有"艺文"一门，且已有单行之目录，如明代姜准著有《东嘉书目考》，然而，该书年代较早，且只收录一县之典籍，范围也较窄。同时，从朴学的角度来看，这些目录或"仅具书名，不详崖略，疏漏舛缪，研讨靡资"③，或失收过多，难以详备，因此，有必要重新编纂一部涵盖温州全境（六县），且文献丰富，有资于考证的目录。本着"特为补辑，勒成斯编，粗存荦较，兼拾阙疑"④的学术态度，孙氏从"己巳之夏，属稿伊始，寒暑再更，条绪粗立"⑤。前后历时八年，两易其稿，而于光绪三年最终完成。

2）流传、出版过程

该书的出版颇费周折，孙氏在完成《温州经籍志》后，便不再专注于目录之学，而转向经学、文字学等的研究，该书也就搁置于玉海楼，没有付之梨枣，也很少有人知道此书。直到民国初年，该书受损已颇严重，曾有学者向浙江省都督民政长提议刊印此书，而未获支持。1921 年，才由浙江省立图书馆予以刊印，并逐渐被学人所知。此后，孙氏后人孙延钊又将手稿与刊本对校，并在《瓯风杂志》上发表了一部分校勘记。此书原稿以及修订的二稿与定稿，民国时已由玉海楼散出，后归于瑞安杨

① 许卫平：《论晚清时期的方志学》，《扬州大学学报（人文社会科学版）》2002 年 1 期，第 82—86 页。
② 孙诒让：《温州经籍志·序》，第 7 页。
③ 孙诒让：《温州经籍志·叙例》，第 9 页。
④ 孙诒让：《温州经籍志·叙例》，第 13 页。
⑤ 孙诒让：《温州经籍志·叙例》，第 13 页。

绍廉，民国三十五年（1946）时，由籀园图书馆花高价购入，但每一种稿本中均有不同程度的散佚，建国后该书一直藏于温州市图书馆。

2.《温州经籍志》所体现出的目录学思想

光绪朝时期，是"构建中国学术史新体系的开始确立和坚持儒家道统论以护卫旧体系的中国传统学术史的终结"[1]，中西文化的融合与矛盾在此时期突出地表现出来，"中体西用"之争影响到了学术研究的各个领域，目录学也不例外。然而作为中国传统目录学所代表的图书与学术的交融，即"辨章学术、考镜源流"的理论却突出地表现于目录著作中，而这些著作也成为了此时期乃至整个中国目录学史上的代表，而《温州经籍志》便是其中之一。作为一部目录著作，孙氏对理论的阐述较实际编纂来说，则殊为缺失，很少能纯粹从理论出发总结其思想，只有一篇《叙例》保存下来，以见其理论之梗概。

首先，这表现在文献著录方面。"古书流传浸远，递更钞梓，名淆于娄刻，卷异于重编，苟不辨其原流，将至展卷茫昧。"[2]古书在流传过程中，因各种原因而导致撰人、书名、卷数等颇有变动，因此要凭目录之著录来考其源流，以了解古书最初之面貌。余嘉锡曾道"得一古书，欲知其时代撰人及书之真伪，篇之完阙，皆非考之目录不为功"[3]，由此可见一斑。因此，孙氏要利用文献著录的方式，对每一部文献辨其原流，考其最初之原貌。

在分类法上，该书一采四分法之成例，以条辨学术之不同。孙氏认为："盖经艺异轨，史子殊原，不有区分，曷资参证？"[4]经史子集四类各代表不同之学术，可做到"分别部居，杂而不越"的效果。这在下章的类例中，还将详细阐明，然而由此也可窥见孙氏以分类见学术的"以学类书"的思想了。

其次，在方志目录学理论的认识方面上。孙氏认为，方志之中著录

① 卢钟锋：《中国传统学术史》，河南人民出版社，1998年，第454页。
② 孙诒让：《温州经籍志·叙例》，第11页。
③ 余嘉锡：《目录学发微：含〈古书通例〉》，第176页。
④ 孙诒让：《温州经籍志·叙例》，第10页。

艺文者起源于北周："关东风俗之传，坟籍成篇。"①创作专志，而见于记载者，为祁承爜的《两浙著作考》等明代之著作，然而错误颇多："温州自唐以来，魁儒玮学，纂述斐然。"②因此，必须要有相关之目录以概括当地之学术。

3.体例特点及价值

中国传统目录学的价值在于其学术性的表现，余嘉锡曾说过："目录者，学术之史也。"③所谓分类和编目者，均成为目录学实践中表现"辨章学术、考镜源流"的具体形式，也为独立成书之方志目录的编纂提供了可供借鉴的优秀实践。

（1）类例

中国传统目录学向以分类目录为其代表："目录之学，重在综览载籍，别类部居，贵能自具条贯"④，以类例之设置，明学术之流别。《温州经籍志》全书以四分法为本："故此编分类，一遵四部。至于子目分合……惟乾隆《四库总目》辨识最精……实奉为圭臬焉。"⑤这体现了四分法在中国传统文化中的特殊性，更深层次的原因却是温州地区在历史发展中的文化多样性，以及在文献著述上的丰富性和学术的全面性，即使以涵盖全国大部分学术的四分法，也能大致用于分类温州一个地区的图书文献。在此基础上，孙氏也以温州文献特点和本人学术思想为本，所作的些许的调整。

首先，对类目尤其是子目的调整。如将子部的天文算法类和术数类予以合并，而通称天文算法类，其下子目分为推步、算书、术数、数学、占候、相宅相墓、占卜、命书相书、阴阳五行。古来术数与天文算法多有重叠，《汉书·艺文志》有"术数略"，其中收录了天文、历谱、五行、蓍龟、杂占、形法六种，至《隋书·经籍志》时，子部设天文、历数、五行三类以涵盖之。直到《四库全书总目》已经设立了天文算法和术数类，

① 孙诒让：《温州经籍志·叙例》，第9页。
② 孙诒让：《温州经籍志·叙例》，第9页。
③ 余嘉锡：《目录学发微：含〈古书通例〉》，第30页。
④ 汪辟疆：《目录学研究》，第53页。
⑤ 孙诒让：《温州经籍志·叙例》，第10页。

从类目中可知天文与阴阳五行的区别逐渐显现。而《温州经籍志》仍以天文算法涵盖术数类之图书，并仍袭用旧名。笔者认为并不恰当，反而将本有区别的学术混淆对待了。另外，在经部《礼》类中，将三礼总义和通礼两类合为"三类通义"类，收录三礼和通礼类的文献。在史部传记类中，缺少了"别录"，则《四库》以"既不能遽削其名，亦未可薰莸同器，则从叛臣诸传附载史末之例，自为一类"①，其卫道思想颇重于学术思想，则《温州经籍志》以反映一地区之文献为准，殊无必要贯彻以强烈之国家意识，加之并无此文献，则在类目之设置上自可忽略不设。

其次，辨误中设置新的类目。《温州经籍志》在类目上的创新，则是体现在《外编》一章中的，所谓外编是指在温州游宦的名贤的作品，数量较少且非为本乡学人所作，"主客之间，当有畛域"②。因此，在单独辟为一章的同时也无法再以四分法容纳之。全书将此类文献分为郡县志、山川古迹、经政、人物、物产、医家、艺文和杂志八类，可见地方文献内容之特色。历来地方志之编纂，注重于述地与记人："述地就是记述地理现象。记人则涉及到社会活动以及与地理关系不多的人为设施。"③这虽然是地方志的两大组成部分，但由此可见乡人对地方发展所关注的重点。因此，对于地方历史之记载者，多以此分为两大部分。以上所分的八个类目，基本可纳入这两部分之中，充分体现出了地方文献的编纂重点及结构特色，也反映了中国传统地方史研究中的学术方向及流别。从另一视角上看，该分类法比经史子集更能体现出地方文献之差异，更具有地方史研究的特立性和学术的鲜明性，可以说是地方文献分类的探索与突破，地方史研究在学术分类上的总结。但是，因文献数量等所限，该分类法无法设立子目，也没有进一步的理论研究，殊为可惜。

再次，"空类目"的设置。在四部分类最终成熟，以其结构的完整性，学术的全面性而成为"中国目录学史之主要潮流，亦即分类史之正统派"④

---

① 永瑢等：《四库全书总目提要》，第513页。
② 孙诒让：《温州经籍志·叙例》，第13页。
③ 梁寒冰：《整理旧方志与编纂新方志刍议》，《中国地方史志论丛》，中华书局，1984年，第24页。
④ 姚名达：《中国目录学史》，第77页。

后,《温州经籍志》视之为标准,并运用到自己的图书分类中,并通过类例反映学术,所谓"类例之道,在求学术系统之明了"①。这里要重点阐述的是,该书中有不少类目,没有收录任何图书,如标明"算书,无"②"食谱,无"③等的"空类目"。之所以如此,笔者认为由于没有该类图书可供分类之外,更体现了中国传统目录所应具备的"辨章学术"的作用。《温州经籍志》以收录乡人著作为主,地区已有限制,而因学术的专门性,"人守其学,学守其书,书守其类"④。该地没有此类著述,但是作为一门学问,在温州地区没有得到发展,却不能否认其存在的客观性,因此以"空类目"的方式,以表示无有该类图书,但从学术角度来说,却应保存下来,以体现在学术流别上的地区与全国的差异性。同时空类目的设置,也可使人颇注重于此类著作的搜集和撰写,以填补该地区在这些领域内的学术空白,具有重要的学术意义。如果没有此类图书,则不设此类目,则可能造成"书籍之亡者,由类例之法不分也"⑤的结果,则给图书的收录带来更多的困难。

（2）收录及著录

1）收录

作为一部目录著作,《温州经籍志》的突出特点就在于其以收录乡邦文献,反映乡邦学术为目的。因此,收录标准成为判断其学术价值高低的重要因素。孙氏认为:"彭城《史通》,首论限断,地志书目,盖亦宜然。"⑥该书只应收录郡邑之人的著作,其他不予收录。但是,作为"郡邑之人"却又有各种特例:有非本郡之人而先前目录误收的,有侨寄于此的,有因迁徙而改变籍贯的,有非本郡之人而依托本郡名士的等等,应分别予以对待。对此,该书对侨寄者之著述,不少均"考征所藉,挦辑须详"⑦,单独列为《外编》一卷;乡人籍贯方面,"大抵自内出者,

---

① 昌彼得:《中国目录学讲义》,第99页。
② 孙诒让:《温州经籍志》,第680页。
③ 孙诒让:《温州经籍志》,第697页。
④ 郑樵:《通志·校雠略》,第1804页。
⑤ 郑樵:《通志·校雠略》,第1804页。
⑥ 孙诒让:《温州经籍志·叙例》,第11页。
⑦ 孙诒让:《温州经籍志·叙例》,第13页。

录父而删子。自外入者，录子而缺父"①；而误收和依托者，则单列《辨误》一卷，以示多闻阙疑之意。如郑景望《蒙斋笔谈》为抄袭叶梦得《岩下放言》所得，"但删其十分之三四，而颠倒其次序"②，却仍收录于目录之中，并通过案语的形式"庶知刊刻有由，异于逞臆弃取"③。而在《辨误》中收录误录之书，其目录在于"恐后人不考，误据以补入也"④，则为以后的编目工作提供了可资借鉴的成果。

《温州经籍志》收录文献较为完备，凡《四库》包含之种类，只要有相关著述均收录之。按照梁启超先生的说法："孙仲容之《温州经籍志》，实将来作《温州志》者所不能复加。"⑤但是在该目录中，有三类文献则不在收录范围或基本不予收录，即制举类、戏曲小说类和家谱类文献。孙氏认为"禄利兴而经义滥，风俗敝而小说滋"⑥，制举书只为应试之用，戏曲小说则有伤大雅，而"自谱学沦废，私书繁杂，前创后修，此分彼合，篇帙日增，不可殚究"⑦，家谱数量与规模不断增加，很难全部搜集。这种收录标准，在维护正统文化权威性的同时，也破坏了温州文献结构和学术的完整，以作者所举之高明《琵琶记》，该书被誉为"南曲之鼻祖"，而家谱文献，则被视为一家之史，"蕴藏着丰富的人物与地方史料"⑧，均具有着重要的学术价值。从今人的眼光看来，这些文献的失收影响了作为综合目录所具有的目录学价值和学术价值。

2）著录

首先，采取辑录体的解题方式。《温州经籍志》在文献著录方面，效仿《文献通考》和《经义考》的方法，即采取辑录体的解题方式，"故轶远轨鄱阳，近宗秀水"⑨，而又有所变革。目录的解题方式本有三种，

---

① 孙诒让：《温州经籍志·叙例》，第 11 页。
② 孙诒让：《温州经籍志》，第 1710 页。
③ 孙诒让：《温州经籍志·叙例》，第 12 页。
④ 孙诒让：《温州经籍志·叙例》，第 12 页。
⑤ 梁启超：《中国近三百年学术史》，第 297 页。
⑥ 孙诒让：《温州经籍志·叙例》，第 12 页。
⑦ 孙诒让：《温州经籍志·叙例》，第 12 页。
⑧ 廖庆六：《族谱文献学》，（台湾）南天书局，2003 年，第 1 页。
⑨ 孙诒让：《温州经籍志·叙例》，第 10 页。

即叙录体、传录体和辑录体。叙录体由编纂者自做解题，形式较为灵活，却多受主观学术思想之影响。传录体只以传记的形式出现，虽然"盖叙录之体，即是书叙，而作叙之法略如列传"①，但是于文献之介绍及书中主旨之阐述则稍显不足，早在《隋书·经籍志》时已称其"文义浅近，未为典则"②了。而《温州经籍志》采取辑录体之方式，且辅以案语以总结前人研究之脉络，补充前人研究之不足，做到了反映图书之全貌的目的，从对每一本书的研究来说，更具有学术史的价值。余嘉锡就认为："至孙诒让之《温州经籍志》，斟酌诸家，择善而从，条贯义例，益臻邃密矣。"③本书是中国传统目录学中成功运用辑录体方式以解题的目录之一。

书中以辑录序跋为主。该书凡"宋元古帙，传播浸希，自非缪悠，悉付掌录。明氏以来，略区存汰"④。尤注重于亡篇孤文的辑录，并一一注明出处，做到不削一字、备揭根柢，不难复检。但是，孙氏自作的序跋则不在辑录之范围。如方成珪《干常侍易注疏证》，孙氏曾有跋一篇，由后人在校补《温州经籍志》时才补入其中。所谓序跋，就是介绍作者、内容、书中学术思想及评价等。作序跋之人或是作者本人或是与作者关系密切者，对作者了解较深，对图书了解也较深。因此，序跋对了解一本书的基本情况是有重要价值的。从某种视角来看，多数序跋可作解题之用。刘向时叙录体的结构，根据姚名达于《中国目录学史》中之概括，如介绍著者之生平与思想、说明书名之含义，著书之原委及书之性质、评论思想或史事之是非、叙述学术源流、判定书之价值等，其内容多有与后世序跋相同者，两者结构多有相合之处，均有"撮其旨意"的重要意义。

在辑录材料的顺序上，该书采取"序跋为首，目录次之，评议之语又其次也"⑤，并在最后附以案语。序跋是与图书关系最密切的文字，

---

① 余嘉锡：《目录学发微：含〈古书通例〉》，第41页。
② 魏徵等：《隋书》，第907页。
③ 余嘉锡：《目录学发微：含〈古书通例〉》，第81—82页。
④ 孙诒让：《温州经籍志·叙例》，第12页。
⑤ 孙诒让：《温州经籍志·叙例》，第13页。

应最先展现于读者面前。目录可考前人对该书之著录，而评议则可见前人对该书价值之观点及研究之发展，再以案语总结，读者于每一书之价值、流传情况等均可有较为系统的了解，也起到了指导读书门径的作用。

其次，在著录项目方面。书中主要著录图书书名、作者、版本、存佚、卷数等，并多数注明出处。遇有同书异名者，各名均列出，且一一注明出处，并以一书名为主，其他以备注的方式保存之；书名有误者则加以考订。如万规《东平先生文集》一书："《万姓统谱》一百作《东平先生文集》，乾隆《温州府志》二十七作《东平集》，雍正《浙江通志》二百四十八、道光《乐清县志》十一并作《东平先生集》。今从万历《温州府志》十七。"[1]同书而卷数不同者，作一书视之，并列出不同卷数及其出处，即使是错误的卷数也以备注的方式存之，做到多闻阙疑。

再次，案语的使用。笔者认为，辑录体目录的学术价值更多的是要通过案语加以体现。《温州经籍志》中基本每一本图书均附有一至二则案语，体现了该书在目录学以外，如版本学、校勘学、辑佚学、辨伪学等其他文献学研究成果。其案语主要有以下几种：

列出篇目，起到目录学"条其篇目"的作用。如叶适《水心先生文集》之案语，各本所载目次不同："今录《日抄》（笔者按，即《黄氏日抄》）所载目于此，并附识黎本之异同于下，庶后人有所考焉。"[2]将两种版本中的篇目的存佚、顺序等情况予以比较，"所以考一书之源流"[3]，还一书之原貌。

考证版本之异同与优劣。如陈傅良《止斋先生春秋后传》："宋以来有四本……今并未见。通行者惟通志堂刊本，然夺误甚多……惟藉赵氏《左传补注》所引，稍窥崖略。"[4]除述版本之源流外，另有指导读书之作用。

---

[1] 孙诒让：《温州经籍志》，第 805 页。
[2] 孙诒让：《温州经籍志》，第 916 页。
[3] 余嘉锡：《目录学发微：含〈古书通例〉》，第 30 页。
[4] 孙诒让：《温州经籍志》，第 153 页。

考作者生平。先前方志对作者有记载的，该书一律指明书名，以裨读者自行查考。凡方志无有记载者，孙氏才通过案语补充记载之。但是，孙氏时代的方志如今已不再流通，或深藏于图书馆中，读者如需查考作者之生平，即要花费大量的精力以翻阅原始文献，作为二次文献的目录来说，这种做法是值得商榷的。

考学术渊源。如王与之《东岩周礼订义》一书："至所采旧说五十一家，《序目》载其姓氏，今录于此，以备参考。……其书中所引，不列于《序目》者，尚有……"[①] 由此可见一书学术之来源，以及在前人基础上的创新。

考图书主旨、价值。如陈汲《周礼辨疑》："其宗旨与止斋《周官说》相近，有多补正儒先旧释。"[②] 曹叔远《周礼地官讲义》："盖意欲专论井地、食货诸大端，故所述仅此也。"[③] 用简短的结论性的文字，以概括全书之主要内容。

辨伪的作用尤其突出，这主要体现在《辨误》一章中。主要包括辨作者之伪及内容之伪。

（3）叙例

这里还需提及的是《温州经籍志》叙例的价值。对于叙例，前人已有解释。"序例包括序言和编例，序言一般介绍目录的编制目的与经过，编例一般介绍编制目录所遵循的规则。读者可以从序例中了解目录的特点和使用方法，因此序例也是目录不可缺少的部分。"[④]

纵观《温州经籍志》的叙例，主要包括纂作起因、解题体例、分类方法、著录内容及标准，收录图书的标准及特例的处理办法等内容，使读者在阅读该目录之前，已经能大致了解它的主要内容及所要解决的主要问题，为读者能更好地理解该目录之体例并正确利用该目录提供了方便，也为后人编写目录叙例时提供了范例。按照程千帆先生的说法，即"《温州

①　孙诒让：《温州经籍志》，第 114 页。
②　孙诒让：《温州经籍志》，第 97 页。
③　孙诒让：《温州经籍志》，第 106 页。
④　程千帆、徐有富：《校雠广义·目录编》，第 362—363 页。

经籍志》在目录序例方面堪称典范"①。

4.《温州经籍志》的地方史志研究及目录学价值

《温州经籍志》成书于晚清时期，而其正式被学者所认识则始于民国，自该书出版之后，深受学者之好评，其价值也表现在多方面，尤以在地方史学和目录学研究领域为高。

（1）地方史志研究方面

试翻阅《中国古方志考》，中国元代以前的地方史志编纂，多以述地和记人为基本内容，并多有单独成书之例："举凡舆图，土地，山水，名胜，城池，物产，道路，风俗等莫不各有其专门著述。"②然而，唯独单独成书之地方艺文志则不见记载。直到明代中后期，才有《两浙著述考》出现，然而该书已亡佚，无法得其具体体例，也是当时不被重视的结果。直到《温州经籍志》出现之后，才分别从理论和实践两方面，确立了专录乡邦文献之地方史志的编纂体例，之后效仿者颇多。因此可以说，《温州经籍志》正式宣告了作为方志中一部分的"艺文志"至此已可单独成书，这是地方文献发展与人们因"窃取敬乡之义"③而重视区域性文化和文献的总结所带来的必然结果，也是自清中期形成的"方志学"发展的结果。以文献作为研究对象的地方史志的新体裁的出现，拓宽了地方史志的研究范围，标志着地方史志研究有了新的领域，取得了新的进展；也将目录学的"辨章学术、考镜源流"与地方史研究紧密地联系起来，为地方史研究提供了新的史料，具有极高的地方史料价值。

（2）方志目录研究方面

作者自称"郡邑之志经籍者，盖土训之骈枝，书录之流裔也"④，对其价值评价不高。但毋庸置疑的是《温州经籍志》的成书，正式使方志目录成为我国专科目录中的一部分。自该书问世以后，深受学者重视，并被誉为"近代汇志一郡地方文献书目之祖"，其后多有效仿之者。

---

① 程千帆、徐有富：《校雠广义·目录编》，第368页。
② 谭其骧：《地方史志不可偏废，旧志资料不可轻信》，《中国地方史志论丛》，第25页。
③ 孙诒让：《温州经籍志·叙例》，第13页。
④ 孙诒让：《温州经籍志·叙例》，第9页。

如项士元《台州经籍志》、胡宗楙《金华经籍志》、丁祖荫《常熟艺文志》、廖平《井研艺文志》等，除与当时兴起地方史志编纂与研究有关之外，也是与该书在目录编纂理论和实践上的成熟分不开的。全书提供了诸如分类、编目等的较为全面的理论，为以后方志目录编纂实践提供了指导。

5. 总结

《温州经籍志》所取得的成就是多方面的，其以"辨章学术、考镜源流"作为主线，以朴学作为研究方法，虽然有一些不足之处，有些辑录材料过于繁冗："第孙氏于宋、元叙跋，悉付掌录，迳写元文，不削一字……盖若于本书无所发明，即宋、元何所爱惜，且元文若果繁芜，似不如削除枝叶也。"①而最突出之处就是没有编纂大、小序，而这在中国传统目录中的作用是极为重要的，"小序，所以考一家之源流"②，不能很直接地了解每一种学术在温州地区的历史发展。然而瑕不掩瑜，《温州经籍志》是我国晚清民国时期最可珍贵的地方文献目录。最后，以当时人的一句话以总结《温州经籍志》之价值："以仲容之贤而好学，而诵法其乡先生之言，见于撰著者有如此之矜慎，则它日大展儒效，广永嘉之学于天下，以达于风俗政教者，其必有在也。目录之学云乎哉！"③

（二）《广东女子艺文考》的目录学特点及价值

《广东女子艺文考》是民国时期出现的以收录历代广东地区妇女作品的目录著作，在性质上属于收录乡邦文献，反映乡邦学术的地方文献目录，与《温州经籍志》为同一类型。全书不分卷，共收录文献106部④，著者涵盖广东省全境；所收录的文献，写作年代从唐至近代，主要集中于清代。它是我国第一部成书的地方妇女文献目录，被称为"举刘向之《列女传》，班固之《艺文志》兼而备之"⑤的优秀目录作品，具有重要的目录学价值和妇女学术史研究价值。

---

① 余嘉锡：《目录学发微：含〈古书通例〉》，第82页。
② 余嘉锡：《目录学发微：含〈古书通例〉》，第30页。
③ 刘寿曾：《温州经籍志序》，第8页。
④ 冼玉清：《广东女子艺文考·后序》，商务印书馆，1938年，第1页。
⑤ 徐信符：《广东女子艺文考·徐序》，第1页。

1. 冼玉清介绍

冼玉清（1895—1965），祖籍广东南海西樵，生于澳门。幼年就读于澳门的"灌根学塾"，1920年入岭南大学中文系，毕业后一直留校任教。曾任该校博物馆馆长，一直到解放初。岭南大学并入中山大学后，就任该校教授兼中山纪念室（后称馆）主任[1]。1956年担任广东省政协委员、广东省文史研究馆副馆长等职。一生勤奋刻苦，"她的绝大部分时间，都是埋头工作的"[2]。冼先生在民国时已颇有学术影响力："女士生长名门，修学好古，不囿于时。主讲岭南大学，以扶世翼教为任。其所著论，岭南耆宿咸推服之。"[3]尤留心于广东文献的整理与研究，且一生大部分著作均与之有关。

除《广东女子艺文考》之外，冼玉清先生的主要著作还有《广东艺文志题解》《广东鉴藏家考》《广东丛贴叙录》《广东文献丛谈》《粤东印谱考》《岭南掌故录》，文学作品有《更生记录》《流离百咏》等。她是广东地方史研究的主要学者之一，同时也是我国著名的女诗人、画家。

2.《广东女子艺文考》的目录学特点

《广东女子艺文考》为冼玉清先生所著的地方文献目录中的一种，1938年成书，并由商务印书馆印行，1941年又予以重印。全书在反映广东妇女著作整体概况的同时，也体现了"辨章学术、考镜源流"的学术史价值，读者可视此目录为研究广东妇女学术史之参考。

（1）分类及文献排列

全书不分卷，只以"四分法"分文献为经、史、子、集四部，"循四部之次序"[4]。因文献的数量不多，结构也较单一[5]，因此全书不再细分子目，而是按照"四分法"中子目的顺序，大致排列相关文献。全书

---

① 黄任潮：《冼玉清的生平及其著作》，《岭南文史》1983年第1期，第73—81页。
② 黄任潮：《冼玉清的生平及其著作》，《岭南文史》1983年第1期，第73—81页。
③ 黄佛颐：《广东女子艺文考·黄序》，第1页。
④ 徐信符：《广东女子艺文考·徐序》，第1页。
⑤ 因为是妇女著作目录，又只局限于一省，所以文献数量相对较少。全书共收录文献106部，且基本为集部别集类文献，经部只有3部，史部收录2部，子部收录3部，可见是无法再分细目。

各类目中，按照年代排列文献，而"同类之书，所以须按时代排列者，正欲'考镜源流'"①。由时间之顺序，正欲得文献之顺序，而文献所包含的学术之顺序可得而考之，学术发展之脉络即可明了。《广东女子艺文考》所收录的文献主要集中于文学作品，因此为读者大致了解广东妇女文学史奠定了坚实的基础。

（2）文献的著录：辑录体

《广东女子艺文考》属于收录"籍贯属于某个地区，或长期居住在某个地区的作者的著作"②的目录，编纂此种目录的作者，一般均以保存乡邦文献，发扬乡邦文化为己任，与地方志中的艺文、经籍志有异曲同工的作用。"自来名人著述，无不欲传诸久远。然物换星移，遗编散佚。不惟所著失传，即其名亦难留于里闾。此关心文献者，所以于乡土艺文志特为重视也。"③因此，编制此种目录的作者，基本上对文献都会做一番考证，以便存文献之概貌，使后人能更真切地了解乡邦文化。从《广东女子艺文考》中就可以清楚地体会到这一点。全书虽只有106部文献，但是作者通过详细的考证工作，使读者阅读目录时，对相关图书的内容、价值、著者等方面均有了初步的了解。

《广东女子艺文考》在解题方面借鉴了《经义考》的体例，使用辑录体的解题方式："或存或佚，朗若列眉，又仿朱竹垞《经义考》例，节录序跋，可知著述者之大概。"④

首先，各书均标明"见"与"未见"。该书是一部反映乡邦文献的特种目录，主要满足人们对于该地历代所出现的文献及学术的了解，因此不但要收录现存的图书，对于已亡佚的图书也需要收录，以达到"必于古今之书不问存亡，概行载入，使其先后本末具在，乃可以知学术之源流"⑤的学术史价值。本书分图书为两种，分别为"见"与"未见"，不再如《经义考》多出"佚"与"阙"两种，也消除了"未见"与"佚"

---

① 姚名达：《中国目录学史》，第7页。
② 程千帆、徐有富：《校雠广义·目录编》，第189页。
③ 徐信符：《广东女子艺文考·徐序》，第1页。
④ 徐信符：《广东女子艺文考·徐序》，第1页。
⑤ 余嘉锡：《目录学发微：含〈古书通例〉》，第13页。

之间概念的模糊性。凡图书不论标明"见"或"未见"，作者均要注明出处，以期做到言之有据。如《女学言行纂》一书："《阮通志·艺文略》著录云存。黄芝《粤小记》亦著录。"①该书收录的图书，大多已亡佚或作者所未亲见，因此更增加了该目录的学术性，发挥了史家之目录"辨章学术，剖析源流"②的作用。

其次，辑录各类型的材料。辑录体目录主要是通过前人的研究成果来反映图书的相关内容及编纂目录者的学术思想，其主要价值就在于"备录成说以备考证之例"③。所以，辑录的材料不能限于题跋等，更应扩大到前人关于该书的任何考证性的文字。《广东女子艺文考》所辑录的材料主要包括：图书序跋，"书的序跋通常要介绍书的作者与内容"④，序跋作者一般均与图书作者有一定联系，或与之关系甚密，或赞赏图书之主旨与思想，且通过题跋也可从事诸如判断图书年代，辨图书真伪等文献学工作，因此具有极高的学术价值。与图书著者相关之材料，郑昌时《韩江闻见录》辑录《读月居诗集》并介绍作者谢五娘："谢五娘者，韩江才女也。有《读月居》诗一卷。"⑤版本刊刻情况，如明代番禺人张乔所撰《莲香集》五卷，有隆武乙酉刊本和乾隆乙酉重刊本两种。关于后者，书中摘录陈仲鸿《粤台征雅录》曰："'乾隆乙酉，顺德梁鈏获蠹余旧本，重付剞劂。鈏既没，闻其版亦散失云。'罗天尺《五山志林二》云：'梁药房麟生，曾于市上败书，购得粤妓张二乔《莲香集》，酷爱之，寝食必偕。其集锓刻精工，序志皆美，周湛茹诸公所作。'"⑥前人关于作品的文学评论，如清代林兰雪所作《小山楼诗草》，书中摘录黄培芳《粤岳草堂诗话》下云："吾友东莞邓淳前母林恭人，翰林学士蒲封女。著《小山楼诗草》。"之后引用书中的部分诗句，总结道："皆可想见贞静标格。"⑦又如清代黄璇（韵桐）的《紫藤花馆诗集》，

---

① 冼玉清：《广东女子艺文考》，第6页。
② 汪辟疆：《目录学研究》，第5页。
③ 姚名达：《中国目录学史》，第140页。
④ 程千帆、徐有富：《校雠广义·目录编》，第40页。
⑤ 冼玉清：《广东女子艺文考》，第14页。
⑥ 冼玉清：《广东女子艺文考》，第21—22页。
⑦ 冼玉清：《广东女子艺文考》，第28页。

书中借李文泰《海山诗屋诗话》卷六云："韵桐诗好言愁，非病即瘦。余见之，弱不胜衣，有翠袖天寒之意。"① 读者由此可见作品之风格。

再次，为作者立传。除去辑录体的解题方式外，《广东女子艺文考》中也有冼先生自作的解题。这些解题主要有：为图书的作者立传，以做到"知人论世"的目的；也补了不少序跋在系统介绍作者方面的不足。同时，所谓解题者，可"考一人之源流"②，通过立传的形式，体现作者之"史"，因此余嘉锡先生就认为："叙录之体，即是书叙，而作叙之法略如列传。故知目录集学术之史也。"③ 将"辨章学术、考镜源流"的理论从对图书的考辨扩大到对作者的考辨。

最后，案语的作用。冼先生自作之解题，最重要者莫过于案语。辑录体的最大限制就是只能引用前人的资料，如前人对一书的某些方面没有涉及甚至出现错误，就会影响对图书介绍的全面性和正确性。"故目录书者，所以告学者以读书之方，省其探讨之劳也。若畏其繁难，置之不考，则无为贵目录书矣。"④ 因此，需要通过案语的形式，表达编目者自己的学术成果。同样，辑录体的解题使《广东女子艺文考》的编目有了较为成熟的体例，加之作者所附之案语，更充实了该书的学术价值。

该书案语的形式较为丰富，如遇辑录之材料不足或错误，均有案语予以补充或纠缪。且根据应说明问题的多少，一部书中的案语有多至三四条者。现就案语的主要类型予以总结。

有关于图书者，或介绍图书内容："谨案，此书节录《史记》原文，加以眉批旁批。多评文法。每篇后有孺人评语，并前人……诸评，皆并列入。"⑤ "谨案，集中多咏史之作。"⑥ 或考图书主旨，"谨案，此书要旨在不赊不借不贪不谋，以养成廉洁之道云"⑦。或考图书之篇章结构，以辨"一书之源流"："卷一为治家恒言，内分修身、正心、言语、行藏、

---

① 冼玉清：《广东女子艺文考》，第66—67页。
② 余嘉锡：《目录学发微：含〈古书通例〉》，第30页。
③ 余嘉锡：《目录学发微：含〈古书通例〉》，第41页。
④ 余嘉锡：《目录学发微：含〈古书通例〉》，第42页。
⑤ 冼玉清：《广东女子艺文考》，第5页。
⑥ 冼玉清：《广东女子艺文考》，第68页。
⑦ 冼玉清：《广东女子艺文考》，第8页。

事父母、妻妾、朋友、教子、训女、闺箴诸则。卷二为试贴诗五十二首及《绣余小草》。卷三为《余生恨草》，《恨草》乃悼亡伤逝之作。末附诗余九首、律赋三篇。"① 或指导读者查寻资料，阅读佚书中的部分内容："又案《梅花集》今无传本。钱谦益《列朝诗》闰集、朱彝尊《明诗综》、沈德潜《明诗别裁》、温汝龙《粤东诗海》，各选其诗一首。陈珏《古瀛诗苑》选其诗五首。周硕勋《潮州府志》选其诗六首。"② 这对后人的辑佚工作也有一定的帮助。或者保留佚书中的部分诗词："《易解集》《啸雪庵集》二书久已亡佚，兰凤诗今仅存春闺一首，载胡恂府志艺文。"③

有关于著者者。或考证与著者有关之人物："又案，张芬夫吕坚……与张锦芳、黄丹书、黎简齐名，称岭南四家。"④ 或考证其他乡邦人物，如唐冯媛《冯媛诗》："又案，宋祁《唐书》高力士传云：'高力士，冯盎曾孙也。圣历初岭南讨击使李千里上二阉儿，曰金刚，曰力士。中人高延福养为子，故冒其姓。'则高力士本姓冯也。"⑤

有关于纠缪者。或者纠人名考证之误，如《梅花集》的作者郭真顺："又案，翁辉东《潮州文概》谓真顺原名祯顺，因避清帝胤祯讳，改名真顺。考朱彝尊《明诗综》作郭贞顺。《明诗综》刻在雍正前，不能预知避讳改祯为真。且清世宗讳禛非祯。……祯字在当时并不避讳，贞顺原名必非后改。"⑥ 或者纠人物之误，如《芸香阁诗草》作者麦英桂："又案，李文泰《海山诗屋诗话》以英桂为芳兰女士，误。芳兰乃又桂也。"⑦

有暂时无法定论而阙疑者。或者在人物方面存疑，如以上所提到的谢五娘："又案，恽珠《闺秀正始集·补遗》有谢玉娘，广东揭阳人，诸生陈艺蘅室。疑即谢五娘也。又《明诗综》作'五娘，湖州人'，湖字当为潮字之误。"⑧ 或在著作方面存疑，如《静阁草》一卷："又案，

---

① 冼玉清：《广东女子艺文考》，第 50 页。
② 冼玉清：《广东女子艺文考》，第 12 页。
③ 冼玉清：《广东女子艺文考》，第 20 页。
④ 冼玉清：《广东女子艺文考》，第 45 页。
⑤ 冼玉清：《广东女子艺文考》，第 9 页。
⑥ 冼玉清：《广东女子艺文考》，第 11 页。
⑦ 冼玉清：《广东女子艺文考》，第 36 页。
⑧ 冼玉清：《广东女子艺文考》，第 15 页。

《闺秀正始集》谓其著有《凤凰集》，不作《静阁草》。"[1]

3.《广东女子艺文考》在妇女史研究上的价值

民国时期是妇女史研究的一个高峰阶段，妇女史文献整理成为当时古籍整理的重点之一。相关的目录著作，除该书之外，还有胡文楷的《历代妇女著作考》。胡先生于民国时期就开始了目录编纂工作，直至建国后出版了妇女著述目录之巨著——《历代妇女著作考》。其他诸如单士厘《清闺秀艺文略》等，均有较高的学术价值。但是作为研究广东妇女文学史的参考书目，《广东女子艺文考》的作用是不可替代的。冼女士曾经利用此目录，对广东女文人的地理分布予以分析："计顺德二十二家，番禺一十九家，南海、香山各十二家，吴川、东莞、新会各四家，海阳三家，嘉应州、茂名各二家，清远、博罗、阳春、石城、电白、信宜、良德、大埔、恩平、阳山各一家，元和归嘉应州者一家，德清归顺德者一家。"[2]由此自可见广东历来妇女文人之地理分布。而综合分析每一部文献的著者传记，则妇女文人的社会地位分布及成名之原因，也可得之一二："就人事而言，则作者成名，大抵有赖于三者。其一名父之女，少禀庭训，有父兄为之提倡，则成就自易。其二才士之妻，闺房唱和，有夫婿为之点缀，则声气易通。其三令子之母，侪辈所尊，有后嗣为之表扬，则流誉自广。"[3]通过以上可知，该书为广东妇女史研究提供了极为重要的史料支持。因其特殊的学术价值，后世多有效仿者，如《湖南历代妇女著述考》（《图书馆》1998年2期）、《古代妇女著述书目举要》（《江苏图书馆学报》1996年1期）等，但是多根据以上所提到的几部目录为蓝本，且篇幅也较小。因此，注重地域性的妇女著作目录的编制与研究，以此促进当代妇女学术史的发展，仍是亟待解决的学术问题。

二、地区研究性质的目录

（一）李小缘及《云南书目》

《云南书目》是我国民国时期出现的，收录与云南地方研究相关图

---

[1]　冼玉清：《广东女子艺文考》，第20页。
[2]　冼玉清：《广东女子艺文考·后序》，第1页。
[3]　冼玉清：《广东女子艺文考·后序》，第1页。

书资料的边疆史研究专科目录，其作者李小缘是我国著名的图书馆学家和目录学家。《云南书目》以其收录资料的丰富性，分类的创新性和编目的实用性，成为至今最具有学术价值的地方史研究目录之一，成为我国地方史研究目录的代表和典范，在我国目录学界具有重要地位。对《云南书目》的研究可以帮助我们认识民国时期我国地方史研究目录的最高水平，对当今地方史研究目录的编纂也具有一定的指导意义。

1. 李小缘介绍及成书过程

（1）李小缘介绍

李小缘（1897—1959），江苏南京人，原名李国栋，我国著名的图书馆学家、目录学家、文史学家。1920 年毕业于金陵大学，次年赴美国纽约州立图书馆学校及哥伦比亚大学师范学院就读，获图书馆学士和社会教育学硕士学位，期间曾工作于美国国会图书馆中文部，任主任一职。1925 年回国后，先后任教于金陵大学、东北大学，建国后担任南京市人民政府文物保管委员会委员、市人大代表、政协委员、南京大学图书馆副馆长。李先生一生著作颇丰，有价值之作不乏其数，如《中国图书馆计划书》《中国图书馆事业十年来之进步》等为我国图书馆学发展奠定了坚实的理论基础。他提出的"图书馆即教育"的图书馆服务理论与陶行知先生的"生活教育"遥相呼应，为图书馆走进社会大众提供了理论支持，他是"中国公共图书馆研究的先行者"[①]。先生又是我国著名的爱国知识分子，一直关心我国的领土完整和边疆的进步与发展，在帝国主义疯狂侵占我国领土时，用编纂目录的方式唤起人们对于边疆的重视，也为当时的边疆史研究提供了资料支持。

（2）成书过程

《云南书目》是李小缘编纂的边疆史地研究目录中的一种。除此之外的相关目录，先生还编有《蒙古书目》《新疆书目》《西藏书目》和《西人论中国边疆书目》《中法关系书目》等，但是仍当推《云南书目》为代表。该书成书于 1937 年 3 月，但其实在美国就读时期，李先生就

---

① 范并思：《李小缘与中国近代公共图书馆研究》，《新世纪图书馆》2007 年第 3 期，第 20—22 页。

已经关注于此方面材料的搜集。成书以后，虽然排印、装订成册，但没有封面、封底，未署编者姓名，没有序言、目次，[①] 排印工作没有完毕，就草草装订，也没有公开发行。由于抗战的爆发，该目录的修订工作也就无法开展，等到抗战结束后，又散失了部分，该目录一直到建国以后都没有大的变动，更没有在先生生前公开出版。因此，《云南书目》在社会流传者较少，除少数图书馆收藏外，别无途径可得。先生自己也颇遗憾，因此临终时遗言："我编的稿子和西人论中国之目录，希望图书馆好好保管，如有人能编，可以扩大编制，把一切的一切献给人民。"[②] 好在 1983 年，由云南省社科院牵头对《云南书目》排印本进行了修订，并做了些许改动[③]和增补，并于 1988 年由云南人民出版社公开出版，先生的大作得以飨之读者，可谓目录学界之盛事。

2.《云南书目》的目录学特点

《云南书目》是我国民国时期至今极为重要的边疆史地研究目录，在中国近现代目录学史中具有极重要的地位。该书融合了中国传统目录学理论和近代以来西方目录学理论的优点，在体现出"人守其学，学守其书，书守其类"[④]的同时，也做到了方便读者使用的"致用"目的，充分体现出在中西目录学交融下目录形式等方面的变化。由于《云南书目》在成书时就缺少"叙例"等说明性文字，因此现在无法直接体会李小缘编纂该目录的目的及思想，这无疑对研究该目录的学术价值是一个不小的遗憾。

（1）地方文献目录的新形式

晚清民国时期，是我国地方史志研究和地方文献目录形成并大发展的时期。此间出现了至今仍有极高学术价值的目录，也为地方文献目录学学科的形成提供了理论上的依据和实践上的指导。

---

① 王绳祖：《云南书目·序》，第 1—2 页。
② 朱正华：《李小缘先生传》，《文教资料简报》1982 年，第 3—4 页。
③ 主要的改动在部分的子目变动和西文图书从原类目中析出而单独立类，统称为"西文部分"，即把过去的中西文图书统一分类变为分别分类。但是，凡经过后人校订的地方，均标明了［　］，或在《前言》中作了说明。因此，并不影响还原《云南书目》之原貌。
④ 郑樵：《通志二十略》，第 1804 页。

《云南书目》与《温州经籍志》同属地方文献目录，均以地方为限，收录相关著作。然而两者收录文献的类型及书目性质则是不同的。《云南书目》收录中外研究云南问题的著作或相关资料，至于是否为云南人所写，则并不予以考虑，因此属于区域研究性质的目录。而以《温州经籍志》为代表的一类目录，以敬乡、爱乡为立足点。所以关注于乡人所作之著作，外人所作虽优秀而不予收录，要之，以"窃取敬乡之义"①为宗旨，范围不限于区域研究。

一者为区域性研究目录，通过目录可知研究该地方史的学术进展情况；一者为乡邦文献目录，通过目录可知某地学术之发展与脉络。二者有着根本的不同，也各自代表了不同的目录类型，在民国时期分别得到发展。由此形成地方文献目录的两种形式："地方文献通常有两方面含义：一是内容关系到某个地区的著作，一是籍贯属于某个地区，或长期居住在某个地区的著者的著作。"②区域性研究目录是民国时期随着边疆危机及边疆史地研究的发展才正式形成的。这其中以《云南书目》收录文献最多，考录最为详实，成为此类型目录中之代表。可以说，直到《云南书目》问世以后，才从理论，尤其在实践上真正开辟了地方研究目录的新形式，使地方研究性目录正式登上中国目录学史的舞台，丰富了我国近代以来地方文献目录发展的成果。

（2）收录文献的全面性

《云南书目》收录了从汉代到20世纪30年代有关于云南方面的中外文献，内容涵盖了云南自古及今有关政治、经济、文化、学术、对外关系等各方面，其时间跨度之长，内容范围之广，文献数量之多，可谓前无古人，充分体现了该目录在收录文献方面的全面性。

"目录学不可避免地受到时代的局限和影响，打上一定的阶级烙印。"③《云南书目》的编纂与成书，正是我国边境地区日益受到西方列强侵略的时期，李小缘对此深有感触，他希望通过文献整理和编纂目

---

① 孙诒让：《温州经籍志·叙例》，第13页。
② 程千帆、徐有富：《校雠广义·目录编》，第189页。
③ 程千帆、徐有富：《校雠广义·目录编》，第11页。

录的方式，使中国读者知道西方列强正在窥探我国边疆地区的哪些地方，到底关注这些地方的哪些问题。在《西人论华书目》中就清楚地表明了这一观点，他说："通过这些目录和书籍，我们可以一一掌握帝国主义在中国做了多少坏事，犯了多少滔天罪行。"[①] 这是《云南书目》成书的主要原因，也是该目录注重收录西文文献的原因之一。

同时在爱国救亡运动的背景下，此时期也是我国边疆史地研究的高潮。"始于 20 年代末的边疆史地研究新的发展高潮"[②] 使我国涌现出了新的研究群体和大量的研究论文。其中，云南史地研究同样成为了当时的热点，尤其在抗战前后，"各学科……纷纷开展有关云南史地的研究，取得了一系列影响深远的研究成果"[③]。因此，该目录的问世也为中国学者提供了全面了解国外研究相关问题"现状"的新信息，提高了我国边疆史地研究的学术性。因此，《云南书目》在文献的收录方面，兼顾到了中西文文献，且以学术为中心，突破了群书目录的形式，扩大了专科目录在文献收录上的范围。

1) 注重于西文图书资料的收录

通过以上可知，李小缘在编纂《云南书目》时注重于西方人的研究成果，因此大量收录了当时西方人的相关著作，且全部与中文资料混合编目，其中涵盖有日文、英文、法文、德文等，尤以英文和法文资料数量最多，约占全部外文资料的一半还多。

从每一类目的中西文资料中不但可以了解中国学者的研究现状，对外国学者所取得的成果也较清晰，从而提高了学术研究的全面性，体现了中国传统目录学中"收书之多"[④] 的理论，也是通过图书反映学术，且考镜每一问题研究之源流的主要形式之一。

如"马嘉理案"类目中，收录了"中文资料 2 种，英文资料 11 种，

---

① 马先阵：《李小缘纪念文集》，南京大学出版社，1988 年，第 204 页。

② 马大正：《二十世纪的中国边疆史地研究》，《历史研究》1996 年第 4 期，第 137—152 页。

③ 潘先林：《二十世纪三四十年代云南史地研究的首次学术总结——〈云南史地辑要〉概说》，《史学史研究》2008 年第 1 期，第 99—108 页。

④ 郑樵：《通志二十略》，第 1810 页。

法文资料4种，德文资料4种"①，可见中文资料相对于西文资料之贫乏。如只收录中文资料，则无法见该问题研究之全貌，更谈不上对于该问题研究源流之考辨。从目录中可知我国最早研究此问题的著作时间为民国二十三年（1934），而在外国则始于19世纪70年代，实为研究该问题之学术源头。因此收录西文资料，有助于溯源，对于中国传统目录"考镜源流"的理论也不无益处。

此外，西文资料的收录在专科目录中已成为必然。晚清民国时期，中国的学术研究已由过去的封闭式逐渐转向开放式，在中国的学者睁眼看世界的同时，也有不少的国外学者对中国问题表现出浓厚的兴趣。过去中国的各类问题只在中国学者范围内解决，直到乾隆编纂《四库全书》时，所收录的外国文献也少之又少，且均为中文著作，不过以此表达"既归王化，即属外臣，不必分疆绝界"②之意。而自近代以来，以边疆史地研究为代表的国外汉学所取得的成果在很大程度已与中国本土学者持平甚至超越之。美国人欧文·拉铁摩尔（Owen Lattimore）就是其中的杰出代表。因此，在收录文献、编制目录上，更需要有一种开放的态度去承认和接纳别国学术研究的成果和出现的文献，将其研究成果加以借鉴和利用。目录学中的"辨章学术、考镜源流"理论已由过去适用于中国文献和学术逐渐向更开放的领域延伸，而中国传统的目录学理论在民国时期的指导作用也得到了有效发挥。

2）中文图书突破图书形式的限制

《云南书目》收录文献的全面性不仅表现在中西文献兼收方面，也表现在扩大了文献形式的范围，即由过去的篇目或群书目录，而转变为文献目录。我国目录以藏书目录为主流，因此图书在目录中的位置较为固定，"所谓目录实际上就是按照一定次序编排的篇名或书名"③，即一书之目录和群书之目录，很少有图书与单篇文章同列一目的情况。明清时期，祁承㸁、章学诚提出过"别裁"之法，以析出单篇文章的形式，

---

① 徐有富：《试论〈云南书目〉》，《大学图书馆学报》2009年第3期。
② 永瑢等：《四库全书总目·卷首》，第17页。
③ 程千帆、徐有富：《校雠广义·目录编》，第6页。

达到体现"学术之史"①的目的，然而限于文献形式的发展局限，这些单篇文章均为图书的一部分，很多并非是单独发行或出版的，因此祁、章二人只是更多地从理论上为突破图书形式的目录提供了支持，而无法真正实践之。

但自近代以来，随着学术的日益专门化，印刷术的发达等原因，文献的数量增多，文献的形式也发生了巨大的变化，由过去单一的图书形式，转而出现期刊、报刊、公报等以单篇文章或集合单篇文章出版发行的文献形式。"目录的编制是以文献作为基础的，因此也要受到文献发展情况的制约。"②而这些新的文献形式，必然导致目录在收录文献方面的变化，即更加关注于传统图书之外的相关学术问题的单篇文章，使突破传统图书形式的目录编制成为可能。

中国边疆史地研究作为地方史研究的一部分，在民国时期得到快速发展，不但专著丰富，登载单篇的研究性论文的期刊也发展起来，"将中国边疆史地研究文稿作为刊物主要或重要内容的学术期刊即诞生于 20 世纪初，发展壮大于 20 世纪前半叶"③。关于相关的研究资料也得以充实，"20 世纪前半叶中国边疆史地研究资料工作也取得了丰硕的成果"④，文献种类的丰富，使《云南书目》在收录文献的类型上突破了单一性的图书形式，凡有关之期刊论文、公报、简章、规程、电文、档案、奏折、报告书、发刊词、名录等均在收录范围之内。而从目录学的视角来看，则中国目录的形式，在篇目和群书目录之外，又增添了突破文献形式，以收录相关资料为主的目录，因此可以称为资料目录。

3）对地方史料的认识

由于《云南书目》的地方史专科目录的性质，因此可以说文献收录的过程就是史料搜集的过程，哪些可作为研究云南地方史之史料，成为

---

① 余嘉锡：《目录学发微：含〈古书通例〉》，第 30 页。

② 程千帆、徐有富：《校雠广义·目录编》，第 12 页。

③ 马大正：《二十世纪的中国边疆史地研究》，《历史研究》1996 年第 4 期，第 137—152 页。

④ 马大正：《二十世纪的中国边疆史地研究》，《历史研究》1996 年第 4 期，第 137—152 页。

衡量该目录学术价值高低的重要标准。

李小缘扩大了地方史料的收录范围，由过去传统意义上的地方志史料，扩展到可以反映一方历史、政治、经济、教育、文化、治安、民政、医学等各方面资料，这是学术专门化后所带来的必然结果。近代以来各种专门学术均有学者进行研究，均有相关学术论著问世，这些均为云南地方发展的重要史料，像过去正史形式的地方志已不再是研究地方史的唯一史料，因此不能只局限于方志，而忽略了对非史学作品所拥有的史料价值的认识。

在这样的背景下，《云南书目》收录了除史学之外的其他学科的研究文献，就如传统意义上地方志的类目中也在概念上有所不同。该书目地理类中的方志之属，收录了地方志文献，同时也收录了诸如《都市计划关系法规》《昆明县的教育概览》《昆明市新生活集团结婚办法章则汇刊》《云南昆明市管理针灸术暂行规则》等非方志类文献，从中可知"方志之属"类目的概念有体裁更多的转向内容，即可以反映一地之社会生活，体现出不止地方志为"地方志是以社会为中心编纂的，许多不载于正史的社会史料，赖地方志得以保存下来"[1]的特点，从史料学的角度扩大了地方史研究的史料范围，反映出有更多的问题可纳入地方史研究范围，更丰富的史料可作为研究的依据，丰富了我国民国时期地方史研究的内容。

（3）新分类法的开创

《云南书目》的突出特点也表现在新图书分类法上，即创造了新的地方史学专科目录分类方法，以适应地方史学文献的需要。中国自近代以来，西学大量涌入中国，带动了中国学术的专科化，也冲击了传统文献的类型和形式。先生曾经说过："中国书自海禁开来，书籍之制度由线装而渐入于纸面洋装，内容则由经史子集而扩充之，乃自然科学、应用科学、社会科学、艺术、新文学等等为前代所未有。"[2]文献的数量逐渐增多，形式逐渐多样化，内容也与中国传统学术大相径庭，新分类法的创造在所难免。自"杜威十进法"传入中国后，中西图书统一分类

---

① 梁寒冰：《整理旧方志与编纂新方志刍议》，《中国地方史志论丛》，第2页。
② 李小缘：《图书馆学》第四，中山大学、江苏大学讲义，1927年，第250页。

成为现实，"杜威之'十进法'，独能流行"①。然而，其于地方史学目录之分类则作用不大：一者，"十进法"多为图书馆藏书目录所用，其分类号便于读者检阅之用，而专科目录，更多在于反映学科之发展，提供学科之信息，强调目录的可阅读性，而于分类号则较少用之；二者，"十进法"为综合图书分类法，多以全体图书为分类之对象，关键使各图书有类可入，读者有类可查。同时，综合图书分类法，因图书内容的需要，会将同属云南的文献分列于不同的类目之中，而并非以"云南"作为分类的标准，因此总括性有之而专门性不足。

而地方史学目录，因学科研究的需要及文献的特殊性，更多的是从学术领域之不同出发。为研究地方史者，有研究之学术则有学术之类目，即传统所谓的"古来有是一家，即应立是一类"②，两者有着些许之不同，因此无法以综合图书分类法涵盖之。

《云南书目》摆脱了四分法或"十进法"的综合图书分类法的形式，而自创了地方史图书分类法，全书共有一级类目十四个，分别为总录、历史、地理、地质、矿产、动物、植物、社会、文化教育卫生、经济、交通、民族、军务、边务，内容涉及云南的各个方面，每个一级类目下均有子目，最多者可达到五级类目，如总录下有二级类目"丛书门"，下分三级类目"云南丛书初编"，下分四级类目"经部"，下分五级类目"易类"，而通常情况下只分到三级类目为止。

其类目名称有少部分沿袭传统类名，这些多存在于传统丛书的子目中，如《云南丛书初编》《云南丛书二编》，收录的是传统文献，可适用于四分法。而大多数则是现代分类法中的类名，约占各级类目总数的90%，这是现代图书分类法的趋势，也是以学科为特征的西方近代知识传入中国以后，重建新知识系统的体现。这些类目名称是"作为这些西方知识体系的图书目录提要及图书分类目录"③的产物。

---

① 姚名达：《中国目录学史》，第130页。
② 永瑢等：《四库全书总目·卷首》，第18页。
③ 左玉河：《从四部之学到七科之学——学术分科与近代中国知识系统之创建》，第338页。

另外，在《云南书目》中还有李小缘自创之类目，且多出现于四级子目之中：有以人名命名者，如"陈圆圆""吴三桂"等；有类似于纪事本末者，如"永历入缅""滇缅界务问题"等；有以地名命名者，如"江心坡""班洪"等。设置这些类目的共同之处在于其均为在云南发生或与云南有关，且均为国内外单独研究的问题，也成为专科目录立类的特色之一。自近现代西方主题分类法传入中国以后，多有使用此法者，尤在专科目录之编纂中表现出来。"我国近日亦有仿其意而编专科参考书目者焉。"①以学术问题（主题）作为分类的重要标准，也体现了"辨章学术"的作用。

《云南书目》的分类也借鉴了现代分类法中的长处，如将综合类图书单独列为一级类目，其中包括了报刊②、丛书等综合类文献，提高了目录的学术性，也兼顾了目录的文献性。

但是《云南书目》中却没有设置"文学类"，而这一类目的缺失是值得商榷的。我国图书分类法中历来有文学专目，古代之集部、近现代之文学均以该类目收录文学类图书。此已成为分类规则。如《云南俗曲》③一书为文学类图书，而入文化教育卫生类下属的四级类目"特种教育"下；《摩些情歌》④也属于文学作品，而入民族类下属的三级类目"藏缅"下；又如《三宝太监西洋记通俗演义》⑤为小说，而入历史类所属子目"郑和"下。诸如此类，则研究云南文学史的学者，无有专门类目可供检阅，颇为遗憾。

（4）编目

分类与编目（著录）是中国目录学的两个基本分支："目录之两大要素，曰分类，曰编目。"⑥中国近现代之目录编制仍旧以二者为主导。《云南书目》的编目，在继承中国传统编目优秀理论的同时，也有所突破，

---

① 姚名达：《中国目录学史》，第 129 页。
② 《云南书目》中的报刊包括有公报、校刊、会刊、报章。
③ 李小缘：《云南书目》，第 446 页。
④ 李小缘：《云南书目》，第 523 页。
⑤ 李小缘：《云南书目》，第 109 页。
⑥ 姚名达：《中国目录学史》，第 48 页。

借鉴了西方编目法中强调方便读者查阅的"致用"理论。

1）"互著"与"别裁"

《云南书目》在编目上的最大贡献在于实现了"互著"与"别裁"在专科目录编纂中的实践，发挥了中国传统目录学理论在近现代目录编纂中理论指导作用，为提高专科目录"辨章学术、考镜源流"的学术史价值提供了现实依据，为后世专科目录的编纂工作提供了规范的模式。

在互著方面，如《南中志》一书互著于历史类所属子目"古史地之属"与地理类所属子目"总志之属"。值得提出的是，李小缘扩大了"互著"的范围，由过去所特指的"图书之互著"，扩大到"文章之互著"，及单篇文章也可以互著。如《云南东川铜矿概况及复兴筹策》一文，互著于地理类所属子目"方志之属"与矿产类所属子目"铜"。

关于"别裁"之法，章学诚对于"别裁"已有正确的认识："裁篇别出之法……则欲明学术源委，而使会通于大道，舍是莫由焉。"[①]但由于他编纂的专科目录——《史籍考》已亡佚，无法见其原貌；"别裁"法究竟如何实施也不得而知。而《云南书目》却突出地使用了这一编目法，它体现了该目录以学术分类，以所研究内容分类的"学术史目录"思想。

本书"别裁"法的使用有以下几种情况：有从丛书中别裁者，如《陈圆圆事辑》一书收入《曲石丛书》，又别裁于历史类所属子目"陈圆圆"下；有从图书别裁整文者，如《新纂云南铜政全书凡例》由"王昶《春融堂集》68/4前"[②]中别裁而出，《与云南李参政论铜务书》由"［清］李绂《穆堂初稿》"[③]中别裁而出；有从图书别裁所需者，如土司类所属子目"清"收录有"《清史稿》517—522卷列传298—303"[④]及《云南土司之叛乱》"萧一山《清代通史》上第404—406页"[⑤]等；有从期刊别裁者，如经济所属子目"财政金融"收录有"《云南省政府审计公报》，云南省政府，

---

① 章学诚著，叶瑛校注：《文史通义附〈校雠通义〉》，中华书局，1985年，第1012页。
② 李小缘：《云南书目》，第411页。
③ 李小缘：《云南书目》，第412页。
④ 李小缘：《云南书目》，第533页。
⑤ 李小缘：《云南书目》，第534页。

据《学觚》1：4"①及"《云南省民国十八年度省地方岁入岁出预算书》，《统计月报》2：11：54—"②等。不论是哪一种方法的使用，都可使读者在研究问题时，能在专门类目中找到最全面的资料；了解前人之研究成果，也通过此种办法。后人对"别裁"法在专科目录中的使用进行了理论总结："别裁法特别有助于编制专科目录。"③而由此也证明了《云南书目》的实践意义。

"互著"与"别裁"两种方法的使用，是《云南书目》在编目实践上的突破，它将中国传统目录学理论与现代的目录编纂相结合，为传统理论赋予了近现代意义，使中国传统目录学理论尤其是编目理论能平稳地与西方目录学理论融合，直至今日，仍具有指导作用。

2）解题的"致用性"

《云南书目》对所收录的文献"卷数、本数有著列于后者，皆曾经经见之书。卷数随书名者，皆未曾经见之书"④。试翻阅该书目，则经李小缘经见之书占绝大多数，佚书则较少。因此，该书目之解题多为经见之书所作。

同时，李小缘是我国较早学习西方图书馆学、目录学的学者之一，其目录学思想中多含有西方目录学的优秀理论。他曾经说："研究历史上目录之种类、条例及致用法是为目录学。"⑤由此可见其编纂《云南书目》的指导思想，即强调目录的致用性，便于读者检阅图书。

这也是中国自近代以来，文献发展所产生的结果。中国传统目录学又有"校雠学"之称，"由版本而校勘，有校勘而目录，由目录而典藏"⑥，而以藏为最终目的。目录的编纂也主要是为了反映藏书，而藏书一般又不予公开，藏书机构也无图书馆之功能。因此，读者只能依靠目录以了解图书内容，对解题的要求则较高，凡叙录体、传录体、

---

① 李小缘：《云南书目》，第457页。
② 李小缘：《云南书目》，第457页。
③ 程千帆、徐有富：《校雠广义·目录编》，第359页。
④ 李小缘：《云南书目》，第40页。
⑤ 李小缘：《图书馆学》，第四中山大学、江苏大学讲义，1927年，第21页。
⑥ 程千帆、徐有富：《校雠广义·叙录》，第6页。

辑录体，无非都是评价其内容或"考一人之源流"①为主，而版本目录，多为善本目录，除图书难找以外，于普通读者也无用处。自近代以来，图书馆的出现使图书得以公之于众。印刷术的改进，新文献形式（杂志、报刊等）的出现都使图书发行速度提高，数量增加，读者也能较方便地阅读图书，目录的解题也随之出现新的形式，即由反映图书内容逐渐转向便于查找。这尤其体现在专科目录等上，并与中国传统解题形式共同发展。

昌彼得就曾经认为："自从西洋的图书目录学输入我国后，对于图书编目必须著明出版的年代、地域及出版者，影响于我国旧籍的编目颇大。"②这只就旧籍而言，然而我国新书的解题更是关注于此了，从《云南书目》中鲜明地反映出来，如："《昭通志稿》12 卷，（近人）符廷铨修、杨履乾纂。1924 年铅字排印本，云南省图书馆藏此排印本。"③

该书目对所收录的资料均详列版本或出处，方便读者的查阅和使用。如《华阳国志》一书，共列出 14 种版本，说明各本不同之处，间或考版本之源流："《四库》著录系明嘉靖甲子张佳允刊足本。"④有时也借鉴了前人对文献版本的研究成果，如对《王端毅公奏议》的版本考证，则是参考《四库全书总目》而成。大部分资料均注明出处，尤其是学术论文和其他单篇文章，则具有一定的索引功能了。如"《云南近十年来锡铅锌出口统计表》，《矿业周报》151：879—民国 20 年 7 月"⑤，则俨然可视为索引之条目。

《云南书目》也利用了前人的解题成果，如《四库全书总目》《云南通志》《晚明史籍考》等，这些多出现在所收录的古籍中，则具有传统辑录体的解题形式。

在自做解题方面，有多种形式。或考证作者："汉中陈术字申伯，

① 余嘉锡：《目录学发微：含〈古书通例〉》，第 30 页。
② 昌彼得：《版本目录学论丛》（二），（台湾）学海出版社，1977 年，第 49 页。
③ 李小缘：《云南书目》，第 239 页。
④ 李小缘：《云南书目》，第 76 页。
⑤ 李小缘：《云南书目》，第 413 页。

博学多闻。……见《三国蜀志》李譔传。"① 则具有传录体的形式。或简要介绍图书内容："以列传体记永历时事迹。"② 或解释书名，如《四王合传》："四王者：平西王吴三桂、靖南王耿精忠、平南王尚可喜、定南王孔有德是也。"③ 或指导阅读："阅此书可知蜀、藏历史上之关系，光绪二十年左右事也。"④ 而最重要者，无过于对部分图书详列其篇目，突出图书之结构，使读者未见图书，由篇名即可大概知图书之内容，起到"考一书之源流"⑤ 的作用。

由此可见，《云南书目》的解题不限于某种解题形式，而是吸收了中国传统目录解题形式和西方优秀解题形式，并将二者结合，成为目录解题的新形式。

3. 结语

《云南书目》在我国近现代目录学中的地位是突出的。该书目的意义在于，其吸收了中国传统目录学和西方目录学之所长，并将其运用于目录编纂之中，尤其表现于编目方面。这为中西目录学的交融，中国近现代目录学的发展均具有很好的借鉴价值。直至现今，能编纂出如《云南书目》之专科目录学，可谓凤毛麟角。然而《云南书目》也有一定的缺陷，如不设文学类目、无大小序等，但是相对于其学术价值和地位来说，则简直可以忽略了。

（二）《西北问题图书目录》的目录学特点

《西北问题图书目录》是民国时期，我国第一部较为详细的以收录有关我国西北各省份文献，反映该地区发展历史与现状的地方文献目录。该书由南京鸡鸣书屋于1936年出版。作者王文萱，是我国著名的西北问题研究专家，除编纂该书目之外，还著有《喇嘛教之寺院佛像与喇嘛僧之等级》《四川西部羌人之信仰》《边疆教育之理论与问题》等相关论著，并翻译了日人杉村广太郎所著之《新闻概论》。《西北问题图书

---

① 李小缘：《云南书目》，第79页。
② 李小缘：《云南书目》，第136页。
③ 李小缘：《云南书目》，第140页。
④ 李小缘：《云南书目》，第161页。
⑤ 余嘉锡：《目录学发微：含〈古书通例〉》，第30页。

目录》是民国时期地方文献目录的代表，是伴随着民国西北地区开发而出现的产物，具有重要的学术意义和现实价值，有必要对其目录学特点进行分析。

1.《西北问题图书目录》的成书背景

民国时期，随着西方列强对我国西北的窥探，国民政府逐渐重视西北问题，并开始采取向该地区移民、拓荒垦边等开发政策，加强西北地区建设。同时，大批学者通过实地考察和文献研究相结合的方法开始从事相关问题的研究，加之晚清今文经学对于边疆史地研究的影响，"史地学者注意对各种资料博采兼收、掇拾遗残、采撷缀辑，汇为一编……将历史考证与现实需要结合起来"[1]，我国的边疆史地研究在20世纪二三十年代形成高峰，相关著作层出不穷，而使人"即类求书，因书究学"[2]的目录著作也是呼之欲出。政府对于西北开发的重视，加之学界对西北问题研究的深入，均构成了《西北问题图书目录》形成的因素："因我负筹备西北文物展览会之责，图书一类，亦为展览会出品之一，致使我不得不力搜有关西北的图书，由此才激起编这书的动机。"[3]该书目问世后，填补了西北问题研究专科目录的空白，为西北的发展及学术研究奠定了文献基础。

2.《西北问题图书目录》的目录学特点

作为详细收录有关西北问题文献的首部专科目录著作，《西北问题图书目录》具有拓宽目录编纂范围，满足人们研究西北问题时对相关文献的需求的开创性的重要意义。其在目录学方面也有以下几个特点：

（1）收录

目录的基本单位即为图书："目录是著录、揭露和评论图书的工具，是宣传图书和考查图书的工具。"[4]从目录的收录中，即可知道其性质、文献范围以及学术价值等。《西北问题图书目录》主要收录与西北问题

---

[1]　章永俊：《清道咸时期边疆史地学者的考证学特点》，《史学史研究》2009年第2期，第52—29页。

[2]　姚名达：《中国目录学史》，第7页。

[3]　王文萱：《西北问题图书目录·例言》，鸡鸣书屋，1936年，第1页。

[4]　王重民：《中国目录学史论丛》，中华书局，1984年，第1页。

有关的文献。从类型上来说，该书以收录学术图书为主，同时还涉及了政府考察调查报告、统计报告、计划书等。但是如期刊及部分地志文献等，则不在范围之内："关于中外杂志的论文，概未收录；方志除康藏及蒙古之通志外，亦概未编入。"①从写作年代来说，该书收录历代关于西北问题研究的著作。从文字来说，不光包括中文，也包括英、法、德等文字，但是俄文相关文献则"一本也未收录"②。而俄国在当时对于我国蒙古、新疆等地的研究均有极大的影响，且"整个19世纪俄国对中国的研究取得了令人瞩目的成绩，许多方面的成果在世界汉学史上处于明显领先的地位"③。同时，作者也忽略了少数民族文字文献的收录。少数民族是当地的主要居住者，许多相关文献均为"第一手"资料，具有极高的学术价值，是西北地方文献的重要组成部分。这些文献的失收，使得文献结构稍显不完整，也对该目录造成了一定的损失。

（2）分类与编目

1）分类

《西北问题图书目录》在分类上改变传统的地理文献分类法，采取了现代意义上的"以地方为主"④即按照区域划分为标准的分类法。该书将文献共分为西北、康藏、新疆、蒙古、陕西、甘肃、绥远、察哈尔、宁夏、青海十个大类，名为西北，而包括了西藏等西南地区。其中"西北"为总类，所收录为综合研究西北问题文献如《中国西北部之经济状况》，和内容虽非包括全部西部，但涉及两个以上省份的文献，如《蒙藏回系年要录》《满蒙新疆述略》等。十个大类下不再另分子目，只是按照图书性质，大致予以区分。

同时，该书根据文字又区别为中文文献和外文文献，书的前半部分为中文文献，而后半部分为外文文献（其中，凡外文文献已被译为中文者，均视为中文文献），外文文献共分为四部分——General、Mongolia、

① 王文萱：《西北问题图书目录·例言》，第1页。
② 王文萱：《西北问题图书目录·例言》，第1页。
③ 郭蕴深：《19世纪俄国汉学的发展》，《黑龙江社会科学》1999年第6期，第40—45页。
④ 杜定友：《校雠新义》上册，第40页。

East Turkestan（sinkiang）、Tibet，即总类、蒙古、新疆及西藏。其中General 又下分为十一个子目，主要有目录、游记、考古、宗教等，其分类反较中文图书分类为详。

该书与《云南书目》相比，最大的不同就是中西文图书分别开列，且分类法也稍显不同。从某种意义上来说，《西北问题图书目录》也属于区域史专科目录。读者阅读这类目录时，要能了解该研究包括哪些领域、各领域有哪些相关论著以及这些论著如何查找等；至于是否是中文或外文文献，却不是首要问题。因此《云南书目》采取了中外文混合编目的方法，

另外专科目录与图书馆目录不同，不存在所谓中西文图书分别收藏的情况，因此笔者认为文字的不同不能作为分类的主要标准，而应以图书内容为中心，使学者能达到"通晓古今，洞识所学……就本科目录作彻底之研究"[1] 的目的。

2）编目

《西北问题图书目录》因在文献收录方面存在一定的不足，也影响了专科目录反映学科特点，指导读者阅读的作用。但是仅就所收录文献的编目来说，还是有很多值得总结的优点；而"别裁"方法的使用，无疑是其中之一。"别裁"方法的使用，尤便于专科目录的编纂，不但能"俾便于读者能很容易地依据书目来寻检资料"[2]，更能向读者反映专科目录各类学术的整体特点。该书在编目时充分利用了这一点，其中又包括两种不同类型。一种是图书中的部分内容，为读者所需要者，如"新疆"类开篇就收录了《汉书西域传地理考证》《后汉书西域传》等"二十四史"中《西域传》《外国传》研究论著共 15 部。这些文献所研究的内容，不仅仅包括我国西北的新疆地区。另一种是析出丛书中的相关图书，如"康藏"类中所收录的文献，"小方壶斋舆地丛书内有"[3] 的相关图书30 部。丛书为综合类图书，所包含的图书内容具有多样性，"世界上没

---

[1]　姚名达：《中国目录学史》，第 268 页。
[2]　昌彼得：《版本目录学论丛》（二），第 61 页。
[3]　王文萱：《西北问题图书目录》，第 17 页。

有包罗万象的学术，而有六通四辟的书籍"①。因此，在专科目录中，遇有丛书，就需要通过"别裁"的方法将相关的图书归入各自的类目中，以充实每一类目的文献在反映该分支学术史时的全面性。

另外，该书在解题方面也具有指导读者阅读的作用。目录在著录书名的同时，也告知读者著者、版本、卷册数等。如《内蒙自治史料辑要》解题"陈健夫编，民二三南京拔提书店，一册"②，除基本著录项外，作者解题还涉及：介绍图书内容，"此书系钞清初至同治间关于满蒙移民事务"③；评价图书价值，以指导阅读，"惟于碑文略详，可征逸史也"④；介绍多种版本及藏书处，如《西藏赋》"清嘉庆间刻本、清刻本、守约篇本、榕园丛书本，以上均国立北平图书馆藏"⑤；介绍图书的资料来源，"按此书系由《圣武记》《西域闻见录》二书录成"⑥。这些解题的编纂，为读者更清楚地了解图书内容奠定了基础。

《西北问题图书目录》丰富了我国地方史文献目录的类型，在民国目录学史上是值得提倡的。该书的编纂目的在于，通过编制目录的方法，总结前阶段西北史研究的成果，促进我国西北史研究的进一步深入，"更希望有更多完善的书目陆续出来，俾我们研究西北问题，得到个很大的帮助"⑦。之后就有《中文新疆书目》等相关目录问世。尽管在某些方面还有值得商榷的地方，但是瑕不掩瑜，因其所具有的学术价值更是成为读者研究西北地方史时不可缺少的重要参考资料。

（三）浅论《关于上海的书目提要》

1. 胡怀琛简介

胡怀琛（1886—1938），安徽泾县人，原名有汴，字季仁；后改名怀琛，字寄尘。自幼习诗，1898 年游学上海，并与柳亚子等人交往甚深，先后担任过《神州日报》《警报》《太平洋日报》编辑等职位。1916 年

---

① 昌彼得：《版本目录学论丛》（二），第 155 页。
② 王文萱：《西北问题图书目录》，第 82 页。
③ 王文萱：《西北问题图书目录》，第 66 页。
④ 王文萱：《西北问题图书目录》，第 13 页。
⑤ 王文萱：《西北问题图书目录》，第 14 页。
⑥ 王文萱：《西北问题图书目录》，第 4 页。
⑦ 王文萱：《西北问题图书目录·例言》，第 1 页。

后，任教于沪江大学、国民大学、持志大学等，教授中国文学史和中国哲学史等课程。1932 年入上海市通志馆；抗战爆发后，通志馆解散，胡怀琛也因忧劳过度而逝。他在目录学、诗学、文学史、方志学等领域均颇有建树，主要作品包括《中国文学通评》《新诗概说》《中国民歌研究》《中国文学史概要》《中国小说研究》等数十部著作。而在目录学方面，则主要是任职通志馆时编纂的《关于上海的书目提要》。

2.《关于上海的书目提要》的目录学特点

《关于上海的书目提要》与《云南书目》属于同一性质，均是地方史研究性质的书目。据作者介绍，该目录本为通志《学艺编》内《上海学艺书目》的一部分，后于 1935 年单独印行，因此现在通常所见的版本为"上海市通志馆期刊抽印本"。全书所收录的"都是内容有关于上海掌故"①的图书，共二百余部，其中大部分为单独出版物，有单行本可供读者查找。也有少许的稿本，由作者为其拟名并收录于目录中。这些图书主要见于上海通志馆、徐家汇图书馆及周越然、徐蔚南、吴静山等私人的藏书。还有部分图书，为作者所不曾经见，这些图书都在解题中注明"原书未见"。该目录是民国时期地方文献目录的代表，也是研究上海地方史的重要参考资料。归结以来，该书的目录学特点主要有以下几点：

（1）文献分类

《关于上海的书目提要》的文献分类为作者所自创，其吸收了中国传统目录学中"有其书必有其类"的思想，以图书之有无作为立类的依据："我们先有了书而后就书拟定门类的；并不能先拟定了门类再去找书。"②这种观点的提出，是与民国时期所出现的"类例之法不能以现有之书为准"③的图书分类应超脱现有图书范围的理论相对立，仍保留了传统特色。全书分文献为志乘、租界问题、农工商、经济、兵事、人文、方言、杂类八大类，同时又有补遗一类，以收录不在以上类目中之

---

① 胡怀琛：《关于上海的书目提要·编例》，上海通志馆，1935 年，第 1 页。
② 胡怀琛：《关于上海的书目提要·编例》，第 1 页。
③ 杜定友：《校雠新义》上册，第 5 页。

图书。因限于篇幅问题，全书只设立一级类目，没有再分子目，主要原因在于，首先文献的类型只局限在中文图书，其他的如期刊不收——"凡是定期刊物，本篇一概不收。"① 政府公报也不收——"凡上海市政府各局所出'业务报告'亦不收。"② 另外，诸如学校等单位的章程规定、谱牒文献、外文文献等均不予收录，而金石文献也因"现正在搜访编辑中，待编定后再加入"③ 而搁置下来。其次，该目录只是"《上海学艺书目》一部分之初稿"④，除此之外，还有《上海人所著书目表》《社会事业编》等，各自承担一部分的文献，从而也限制了文献的数量和类型。所以，《关于上海的书目提要》相对于《云南书目》来说，其分类法就要小得多。又加之有些文献数量过少，作者就采取了此方法。此种编目法在我国早有先例，自西汉刘氏父子校书时，已将文献之多寡作为分类的标准："一则因校书之分职，一则酌篇卷之多寡也。"⑤ 在本书目中，如教育类文献，数量较少，没有单独立类的必要性，因此"只能把它放在'人文类'中"⑥；而关于租界问题的文献较多，单列"租界问题"类，也是"篇卷多寡"所决定的。

（2）文献解题的价值

胡怀琛作此目录，与其他地方文献目录的目的不同。比如《温州经籍志》以"大有资于风俗政教，而无戾于古者也"⑦ 为目的，而《云南书目》也是通过著录文献，以反映云南历来之发展历史。两者"辨章学术、考镜源流"的理论更明显。但是《关于上海的书目提要》更着重于推荐图书，即汪辟疆所说的"提要钩玄，治学涉径"⑧ 的读书家之目录，意在通过强调图书中的内容重点，或者价值，以引起读者的重视。如《海

---

① 胡怀琛：《关于上海的书目提要·编例》，第 1 页。
② 胡怀琛：《关于上海的书目提要·编例》，第 1 页。
③ 胡怀琛：《关于上海的书目提要·编例》，第 2 页。
④ 胡怀琛：《关于上海的书目提要·编例》，第 1 页。
⑤ 余嘉锡：《目录学发微：含〈古书通例〉》，第 139 页。
⑥ 胡怀琛：《关于上海的书目提要·编例》，第 1 页。
⑦ 刘寿曾：《温州经籍志·叙》，第 1 页。
⑧ 汪辟疆：《目录学研究》，第 5 页。

陬冶游录》"所记皆上海冶游事,可见一时风气"①,读者可知阅读该书之用处;又如《沪战中的日狱》一书,作者在日本监狱中的遭遇皆是"亲身经历的事,而为一般人所不及知的"②,则读者自可知该书的价值,阅读时也会有所侧重。此种推荐式的解题方法增强了目录的实用性。同时,为了帮助读者能方便地了解图书,该目录之解题多著录图书之内容及篇章,《同治上海通志札记》,其"内容多补订同治上海县志疏漏处"③,由此可知该图书内容之重点。

除了推荐读者阅读图书外,作者也运用了考据的方法对文献的著录项,如书名、著者、成书时间等进行了考证,并在解题中予以体现。在书名考证方面,或者自拟书名,如《咸丰上海县志稿》:"今以此志辑于咸丰年间,而其书又并未完成,故改题此名。"④或者解释书名,如《吴淞甲乙倭变志》:"考吴淞倭寇在嘉靖甲寅、乙卯之间,本书记此两年事独详,因即以甲乙为书名。"⑤读者读此解题即可知图书之内容。一些地方志文献,如《鹤沙志》《二十一保九十一图里志》等,解题会针对书名中的地名及其沿革予以考证、解释,增强了读者的空间概念,减少了阅读地理图书的难度。或者考证著者,除了一般性的介绍著者外,还包括另立著者姓名以阙疑,如《江湾志》一书,为清代盛铺撰,但是《光绪宝山县志》等文献却记载为盛大铺,而具体姓名则有待考证。或者考证成书之背景,如《旌表上海县节孝贞烈阐幽录》:"清道光十三年,上海县知县温沦湛曾请旌表上海节孝贞烈妇女一千四百一十四人。"⑥或者纠图书内容之谬,如《上海租界问题》一书,因该书著者先写的是英文本,后又自译为中文本,在写作过程中查阅的大多为西文资料,所以有些名称就会出现错误,如:"一八四三年上海开埠时,道台龚慕容云云,按,此时上海道为宫慕久,该书系由西文转译而误。"⑦

① 胡怀琛:《关于上海的书目提要》,第 41 页。
② 胡怀琛:《关于上海的书目提要》,第 23 页。
③ 胡怀琛:《关于上海的书目提要》,第 6 页。
④ 胡怀琛:《关于上海的书目提要》,第 5 页。
⑤ 胡怀琛:《关于上海的书目提要》,第 19 页。
⑥ 胡怀琛:《关于上海的书目提要》,第 11 页。
⑦ 胡怀琛:《关于上海的书目提要》,第 13 页。

《关于上海的书目提要》是以推荐图书，指导阅读为特点的地方文献目录，因文献收录的局限性，在反映上海文献的全面性，并由此了解上海地方史的考辨学术方面相对欠缺。同时文献在目录中的安排也有值得商榷的地方，如《上海城隍庙》被归入"杂类"，但是该书"于上海风土方面可供参考"①，因此归入"地志"类也未尝不可。不过，限于当时目录编纂的实际情况，不能对作者苛求过多，在利用这部目录时，还是应该注意它在目录学上的特色和成就。

三、关于方志的目录——《中国古方志考》

（一）张国淦简介及成书过程

张国淦（1876—1959），祖籍湖北蒲圻，字乾若、仲嘉，号石公。光绪壬寅科省乡试举人，先后做过礼部礼学馆纂修、黑龙江抚院文案、黑龙江清理财政监理官、奕劻内阁统计局副局长。民国时，出任过北洋政府秘书长、农商总长、教育总长、司法总长等职。自20世纪20年代，先生逐渐淡出政坛，而潜心于学术研究。1945年被推举为《文汇报》董事长。建国后，担任过上海市文史馆馆员，受董必武和范文澜之邀，出任近代史研究所特约研究员等职务，并被选为全国政协委员。先生一生学术成就斐然，尤擅长于方志学、历史地理学、文献学等。著有《俄罗斯东渐史略》《张国淦文集》《张国淦文集续编》《张国淦文集三编》等，而最被人所熟知的还是《中国古方志考》一书。该书原名《中国方志考》，"至一九三零年略具初稿"②，并最早于1933年发表于《国闻周报》上，后又经修改更名为《中国地方志》，1935年至1936年间发表于《禹贡》4卷3、4、5、7、9期与5卷1期上，是在中国传统目录学思想指导下编纂的以收录我国宋元以前古方志的目录著作，是"迄止民国我国方志史上规模最大的考录性方志提要之作"③。但是，该作在民国时，始终没有成书。直至建国后的1956年，才由先生重新整理旧稿，

---

① 胡怀琛：《关于上海的书目提要》，第38页。
② 张国淦：《中国古方志考·叙例》，中华书局，1962年，第4页。
③ 许卫平：《中国近代方志学》，江苏古籍出版社，2002年，第157页。

并通过"将原按朝代排纂之法，改为按省区分编"①等工作后，正式出版，这也是现今所通行的版本。该书是古方志目录的集大成者，其收录文献之全，考证价值之高，至今仍无同类目录以代替之。但是，自该书问世后，使用者多，研究者少，尤对其产生的学术史原因及所具有目录学的价值关注不够，这是与该目录在近现代所具有的学术地位不相符的。

（二）《中国古方志考》的目录学特点及价值

《中国古方志考》一书不分卷，只按 1956 年的省县区划，分成 21 个部分，后附书名索引，以便于检索"某一古地方志，地方相当于现在之某一地区"和"某一古地方志之时代，及作者姓名"②。该书是最早的古方志研究目录之一，收录文献 2000 余部，如加上按语中所存疑的文献，则实际数量还要更多。张氏对每一文献均"列举作者时代、姓名、简历"③，并标明文献出处。最重要的则是张氏以辑录体的方式为每一本图书编纂解题，"其体例略仿朱彝尊《经义考》"④。其后有考证古方志者，颇借助于此。

《中国古方志考》的目录学特点主要表现在分类、文献收录、著录、解题及按语等方面，尤其表现在辑录体解题的学术史价值方面，开辟了方志学专科目录编纂的典范，为中国传统目录学理论在现代专科目录中的应用提供了可资借鉴之实践经验，以下简要论述之。

1. 类例

类例即分类，中国传统目录学以类例作为其学术价值的重要体现。昌彼得就认为："我国自来部次图书，首重类例，良以典籍浩瀚，非群分类聚，无以见其系统，无以贮藏检点。"⑤对于地理类文献，四分法已将其分为总志、都会郡县、河渠、边防、山川、古迹、杂记、游记、外记，学者多有好评。但作为收录方志之目录，首先要体现出方志的特点，

---

① 张国淦：《中国古方志考·叙例》，第 4 页。
② 张国淦：《中国古方志考》，第 723 页。
③ 张国淦：《中国古方志考·叙例》，第 1 页。
④ 张国淦：《中国古方志考·叙例》，第 1 页。
⑤ 昌彼得：《中国目录学讲义》，第 87 页。

即地域性特色，"地方志是以社会为中心编纂的"①，虽有纯粹性的"述地"类的著作，但是绝大多数仍是以地域为中心，内容包括地理、历史、风俗、文化等各项内容，再用传统的分类方式，已不能反应方志文献的特征。民国时期已有学者提出，地理文献应"以地方为主，以记体为副"②的主张，反映出新图书分类法中以内容为标准的学术观点。《中国古方志考》先以朝代编纂，经修改后以省区规划，但全书始终体现出以地域划分为纲的分类思想。

全书共分为三级类目，其中"首列总志，即全国性之志书。次分省排纂"③。省志下分两个二级类目，即通志类和府县志类。府县志类之下，又以府县区域之下分三级类目，而"于府县志之次序悉依《清史稿·地理志》排列"④，在同一类目当中，又以成书之年代排列方志，做到了以地域为经，以年代为纬的文献组织方法。这充分体现出传统目录"辨章学术、考镜源流"的特点。从阅读目录中，可以了解我国大部分地方之行政区划及其源流，以及每一地区方志学发展概况。笔者将在下文中做具体阐述。

2. 编目

中国传统目录学历来重视学术史影响下的编目工作，多注重于通过编目反映学术史之轨迹，而于取便检索等公共藏书目录所需之编目法则相对忽略。姚名达先生曾经说过："目录之两大要素，曰分类，曰编目。"⑤由此可见它的重要地位。《中国古方志考》在编目上继承了中国传统目录学固有的优良传统，如考证文献（书名、作者等）、编纂解题等，而尤其具有学术价值的则是张氏在前人研究基础上所做的按语，使得本书不但超越了其所自称的"资料性质"⑥，且将古方志文献研究又向前推进了一步。

① 梁寒冰：《整理旧方志与编纂新方志刍议》，《中国地方史志论丛》，第 2 页。
② 杜定友：《校雠新义》，第 40 页。
③ 张国淦：《中国古方志考·叙例》，第 1 页。
④ 张国淦：《中国古方志考·叙例》，第 1 页。
⑤ 姚名达：《中国目录学史》，第 48 页。
⑥ 张国淦：《中国古方志考·叙例》，第 1 页。

（1）收录

目录以记载图书为根本目的，而《中国古方志考》是一部"古代方志书之综合书录"^①，收录了所能见到或见于记载的元代以前的各类方志文献："凡属方志之书，不论存佚，概行收录。"^②"凡古代所谓郡国之书及属于方志之一体者，并加收录。"^③主要包括普通意义上的方志文献，还有舆图、疆域、名胜等的述地文献和风俗、人物、艺文等的记人文献，以做到"必于古今之书不问存亡，概行载入，使其先后本末具在，乃可以知学术之源流"^④。但是诸如《山海经》《水经注》等文献不在收录范围，"惟山川一类，拟另编单行"^⑤。究其原因，或为数量较多，考证颇为困难。^⑥但是，据笔者所知，山川类的方志并没有编为目录以飨读者，这不能不说是今人在学术研究中的巨大损失。

在中国古籍的流传过程中，经常会出现同书异名的情况："古书书名，本非作者所自提。……所传之本多寡不一，编次者亦不一，则其书名不能尽同。"^⑦古方志中也存在此类情况，《中国古方志考》则尽量予以收录，以便"疑以传疑，俟诸来者"^⑧。如《三辅黄图》又名《西京黄图》，且前人著录多混淆为二书，但因沿革已久成为既成事实，则照旧皆予以收录。但是，如为近人所导致的同书异名情况，不见前人之著录，则不在收录范围，并以案语示之。如《京兆耆旧传》一书，案语曰："曾朴《补后汉书艺文志考》别出《冯翊耆旧序》《扶风耆旧序》。"^⑨两书不见

<hr>

① 张国淦：《中国古方志考·叙例》，第1页。
② 张国淦：《中国古方志考·叙例》，第1页。
③ 张国淦：《中国古方志考·叙例》，第2页。
④ 余嘉锡：《目录学发微：含〈古书通例〉》，第13页。
⑤ 张国淦：《中国古方志考·叙例》，第2页。
⑥ 山川类文献数量较多，以《四库全书总目提要》所收录之河渠、山川类图书（不包括存目）为参考，共28部。其中元代以前著作共9部，约占32%，除去清代是历史地理学和方志学的大发展时代，则清代以前的山川类文献多成书于宋元以前，且多有重要著作。因此，从文献数量和学术价值上来看，是有单独成书的可能性的。
⑦ 余嘉锡：《目录学发微：含〈古书通例〉》，第205页。
⑧ 张国淦：《中国古方志考·叙例》，第4页。
⑨ 张国淦：《中国古方志考》，第153页。

前人目录中收录，实为近人从《京兆耆旧传》中析出而单行，可视为伪书，因此不在收录范围之内。这样既做到了考证文献之真伪，不因为伪书而影响读者对文献和学术产生误解，又做到了多闻阙疑，以便进一步之考证。

（2）著录

1）著录书名、卷数等

书名主要来源于前人之记载，尤以目录著录为准。"首条备录书名篇卷，余条相同者从略，而有互异者则仍存之。"[1] 即以最先收录该图书之目录所著录的书名为准，如其他目录对该图书也有收录，但是书名篇卷等都相同，则只标明目录名。如有不同之书名和卷数记载者，则将目录和解题保存下来，以便阙疑。这样的著录方法，既可以省去重复著录之工作，又可以了解每一部书在各代的流传情况，在辨章学术的同时，也为进一步展开其他文献工作如辨伪[2]等奠定了坚实的基础。

《中国古方志考》中也对部分书名进行了改订。书名有张氏自拟者，如《魏博相卫贝澶六洲图》[3]和《青淄齐郓濮等州山川道路形势图》[4]等，在张氏所辑录之材料中，并没有书名，而是通过材料加以总结得出。这颇有校雠学中订定书名的意味，也体现了我国传统目录学中以分类之书名目录为主流形式的特点，即作者姓名可阙，而书名则不可不定的"以人类书"[5]的思想。

其中，尤其值得提出的就是《图经》。《图经》是一种地方志的通称，唐宋以后使用该名者较为普遍，但是这给著录工作带来了困难。因为通过书名很难看出各书之差异："今《太平寰宇记》及《舆地纪胜》所引，只泛称图经，冠以地名者甚少，而能别其为州为府为县者则尤少。"[6]为便于读者通过书名理解图书内容和检索，作者于所收录的图经之前：

---

[1] 张国淦：《中国古方志考·叙例》，第 2 页。

[2] 梁启超吸收前人之观点，于《古书真伪及其年代》和《中国历史研究法》中不止一次提到通过查阅目录辨别图书之真伪的方法。

[3] 张国淦：《中国古方志考》，第 130 页。

[4] 张国淦：《中国古方志考》，第 188 页。

[5] 郑樵：《通志·校雠略》，第 1820 页。

[6] 张国淦：《中国古方志考·叙例》，第 3 页。

"冠以当时之地名，加括号以别之。"①如《（舒州）图经》《（歙州）旧经》等。

冠以朝代或年号之书名著录。方志在发展的过程中，有其本身的文献特点，即一书完成后，多有续修之作。为与原作区别开，每有续作问世后，或冠以朝代名或冠以年号于原书书名之前，如《元庐州志》《元宿州志》等。此外，因地域区划会随着时代的变化而发生一定的变动，所以有部分书籍，如《元丰九域志》等在原书成书后就标以朝代，以体现地理区划的历史性。"书名往往概括地反映了一部书的内容、体裁与作者。"②这种书名又是符合该特征的，以更好地了解图书之内容。加之其是历史原因所造成，并已成为正式名称，被人们所接受，是方志图书命名的规则之一，因此需要保留。但是并不是所有的图书都使用这样的命名方法："其余不冠者，自不必据此增加。"③不对原书名作不必要的变动。

2）标明存佚，以示图书之有无，便于读者查阅原书

全书"凡属不传之书，于标目下注一佚字"④，没有效仿《经义考》之例，标注存、阙和未见。对于未见与佚之分别，自《经义考》使用之后，受到部分学者的质疑。孙诒让就认为："未见与佚，虽著录有无，足为左契，而时代迁易，未可刻舟。"⑤但是，在《中国古方志考》所收录的部分图书，已是阙书，如《元和郡县志》，原名《元和郡县图志》，后因"图"的部分逐渐亡佚，而只剩下文字部分。因此，该书实为阙书，则有必要在著录时予以标明，以考全书之原貌，辨学术之源流。《中国古方志考》收录佚书，而于阙书之考证则是值得商榷的。

对于辑本，则仍著录为"佚"。清代是我国辑佚学的大发展时期，许多亡佚的图书通过辑佚，而使今人得以见其一鳞半甲。梁启超就认为：

---

① 张国淦：《中国古方志考·叙例》，第 3 页。
② 程千帆、徐有富：《校雠广义·目录编》，第 54 页。
③ 张国淦：《中国古方志考·叙例》，第 4 页。
④ 张国淦：《中国古方志考·叙例》，第 1 页。
⑤ 孙诒让：《温州经籍志·叙例》，第 10 页。

"入清而此学（笔者按——辑佚学）遂成专门之业。"[①]《中国古方志考》收录的辑本主要有金溪王氏汉唐地理书钞辑本、蒲圻张氏大典辑本、吴县曹氏辑本、绍兴周氏会稽郡故书杂集辑本，其他如"张澍、严可均、陈运溶诸家辑本"[②]等。这些辑本的出现，虽可使读者窥见图书之部分内容，而于图书存否之现实并无直接关系。因此，以"佚"著录之，既可以反映此类图书之实际情况，亦可以指导读者阅读亡书之门径，一举两得，可谓允善。

3）各类中凡内容相同之书聚于一处，有助于学术的完整性

如《补元和郡县志》为清人著作，以附录的形式置于《元和郡县志》之后，这在《四库全书总目》中已有先例："若别为编次，寻检为繁。即各附本书，用资参证。"[③]同时，由于该书为古方志目录，而收录近代人的研究性著作，有助于学术源流之考辨，还图书之原貌，"即类究书，因书究学"，最终归结于学，而"学"者则以文献为载体，因此通过附录图书的形式，以补图书著录于"学"上之不全，在了解该书之研究史的同时，也提高了学术领域的全面性。

4）辑录体解题的改革和作用

《中国古方志考》在解题编纂方面，充分借鉴了《经义考》的解题编纂，即辑录体形式："只辑录旧文，有删无改，分析论断，多出前人，编者间抒己见，则附著案语之中。"[④]在解题之中，多引用前人之序跋，存书尤其如此。同时，也进行了部分的改革，以更好地体现解题在"辨章学术、考镜源流"方面的功能。

注重历代目录对文献的著录，并完全引用原目之解题。《中国古方志考》为学术专科目录，目的是以反映古代方志文献之编纂、演变以及学术的发展情况，因此佚书也在收录范围，并在该目录中占绝大多数[⑤]，

---

① 梁启超：《中国近三百年学术史》，第 252 页。

② 张国淦：《中国古方志考·叙例》，第 2 页。

③ 永瑢等：《四库全书总目》，第 397 页。

④ 张国淦：《中国古方志考·叙例》，第 1 页。

⑤ 以《中国古方志考》总志类文献为例，共收录了 151 部，其中现存图书（不包括辑本）只有 7 部，约占 4.64%，则古方志中佚书之数量可想而知。

而对这些佚书的来源及其演变之考证，很大程度上要通过目录的记载，以目录收录之有无，以及著录书名和篇卷等方面的变化，体现出图书的变化情况。而一些目录如《四库全书总目》《隋书经籍志考证》《郑堂读书记》等对古方志的著录及考证，其学术价值已尽善，将这些解题直接引用到《中国古方志考》中，不但省却了张氏对每一本图书均需考证所带来的繁琐工作，也将最有价值的解题呈现于读者面前，再补之以案语。这种解题方式，对于著录无序跋存世之佚书则尤显其价值。

因此，《中国古方志考》把标明每一部文献的出处作为解题的首要部分，并几乎涵盖了历代有影响的各类目录，包括历代正史艺文志、补史艺文志、历代公私书目。其中"历代各种书目，为本编来源所自，凡元以前者，悉行甄录"①。尤注重于收录元代以前文献的目录，也是与古方志的文献学特征分不开的。

根据其他材料所得之图书，也做到言必有据。《中国古方志考》中所收录之图书，多为见诸他书后被转录。有些图书如正史艺文志等是作者亲眼所见，而有些提及古方志的图书本身已经亡佚，而是由另外一本书中辑录了这本书的："其有据佚文著录之书，则于佚文书来源之篇卷子目，逐条备载。"②如《吴兴志旧编》一书之解题曰："《舆地纪胜》四：安吉州，碑记，《吴兴志旧编》淳熙中，教授周世楠撰。"③从中可知，该书出于某碑记，但该碑记已亡佚，佚文见于《舆地纪胜》中。通过这种解题方法，做到了图书虽佚，但书有本根，可补目录失收之图书，能更全面地反映古方志学之面貌，同时也从史源学等方面，为读者进一步考证该佚书提供了方便。

标注佚书之可见字句，有利于读者直接了解该书。佚书虽见于其他文献之记载，然而终究无法满足读者阅读原书之需求，因而有辑佚书之出现。中国的古方志，已有不少辑本，但是与佚书总数相比则相形见绌。④

---

① 张国淦：《中国古方志考·叙例》，第 2 页。
② 张国淦：《中国古方志考·叙例》，第 2 页。
③ 张国淦：《中国古方志考》，第 349 页。
④ 以《中国古方志考》中之安徽古方志为例，共收录 118 部，而有辑本者仅为 31 部，占总数的 26.3%。

因此，《中国古方志考》对于佚书之解题，凡有只字片语见于其他图书者，均示之以出处。如《庐州旧志》解题曰："《舆地纪胜》四十五：庐州，景物下千佛寺，古迹申将军庙，引《旧志》二条。《大明一统志》十四：庐州府，郡名金牛，引《旧志》一条。"①读者由此可窥见该书之片段。同时，对佚文的搜集和整理，也为辑佚提供了宝贵的史料，为进一步开展工作奠定了基础。

（3）按语的类型及价值

按语实为解题之一部分，本应作为解题下之一节阐述之。但是，自朱彝尊《经义考》以来，按语之学术价值日益被学者所重视，成为辑录体解题中不可缺少之组成。后之辑录体目录群起而效之，实成为目录作者表达其学术观点、研究方法等最直接的表现之一，因此有单独阐述之必要。《中国古方志考》的案语主要包括考证文献及解释古地名两方面。

1）考证文献

辑录体目录中，案语之最重要作用就是补充辑录的材料在文献解题方面之不足，或纠正前人研究中的错误，能更准确地反映图书之原貌及其发展。《中国古方志考》的案语均不同程度地涉及考证文献书名："曰九州者，当如裴秀《禹贡九州地域图》，本之《禹贡》九州而准以今之十六州也。"②作者如对《大元大一统志》编者之考证③、版本如对《吴地记》之考证④、成书年代如"是志当作于金元之际"⑤、纠谬如"文氏补《晋志》，又有《元康六年地志》三卷，当系涉《元康三年地记》而误"⑥、地名如"曾巩《道山亭记》，城中凡有三山，东曰九仙、西曰闽山、北曰越王，故郡有三山之名"⑦，流传如"是图缩本题《华夷图》，于齐阜昌七年（南宋绍兴七年）上石，今其石存西安碑林"⑧，或阐述

---

① 张国淦：《中国古方志考》，第291页。
② 张国淦：《中国古方志考》，第60页。
③ 张国淦：《中国古方志考》，第118页。
④ 张国淦：《中国古方志考》，第206页。
⑤ 张国淦：《中国古方志考》，第140页。
⑥ 张国淦：《中国古方志考》，第58页。
⑦ 张国淦：《中国古方志考》，第418页。
⑧ 张国淦：《中国古方志考》，第78页。

收录该图书之原因如"《吴录》史类，非专地理书，但此地理一部，援引者甚多，名之曰《吴录地理志》，兹故据录"①，而在更多情况下则是一条案语中涵盖多项考证内容。这在丰富考证内容的同时，也提高了该目录资料汇编的性质，而更多地体现出学术性。

2）解释古地名，简述地名沿革

目录以"辨章学术、考镜源流"为主旨，而以指导读书门径为其主要目的之一，目录"其功用甚溥。……一曰治学涉径之指导"②。不少使用目录的人为初学者，而对古代地名及其沿革知之甚少，如无说明，则无法形成很明确的地域观念，这对通过目录了解方志书的内容是不利的，更无法发挥目录考地名之源流，辨地方史学之发展的功用。因此，该书在案语中多说明地名之沿革，如《庐江记》一书的案语："案：汉庐江郡治舒，隋庐江郡治合肥，唐宋庐州庐江郡，元庐州路，明清庐州府，府治合肥县。"③由此可知庐江郡由汉至清时的行政沿革及府志之变化，使读者对庐江郡和合肥有粗浅的了解。又如《徐州先贤传》案语："晋宋徐州，今江苏省北部及安徽省地。"④将此类案语结合在一起，即可简要地掌握中国行政地理之沿革，于学术及源流之考辨均具有重要的目录学和地理学价值。

3.《中国古方志考》的学术史背景及价值

《中国古方志考》的出现，是当时方志学和目录学发展到一定阶段的产物，是在学术史和目录学影响下形成的："目录不可避免地要受到文化学术发展状况的制约。"⑤分析该目录问世之背景，有助于更好地体会我国传统目录学中，强调与学术史的结合，注重学术史影响下的目录及目录学著录下的学术之间的互动关系。

（1）方志学的发展及民国时期方志编纂

方志学形成于清乾隆时期，自章学诚提出诸多编纂方志的理论与

---

① 张国淦：《中国古方志考》，第 52 页。
② 昌彼得：《中国目录学讲义》，第 22 页。
③ 张国淦：《中国古方志考》，第 290 页。
④ 张国淦：《中国古方志考》，第 201 页。
⑤ 程千帆、徐有富：《校雠广义·目录编》，第 13 页。

方法之后，我国的方志编纂与研究正式成为一门学科。"方志学之成立，实自实斋始也。"①到了晚清时，方志学已正式发展起来，形成了同、光、宣时期的修志高潮："其间编修的志书留存至今的有1164种，尚不包括里镇志、乡土志等在内。"②国家鼓励多修方志，并颁布政策以期制度化，而地方不论出于何种目的也积极响应，方志的数量增多，而编纂理论也随着西方诸如社会进化观的引入而发生改变，到20世纪30年代时，我国的方志学已经达到了建国前的发展高潮："民国时期，中国近代方志学进入了主乐章，并逐渐走向高潮。"③方志的编纂理论受到新史学等思想的影响，方志的学术价值逐渐被人们所认识，并成为学术研究中的重要材料："各地方分化发展之迹及其比较，明眼人遂可以从中窥见消息，斯则方志之所以可贵也。"④历史研究已从国家层面转向社会层面，方志在社会中所起到的作用正在被重新认识，其数量也急剧增加："民国政府时期，编纂的方志据《中国地方志联合目录》著录者统计，总数达一千一百八十七种。"⑤而在民国时期，又以学术大繁荣的20年代末至30年代中前期为发展的代表："这段时期纂修及刊印的方志，共有626种，占民国时期方志总数的43.6%，平均每年有56部方志问世。"⑥其数量之多，编纂之密集，在方志学史上是罕见的。而对方志学的理论研究离不开方志学史，民国时期新的方志编纂理论层出不穷，"首先引起了修志宗旨的变化，而修志宗旨的变化又使方志性质、方志体例、方志编纂法等各个方面做出了相应的调整"⑦。而新的理论的提出，无疑需要对中国旧方志编纂的理论与实践有一清楚之认识，因此，学术研究集中到中国古方志上，

---

① 梁启超：《中国近三百年学术史》，第290页。
② 许卫平：《论晚清时期的方志学》，《扬州大学学报（人文社会科学版）》2002年1月（第6卷第1期），第82—86页。
③ 许卫平：《中国近代方志学》，第75页。
④ 梁启超：《中国近三百年学术史》，第287页。
⑤ 仓修良：《方志学通论（修订本）》，方志出版社，2003年，第373页。
⑥ 许卫平：《中国近代方志学》，第95页。
⑦ 廖晓晴：《民国时期方志学理论述评》，《辽宁大学学报（哲学社会科学版）》2004年1月（第32卷第1期），第77—85页。

要求对中国曾经出现过的古方志有系统的整理和研究，并从中得出元代以前中国方志的发展情况，"目录的编制还受到人们对文献的特定需要的制约"①。而《中国古方志考》正是在这种学术背景下形成的，它适应了当时人们在方志学史和方志学理论研究中对古方志文献的需要，成为时代之作。

（2）专科目录的发展

随着晚清时期西方先进科技的传入，我国在科学技术领域开始快速发展，社会分工日益明显，经济基础的变化波及学术领域，最明显的表现为学术研究的学科化，学者也由过去的"通才"转向"专才"，从事于专门研究的学者越来越多，编纂的专科性书籍也随之增长，而以专科文献为基础的专科目录则应运而生。

专科目录自晚清时期已逐渐开始发展，并在民国时正式奠定了作为目录中重要组成部分的地位："学科目录的产生，适应了人们的专门需要，而且随着科学研究的发展，学科目录也就越来越发达了。"②民国是专科目录发展的第一个高潮时期③，各种专门学科均是刚刚兴起，已有一定的文献积累和学术沉积，需要通过目录的形式，以总结前阶段学术研究的成果和文献编纂的成就，以供学术进一步的发展。各科均有专科目录出现，其中方志学也不例外，而作为方志学内一分支学科的方志学史，更需要一部专科目录以供学者研究之用。

（三）总结

综上所述，《中国古方志考》是一部专门收录宋元以前方志文献的专科目录，其吸收了中国传统目录中的优良传统和编目实践，在分类、解题、案语等方面均取得了不小成就，而其最大的价值则在于开创了中国古方志学史目录之先河，拓展了中国方志学史和目录学史研究的新领域，为初学者提供了指导读书的门径，为学者查阅古方志从事于方志学

---

① 程千帆、徐有富：《校雠广义·目录编》，第14页。
② 程千帆、徐有富：《校雠广义·目录编》，第218页。
③ 目录编纂与目录学研究分不开，20世纪30年代是我国目录学研究的第一个高潮，也是目录编纂的第一个高潮，而另一个高潮则出现在20世纪80年代至90年代中期，此时期出现了大量的目录学研究著作，而编纂的目录数量也是与之相对应的。

史的研究奠定了文献基础。当然，在该书中还有一些值得商榷的地方，如没有大、小序之编纂，而"小序，所以考一家之源流"[①]，其价值可想而知。另外，对于"阙书"没有明确标明等。但是瑕不掩瑜，这并不影响《中国古方志考》所达到的学术成就。

---

① 余嘉锡：《目录学发微：含〈古书通例〉》，第 30 页。

第五章 史学专科目录研究

第一节 民国专科目录发展简述

一、专科目录学的兴盛

中国传统目录学成就主要体现在综合目录方面，我国传统目录学的初祖——《七略》，就是一部收录各类图书的综合目录，其后出现的官修、史志、私人藏书等目录，大多以综合目录的形式出现。因此我国的传统图书分类法更为集中地表现在综合图书分类上。只有当某些文献为正统文化所忽视，才被动地形成专科目录。如我国的佛教目录著作，即是传统专科目录的典型。或者在校雠过程中，因分工之不同而出现，如杨仆之《兵录》、祖暅之《术数书目录》等。或是以专科研究为目的，特地编纂专科目录者，如《经义考》《史籍考》《小学考》等，其学术价值虽大，但是在中国传统目录学史中并不占主体。

中国的传统专科目录始终没有真正受到学者的注意，直到晚清民国时期，这种情况才开始发生转变。伴随着西方坚船利炮的冲击，西方的先进生产力，以及在这种经济基础下所表现出的上层建筑传入中国，中国在社会巨变的同时，也在吸收着西方文明所带来的政治、经济、文化等方面的革新。新的社会分工在中国悄然兴起，原先建立在小农经济基础上的社会分工逐渐瓦解，而更多地朝愈加细化、专门化方向发展，这种社会分工的表现，也影响到了学术界，最明显的就是学科的细化和专门化。学者试图通过西方的学术系统来规范中国学术："20世纪初，中国学者在对中西学术分类时，已逐渐走出'四部'分类的框架，用西方近代知识分类标准来会通中西学术，尝试构建中国自己之新知识系统。"①中国的学术分科日渐增强,学者所进行的专门化研究也随之深入,学者由过去的"通才"逐渐向"专才"方向发展,尤其是西方自然科学的引入,更加速了中国学术专门化的发展。

至民国后,学术的专科化已基本形成,各种专门学术形成并日渐成熟,这对目录学的发展造成了巨大的影响,即专科目录的数量增多了,人们对其在学术研究中的作用也有了更明确的认识。20世纪20年代,袁同礼就学术与专科目录的关系有着清楚的认识:"学术随时代而增进,其园地亦随时代而扩展。当今之世,学者每以个人经历有限,兼习为难,势必分道扬镳,于是专精尚焉。欧美学术界,自19世纪中叶以来,即趋重于专门。盖既尊专门矣,则必于前人研究之结果,先事泛览涉猎,方能继长增高。专科目录,缘之而兴,目录之学,遂蔚为大国,骎骎乎莞群学之极键焉。我国载籍,浩如渊海,尤有赖于专门目录,为之统系贯穿。乃前此之治目录学者,或偏重学术源流,或偏重板本,若夫专门目录之书,朱彝尊《经义考》、谢启坤《小学考》而外,殊不多觏,此今日学者所极应补救者也。"②

目录学的职能逐渐发生了变化。中国传统目录的作用更多地表现在"藏",即通过目录来反映藏书,而近代专科目录的出现,则使得目录更配合于学术研究之需要。姚名达先生在《中国目录学史》中对专科目录在近代发达的原因,有一概括性的总结,现摘录于下:"藏书目录随藏家之嗜好而发展,亦随藏家之兴衰而生灭。虽汉唐盛世之《七略》与《群书四部录》亦不能流传后世。学者恨焉,乃借重于史志,而不幸史志亦不能包举一代而无遗蕴!学者欲通晓古今,洞识所学,乃不得不各自就其本科目录作彻底之研究。此专科目录所以发达于现代,一也。藏家无论公私,多假以自炫,初无专精一科之志,故煌煌巨册,非不丰美;而平均分配,各科皆备;及专家用之,辄感其不精不足;势须独具只眼,另行搜求。此专科目录所以早已脱离藏书目录而独立,二也。百科竞出,群籍充栋,初学者望洋兴叹,茫然不知从何下手。洞明其学者,各就

---

① 左玉河:《从四部之学到七科之学—学术分科与近代中国知识系统之创建》,第313页。
② 袁同礼:《老子考·序》,王重民《老子考》,中华图书馆协会,1927年,第1页。

其所赏识，选拔要籍，以作读本，实为学术进步之第一阶段。此专科目录所以先乎藏书目录而产生，迄乎现代而尤盛，三也。"[1]

但是，无论传统时期的综合目录，或是近代以来兴起的专科目录，其在学术史中所要达到的目标却是一致的，都是以"辨章学术、考镜源流"作为目录价值的体现。而专科目录因其编纂的特殊性，如编纂者大多为专门学者，收录之文献不受藏书之限制，编纂目录旨在反映本门学科的发展历史及现状等，而更能体现出目录与学术之间的密切关系。

二、民国专科目录发展的特点

民国时期的专科目录在中国传统目录的基础上，吸收、借鉴了西方学术分科等的影响，形成了专科目录学的大发展。

（一）专科目录的种类丰富，数量激增

随着人们对专科目录作用认识的加深，学者编纂专科目录的种类和数量都有了明显提升。姚名达先生《中国目录学史》中，罗列了经解目录等 15 种专科目录，且每一种内都有民国学者编纂的专科目录。

随着西方近代分科理论的引入，中国的学术分科逐渐迈向近代化：新兴的学科尤其是自然科学和应用科学迅速被中国大部分学者所认识和接受；社会科学方面，中国的学者也用新的学科分类体系审视中国传统学术的社会意义。因此，此时期出现了大量的自然科学和应用科学方面的专科目录，如数学、医学、农学、军事学、生物学、心理学、工程学等专科目录。在社会科学方面，也有如哲学、文学、教育学、社会学、宗教、艺术等专科目录。此外，中国固有的传统学术，如经学、史学、小学、金石学等专科目录的编纂也进一步得到发展。

（二）出现了专科目录学理论著作

郑鹤声《中国史部目录学》为其代表。先生认为："为学之道，首在得门径，未获门径，而能登堂入室，登峰造极者，非所闻焉。目录学者，读书之门径，而史部目录学，则又读史之门径也。"[2] 全书探讨了

---

① 姚名达：《中国目录学史》，第 268 页。
② 郑鹤声：《中国史部目录学》，商务印书馆，1933 年，第 1 页。

史学源流、史部在综合目录中的位置、史书的分类、史部各小类的源流、史志目录等，对史学专科目录的发展历史、学术价值、意义等有了较为系统的阐述。该书之问世标志着专科目录学由过去的编纂实践转向了理论探讨，"作为专科目录学，它比它以前的著作大大推进了一步"①。然而对于专科目录学理论的大范围探讨，还是在新中国建立以后才真正展开。

（三）专科目录编纂人员逐渐专门化

中国古代编纂专科目录者，多为通才，即很少有专门人才编纂专科目录。而至民国时期，学者的研究多向专门化方向发展，出现了大量的专门学者，传统意义上的通才在社会中已不占主要地位。编纂专科目录者，更集中在各专门学者之中。如郑振铎为文学家，而著有《关于诗经研究的重要书籍介绍》《中国小说提要》等论著，孙楷第专攻中国古典小说，而著有《中国通俗小说书目》等。梁启超认为随着时代之演进，专门史之编纂应依靠专门学者。他在《中国历史研究法》中说道："治专门史者，不惟须有史学的素养，更须有各该专门学的素养。此种事业，与其责望诸史学家，毋宁责望诸各该专门学者。"②而将其运用于专科目录的编纂也具有同样的指导意义。

专科目录在民国时期的大发展，为研究此时期的专科目录学提供了大量的史料，但是因笔者个人能力有限，无法对每一类专科目录作探讨。因此，这里只是选择了史学专科目录，以及在其他各科中能体现该学科发展史的专科目录。关于前者，因其在中国的发展历史较早，自刘宋时期，就有裴松之的《史目》，之后相继有杨松珍所撰之《史目》、商仲茂《十三代史目》、杜镐《唐五代史目》、高似孙《史略》及章学诚的《史籍考》等，且史学在中国社会具有重要的政治意义和学术意义。

---

① 桑良知：《专科目录学著作——〈中国史部目录学〉》，《图书馆学学刊》1984年第2期，第59—63页。

② 梁启超：《中国历史研究法》，上海古籍出版社，1987年，第38页。

第二节　专门史研究与专科目录

一、文学史专科目录研究

（一）孙楷第及他的《中国通俗小说书目》

《中国通俗小说书目》是我国民国时期出现的以收录通俗小说为主的小说史专科目录，并以其收录文献的丰富性、解题的学术性、分类的开创性，成为当时乃至今日最有学术价值的专科目录之一，长期以来成为学者研究文学史和目录学的必备工具书，基本上反映了我国自宋至清以来通俗小说史的发展以及小说文献版本流变、收藏等具体情况。但是，这部书目使用者多，研究者少，从目录学的视角分析其学术史价值者更成为研究的薄弱环节，这里拟从此方面出发，探讨《中国通俗小说书目》在民国时期的学术地位。

1. 孙楷第及《中国通俗小说书目》简介

（1）孙楷第介绍

孙楷第（1898—1986），河北沧州人，我国著名的小说史学家、戏曲理论专家、敦煌学家、目录学家。1928 年国立师范大学国文系毕业，师从杨树达，并与陈垣关系密切，在文献学、校勘学等方面多受二人的指点，并"在学术上私淑清代乾嘉学者，偏长考据之学"①。之后，又"学目录学于守和先生，习而悦之，遂有志于撰作"，守和先生即袁同礼，曾长期担任北平图书馆馆长。孙先生在民国时期先后工作于北平师范大学、中国大辞典编纂处、国立北平图书馆等处，建国后任教于北京大学，1953 年起在中国社会科学院文学所任研究员。先生一生著作颇丰，与文献学有关者，如《〈刘子新论〉校释》《王先慎韩非子集解补正》《敦煌写本〈张议潮变文〉跋》《敦煌写本〈张淮深变文〉跋》及《俗讲、说话与白话小说》等，而目录著作更是先生研究文学史的主要学术表现。

---

① 余来明：《孙楷第与中国古典小说文献学之创立》，《明清小说研究》2009 年第 2 期，第 29—40 页。

1931 年，他就在《北平图书馆馆刊》上发表了《中国通俗小说提要》。同年，先生被中国大辞典编纂处派往日本访书，期间编纂了《日本东京所见小说书目》，并在回国后"迁道大连返平"①，途经大连满铁图书馆，阅读了日人大谷光瑞所藏的通俗小说，并撰写了《大连图书馆所见小说书目》。同时，先生还著有《述也是园旧藏古今杂剧》《也是园古今杂剧考》，并为《续修四库全书总目》撰写了小说和戏曲部分提要。而最著名的则要是 1933 年由中国大辞典出版社和北平图书馆出版的《中国通俗小说书目》。他被誉为"研究中国小说史最用功又最有成绩的学者"②。

（2）《中国通俗小说书目》的成书过程

《中国通俗小说目录》成于民国时期，当时中国俗文学普遍受到学术界的关注，并处于"就许多新的资料的出现而将文学史的局面重为审定的一条大道"③的文学史料大发现的时期。中国的俗文学如戏曲，已经有了可供学者利用的有价值的目录著作，如王国维《曲录》、董康等人编辑整理的《曲海总目提要》等，在目录学方面对文献整理的学术成就做了系统的梳理。但是中国的通俗小说文献，虽与戏曲研究有同等的学术地位，"戏曲小说等民间通俗文艺受到空前的重视，社会文化地位迅速提升，得以与诗文平起平坐"④，但是并没有与之相匹配的书目，以总结小说史研究和文献整理的成果。"商务版的《小说丛考》和《小说考证》为最早的两部专著，但其中材料甚为凌杂。名为'小说'，而所著录者乃大半为戏曲。"⑤当时已有学者对此予以关注，如黎锦熙便认为："戏曲如静安《曲录》，搜采略备，唯通俗小说仍无人过问。"⑥当时，孙氏受黎氏思想的影响，有志于相关文献目录的编纂工作，并先已做过《中国通俗小说提要》等目录编纂工作，又有考证小说文献的学

---

① 孙楷第：《日本东京所见中国小说书目·序》，人民文学出版社，1958 年，第 2 页。
② 胡适：《〈日本东京所见中国小说书目提要〉序》，《胡适全集》第 4 卷，第 438 页。
③ 郑振铎：《三十年来中国文学新资料发现记》，《中国文学研究》下册，第 1352 页。
④ 苗怀明：《二十世纪戏曲文献学述略·引言》，第 2 页。
⑤ 郑振铎：《中国通俗小说书目序》，《中国文学研究》上册，第 478 页。
⑥ 黎锦熙：《中国通俗小说书目·序》，孙楷第《中国通俗小说书目》，人民文学出版社，1957 年，第 7 页。

术功底①，加之工作上的便利，为先生从事此方面的研究工作提供了条件："民国十八年，服务中国大辞典编纂处，遂奉命编辑。……十九年秋，入北平图书馆服务，遂得专心从事于此，因旧目而扩充之。"②先后赴国内外如大连、日本等地考察和阅读相关文献，并以"旧孔德中学图书馆，旧大连图书馆，以故马隅卿先生、日本内阁文库所藏书为主"③，辅之以其他公私藏通俗小说文献，同时，先生对通俗小说文献整理有巨大的毅力："这个需要过人的坚忍和精力以成之者的工作，却为子书先生所独力肩负以底于成了。"④而最终编成了此书，"写完在 1931 年上半年，明年三月出版"⑤，共十二卷。其后一直没有做过修改，直到 1954 年，才经王重民介绍，由张荣起负责对该书予以修订，主要是添加了当时孙氏所未见的小说或版本，并经过了孙氏的进一步删减，且删去者，"大约又三分之一而强"⑥，由作家出版社于 1957 年出版了修订本，1982 年又由人民文学出版社予以重印，使研究目录学和小说史者能较方便得到此书。

2. 孙楷第"辨章学术、考镜源流"的传统目录学思想

中国古典目录以学术之流别与考辨见长，自章学诚时已用"辨章学术、考镜源流"加以概括，余嘉锡更认为："目录者，学术之史也。"⑦孙氏早年受到杨树达、袁同礼、陈垣等学者的影响，在强调考据学的同时，也将传统目录学的理论尤其是分类学理论运用于目录编制实践中。

首先，对目录学理论的认识。孙氏认为："簿书分类，本以辨析源流，于庞杂众书之中分别部居，使以类相从，纵横上下，见具条理。"⑧由此可见，图书分类法不仅为部居图书，使之不相混乱的工具，更要能

① 《中国通俗小说提要》发表于《北平图书馆馆刊》第 5 卷第 5 期（1931 年 10 月）；关于小说文献的考证文章，如《关于英雄儿女传》发表于《国立北平图书馆刊》第 4 卷第 6 期，《夏二铭与〈野叟曝言〉》发表于《大公报·文学副刊》1931 年 3 月 9 日等。
② 孙楷第：《中国通俗小说书目·序》，第 7 页。
③ 孙楷第：《中国通俗小说书目·序》，第 5 页。
④ 郑振铎：《中国通俗小说书目·序》，《中国文学研究》上册，第 478 页。
⑤ 孙楷第：《中国通俗小说书目·序》，第 1 页。
⑥ 孙楷第：《中国通俗小说书目·序》，第 4 页。
⑦ 余嘉锡：《目录学发微：含〈古书通例〉》，第 30 页。
⑧ 孙楷第：《中国通俗小说书目·分类说明》，第 2 页。

从中有学术发展的脉络可寻，成为"即类究书，因书究学"的专门学问。

其次，对分类标准的认识。中国传统图书分类，历来有"体""质"之别，即为内容与形式的不同："主质颇能统学术之流别……崇体则能使界限归诸整齐。"[1]从学术史的角度看待图书分类的标准，则以内容为标准的学术意义更要大于体裁对反映学术史方面所带来的限制，加之专科目录要以反映学科发展及特点为根本任务，因此，从分类体现目录的学术史性质则显得更重要。孙氏认为："簿录分类，宜以性质区画，不得以形式为判。"[2]但是，形式也是重要的参考标准之一，如长篇小说与短篇小说之分，这在目录编制实践中显现出来，笔者将在下文予以说明。同时，该书在以内容为分类标准的同时，在子目中还要按照写作年代早晚排列文献。通过这种办法，在子目中"则列朝著作之渊源系统与夫异同多寡，可得而稽考，意至善也"[3]，以文献的排列及具体位置的安排体现通俗小说编纂的发展史。

第三，解题中的传统目录学思想。《中国通俗小说书目》以著录小说的版本见长，并通过版本反映出小说发展史的演变，并以"辨章学术，考镜源流"的思想指导解题的编纂实践。对此，笔者将在下文作专门阐述。

3.《中国通俗小说书目》的目录学特点及价值

《中国通俗小说书目》的问世，是人们对通俗小说文献的研究在目录学上的体现："目录的编制还受到人们对文献的特定需要的制约。"[4]该书是中国通俗小说史研究成就的反映，体现了当时小说史研究的成果，也在目录学上开辟了编纂通俗小说书目的具体模式，成为小说专科目录的典范。

（1）文献分类的继承与突破

文献分类是目录学的重要组成部分，也是体现目录学价值的关键："目录之两大要素，曰分类，曰编目。"[5]凡研究中国传统目录学者，

---

① 汪辟疆：《目录学研究》，第140页。
② 孙楷第：《中国通俗小说书目·分类说明》，第2页。
③ 孙楷第：《中国通俗小说书目·分类说明》，第2页。
④ 程千帆、徐有富：《校雠广义·目录编》，第14页。
⑤ 姚名达：《中国目录学史》，第48页。

多将其视为表现学术史的具体手段："分门别类，秩然不紊，亦足考镜源流"①。《中国通俗小说书目》充分利用类例，以体现通俗小说在学术发展中出现的不同类型与内容，通过分类，为中国通俗小说文献构建了规范的学术体系，奠定了中国通俗小说研究的文献学基础。

首先，以内容作为分类的标准。关于小说文献的分类，在孙氏之前，已有学者予以讨论，然而当时小说的概念与今不同，如《四库全书》子部中有小说类文献，分为杂记、异闻、琐语，却与现代意义上的通俗小说大相径庭，因此其分类不能成为分类通俗小说的依据。"通俗小说，自来不登于史籍，故其流别在往日亦不成问题。"②此外，前人的分类较为简单，文献的内容性没有反映出来，如郑振铎先生就认为中国小说可分为短篇小说、中篇小说和长篇小说，其中短篇小说又分为笔记、传奇和平话③，篇幅的多寡成为重要标准。但中国传统目录以分类见长，并达到"辨章学术、考镜源流"的目的，"类例之法重于以内容相同之书聚于一处，以便于专科学者之探讨"④。因此，以内容为中心的分类体系，必然成为最具有学术价值的分类标准之一。该书将数量占优的讲史小说从其他小说中分离出来，单独列为一类；又按内容分明清小说部乙为烟粉、灵怪、说公案、讽喻四子目：就充分证明这一点。

其次，继承并改进了前人的相关成果，构建了新的分类体系。《中国通俗小说书目》分文献为宋元部、明清讲史部、明清小说部甲、明清小说部乙，书后附有《存疑目》《丛书目》《日本训译中国小说目》《西译中国小说简目》和《满文译本小说简目》。其分类直接来源于鲁迅《中国小说史略》将通俗小说按内容分为讲史和小说两大基本部分，"是知讲史之体，在历叙史实而杂以虚辞，小说之体，在说一故事而立知结局"⑤的研究成果，体现了"图书分类以知识分类为基础"⑥的分类学特点。

① 余嘉锡：《目录学发微：含〈古书通例〉》，第 11 页。
② 孙楷第：《中国通俗小说书目·分类说明》，第 1 页。
③ 郑振铎：《中国小说的分类及其演化的趋势》，《郑振铎说俗文学》，第 39 页。
④ 杜定友：《校雠新义》上册，第 3 页。
⑤ 鲁迅：《中国小说史略》，《鲁迅全集》第九卷，人民文学出版社，2005 年，第 117—118 页。
⑥ 杜定友：《分类原则与分类问题》，《杜定友图书馆学论文选集》，第 112 页。

但是，学术分类与文献分类毕竟有不同之处，两者所设立的分类体系不可能完全相同，孙氏对此有充分认识："此乃文学史之分类，若以图书学分类言之，则仍有不必尽从者。"① 所以，孙氏按照个人的学术观点及通俗小说文献的特殊性，进行了进一步的深化工作，其中尤以明清通俗小说文献的分类改动较大。明清以来，"讲史之属，为数尚多"②，且自成一类体系，与小说在内容上又有不同，因此有必要将二者予以区分。但在对待小说文献的问题上，按照孙氏的意见，"小说者其词寡……本书目以小说甲类。又后而小说亦出钜制，同于讲史……本书目以小说乙类"③。实际上沿袭了《日本东京所见中国小说书目》的做法，按照篇章形式将小说分为短篇与长篇。对于长篇小说，又以"此书小说分类，其子目虽依《小说史略》，而大目则沿宋人之旧"④。在类名上继承了宋人对小说文献的认识，沿袭了宋人之传统，用当时的"灵怪""烟粉"等代替了《中国小说史略》中的"神魔""人情及狭邪小说"等，通过考镜类名源流的方法，反映自宋以来各类小说文献数量的变化，也可反映出各类通俗小说的发展与演变。

再次，提出了文献发展与分类法的关系。孙氏认为，分类法要根据文献的实际情况而定，即使如四分法也不是一成不变的，"然百家著书，有时非晚近四部所能牢笼，虽簿录学者可以意品题，而作者实非有定格"⑤。因此，孙氏所创造的分类法仍是以"事属草创"的形式出现，在该书及《日本东京所见中国小说书目》和《大连图书馆所见中国小说书目》中所使用的分类法均各有不同，希望能在以后得到进一步的完善。

（2）解题的特点

解题是中国传统目录的主体："我国古代目录学之最大特色为重分类而轻编目，有解题而无引得。"⑥ 并将解题之有无，视为体现目录学

---

① 孙楷第：《中国通俗小说书目·分类说明》，第 1 页。
② 鲁迅：《中国小说史略》，第 154 页。
③ 孙楷第：《中国通俗小说书目·分类说明》，第 3 页。
④ 孙楷第：《中国通俗小说书目·分类说明》，第 1 页。
⑤ 孙楷第：《中国通俗小说书目·分类说明》，第 2—3 页。
⑥ 姚名达：《中国目录学史》，第 346 页。

学术价值的重要标准。民国时期，随着"整理国故运动"的兴起，从清代沿袭下来的朴学传统受到了部分学者的重视，不少学者将其运用到新的研究领域中："有一些开明的学者就转而以朴学家治经的方法来治戏曲小说了。"①戏曲小说文献的考据成为文献学研究的新内容，而其中就以通过编制目录的方法对文献进行考据为显。而孙氏在此方面所作的成就尤为突出，他通过解题及附加按语的形式，发表自己的学术见解，"以朴学家的方法来研究文学，孙楷第是最具有代表性的学者"②。再加以较详细的考证，"文学上的考据不是一件容易下手的事"③，由此也看到了孙氏的学术功底。《中国通俗小说书目》的解题特点主要包括以下几点：

1）注重版本的著录

《中国通俗小说书目》及先前的《日本东京所见中国小说书目》《大连图书馆所见中国小说书目》，均是以著录版本作为解题的主要组成部分："他每记载一种书，总要设法访求借观，依据亲身的观察，详细记载版刻的形式与内容的异同。"④在《中国通俗小说书目》中，每收录一部文献，均不同程度地著录版本名、页数、字数、卷数、木记、印题名、序跋等具体情况。

第一，考证版本之异同。如《合同文字记》的解题："清平山堂刊本，《初刻拍案惊奇》卷三十三系改订本。"⑤则两者之前后关系可由此知晓。又如，《李卓吾先生评三国志》考证该书版本云："其板刻形式与绿荫堂本同，唯改眉批为夹批。"⑥则两个版本属于同一系统，内容文字等方面无有改变。通过对版本异同的考证，有助于读者了解各版本，有助于指导读者的阅读。

第二，考版本之源流。目录中版本的著录，为后学进行文献研究提

①　程毅中：《简述"五四"以来中国通俗小说的研究》，《南京师范大学文学院学报》2003 年第 1 期，第 95—104 页。
②　程毅中：《简述"五四"以来中国通俗小说的研究》，第 95—104 页。
③　胡适：《文学的考据》，《胡适全集》第 12 卷，第 26 页。
④　胡适：《〈日本东京所见中国小说书目提要〉序》，《胡适全集》第 4 卷，第 438 页。
⑤　孙楷第：《中国通俗小说书目》，第 21 页。
⑥　孙楷第：《中国通俗小说书目》，第 37 页。

供了方便，"目录书中尚有记版本、录序跋者，用意甚善，为著目录书者所当采用"①。然而，通过著录版本，以达到"辨章学术、考镜源流"的研究小说史的目的，则孙氏发挥了开创性的作用。孙氏在自序中说："我的书目，原有的版本注并不是遇本即书，把所见本子，毫无分别的放在一块，而是阅书时曾经把诸本大致比较过，略知其异同得失，编目时按次第甲乙写的。"②因此，作者颇注意于版本著录的源流性和系统性，如《东汉十二帝通俗演义》解题曰："金阊书业堂《东西汉全传》本，拔茅居《东西汉传》本并从剑啸阁本出。"③又如《三国志传通俗演义》解题曰："内容文字，并同周曰校本，当从周曰校本出。"④则读者在考证文献版本时，对版本的来龙去脉可据此有较清楚的认识。

第三，以版本系统为标准，细分子目。《中国通俗小说书目》的分类以内容作为主要标准，并细化到二级子目。但是，因该书为版本性质的专科目录，版本源流之不同成为划分类目的重要标准，存在于三级类目之中。如《三国演义》，有各种不同的版本，且这些版本中有些有源流关系，有些则无。因此，孙氏以版本为标准，分为"十二卷本二百四十则""二十卷二百四十则""六卷二百四十则""一百二十回不分卷""二十四卷一百二十回"及"六十卷一百二十回"，共六个三级子目，每一子目构成了相对独立的版本系统，有各自的源流关系。合之则是一部文献的全部版本之著录，分之则版本的不同和相互关系历历在目，也为小说史的考证奠定了坚实的基础。在该书中，凡遇重要之通俗小说文献如《红楼梦》《水浒传》等，均利用了此种分类方法，为读者从版本学的视角，研究小说的发展史开辟了道路。

第四，对版本的其他考证。孙氏通过版本建立了中国通俗小说史的学术系统，而除了考证各版本的源流关系之外，也对文献版本的某些具体问题，进行了必要的考证工作。或者对前人的版本研究加以纠谬，

---

① 余嘉锡：《目录学发微：含〈古书通例〉》，第75页。
② 孙楷第：《中国通俗小说书目·重订通俗小说书目序》，第4页。
③ 孙楷第：《中国通俗小说书目》，第29页。
④ 孙楷第：《中国通俗小说书目》，第32页。

如《毛宗岗评三国志演义》解题曰："刘廷玑《在园杂志》卷二《论三国演义》有云：杭永年一仿圣叹笔意批之。……疑永年未尝自为书，但取宗岗评本稍加评语。"①或者对未知的版本进行了鉴定，如《李卓吾批三国志传》解题："此殆清初啸花轩刊本耳。"②或者考证版本年代，如《唐书志传通俗演义题评》："首无名氏序，署癸巳阳月，盖是万历二十一年。"③或者考证版本特点，以指导阅读，《说唐演义全传》："善成堂刊本，析原书为八卷，改题《说唐前传》，回目一律改为七言，刊工尤劣。"④或者对书坊予以研究，《天德堂刊本李卓吾先生评三国志》解题："余见明八卷本《武穆精忠传》为天德堂刊本，则天德堂亦明书肆也。"⑤或者题别名以见版本之差异，如《梁武帝西来演义》解题："嘉庆乙卯（二十四年）抱青阁刊小字本，别题《梁武帝全传》。"⑥通过这些细密的考证工作，增强了《中国通俗小说书目》的版本学价值；孙氏在版本考证方面所取得的成就，为小说文献的整理提供了途径和方法。

2）对内容的著录

中国的通俗小说文献在民国时期成为文学研究的重要课题，与其在民间的广为流传有着密切的联系，群众多对图书内容产生浓厚的兴趣。同时，图书的内容是读者了解图书性质与主旨的重要手段，图书内容的逐渐转变与丰富也是判断文献发展源流的依据，对于判断小说文献与其他类型的文学文献的关系上有着重要的意义。《中国通俗小说书目》中注重对文献内容的介绍，使读者能了解不常见的文献的大致内容，也为研究故事情节的源流与发展奠定了基础。

全书注重图书内容源流的考辨。关于故事情节在图书中的演变，是全书的重点。如《灯花婆婆》解题曰："唐段少卿《酉阳杂俎》前集卷十五载刘积中事，即此本所演。冯梦龙《新平妖传》第一回，亦演此事，

① 孙楷第：《中国通俗小说书目》，第38页。
② 孙楷第：《中国通俗小说书目》，第36页。
③ 孙楷第：《中国通俗小说书目》，第42页。
④ 孙楷第：《中国通俗小说书目》，第44页。
⑤ 孙楷第：《中国通俗小说书目》，第35页。
⑥ 孙楷第：《中国通俗小说书目》，第41页。

而情节较略。"① 由此可知《灯花婆婆》的故事内容有其来源，也为其他文学创作提供了良好的素材。

通俗小说内容的源流，来自于两方面：一为其他小说内容，经过加工、改编成为新的小说内容的主题；而另一种则为，取材于其他类型的文献如史书等，并将其艺术化为文学文献的内容。对于以上两种情况，《中国通俗小说书目》中均分别考证了图书的内容源流。如《列国志辑要》一书"取冯梦龙《新列国志》要删为书"②，则为小说文献内部故事情节之转变，而《羊石园演义》一书"本《英吉利广东入城始末》（在《仰视千七百二十九鹤斋丛书》中）"③，则原文为纪事本末体的史书，新的内容补充到小说编纂中去。又如《比目鱼》一书"即传奇改作"④，则可见不同文学体裁之间，在内容上的相关联性。

此外，全书收录的文献有不少属于个人收藏或海外稀见的善本，为读者所不知，因此有必要介绍图书内容及主旨。如著录《平妖全传》时概括道："演天启间徐鸿儒事。"⑤ 而《楚材晋用记》一书的主旨则在于"作者之用意，盖不胜其沉痛云"⑥。而介绍图书内容，也离不开作者对它的评价，如《说唐后传》，孙氏评价："演为罗通征北，薛仁贵征东二事，较之《说唐前传》尤为荒诞。"⑦ 类似的解题，有助于读者对图书有一大致的了解，为进一步的研究提供了方便。

3）其他

解题中除了对文献版本和内容进行了较深入的考证之外，也涉及文献的其他方面的问题，如考证成书时间。《鸥鹭记》一书："此小说似当成于清初。"⑧《中国通俗小说书目》中以收录"语体旧小说为主"⑨。

---

① 孙楷第：《中国通俗小说书目》，第 17 页。
② 孙楷第：《中国通俗小说书目》，第 26 页。
③ 孙楷第：《中国通俗小说书目》，第 75 页。
④ 孙楷第：《中国通俗小说书目》，第 149 页。
⑤ 孙楷第：《中国通俗小说书目》，第 64 页。
⑥ 孙楷第：《中国通俗小说书目》，第 55 页。
⑦ 孙楷第：《中国通俗小说书目》，第 45 页。
⑧ 孙楷第：《中国通俗小说书目》，第 71 页。
⑨ 孙楷第：《中国通俗小说书目·凡例》，第 1 页。

图书位置的具体安排，是体现其性质，强调其学术价值的重要手段。目录中有部分图书在性质上与之稍有不同，因此在文献位置的安排上，孙氏做了妥善的处置。如《新中国未来记》："启超此作虽系寓言……文中所演多指当时事，与演当代事之讲史书亦有相近之处，今姑入讲史目。"[1]今人一般称之为"政治小说"，而归入讲史类中，丰富了目录的收录数量，也一定程度上反映出新出现文学体裁及其内容的学术源流。而有些解题通过文献的考证，直接与学术史研究结合起来，以文献为例，介绍小说文献史和学术史的发展。《皇明开运英武传》："今演明开国事者，以此书为最早。"[2]以明代建国为题材的通俗小说则有源可究。《豹房秘史》："按：明杜濬《变雅堂集》有听武宗平话诗，则明时伎艺人已演武宗事为小说矣。"[3]本为清代的通俗小说，而在明时已有相关内容的平话出现了。

（3）对书名、著者等著录项的考证

著录项是读者通过目录了解图书的主要途径："编制和使用群书目录，必须注意……每一部书在目录中的著录事项。"[4]著录项的正确与否，直接影响到读者对图书内容、性质、价值等方面的认识，具有重要作用。《中国通俗小说书目》对文献的书名、著者、存佚、收藏等均做了不同的考证工作。

首先，在书名方面。书名是一部书的标题，"往往概括地反映了一部书的内容、体裁与作者"[5]。孙氏在著录图书书名的同时，也对其中出现的问题进行考证。图书在流传中会出现文字上的错误，其中就包括书名，因此要予以校勘。如《大朝国寺》"朝字疑相字之误"[6]，《徐京落章》"章字疑草字之误"[7]。经过校勘，则图书的内容可大致明了。又有部分书名意义不明，需通过解释，才有助于读者之理解。《金统残

① 孙楷第：《中国通俗小说书目》，第77页。
② 孙楷第：《中国通俗小说书目》，第56页。
③ 孙楷第：《中国通俗小说书目》，第61页。
④ 程千帆、徐有富：《校雠广义·目录编》，第53页。
⑤ 程千帆、徐有富：《校雠广义·目录编》，第54页。
⑥ 孙楷第：《中国通俗小说书目》，第11页。
⑦ 孙楷第：《中国通俗小说书目》，第13页。

唐记》："金统，黄巢年号。"[1]或者通过解释书名，对图书的性质做出判断，如《烟粉小说》一书："此所录小说盖皆属烟粉类，故总题烟粉小说也。"[2]

图书在流传的过程中，经过不同的人的整理和刊刻，会出现不同书名的情况："关于书名，还有两种错综复杂的情况值得注意：一是同书异名，一是同名异书。"[3]对于小说文献来说，同书异名的情况更是屡见不鲜，孙氏对此均一一予以记录。《新世弘勋》："一作《盛世弘勋》，又名《定鼎奇闻》，后来有题作《新史奇观》者。"[4]而更重要者，是对这些异名进行了源流性的考证，小说文献书名变化较多，作者收录图书所使用的书名，或者是经作者所亲见的，或者有前人记载的所谓"古本"的书名，如《西山一窟鬼》来源于宋人小说之旧名。该目本为通俗小说史专科目录，通过著录原名的方法，便于读者了解。而通过历代目录著录书名的情况，则更有助于考证书名变化的轨迹，如《冯玉梅团圆》："原名《双镜重圆》。……按《通言》题作《范鳅儿双镜重圆》，《宝文堂目》作《冯玉梅记》，《述古堂目》作《冯玉梅团圆记》，《也是园目》作《冯玉梅团圆》。"[5]则该书在明至清初书名的演变可得而述之。

其次，在著者方面，孙氏多介绍图书著者之行事，以便达到"知人论世"的目的。如《野叟曝言》："清夏敬渠撰。敬渠字二铭，一字懋修，江苏江阴人。乾隆间曾举博学鸿词不第。"[6]在介绍著者的同时，也对图书的相关整理者进行必要的介绍，如《东周列国志》："清蔡元放评点。……元放名昪，号野云主人，江宁人。"[7]

考证著者及与图书的关系。《赵正侯兴》解题考证道："是赵正故事，元与南宋皆有话本。盖本汴京旧话。陆显之亦但就旧本改编，非创为之

---

① 孙楷第：《中国通俗小说书目》，第 47 页。
② 孙楷第：《中国通俗小说书目》，第 22 页。
③ 程千帆、徐有富：《校雠广义·目录编》，第 56 页。
④ 孙楷第：《中国通俗小说书目》，第 69 页。
⑤ 孙楷第：《中国通俗小说书目》，第 19 页。
⑥ 孙楷第：《中国通俗小说书目》，第 150 页。
⑦ 孙楷第：《中国通俗小说书目》，第 26 页。

也。"①

4.《中国通俗小说书目》的学术价值

《中国通俗小说书目》杀青后，在中国目录学界和小说史界产生了极大的影响，许多学者予以高度的评价，并成为当时乃至今日研究中国小说史者之重要参考书，而其在文学专科目录中也具有举足轻重的地位。

首先，开创了中国文学史研究的新局面。民国时期，中国的文学研究逐渐向所谓的俗文学方向转移，并逐渐成为促进文学史研究的主要因素："中国文学史没有生气则已，稍有生气者皆自民间文学而来。"②其中就包括了中国小说史的研究，当时学者对小说文献的搜集和整理有极高的要求，郑振铎先生便说："靠几个国内图书馆来研究中国的小说戏曲，结果只有失望。"③因此，则有《日本东京所见中国小说书目》的成书，而最重要的则是需要一部能较为完整的收录中国通俗小说文献的专科目录，以满足学者研究的需要，《中国通俗小说书目》的问世满足了人们对文献研究的需求。而同样的，该书也通过文献的著录，客观地反映了中国古代通俗小说史的发展。胡适先生在评价《日本东京所见中国小说书目》时曾经说过这样的话："所以，孙先生本意不过是要编一部小说书目，而结果却是建立了科学的中国小说史学。"④而对于收录文献更多，收录更为详细的《中国通俗小说书目》来说，则在中国小说史上的地位则更为明显了。

其次，补充了中国通俗小说专科目录的空白。中国的通俗小说文献向来不登大雅之堂，因此也无编制专科目录之需求。中国近现代时期，是我国专科目录学逐渐发展壮大的时期，民国时期，中国文学的学科体系逐渐建立起来，与之相对应的专科目录呼之欲出，《中国通俗小说书目》的完成，填补了中国通俗小说研究的空白。而其开创的以著录版本反映

---

① 孙楷第：《中国通俗小说书目》，第 21 页。
② 胡适：《中国文学过去与未来路》，《胡适全集》第 12 卷，第 224 页。
③ 郑振铎：《巴黎国家图书馆中之中国小说与戏曲》，《中国文学研究》下册，第 1275 页。
④ 胡适：《〈日本东京所见中国小说书目提要〉序》，《胡适全集》第 4 卷，第 438 页。

学术史的新的解题形式，也为中国传统目录学理论在现代的指导作用拓宽了途径。

5.总结

《中国通俗小说书目》所取得的成就是多方面的。其将版本学与目录学充分地结合起来，通过版本考证达到"辨章学术，考镜源流"学术目的。它所创立的以图书内容为标准的中国通俗小说分类体系，是当时最完整的分类法之一。而孙楷第在通俗小说文献所作的考证工作，也为中国古典小说文献学的建立奠定了坚实的基础。郑振铎先生评价道："子书先生的此书，便是记载这若干年来的发见的最完备的一部书。所著录的著者姓名，以及各种刊本皆有甚多的新颖的发见。有了此书，学者们的摸索寻途之苦，当可减少到最低度了。"①

（二）董康及其《曲海总目提要》

《曲海总目提要》是我国近现代时期出现的一部戏曲专科目录巨著。该书出现于民国以前，经过董康、王国维、吴梅、陈乃乾、孟森等人的校订后，最终形成今本，并成为民国时期最有学术价值的专科目录之一。它作为研究清以前戏曲发展史的重要著作，"一直作为戏曲研究的基本书献，被研究者不断征引利用"②。它是继《录鬼簿》和《曲录》之后，收录戏曲文献最全，解题最为详悉的目录著作，并在民国时期成为戏曲专科目录的代表。董康等人继承了中国传统目录学"辨章学术、考镜源流"的优良传统，后起之戏曲目录较多，而能有该书目之考证详悉者则屈指可数。因此，对该书目之研究，有助于我们对民国时期中国传统目录学理论在戏曲专科目录中的发展有一粗略的了解。

1.董康简介及《曲海总目提要》之由来

（1）董康简介

董康（1867—1948），江苏武进（今常州市）人，原名寿金，字授经，号诵芬室主人。光绪十四年（1888）中举人，十六年（1890）补考成进士，任刑部主事。曾与赵元益等共创"译书公会"，翻译西方进步书籍，

---

① 郑振铎：《中国通俗小说书目序》，《中国文学研究》，第 479 页。
② 苗怀明：《二十世纪戏曲文献学述略》，中华书局，2005 年，第 250 页。

光绪二十八年（1902）被任为"法律馆纂修兼京师法律学堂教务提调"，并赴日本调查司法，宣统三年任"刑庭推丞"一职。入民国后，先后担任过司法编查会副会长、大理院院长、上海法科大学校长等职。董康在学术界拥有极高声誉，除法学外，其在古籍整理方面也颇有建树。有藏书处，名为诵芬室，"搜书以宋元及明嘉靖以前的古本为主"①。因其曾四次访日，搜访古籍，因此所见所得之古籍善本颇多。董氏尤注意于民间戏曲小说的搜集、整理和刊刻，曾被誉为"是近几十年来搜罗民间文学最有功的人"②。刻有《诵芬室丛刊》等丛书，并著有《书舶庸谭》《嘉业堂藏书提要》《课花盦词》等。而在目录学方面最有名的，就是其所校订的《曲海总目提要》。董康在民国时期的学术成就颇高，使得当时的学子"莫不以出其门墙为荣"③。但可惜他在民族大义上错走了一步，成为一生之败笔。

（2）《曲海总目提要》之由来

《曲海总目提要》，为董氏整理而得，而并非其所作。董氏原先本想自作一部戏曲专科目录，拟名《檀板阳秋》，但未成功。"尝欲集今世通行各本，举起大要，名曰《檀板阳秋》，箧中略有编辑，而人事牵牵，随作随辍，迄未卒业。"④之后，他于别处见到《传奇汇考》一书，得阅两种不同版本。自己又从书市买到清内府本的《乐府考略》共四函，且"文多与《汇考》同"⑤，而内容较后者多。之后又见盛宣怀所藏的《乐府考略》共三十二册，与先前之《乐府考略》为"一书而失群者"⑥。集合这四种文献，董氏共"得曲六百九十种"⑦，其实际数量为684种，命名曰《曲海总目提要》，共四十六卷。1926年底，董氏赴日本避难，并于次年获《传奇汇考》一函，较《曲海总目提要》多二十一篇，董氏将该提要于1927年1月9日寄回上海，并"令将应补之廿一种用石印

① 苏精：《近代藏书三十家》（增订本），中华书局，2009年，第66页。
② 胡适：《〈书舶庸谭〉序》，《书舶庸谭》，辽宁教育出版社，1998年，第1页。
③ 娄献阁、朱信泉：《民国人物传》（第十卷），中华书局，2000年，第178页。
④ 董康：《曲海总目提要·序》，人民文学出版社，1959年，第2页。
⑤ 董康：《曲海总目提要·序》，第2页。
⑥ 董康：《曲海总目提要·序》，第2页。
⑦ 董康：《曲海总目提要·序》，第2页。

法留底，属陈乃乾、孟莼生校正原本讹夺，以免复写复校之劳"①。之后，董氏又两次得见《传奇汇考》，共得提要"约七十余条"②。但此七十余种提要最终没有被补入《曲海总目提要》中，不知去向。1928年，《曲海总目提要》由大东书局出版印行。建国后，人民文学出版社和天津古籍出版社分别于1959年和1992年重新出版了该书，为研究董康及该书目提供了方便。

该书之所以被命名为《曲海总目提要》，是董氏认为先前所见的《传奇汇考》和《乐府考略》，均为乾隆时巡盐御史伊龄阿、图思阿等人奉旨于扬州改修曲剧时，由黄文旸、凌廷堪等人完成之《曲海》，并与以上两书内容多有重复之处，所以认为"即《曲海》所据之蓝本也"③。因此，命名为《曲海总目提要》。其实，据今人研究得出，《传奇汇考》《乐府考略》与《曲海》无任何联系，提要也非黄、凌等人所作，董氏所见的《传奇汇考》《乐府考略》二书均为阙本，也非其所认为的，二书本为一书，"《汇考》乃后人所改名也"④。而《曲海总目提要》也是"由《传奇汇考》和《乐府考略》这两部书拼合而成"⑤。两部书的成书年代和作者今不可考，但从董康所记录的一篇道光年的跋文⑥，则大致可以推断两部书约成书于清中后期。

2.《曲海总目提要》的目录学特点及价值

《曲海总目提要》是中国古典戏曲文献目录的代表。就收录范围而言，《曲海总目提要》共收录了自元代至清代约500年的戏曲文献近七百种，内容涉及杂剧、传奇和少量的南戏等，文献数量之多，范围之广可谓前无古人，董氏自称该书"戏剧大观，于斯称盛"⑦，则并非虚辞。

同时，该书受到了中国传统目录学理论的影响，而具有诸如注重目录解题的编纂、文献源流的考证、学术史的阐述等特点，体现了戏曲古

① 董康：《书舶庸谭》，第10页。
② 董康：《书舶庸谭》，第27页。
③ 董康：《曲海总目提要·序》，第3页。
④ 董康：《书舶庸谭》，第9页。
⑤ 淮著：《董康和他的〈曲海总目提要〉》，《书与人》2002年3期，第50—52页。
⑥ 该跋文现存《书舶庸谭》民国十六年1月7日日记中。
⑦ 董康：《曲海总目提要·序》，第2页。

籍目录的学术价值和意义。

（1）《曲海总目提要》所体现的"考镜源流"目录学思想

中国传统目录学尤注重于通过文献的收录与考辨，达到以整理文献反映学术发展的最终目标，"辨章学术、考镜源流"为其主要精神之一。所谓"编目之宗旨，必求足以考见学术之源流"[①]，该书对此颇有认识，不仅考学术之源流，更考文献发展之源流，并注重考辨戏曲文献之间、戏曲文献与其他类型文献之间的渊源关系，以见戏曲文献发展之传承与变革。书中考证可分为考一书之源流、考一人之源流及考学术之源流，其中以考文献发展之源流为主要部分。

1）考一书之源流

《曲海总目提要》解题内多有考辨图书源流之处。书中解题打破了"篇目，所以考一书之源流"[②]的理论，扩大了考辨图书源流的形式，以戏曲文献的学术特点，即"一以讲述经史，一以搬演轶闻"[③]。该书将文献源流的考辨从所收录的文献自身延伸到文献与文献之间的相互关系，因此成为民国前后以解题考一书之源流的代表目录著作。该目录主要以阐述所收录之文献在文献发展，尤其是提供文学素材方面所起到的作用，提供了以文学素材为主要内容的"考镜源流"的形式。如《岳阳楼》，作者考辨道："有诗曰：朝游碧海暮苍梧，袖里青蛇胆气粗。三醉岳阳人不识，朗吟飞过洞庭湖。此剧之张本也。"[④]文学素材来自于诗歌。《伍员吹箫》，解题曰："本《春秋》《左》《国》《史记》及《吴越春秋》等书，而点缀翻换以成者也。"[⑤]其素材来自于史事。《西厢记》，解题曰："乃元稹实事，而嫁名于张生也。"[⑥]《明珠记》，解题曰："其事则据仙客本传也"[⑦]，书中素材来自于其他文学作品。《度柳翠》之解题曰："明嘉隆间，徐渭所作翠乡梦本此，而临川吴士科作红莲案则又本之翠

---

① 余嘉锡：《目录学发微：含〈古书通例〉》，第4页。
② 余嘉锡：《目录学发微：含〈古书通例〉》，第30页。
③ 董康：《书舶庸谭·自序》，第1页。
④ 董康：《曲海总目提要》，第2—3页。
⑤ 董康：《曲海总目提要》，第65页。
⑥ 董康：《曲海总目提要》，第15页。
⑦ 董康：《曲海总目提要》，第293页。

乡插入徐渭事。"① 则说明了文学素材之间互有所本，戏曲文学及文献也得以继续发展。

2）考一人之源流

所谓考"一人之源流"，就是恢复戏曲文献中主要角色的历史原貌，使读者从史学的角度对人物有一正确的认识，而并非一般意义上的考辨文献作者之源流。

如《王粲登楼》解题曰："粲在荆州依刘表。……《魏志》，王粲，字仲宣，山阳高平人。……太祖辟为丞相掾，赐爵关内侯。"② 又《陈州粜米》解题曰："剧中韩、范、吕、包，俱系假借。按《宋史》，包拯，字希仁，家合肥。……关节不到，有阎罗老包。"③ 以正史之记载还原王粲、包拯的原型，可见人物的文学形象与史学形象的联系和差别。

3）考学术之源流

同时，《曲海总目提要》也有考学术之源流处，如《度柳翠》，解题曰："近时人所作乐府，本之元人者甚多。如《白罗衫》之本《合汗衫》，《绣襦》之本《曲江池》……若此之类，未易一二数也。"④ 由此可窥文学史发展之一管。然而学术发展源流，实属学术史之范畴。中国传统目录多通过大、小序的编纂以体现之，"小序，所以考一家之源流"。而解题多为单个文献之研究，很难阐述学术之发展。《曲海总目提要》没有大小序，也无法完全通过解题承担明确学术史的任务；以解题明学术史，并非是本书的重点。

（2）文献分类

中国传统目录学以分类作为其重要部分，自郑樵时已明确提出此种观点，且分类要以图书内容为标准："古之编书，以人类书，何尝以书类人哉。"⑤ 提倡图书分类目录，并将其与学术史联系起来："同类之书，

---

① 董康：《曲海总目提要》，第13页。
② 董康：《曲海总目提要》，第106—107页。
③ 董康：《曲海总目提要》，第160页。
④ 董康：《曲海总目提要》，第14页。
⑤ 郑樵：《通志二十略》，第1820页。

所以须按时代排列者，正欲'考镜源流'。"①而著者目录在古典目录中则很少出现。但是，《曲海总目提要》却采取了"以书类人"的分类形式。

中国戏曲文献自元代以前并无专科目录问世，在整个古代社会也是少之又少，甚至于在综合目录中也很少收录此类文献，其中有被文士所轻视之原因，"词、曲二体在文章、技艺之间。厥品颇卑，作者弗贵"②。也与新文献类型的出现有一定关系，"戏曲之兴，由来远矣。宣和之末，始见萌芽"③。因此很少有学者关注该类文献的整理与收藏，则专门之分类法更无从谈起。

元时，有钟嗣成《录鬼簿》问世，成为我国第一部戏曲专科目录，其主旨为"使已死、未死之鬼，作不死之鬼，得以传远"④。顾名思义，该目注重于传名，所以采用了"以书类人"的分类形式。其后，有明代吕天成《曲品》，"分明中叶以前曲家为……四等，又分别明季曲家为九等"⑤，仍将所收录之文献纳于著者之下。中国古典戏曲专科目录本不多，在综合目录中又无正式的专类⑥，而这种分类法即成为了一种较为成熟的特定形式。《曲海总目提要》采取了此种分类方法，也可以说是"溯源"了。全目将著者按照年代先后（元至清）进行排列，将某一著者的戏曲著作全部归入该著者名下。又有部分姓名不可知的著者，则大致考证出著者年代，并归入各个朝代的最后。通过这种分类方法，合之，可知每一朝代有哪些戏曲作家，文献数量为多少，各朝代之间在作家和文献数量上有何变化；分之，则是每一作家的戏曲著述目录。本书为后人考证作品年代，提供了宝贵的线索，为研究各个朝代的戏曲史奠定了基础。

---

① 姚名达：《中国目录学史》，第 7 页。

② 永瑢等：《四库全书总目》，第 1807 页。

③ 王国维：《曲录·序》，《王国维遗书》，上海古籍书店，1983 年，第 1 页。

④ 王国维：《新编〈录鬼簿〉校注·钟嗣成序》，《王国维遗书》，第 1 页。

⑤ 王国维：《曲录》卷六，《王国维遗书》，第 10 页。

⑥ 在中国传统综合目录中，有词曲文献的类目。但是，大部分收录文献较少，内容较为单一，取舍标准也不同，因此无法形成较系统的分类架构。不似经、史文献等，其专科目录中的分类与综合目录无大的差异。因此，笔者在这里提出"无正式的专类"，而并非在综合目录中无专类。

但是戏曲史作为文学史研究的组成部分，无法通过图书分类以见其文献之结构，学术之源流与发展。这在专科目录中表现得尤为突出。因此，仍以有分类法的专科目录为主流。直到王国维《曲录》问世后，才正式形成了以文献内容为主要标准的文献分类法。"类例既分，学术自明"的类例特点才更明确地体现出来。其后戏曲专科目录才有了适应文献发展特点的图书分类法。

（3）解题的特点

中国传统目录学注重解题（叙录）编纂，并将其"作为衡量一部目录质量的主要标志之一"[①]，解题成为反映图书作者、内容、价值等的重要载体。《曲海总目提要》中所收录的文献均有解题，并多体现出考证的特点。胡适便认为："当时考据的学风正盛，故这部提要也很有考据的色彩。"[②]也正因为如此，才给董康等人以本书出自黄文旸、凌廷堪等考据学者之手的错误认识。

1）解题中主要的考证内容

《曲海总目提要》解题的最大特色就在于注重文献及内容的考证，且包括以下几项：

第一，考证书名。书名为读者认识图书的最初媒介，"往往概括反映了一部书的内容、体裁与作者"[③]，是目录不可缺少的组成部分。书名的正确与否，直接影响到读者对图书内容的理解及以后的文献整理工作。《曲海总目提要》不但著录了书名，还对其进行了考证，使读者对文献有更深的认识。对于书名的考证主要为解释书名，其中又分为两种情况：一为解释书名的由来，即命名的原因。如《青衫泪》，考证曰："因居易琵琶行江州司马青衫湿，故以为名也。"[④]又如《义侠记》一书："以武松义而侠，故名。"[⑤]一为解释书名中字词的含义，如《燕青博鱼》，解题解释了"博"字的含义："古者乌曹作博，以五木为子，有枭卢雉犊，

---

① 程千帆、徐有富：《校雠广义·目录编》，第42页。
② 胡适：《〈曲海〉序》，《胡适全集》第三卷，安徽教育出版社，2003年，第749—750页。
③ 程千帆、徐有富：《校雠广义·目录编》，第54页。
④ 董康：《曲海总目提要》，第1页。
⑤ 董康：《曲海总目提要》，第244页。

为胜负之采。"①《虎头牌》的解题则阐述了虎头牌在汉代、金代和元代的发展沿革情况。

另外，解题中对部分文献或列其不同书名，以便读者识别异名同书的情况。如《金印记》，曰："一名合纵记，又名黑貂裘。"②或保留书名全称，如《韩信乞食》："标曰，淮阴侯韩信乞食。"③《刘盼春》："此剧目云，周子敬题情锦字笺，刘盼春守志香囊怨。"④或纠正书名之误，如《魔合罗》："磨喝乐本出内典，后人讹作摩侯罗。魔合，又摩侯之讹也。"⑤总之，通过对书名的考证，发挥了目录"核书名之异同"⑥的作用，方便读者理解图书内容。

第二，考证作者。目录中作者的著录，为后人的"知人论世"，确定图书的年代，评价图书的价值奠定了基础，"对认识其所著书的性质，判断书的价值是非常必要的"⑦。戏曲文献尚未成为中国传统社会的文化主流，大多数作者不为读者所知，甚至不可考。因此，《曲海总目提要》的解题中对所收录的文献多考证其作者。如介绍作者，《问牛喘》解题曰："元李宽甫撰。宽甫，大都人，刑部令史，除庐州合肥县尹。"⑧然而有部分文献作者不明，需加以考证，以确定作者。如《杀狗记》之解题："按徐时敏《五福记》序云：今岁改孙郎《埋犬传》，笔砚精良，则此剧亦时敏手笔也。"⑨当无法确定作者时，则采取阙疑的态度，列不同著作以待考。如《娇红记》一书："明沈受先撰，或云卢伯生撰。"⑩但是作者无法考证的现象在书中不在少数，很多文献仍著录为"未知何人所作"或"近时人作"等字样，这也为后人的继续研究留下了空间。

第三，考证书中内容。《曲海总目提要》解题的重点在于内容，该

---

① 董康：《曲海总目提要》，第 45 页。
② 董康：《曲海总目提要》，第 219 页。
③ 董康：《曲海总目提要》，第 61 页。
④ 董康：《曲海总目提要》，第 203 页。
⑤ 董康：《曲海总目提要》，第 89 页。
⑥ 昌彼得：《中国目录学讲义》，第 29 页。
⑦ 程千帆、徐有富：《校雠广义·目录编》，第 99 页。
⑧ 董康：《曲海总目提要》，第 91 页。
⑨ 董康：《曲海总目提要》，第 226 页。
⑩ 董康：《曲海总目提要》，第 222 页。

目几乎为每一部所收录的图书作了内容简介，以"略云……"的形式均详悉介绍文献内容，即文学作品中的情节。"目录之书，重存叙录，以其能撮一书之大旨，述作者之行事，辨学术之源流"[1]，而以撮其旨意为首要任务。俗文学如戏曲、小说、弹词、宝卷等，之所以能在民间流行，很大程度上取决于其引人入胜的情节，这与传统的经史子集文献注重于教化者不同，因此同是解题，而在阐述图书内容方面就有差异，俗文学目录更在意于情节的著录。这也是俗文学目录与其他专科目录在解题上的最大不同之一。

该目在介绍图书的内容同时，也考证了图书内容在发展中的继承与变化。如《红梨花》，解题曰："事见小说《赵汝舟传》。"[2]之后，以介绍《红梨花》的内容为基础，将其与《赵汝舟传》的内容做了比较，凡有差异之处均予以说明，如："《传》作汝舟，此作汝州。《传》云樊城人，此不载。"[3]通过此种方法考证图书内容，并与相关图书进行内容上的比较，介绍所收录文献之内容，也涉及了其他文献的内容。这样既扩大了文献的收录数量和类型，更是有不同文学体裁中的内容比较，可得出各本之间的渊源关系及发展变化，具有很高的文学史价值。

以史书所载与文学内容相比较。解题中对内容的考证，尤其侧重将文学情节与对应的历史史事相比较，如《青衫泪》的解题力辨情节之虚构性："岂有商妇至船，（白居易）与客饮酒之事？盖系假托。"[4]而《范张鸡黍》的解题则称："剧中事皆实，惟王韬无其人。"[5]这也体现了戏曲以讲经述史为内容，又脱离其而独立发展的特点。但该书解题有时过于强调史实的客观性，而忽略了文学作品情节的虚构性，甚至以史书之记载代替文学内容的介绍，如《宋弘不谐》的解题将《后汉书》的相关记载著录于此，然而却并不清楚本书的内容，则有本末倒置之感。

第四，考证图书主旨。文学作品以情节吸引人，而文以载道仍是其

---

① 昌彼得：《中国目录学讲义》，第28页。
② 董康：《曲海总目提要》，第101页。
③ 董康：《曲海总目提要》，第101页。
④ 董康：《曲海总目提要》，第2页。
⑤ 董康：《曲海总目提要》，第102页。

重要作用之一。部分文献的解题介绍了著作的主旨。如《老生儿》的解题："作者之意，盖欲深诫妒妇之爱女，而忘其夫之后者。"[1]《读书种》的解题："作者为孝孺发愤，故姚广孝及蹇义等皆蒙诋毁。"[2] 这样更有利于读者更深层次地理解图书。

第五，其他。比如考证典故。《辰钩月》的解题考证了"三十三天""四百四病"的含义："陈世英云，三十三天，离恨天最高。四百四病，相思病最苦。三十三天、四百四病，皆出内典。"[3] 或者进行文学评论。《宝剑记》的解题："按梁山诸盗，惟林冲情有可矜……风雪山神庙之惨，雪夜上梁山之愤，又曷怪焉？"[4] 或评价图书价值，指导阅读。《灰阑记》之解题曰："决疑断狱，颇有情理，足为吏治之助。"[5]

2）解题注重考据的原因

《曲海总目提要》以考据作为其编目工作的主要特色，这在同类型的专科目录中是不多见的，究其原因则包括以下几方面因素：

第一，清代考据学的兴盛。清代学术以实学为标志："以考据为特色的朴学风靡一时，学者以考证的方法从事研究。"[6] 考据学的影响从史学逐渐延伸到各个学术领域，成为整个社会的学风。试翻阅《四库全书总目》，则经、史、子、集各类文献的解题均可视为考据学之产物。中国文学发展到清代，也受到此种学风的影响："中国的文学，多半偏于考据。"[7]《曲海总目提要》成书于清代中后期，"嘉道年间经世学风兴起时，实事求是仍为汉学的根本理念"[8]。此时期继承了乾嘉时期的求实的学风，仍将考据视为学术研究的必要方法。此后，虽有今文经学之强调"经世致用"，西学所带来的学术系统的变革，但实事求是的治学态度仍具有重要地位。而目录学作为清代的一门显学，无疑会受到

---

① 董康：《曲海总目提要》，第57页。
② 董康：《曲海总目提要》，第671页。
③ 董康：《曲海总目提要》，第53页。
④ 董康：《曲海总目提要》，第227—228页。
⑤ 董康：《曲海总目提要》，第91页。
⑥ 黄爱平：《朴学与清代社会》，第275页。
⑦ 胡适：《中国文学过去与来路》，《胡适全集》第十二卷，第221页。
⑧ 罗检秋：《嘉庆以来汉学传统的衍变与传承》，第365页。

此种学风的影响。

第二，戏曲以讲经述史为主要形式。戏曲中的情节主要来自于史书或佛经等中的史实或故事，并经过了文学夸张与虚构，虽以经史为基础，而又超脱于其上。因此，戏曲的内容中有不少来源于史书中的记载，而二者又存在一定的差异。通过考证，尤其是还原作品中人物与情节的本来面貌，有助于读者以实事求是的态度对待历史事实与文学情节的差异性。在认识人物和内容原貌的同时，也更能理解文学作品在人物塑造及情节构思中的巧妙性和独特性。

第三，根据文学文献自身特点，有述源流之必要。中国文学在各时期的发展各有不同："凡一代有一代之文学，楚之骚、汉之赋、六代之骈语、唐之诗、宋之词、元之曲，皆所谓一代之文学。"[1]明清时又有小说之兴盛，共同构建了中国文学史的框架。各类文学形式虽体裁各有不同，但不少在内容上均有一定的相关性。或诗歌中的某词句被新的文学体裁所发挥，或前一文学体裁中的内容被其他文学体裁所借鉴，或相同文学体裁中的内容互相借鉴，则从内容上都有一定的相关性。通过文献的考证，可得图书内容之源流，也为文学研究（角色、内容等）提供了方便。

第四，目录编纂的需要。目录以图书为基本组成单位，并以向读者反映图书内容为主要任务，读者最初认识文献，也始于书名、作者等基本事项。"编制和使用群书目录，必须注意……每一部书在目录中的著录事项。"[2]书名、作者、卷数等均为目录学研究和目录著录的主要对象。加之中国古典目录学正以颇带有考据色彩的"辨章学术、考镜源流"为其主要特征，因此对于以上事项的考证使读者能对文献有一直观的了解，也有助于今后的文献研究，成为了目录体现学术价值的最重要因素之一。

第五，编写提要者的个人原因。书目中部分解题中的考证，则受到编者主观思想的影响。比如编者笃信佛教，因此有些文献是以佛教为题材的，编者即以佛教观点看待和考证。《度柳翠》一书，书中主角柳翠为观音菩萨净瓶中的杨柳枝，偶污微尘，被贬下界。解题认为："所谓

---

① 王国维：《宋元戏曲考》，《王国维遗书》第 15 册，第 1 页。

② 程千帆、徐有富：《校雠广义·目录编》，第 53 页。

净瓶杨柳者，乃变现千手眼中……安得有微尘可污。……作者借此撮撰，未免亵渎。"① 文学作品本具有虚构性，与佛教教义无直接关系。编者以佛教观点来考证文学文献内容，则稍显拘泥。

3.《曲海总目提要》在民国时受到重视的学术背景

《曲海总目提要》的前身，《传奇汇考》和《乐府考略》形成于清中后期，之后很少有学者关注之，以至造成散佚及不知作者和确切年代的窘境，直至王国维先生编纂《曲录》时，将《传奇汇考》收录其中，到20世纪20年代后，学者才真正重视了这两部书的价值，并统一为《曲海总目提要》。究其原因，则是与当时的学术发展及对目录学的需求分不开的。

（1）戏曲研究的兴起

中国学界真正关注于戏曲学与戏曲文献始于晚清时期，之前学者因其"为时既近，托体稍卑"②，而多被视为文人消遣娱乐的工具。虽承认其属于文学范畴，却并无学者给予系统之研究。自王国维《曲录》和《宋元戏曲史》等著作问世之后，关于戏曲史研究的专家和著作相继出现，中国戏曲史作为文学史的一个分支逐步建立并逐步完善："经过五四新文化运动及整理国故的推动，戏曲研究得到学术制度的保证及学界的广泛认可，逐步发展成为一门具有现代学科性质的专学。"③ 民国时期，中国的俗文学研究日益被学者所重视，并一度成为文学史研究的热门，所取得的成果也堪称空前，郑振铎先生便说："元明以来戏曲文学的研究，乃是，除'词'之外，这三十年来的最有成绩者。重要之名篇巨制的出现，也独多。研究资料也增加了不少。"④ 因此，作为戏曲研究所需的文献，也相应地成为当时学者研究戏曲史的重要内容之一。

（2）戏曲文献搜集

戏曲史研究的兴起带动了学者对于戏曲文献的整理与研究。中国历

① 董康：《曲海总目提要》，第14—15页。
② 王国维：《宋元戏曲考》，《王国维遗书》第15册，第1页。
③ 苗怀明：《二十世纪戏曲文献学述略·引言》，第3页。
④ 郑振铎：《三十年来中国文学新资料发现记》，《中国文学研究》，第1377页。

来的文献整理注重于"藏"，但由于戏曲文献一直以来没有受到应有的重视，除少数学者从事戏曲文献的搜集和整理外，并没有被主流学术所认同。直至民国时期，有学者从事相关研究，却苦于资料之缺乏，"小说戏曲，更是国内诸图书馆不注意的东西，所以要靠几个国内图书馆来研究中国的小说戏曲，结果只有失望"[①]。加之，此时期的戏曲史研究刚刚起步，人们对文献的认识也不全面，因此，"在戏曲研究的创建阶段就需要先从资料的搜集、辨析和整理这些最为基础的工作入手"[②]。

同时，戏曲史成为独立的学科虽然较晚，但是戏曲文献则很早就出现了，"目录不载，故年代久远之后，虽有人想收集这类的作品，也无从下手了"[③]。

（3）学术发展对目录学的需要

目录编纂总是与学术的发展紧密相连的，要"受到人们对文献特定需要的制约"[④]。戏曲史研究作为一门独立的学科形成于民国："在这个时代，大家渐渐感觉剧本目录的需要。不但如王先生的《曲录》之仅仅列举剧名而已，必须有一种记载剧本作者与情节内容的详目，方才可以供收藏家的参考与文史学家的研究。"[⑤]

4. 总结

《曲海总目提要》是我国戏曲专科目录的代表著作，它萌芽于清代中后期，于民国时定型，是我国最早也是学术价值最高的戏曲专科目录之一，直至今日仍是戏曲史研究工作者重要的参考文献。它的目录学价值诸如解题中考据方法的使用，注重文献源流的考辨和内容介绍等都为以后的实践工作提供了可资借鉴的经验。它将考据学风带入到俗文学目录的编纂中，扩大了考据学的研究范围，奠定了中国传统目录学理论在新目录形式中发挥学术价值的基础。但是，该书的一些做法如全书没有分类、考据略显繁琐等，都是可以商榷的。总之，《曲海总目提要》的

---

① 郑振铎：《巴黎国家图书馆中之中国小说与戏曲》，《中国文学研究》，第 1275 页。
② 苗怀明：《二十世纪戏曲文献学述略·引言》，第 5 页。
③ 胡适：《〈曲海〉序》，《胡适全集》第 3 卷，第 747 页。
④ 程千帆、徐有富：《校雠广义·目录编》，第 14 页。
⑤ 胡适：《〈曲海〉序》，《胡适全集》第 3 卷，第 748—749 页。

出现无疑适应了当时的学术现状，促进了戏曲文献的整理和戏曲史研究的进步。

胡适对此书评价道："如今我们有了这一部详细的剧本提要，将来古剧本的陆续发现，是可以预料的。至于零出散见的曲本，向来不易考定其原来出于何种传奇，如今有了这部书，也就容易查考了。"[1]

（三）马廉的文学史专科目录

1. 马廉简介

马廉（1893—1935）字隅卿，号雨窗先生，浙江宁波人，我国近现代著名的藏书家、文献学家、小说戏曲学家，毕生致力于中国小说、戏曲的文献学研究。20世纪二三十年代任北京大学教授，从1926年起，代替鲁迅先生讲解中国小说史，1935年因突发脑溢血在课堂上晕倒，旋即逝世，终年42岁。马先生一直重视对中国小说、戏曲等俗文学文献的整理与搜集，"少喜收集明末文献，后因研究的需要，转移收藏明清小说、戏曲为重点"[2]。因当时的小说、戏曲文献向来不被文人学士所重视，"历来作品汗牛充栋，然千百年来皆被哧为旁门左道，登不上文学的庙堂"[3]，所以先生自称藏书处为"不登大雅之堂"，所藏之书为"不登大雅文库"，之后因其又得到明万历年间王慎修刻的24本《三遂平妖传》，为世间罕见的孤本，因此又改称其书斋为"平妖堂"。先生去世后，图书被北京大学图书馆所收藏。先生主要的目录著作有《中国小说考略》《大连满铁图书馆所藏中国小说戏曲目录》《旧本三国演义版本的调查》《不登大雅文库书目》等，并继王国维之后对《录鬼簿》予以校注。他是民国时期最重要的小说戏曲文献学家之一。

2. 马廉文学目录学成就

马廉在中国近现代文学目录学史中占有重要的地位，尤其在小说和戏曲研究方面，编制了大量的目录专著，为指导后学阅读，使其"即类

① 胡适：《〈曲海〉序》，《胡适全集》第3卷，第750页。
② 刘奉文：《马廉"不登大雅文库"藏书记略》，《古籍整理研究学刊》1990年第5期，第47—49页。
③ 胡从经：《中国小说史学史长编·绪论》，第1页。

究书，因书究学"，研究俗文学史起到了举足轻重的作用，成为中国小说"专科目录的发轫期"①的代表。他的目录篇幅不大，但大多具有开创性的作用，也为后来目录如《中国通俗小说书目》等的编制奠定了坚实的基础。②因此，有必要对马先生编制的小说目录做一简要的介绍。

（1）《中国通俗小说考略》的目录学特点

该目录未公开发行的手稿本，约成书于1930年前后，存于《隅卿杂钞》第十三册。其为马先生所编纂的以文献考据作为主要内容的目录著作，现只存上编和中编，而下编不知去向。其主要的目录学特点有以下几点：

第一，在文献收录方面。顾名思义，该目录所收录的文献为中国通俗小说，但是又与通常意义上的小说不同，其所收录的文献实为短篇小说和短篇小说总集。中国小说史发展到宋时，出现了用通俗语言表达的"话本"，每一话本均单篇成文，且篇幅较小，类似于以后的短篇小说，而篇幅较大的一般被称之为讲史，所以郑振铎便说："宋朝的小说只有短篇和长篇，长篇最初是讲史，后发展成演义。"③而在最初，"小说是短篇的东西"④，之后，随着小说由原来的短篇逐渐向长篇发展，所以与讲史的区分逐渐模糊："惟世间于此二科，渐不复知所严别，遂俱以'小说'为通名。"⑤该目录以"小说"命名，从学术源流的视角，还原了小说文献的本来面目，因此更可以将其视为清以前短篇小说的专科目录。

第二，在文献分类方面。该目录已提出了文献分类的方法，不过还稍显简略，加之稿本只存上、中两编，因此无法得其分类法之完整结构，但是以内容为标准的分类雏形已经显现。该目录包括宋元小说和短篇小说两大部分，其中短篇小说主要为明清时期小说，并按内容下分为短篇曾经单行者和短篇集两个二级类目，其中"短篇集"又按年代分为乾隆

① 潘建国：《中国古代小说书目研究》，第274页。
② 孙楷第《中国通俗小说书目》的文献解题中多次提到马廉藏书及其研究成果，试一阅读该书，便可得知。
③ 郑振铎：《中国古典文学中的小说传统》，《郑振铎说俗文学》，第16页。
④ 郑振铎：《中国古典文学中的小说传统》，《郑振铎说俗文学》，第21页。
⑤ 鲁迅：《中国小说史略》，《鲁迅全集》第九卷，第122页。

以前、明季和时代不明而疑在清时三级子目，而再到四级子目时则采用了以文献内容为标准的分类方法，共有历史人物、公案、淫猥和杂说古今事四类。该分类体系较为系统地概括了中国小说的学术史发展：将宋人小说与明清时期拟宋市人小说加以区分，将最初的单篇流行与后来的选本（即总集）区分开来，又参之以将内容作为标准，使小说文献在宋以后的发展脉络较清晰地展现于读者面前。

第三，解题方面注重考据方法，将朴学中尊重事实、尊重证据的原则运用于文献的考辨当中，内容涉及目录的各个著录项，试举例说明：

关于书名。马先生在著录书名时以古书名即该图书最早的名称为主，体现了"辨章学术，考镜源流"的传统目录学思想，也还原了单行本在宋元时期的最初面貌，帮助读者考镜书名之源流。如《碾玉观音》解题曰："'通言'题作《崔待诏生死冤家》，注云：'宋人小说作《碾玉观音》。'"① 书名在流传的过程中，会发生改变，尤其是本来为单行而后收入选本之中，更是如此，因此有必要著录文献的别名，解决同书异名的情况，也为考证已亡佚的单篇小说的内容提供了线索，如《沈鸟儿画眉记》："马隅卿先生云，疑即《古今小说》二十六卷，'名言'八卷之《沈小官一鸟害七命》。"② 该小说单行本虽未见，但是通过《古今小说》也可得其内容之大概。书名在流传中如同图书内容一样，会出现错误，需要校勘。凡书名有错误者，马先生均予以纠正，如《山亭儿》解题曰："存，见《宝文堂书目》。《也是园书目》著录，题作《小亭儿》。马隅卿先生云：'小'乃'山'字之误。"③ 通过书名的考证，不仅使读者能更好地了解图书内容，也为考证单篇小说的流传与演变打下了基础。

关于存佚。《中国通俗小说考略》是一部通俗小说文献专科目录，与经眼目录不同，其必须要尽量收录历史上出现的相关文献，以此反映小说史的发展，也有利于"读书治学和开展图书馆采购和流通工作"④。

① 马廉：《中国通俗小说考略》，《马隅卿小说戏曲论集》，中华书局，2006年，第3页。
② 马廉：《中国通俗小说考略》，《马隅卿小说戏曲论集》，第12页。
③ 马廉：《中国通俗小说考略》，《马隅卿小说戏曲论集》，第2页。
④ 程千帆、徐有富：《校雠广义·目录编》，第99页。

全目只著录"存""佚"与"未见"三种，关于"存"与"未见"之间的区别，马先生也有具体标准："今于书题一致或旧本原名见于本书及小注者，注存字，余注未见。"①

关于篇目。该目录多著录文献之版本，但是与《中国通俗小说书目》以版本考镜学术源流的目的不同，其多通过版本以考证篇目之变化，因此，马先生多注意对版本及其篇目的著录。通过文献篇目，有助于读者对全书内容的理解，更可考图书内容之演变："篇目，所以考一书之源流。"②而对于小说选本（总集）来说，尤为显得重要。宋代时小说话本多单篇流行，至明末，"宋市人小说之流复起，或存旧文，或出新制，顿又广行世间"③，并出现了专门收集小说文献的选本，如《古今小说》《三言二拍》等，各文献版本不同，所收录的小说也不同。如《警世通言》一书，有兼善堂、三桂堂、衍庆堂三种版本，其中又各有不同，兼善堂本"篇目次序与下举之三桂堂本无大差异"④，而衍庆堂本"与三桂堂本比勘，则此本删去三桂堂本四篇……加入《古今小说》四篇，卷四十为《旌阳宫铁树镇妖》，与三桂堂本不同，而与兼善堂本一致。其余三十五篇，虽目同三桂堂本，而自七卷以下，除三十九卷外，其次序完全颠倒"⑤。则各本篇目之变化可得而考之。在不同的选本之间，也有话本重复收录的现象，列出各自的篇目，并将其进行比较，也有助于考证各选本之间的相互影响的关系与演变。

另外，如考证成书年代："此小说产生时代或亦在宋元之际"⑥，评版本之优劣："行款同绿荫堂本，劣"⑦，辨文献之伪："似谓所藏者为墨憨斋遗稿而编次评定之，而观其文殊不类，盖出假托"⑧。总之，通过文献学的方法，以帮助读者能更好地理解图书内容，了解通俗小说

① 马廉：《中国通俗小说考略》，《马隅卿小说戏曲论集》，第3页。
② 余嘉锡：《目录学发微：含〈古书通例〉》，第30页。
③ 鲁迅：《中国小说史略》，《鲁迅全集》第九卷，第204页。
④ 马廉：《中国通俗小说考略》，《马隅卿小说戏曲论集》，第18页。
⑤ 马廉：《中国通俗小说考略》，《马隅卿小说戏曲论集》，第19页。
⑥ 马廉：《中国通俗小说考略》，《马隅卿小说戏曲论集》，第3页。
⑦ 马廉：《中国通俗小说考略》，《马隅卿小说戏曲论集》，第53页。
⑧ 马廉：《中国通俗小说考略》，《马隅卿小说戏曲论集》，第63页。

发展史。

（2）《大连满铁图书馆所藏中国小说戏曲目录》

该目录也是残阙之本，据马先生自序，民国"十六年四月，因事南下。过大连时，于二十五日上午参观日人建设之满铁图书馆"[1]，并匆匆阅读了八个小时，钞存目录一份。之后，受袁同礼先生之邀，将目录发表在《图书馆学季刊》第2卷第4期（1928年12月）上，后不知因何缘故，没有继续刊登，现只能见其残稿，即"小说类，A平话小说（凡平话体裁，一书包含一个以上故事者属此）"。该目被视为"目前所知最早的话本小说专题书目"[2]。平话小说下不再细分子目，共收录文献22种，每种文献均简要著录标页、序跋（只标明著者，具体内容不附）、图等行款，评、校、编辑等文献整理者的人名，主要是反映图书馆藏书的善本特征，并推荐给读者。同时对每部文献均著录其目次，以见图书之大致内容，及篇目与其他版本之不同，体现了从版本学研究小说文献的特点。该目录间附按语，或标别名，或说明图书性质，或标明其残缺。

（3）《不登大雅文库书目》

不登大雅文库是马先生对自己藏书的统称，其中主要为戏曲和小说；该目录也以收录小说和戏曲为主，同时包括少量的诗、集文献。全目不分类，按照书箱分为19箱，每一箱所装图书较为集中，小说共10箱，213种（包括小说评一种）；戏曲共4箱，269种（包括词二种、非戏曲十四种）；书目1箱，29种，"又《曲苑》中非目录十二种"[3]；诗余1箱，21种；集子2箱，45种左右。由此可见马先生藏书数量之多，种类之专门化。该目录主要著录图书著者、版本、篇卷数等。如遇到丛书，则著明其中所收录的图书。

（4）《旧本三国演义版本的调查》

马先生的小说文献学成就主要体现在版本学和目录学两方面，而《旧

① 马廉：《大连满铁图书馆所藏中国小说戏曲目录》，《马隅卿小说戏曲论集》，第335页。

② 潘建国：《中国古代小说书目研究》，第284页。

③ 马廉：《不登大雅文库书目》，《马隅卿小说戏曲论集》，第368页。

本三国演义版本的调查》一文则是考证版本学的，被后人予以高度评价："显示了小说目录学中单一作品专题版本书目所达到的高水准"①。该文最早发表在《北平北海图书馆月刊》第 2 卷第 5 号（1929 年 10 月）上，对当时作者所能见到的"截至民国十八年四月止"②的有关于《三国演义》的共 16 种版本逐一进行介绍，除了自己收藏外，又有可见到的国内外各图书馆和书店的图书，来自日本内阁文库、蓬左文库、法国巴黎国家图书馆、孔德图书馆、来薰阁书店等 9 处地点。其收录版本之全，利用图书馆资料之广，在当时可谓是首屈一指的。该目录对每一版本均著录其版本名、篇卷数、行款、序跋（录其著者，不涉及内容）等，更重要者对各种版本进行了比较，可大致了解到不同的版本系统。如《（新刻按鉴演义京本）三国英雄志传》："回目内容与杨美生本同，但字句间有互相改正之处。"③而《（李卓吾先生批评）三国志》："本书与吴观明本完全相同，惟圈点稍简略。"④则将两种版本系统各自区分开来。对版本系统源流的考证，有助于读者从版本学的视角了解小说文献的演变与流传。另外，该目录还多著明版本的收藏处，便于读者查找原本。

除以上所提到了几部目录之外，先生所编《墨憨斋著作目录》，是较早的关于冯梦龙的个人著作目录；《〈永乐大典〉戏文、杂剧目录》，则是为戏曲学编制引用书目录的代表；另外还有《鄞县李氏萱荫楼藏曲解》《近代小说书目提要》（残稿本）等。先生所著的目录篇幅不大，但是其开创性的作用却是重要的，为以后小说、戏曲文献研究铺平了道路，其在民国文学目录学史上的地位也是应该予以充分肯定的。

二、哲学史专科目录研究

（一）梁启超与佛教专科目录

随着近代社会分工日益细化所导致的学科分类愈细、愈专门，中国目录学最明显的变化就是，大量专题目录出现。专题目录被学者所重视，

---

① 胡从经：《中国小说史学史长编》，第 125 页。
② 马廉：《旧本三国演义版本的调查》，《马隅卿小说戏曲论集》，第 69 页。
③ 马廉：《旧本三国演义版本的调查》，《马隅卿小说戏曲论集》，第 71 页。
④ 马廉：《旧本三国演义版本的调查》，《马隅卿小说戏曲论集》，第 72 页。

关于它们的研究，也被学术界提上日程。古典佛教目录也不例外。

中国古典佛教目录，作为中国传统文化的产物，在中国早已有之。但是由于儒学占统治地位，儒术成为一尊，佛教文献虽在东汉就已出现，却没受到应有的重视，在整个历史进程中基本被排斥在官方文献之外。因此，在文献收集、整理和编目上，"正统派之目录学家既自局于四部之范围，坚拒异端，高自标置。而佛道之徒亦别立门目，不复寄人篱下，抄集结藏，著录成目"①。

正因如此，历来的佛教目录并不被世俗学者（包括一些大家）所关注，对其在目录学、历史文献学等学科中的作用缺乏足够认识。"郑渔仲，章实斋治校雠之学，精思独辟。恨其于佛录未一涉览焉，否则其所发摅必更有进，可断言也。"②对于佛教目录的相对忽视，在一定程度上影响了中国古典目录学的整体研究，从而导致中国历史文献学以及学术史的研究都不能真正地顺利进行。

民国十四年（1925），梁启超先生受《图书馆学季刊》之托，写成《佛家经录在中国目录学之位置》一文，对元代以前的佛经目录作了较为系统的发微性质的研究，并"冀借此以引起国内治目录学及图书馆学者对于此部分资料之注意"③。同时，梁任公先后又有《佛典之翻译》《中国佛法兴衰沿革说略》等文。从这些文章中，可以看到作者对佛教文献之重视及对佛教经录在目录学研究中的重要地位的认识。这里拟以此为基础，粗略探讨梁启超的古典佛教目录学思想与学术贡献。

1. 中国近代真正重视、研究古典佛教目录之第一人

梁先生晚年好治佛学，尤以佛学史为重，因此需借助佛教目录查阅各种佛学文献："辄取材于诸家经录，屡事翻检"④。他在实际接触中，逐步认识到佛教目录的自身优点。"吾侪试一读僧祐、法经、长房、道宣诸作，不能不叹刘《略》、班《志》、荀《簿》、阮《录》之太简单，

---

① 姚名达：《中国目录学史》，第 185 页。
② 梁启超：《佛家经录在中国目录学之位置》，《佛学研究十八篇》，辽宁教育出版社，1998 年，第 292 页。
③ 梁启超：《佛家经录在中国目录学之位置》，《佛学研究十八篇》，第 292 页。
④ 梁启超：《佛家经录在中国目录学之位置》，《佛学研究十八篇》，第 292 页。

太朴素，且痛惜于后此踵作者之无进步也。"① 有鉴于此，他认为有必要作一番研究，向国内学者阐述其学术价值，并引以注意，将佛教目录研究深入下去。

佛教在六朝及唐代时得到长足发展，并逐渐与中国传统文化相结合。但是，不论是前期三藏之划分，还是后期大小乘观念的形成以及各学派的产生等，都是佛学理论上的变化。学者大都重视佛教的哲学和政治意义，"唐以后殆无佛学"②，宋代周敦颐、二程的"思想体系是古代儒家思想和佛教与道家、道教思想的一种融合"③。清代佛学无甚进展，"清诸帝虽皆佞佛，然实政治作用，于宗教无与，于学术意无与也"④，专门研究佛学者更少。

又，古人视目录为读书治学的工具："目录学者，学中第一要紧事，必从此问途，方能得其门而入。"⑤ 而世俗以经史为重，很少关注佛教及相关文献研究。学者多关注世俗目录，佛教目录遂相对成为学术界的一个空门。

直到近代，才有学者注重佛教史的研究，相关著作逐渐出现。作为近代佛学研究的学者，梁启超专注于从历史视角出发，虽无佛教史专著，运用佛教目录却是必然。由佛教史等的研究而涉及古典佛教目录，这是佛教目录在近代受重视的一个主要原因。

梁启超首倡加强佛教目录研究："近代目录之学大盛，四部群籍，存佚真伪，考证略明。佛教之书，占我国学术界最重要部分，而千年来儒者，摈之弗讲。"⑥ 因此，明确要求将佛教古籍及目录纳入当时的文献学研究中，实为中国近代第一人。这不仅丰富了佛教本身之研究，更扩大了文献学研究的范围。"文献"定义虽不变，研究领域却有所拓宽。可以说，在文献学研究尤其是目录学研究理论上，为今后的学者指明了

---

① 梁启超：《佛家经录在中国目录学之位置》，《佛学研究十八篇》，第 292 页。
② 梁启超：《中国佛学兴衰沿革说略》，《佛学研究十八篇》，第 14 页。
③ 北京大学哲学系中国哲学教研室：《中国哲学史》，北京大学出版社，2002 年，第 346 页。
④ 梁启超：《中国佛学兴衰沿革说略》，《佛学研究十八篇》，第 14 页。
⑤ 王鸣盛：《十七史商榷》，上海书店出版社，2005 年，第 1 页。
⑥ 梁启超：《佛典之翻译》，《佛学研究十八篇》，第 173 页。

需研究之材料，也使文献学研究得到更全面的发展。

后此学者渐多，佛教目录学理论研究以及佛教目录编制工作相继展开。比如，姚名达《中国目录学史》，尤重古典佛教目录，辟专题作专门研究，将梁任公的研究继续深入。陈垣的《中国佛教史籍概论》，扩大史料学之范围："此论即将六朝以来史学必须参考之佛教史籍……以为史学研究之助。"[①] 从历史（不光为佛教史）研究的角度，编制佛教史籍目录，以开发该类文献的更大价值。而这些工作的展开，更或多或少受任公发微性研究的影响。因此，他的佛教目录学思想值得研究。

2. 梁启超的古典佛教目录学思想

任公自称"虽颇好读佛家掌故之书，然未有一焉能为深密之研究者"[②]，这虽是谦逊之辞，但梁启超没有佛教目录研究的专著却属事实。仅有《佛家目录在中国目录学之位置》等文，代表了作者主要思想，可作重点研究之依据。

（1）关于历代佛教目录的编制与整理

文献研究离不开目录：有目录者，查阅目录，以便研究；无目录者，编制目录，以求直观之认识，并便于查阅。"著书足以备学者顾问，实目录学家最重要之职务也。"[③]

佛教文献有目录，然多为综合目录之一部分，"除《隋·经籍志》《唐·艺文志》卤莽灭裂著录数种外，其余谱录，一不之及。惟阮孝绪《七录》特开'佛法录'一门，分为戒律、禅定、智慧、疑似、论记五部，著录五千四百卷，可谓卓识。惜其书今不存"[④]。因此，佛教文献在世俗目录中的不完整，将促使学者向佛教专科目录中寻找办法，以方便佛学研究。"他日……厘订异同，整理内典者，亦学术界一功臣矣。"[⑤] 整理佛教古籍，编制古籍目录的工作还要继续。

研究佛教目录本身即需要系统编制佛教目录之目录，"欲草斯论，

①　陈垣：《中国佛教史籍概论》，中华书局，1962年，第1页。
②　梁启超：《佛家经在中国目录学之位置》，《佛学研究十八篇》，第292页。
③　梁启超：《佛家经在中国目录学之位置》，《佛学研究十八篇》，第312页。
④　梁启超：《佛典之翻译》，《佛学研究十八篇》，第174页。
⑤　梁启超：《佛典之翻译》，《佛学研究十八篇》，第174页。

宜先知经录之家数及其年代、存佚等"①。这为直观了解佛教目录文献的数量、规模以及它的发展脉络都有重要帮助。

任公粗略地用图表方式收录元代以前大多数佛教目录，略为考证每种目录的书名、作者、年代、存佚及真伪等，便于读者较直观之认识。之所以将元代作为下限，是因为作者认为明清佛教目录没有大的发展："明清两代虽皆有大藏目录，然大率踵元之旧，加增入藏新书，故皆从略。"②而判断佛教目录之价值，主要以文献分类法及学术对于目录之影响为主要标准。虽然，明清时期有许多重要的佛教目录，比如明代智旭之《阅藏知津》，但作者认为："尚有明僧智旭《阅藏知津》一书，半笔记体，亦不录。"③这属于观点问题，并不影响作者研究佛教目录的根本出发点，即以分类法等为重点。

（2）关于古典佛教目录中的分类法

古典佛教文献的分类法是梁任公研究佛教目录的重点之一，也是他认为优于世俗目录的主要方面。佛教目录之间相互比较，其优点也主要表现在分类法上。

1）在分类法上，有优于世俗目录之处

梁任公认为，佛教目录之优胜于普通目录之书者数事："一曰历史观念甚发达，凡一书之传译渊源、译人小传、译时、译地，靡不详叙。二曰辨别真伪极严，凡可疑之书皆详审考证，别存其目。三曰比较甚审，凡一书而同时或先后异译者，辄详为序列，堪其异同得失，在一丛书中抽译一二种或在一书中抽译一二篇而别题书名者，皆一一求其出处，分别注明，使学者毋惑。四曰搜采疑逸甚勤，虽已佚之书，亦必存其目以俟采访，令学者得按照某时代之录而知其书佚于何时。五曰分类极复杂而周备；或以著译时代分，或以书之性质分。性质之中，或以书之含义内容分，如既分经律论，又分大小乘；或以书之性质分，如一译多译、一卷多卷等等。同一录中，各种分类并用，一书而依其类别之不同交错

---

① 梁启超：《佛家经录在中国目录学之位置》，《佛学研究十八篇》，第 293 页。
② 梁启超：《佛家经录在中国目录学之位置》，《佛学研究十八篇》，第 297 页。
③ 梁启超：《佛家经录在中国目录学之位置》，《佛学研究十八篇》，第 297 页。

互见动至十数，予学者以种种检查之便。"①

　　仔细分析这几点，均与分类法有密切联系。关于真伪之分，一些佛教目录中有"疑经录""伪妄""疑惑"等类目；关于比较甚审，有"异出经""别生"等类目；关于采访亡佚，有"补阙拾遗录"等类目。这些分类法虽没有同时出现在同一部佛教目录中，然而都是世俗目录所没有或相对忽视的；而它们却更能反映佛教古籍发展及某一时代的具体流传情况。目录学本为记录文献变化与发展之动态学问。目录记载文献之产生与消亡，应以记录文献之整体运动为主要任务之一。如佛教目录中"补阙"一类，是了解佛教古籍存亡演变等的最好途径。任公也颇推崇："抱残守缺，确是目录学家应有之态度。"②而世俗目录在此方面的重视程度则稍显不够。

　　分类法是古典佛教目录价值的主要体现。作者认为，分类法自萧梁时始得重视："僧祐以后，著经录者盖注重分类。"③佛录的发展，主要在分类法之改变与进步。《李廓录》优于先前目录，就在于大小乘分类、经律论分类以及"未译经论别存其目，此朱氏《经义考》别存'未见'一目之例也"④。到隋代法经《隋众经目录》，梁先生称："现在经录中最严谨有法度者，莫如隋之《法经录》。……一曰以书之内容本质分，二曰以书之流传情况分类。"⑤到唐代以后，分类愈加细化。而以元代为佛教目录学研究的下限，也正是因为作者认为在分类法上已无甚新意，不需再作强调。

　　作者关注分类法，由目录及佛教目录自身特点所决定。"所谓目录实际上就是按照一定次序编排的篇名或书名。它是一部书或一批书的内容和形式的集中反映。"⑥目录是记录文献的集合体，不管其研究对象是什么，以具体文献为组成细胞的特性不变；而文献是学术发展的产物，

①　梁启超：《佛家经录在中国目录学之位置》，《佛学研究十八篇》，第 292 页。
②　梁启超：《佛家经录在中国目录学之位置》，《佛学研究十八篇》，第 312 页。
③　梁启超：《佛家经录在中国目录学之位置》，《佛学研究十八篇》，第 303 页。
④　梁启超：《佛家经录在中国目录学之位置》，《佛学研究十八篇》，第 305 页。
⑤　梁启超：《佛家经录在中国目录学之位置》，《佛学研究十八篇》，第 305 页。
⑥　程千帆、徐有富：《校雠广义·目录编》，第 6 页。

学术不同，文献自然不同。"有专门之书，则有专门之学。"①司马谈《论六家要旨》，分当时的主要学问为六种，实际是学术思想之分类；而这直接成为刘向、刘歆划分诸子类文献的主要依据，并由此将学术分类运用于整个文献分类中。姚名达就认为："目录之两大要素，曰分类，曰编目。有书目而不分类，未得尽目录之用也。"②由此可见一斑。

因此，较为有价值的目录，主要一点就表现在对于文献的分类上。刘歆《七略》为中国目录之始祖，不只是由于它的历史年代，更重要的还在于六分法的创立，并成为古代在魏晋以前国家所认可的图书分类法，为学术研究也带来方便。以后，目录学史的发展，分类法是主要脉络。可见，分类法的运用，为文献保存与查阅提供方便，具有重要的学术意义。因此，它是目录具有系统性、逻辑性的主要体现，应成为目录学研究的重点之一。

作为佛教专科目录，分类法同样是重要部分。由于收录文献的特殊性，佛教目录在分类法上必然有不同于普通目录的地方："正统派之目录学家既自局于四部之范围，坚拒异端，高自标置。而佛道之徒亦别立门目，不复寄人篱下，抄集结藏，著录成目，其造诣转有胜于正统派者。特以其书深隐丛林，故不甚为流俗所重。"③但正因如此，佛教目录在目录学上的优势才更应该被世人所重视，这也是作者强调佛教目录的目的之所在。

2）关于佛教目录分类法与学术史的关系

任何目录都是由文献组成的，而文献是具体时代学术发展的产物。因此，从目录中可以看出学术之发展。余嘉锡就认为："凡目录之书，实兼学术之史"④，更为明确地解释了"辨章学术，考镜源流"的内在涵义。

目录反映学术发展，分类法是主要因素。梁任公研究佛教目录就认为具体分类法的形成及演变，与学术有着密切联系。比如，道宣《大唐

① 郑樵：《通志二十略》，第1804页。
② 姚名达：《中国目录学史》，第48页。
③ 姚名达：《中国目录学史》，第185页。
④ 余嘉锡：《目录学发微：含〈古书通例〉》，第5页。

内典录》是佛教目录的集大成之作："其书集法经、长房两派之所长而去其所短，更为有系统的且合理的组织，殆经录中之极轨矣。"①作者得出这样的结论，就在于该经录立足于佛教文献的具体情况，重新调整分类法。主要表现在："别生一项，道宣相对保存"，"疑惑、伪妄，道宣合而为一"，"道宣主'有目阙本'一录"，而"道宣录中最有价值之创作，尤在'众经举要转读录'一篇"②。这些分类法上的调整，成为佛教目录体现价值的主要方面。

中国古典目录颇重分类。分类法反映学术发展，并随着学术的发展而改变。梁启超研究佛教目录也阐述了其中的关系。在论及智升《开元释教录》时，作者认为分类法"至智升则大小乘经论又各分类焉。派别分类自此始也"。而造成这一变化的主要原因就在于"学术愈发达，则派别愈细分。《开元录》将大小乘经论加以解剖，此应时势要求，自然之运也"③。

学术的发展带来分类法的变化，那么从佛教目录中，不仅可以看到佛教文献的存、佚、阙、残等情况，更能反映中国佛教史的发展脉络。中国古典目录的特色在于"重分类而轻编目，有解题而无引得"④。从分类法上去研究中国古典佛教目录，是具有代表性的；确实可以反映它们的部分特点与优势，这也是整个目录学界所应注重之实际问题。

（3）佛教目录的解题

既然中国传统目录的优点在分类和解题，那么对于佛教目录的解题研究，也应予以强调。作者颇重佛教目录之解题，然而由于佛教目录自身的特点，以及作者对佛教目录研究在范围上的局限性，因此，关于该问题的研究并不充分，但所得结论也具有相当价值，是研究佛录解题必不可少的参考。

作者认为，佛教目录起初并不十分强调解题，"至《开元录》则有

①　梁启超：《佛家经录在中国目录学之位置》，《佛学研究十八篇》，第 309 页。
②　梁启超：《佛家经录在中国目录学之位置》，《佛学研究十八篇》，第 312 页。
③　梁启超：《佛家经录在中国目录学之位置》，《佛学研究十八篇》，第 313 页。
④　姚名达：《中国目录学史》，第 346 页。

长至数百言，俨成提要之行者"①。而以前都是一些类似于《汉书·艺文志》的简单数字而已，而至于"求其如《郡斋读书志》《直斋书录解题》之例，撮举各书内容为提要者竟无有。"②佛教目录在解题上的薄弱，为读者的查阅与研究带来诸多不便："是以读佛典者欲得一向导之书，殆无从寻觅，可谓憾事。"③因此，作者甚重元代王古的《圣教法宝标目》，根本就在于该书之解题："王古《标目》纯属提要体，于各经论教理之内容，传译之渊源，译本之分合同异等，一一论列，文简而意赅，非直空前创作，盖直至今日，尚未有继起之第二部也。"④

这种观点，虽值得商榷，但却为佛教目录学的解题研究奠定了基础，至少在佛教目录学史上，确立了《标目》的历史和学术地位，使后人在研究佛教目录的解题时，有了一个可供对比研究之标准；也为后世整理佛教古籍，编制佛教文献目录提出了需改进和完善之处。

（4）关于古典佛教目录研究的其他成果

分类和解题是任公研究古典佛教目录的重要组成部分，成为他佛教目录学思想的两大支柱。但除此之外，还有其他一些重要的研究成果需要阐述。

1）考证佛教目录之起源

"辨章学术，考镜源流"，以文献反映学术，是中国传统目录的优点。由于佛教目录本身即是文献，因此，作者也考证了其起源，得出"经录盖起自道安""则安公之作前无所承可知"⑤的观点，将中国最早之佛教目录追溯到东晋时道安的《综理众经目录》。而其先"谓古录出秦时释利防，谓旧录为刘向所见，谓朱士行曾作《汉录》，此皆费长房臆断之说"⑥。

研究佛教目录的起源，有利于中国目录学史的研究；在专题目录中

---

① 梁启超：《佛家经录在中国目录学之位置》，《佛学研究十八篇》，第 314 页。
② 梁启超：《佛家经录在中国目录学之位置》，《佛学研究十八篇》，第 314 页。
③ 梁启超：《佛家经录在中国目录学之位置》，《佛学研究十八篇》，第 314 页。
④ 梁启超：《佛家经录在中国目录学之位置》，《佛学研究十八篇》，第 314 页。
⑤ 梁启超：《佛家经录在中国目录学之位置》，《佛学研究十八篇》，第 298 页。
⑥ 梁启超：《佛家经录在中国目录学之位置》，《佛学研究十八篇》，第 298 页。

对佛教目录的历史地位做出了判断，也丰富了目录学理论。早先目录中著录的文献，也应慎重对待。

2）从佛教目录中看一些特种目录的起源

比如，个人译著目录，在佛教目录中，盖以晋代聂道真收录竺法护所译书的《众经录》为始。"大率六朝隋唐间大译家皆有弟子为之著录。"[①]这同时也确定了整个目录学史上，个人译著目录出现的历史年代，也为中西文化交流史研究提供了史料。

又如，关于专记一朝代或一地方之佛教目录者，为僧叡之《二秦录》，"录冠朝名，盖始于此"[②]。在中国目录学史上，通常认为以朝代为断限之综合目录，则始于《明史·艺文志》。但是在专科目录中，佛教目录在南北朝时已经专记一朝一地之文献了。这是中国目录学史研究中的重大发现。

3）对世俗目录解题的影响

其中最重要者，在于追溯了辑录体解题目录的历史始于僧祐的《出三藏记集》。"朱彝尊《经义考》全录各书之序，深便学者。最初创此例者则《祐录》也。"[③]这一观点，在现在目录学界已被广泛接受，但在当时梁启超却有首创之功。

4）完善了目录学研究理论

比如先前所说的辑录体目录。又，《祐录》中"叙列传"部分，为著名译家列一小传，是本书的特色，也是其优于普通目录的主要特点。这也被后世学者所承认。关于佛教目录中提倡"失译经""阙经"等的分类，也被后世学者所强调。可见，梁启超为佛教目录研究打下了坚实基础，为以后进一步研究指明了方向，为目录学研究提出了新课题，丰富了目录学研究的学术意义，也从一定程度上完善了目录学研究理论。

3. 在目录学研究中的某些不足

《佛家经录在中国目录学之位置》等文是中国近代学者首次较为系

---

① 梁启超：《佛家经录在中国目录学之位置》，《佛学研究十八篇》，第300页。
② 梁启超：《佛家经录在中国目录学之位置》，《佛学研究十八篇》，第300页。
③ 梁启超：《佛家经录在中国目录学之位置》，《佛学研究十八篇》，第302页。

统地阐述中国佛教目录的文献学价值及学术价值，并奠定了以后佛教目录研究的基础的重要文献，在中国目录学界具有举足轻重的作用，开创了中国古典目录及目录学史研究的新领域。然而，该著作虽具有首创之功，但也存在一些值得商榷的地方，这是时代局限和学术开创之艰难所决定的。但这些不足之处，也间接地为后世学者提供了继续研究之空间。

（1）关于佛教目录研究时代之下限

中国佛教目录与佛教发展密不可分。佛教在中国的黄金时期是六朝及隋唐时代。六朝为佛典翻译的时代，隋唐为佛教中国化的时代。因此，这两个时代产生的佛教目录最具有学术价值，也最具有代表性。然而，中国历史上的其他时代也有相对重要的佛教目录。清智旭的《阅藏知津》在分类及解题上均具有重要价值，其以"历朝所刻藏乘，或随年编次，或约重单分类，大小混杂，先后失准，致使欲展阅者茫然不知缓急可否"（《阅藏知津》），而分佛教文献为经藏、律藏、论藏及杂藏。前三者分大小乘，杂藏分此土撰述和此方撰述。既吸收了前代文献分类法的优点，又有所创新，后世在佛教分类法上多吸收其优点。该目纯用学术分类的方法分类文献，确起到统一分类法之作用，是佛教目录集大成之作。但却被任公一带而过，不做重点研究，实为憾事。姚名达就认为该目录"在解题书中，可称鼎足而立；在分类法中，则实空前创作"[1]。对该目录的忽视，无疑有损于学术观点的客观性和完整性。

（2）对于佛教目录解题研究不够

宋代以前，佛教目录中没有大篇幅的解题。但是，并不能说明先前的解题就只是"简单数字"，而无大的价值。作者以这类解题与《汉书·艺文志》中之解题相比，也略显武断。众所周知，《汉志》在中国目录学史中的地位，其分类法、大小序、解题，甚至是书名都是研究对象。"简单数字"的解题，在《汉志》中具有重要意义，因其保存了每种文献最初的卷帙数字形态，为以后考证文献的亡佚、残缺乃至研究中国文化史都具有重要意义。而佛教目录解题中的"简单数字"也是有利于考

---

[1] 姚名达：《中国目录学史》，第251页。

证文献佚、阙等的重要史料。同时，由于佛家目录多为译书目录，因此是反映文化差异、文化交流的较好材料。又有一些"别出"经，对于这些文献卷数之著录，在研究文献学史及佛教文献分合情况时具有重要价值。作者忽视佛教目录中"简单解题"，则不利于佛教文献学史的研究，降低了唐宋以前佛教目录的文献学价值。

另外，还有些重要目录研究较略。如大藏经目录、国外佛教目录等。但这些都是限于作者并没有真正的研究著作的出现，而只是一些零星的论文，不可能做到面面俱到。

要之，梁启超对于佛教目录的研究，丰富了中国目录学史乃至整个文献学的研究。以后关于宗教目录的研究，被学者普遍关注，逐渐成为目录学研究中的一个重要组成部分，而梁启超无愧于"近代中国古典佛教目录研究的发起人"之称号。

（二）王重民及《老子考》

《老子考》是王重民早年编纂的目录著作，在图书分类、文献收录、编目著录等方面均有重要价值，被称为是"先生青年时代的代表作"[①]，在当时受到了相关学者的关注。近年来，目录学偏向于实践研究，而对目录学史则重视不够，王先生的这部著作也没有得到足够的关注，近年来或许只有一篇相关文章。因此在这里简要介绍一下，以点带面地概括王先生在专科目录学中的理论与实践。

1. 王重民与《老子考》

王重民（1903—1976），河北省高阳县人，字有三，号冷庐，又曾化名鉴。[②]先生早年毕业于高阳县高等小学，1921 年入保定直隶第六中学学习，1924 年考入北京高等师范学校，师从陈垣、杨树达、高步瀛等先生研习文史，并有幸受袁同礼之指导，研究目录学。毕业后，由袁先生推荐入国立北平图书馆工作。1934 年 8 月，以"教育部派考察图书教育"官员的身份，被派往法国巴黎国家图书馆工作，主要从事考察和研

---

① 周文骏：《王重民目录学研究述要——纪念先师王重民教授诞辰 100 周年》，《北京大学学报（哲学社会科学版）》第 40 卷第 3 期，2003 年 5 月，第 133—136 页。

② 王余光：《王重民先生的生平与著述》，《图书情报工作》2003 年第 5 期，第 5—6 页。

究流失在法国的中国古文献的情况。1935 年 8 月由巴黎去往柏林，在普鲁士国立图书馆阅读。1935 年 12 月至 1938 年 4 月，曾三次由巴黎去往英国，到剑桥大学图书馆和伦敦大英博物院图书馆访读有关的中国文献。1939 年秋，去往美国，在美国国会图书馆研读及考订了由美国购买或由中国寄存于美国的大量中国古籍，并做了全面记录。1947 年回国后，创办了北京大学图书馆学专修科。新中国成立后，仍任教北大，并兼任北京图书馆副馆长。王重民在目录学、敦煌学、历史学、古典文学、方志学等方面都有重要的专门著作，有关论文和专著共计 160 余部（篇）。其中属于目录学方面的重要著作，主要有《老子考》《李越缦先生著作考》《柏林访书记》《罗马访书记》《清人文集分类篇目索引》《敦煌古籍叙录》《中国目录学史料（1—6）》《中国善本书提要》《校雠通义通解》以及《中国目录学史论丛》等。①

《老子考》是先生早年的著作，该书完成于 1927 年，并作为"中华图书馆协会丛书"的第一种，由当时的中华图书馆协会出版印行。关于该书的写作动机，先生曾有这样的叙述："友人王振宇喜谈《老子》，余亦有同嗜，拟为专门之研究，未果也。民国十四年从袁守和先生受目录学，大好之，乃发奋先为《老子考》，因一可藉以抽绎各史志藏书志，一可为研究老子之预备也。"②

由此可见，编纂该目录的目的主要在阅读目录书和研究专门学术之需，尤其是后者，以编制目录的方法，为研究《老子》作文献上的准备，因此也可视该书为读书入门径之书，体现了先生对目录学作用之认识。

《老子考》的编纂始于 1936 年冬，至第二年三月份已杀青，完成速度之快，也可见先生青年时代学术之功底，不过也与在写作期间受到了如袁同礼等学者的指导有关："是书之成，亦赖袁守和、陈援庵、杨遇夫、傅沅叔、黄仲良诸先生之指教为多。"③《老子考》在完书后一

---

① 参见刘修业编，杨殿珣校订：《王重民著述目录》，附于王重民《中国目录学史论丛》。
② 王重民：《老子考·自序》，中华图书馆协会，1927 年，第 1 页。
③ 王重民：《老子考·自序》，第 2 页。

直没有重印，所以现在我们所能见到的只有 1927 年的初版，不过也因此保留了该书的最初原貌。

2.《老子考》的收录范围

《老子考》一书收录了自西汉时期直至当代的关于《老子》和老子本人研究的中外论著，"都中外著录几五百家"[①]。其中注重于明代以前的文献，而清代文献则有所省略。先生在《凡例》中称："其中元明以前，务求其详；清代则乾嘉以往或多遗佚，乾嘉以后又多为刊布，故只以见于各图书馆、各藏书家目录者为限。"[②]另外，《老子考》收录文献的特点在于，注重出土文献、辑佚本和外文文献的收录。

自梁启超提出"新史学"理论以来，史学界发生未有之大变革，史料之范围也得以扩展："儒、道、墨诸家书，为哲学史或思想史之主要史料。"[③]《老子》也成为哲学史研究的重要史料所在。因此，实可将《老子考》视作民国时期的哲学史目录，而研究《老子》的史料也较过去综合目录中子部道家类或与之相关的类目为丰富。

近代敦煌文献的发现，为研究中国学者，开辟一丰富的史料库，"此实世界典籍空前之大发见也"[④]，也"给科学研究提供了极丰富的古代文化和历史资料"[⑤]。《老子考》的写作年代是敦煌文献出土并被国内外学者所认识和研究的时代，其中颇有唐代《老子》的写本出现。王先生在编纂目录时，充分将此类文献予以收录，如《老子考》中收录的第一部文献为《老子道德经》，其版本"有六朝唐人写本，盖出燉皇"[⑥]，为研究《老子》学说及版本演变等之重要史料。这样，至少将《老子》的最初版本追溯到六朝时期。收录此类出土文献，至少可在版本学方面起到"辨章学术、考镜源流"的学术史作用。

古代文献流传，多有亡佚之情况，自牛弘提出"五厄"论之后，胡

① 王重民：《老子考·自序》，第 1 页。
② 王重民：《老子考·凡例》，第 1—2 页。
③ 梁启超：《中国历史研究法》，上海古籍出版社，1987 年，第 52 页。
④ 梁启超：《中国历史研究法》，第 55 页。
⑤ 王重民：《敦煌古籍叙录·编辑"敦煌古籍叙录"述例》，中华书局，1979 年。
⑥ 王重民：《老子考》，第 4 页。

应麟又扩充至"十厄"。之后，图书又有继续散佚的情况[1]，古书日亡，而其学术价值及在学术史中的地位却不可磨灭。"大抵其书愈古，则其在学问上之价值愈高，其价值非以体例之良窳而定，实以所收录古书存佚之多寡而定也。"[2]梁启超先生此话虽针对类书辑录佚书片段而言。但是运用于专科目录之中，也具有同等意义。学科目录不同于藏书目录，其是以向读者（尤其是初学者）体现某一专门学术之脉络，展示某一专门学科文献编纂情况为基本目的，佚书之有无和多少，直接决定了此专科目录在收录文献的完整性，体现学术史的全面性等方面的价值，更何况为有辑本之佚书。《老子考》作为哲学史的专科目录，尤注重此类文献的收录与考证，由此保留了大量佚书和辑本，在文献和学术的完整性上，都具有重要价值。

外文文献在民国时期已被视为史学研究的重要依据之一："泰西各国，交通夙开，彼此文化亦相匹敌，故甲国史料恒与乙国有关系。即甲国人专著书以言乙国事者亦不少。"[3]《老子考》在文献收录中关注到了这一点，并单辟"日本《老子》著述略目"和"《老子》译书略目"两类，以归入附录之中，以收录日、英、法、德等文字的相关论著，可见其之重视程度，由此也补充了中国学者研究之不足，有利于推进《老子》的学术研究。

《老子考》作为哲学史研究专科目录，其在史料的搜集上可以说是前无古人的。它扩大了史料范围，从传世文献扩大到出土文献，从中文论著扩大到外文论著，从存世文献扩大到佚书。而这些收录的标准扩大了文献的收录范围，为专科目录在文献结构上的完整性奠定了坚实的基础，也为体现"目录者，学术之史也"[4]的传统目录学理论在哲学史专科目录中的实践提供了文献支持。

---

① 可参见杜泽逊《文献学概要》中《文献的收藏与散佚》一章，中华书局，2001 年。
② 梁启超：《中国历史研究法》，第 54 页。
③ 梁启超：《中国历史研究法》，第 59 页。
④ 余嘉锡：《目录学发微附〈古书通例〉》，第 30 页。

3.《老子考》的分类及对文献的安排

《老子考》是我国最早出现的关于《老子》文献及研究的专科目录，其在分类法方面具有开创性的意义。

全书正文使用了年代分类的方法，在大类的划分及在具体文献的安排上均以年代为标准。全书共分为七个大类，分别为两汉、三国晋六朝、唐（附五代）、宋、元、明、清（附民国）。每一大类中不再另分小类，只是按照著作的年代顺序排列文献，先生在《凡例》中称："本书次序，以时代为先后。其有由自序或他人代序确知其著作年月者，据以为先后之次序；不能确知其著作年月者，则以著者之生卒年月而排比之；若均不可考时，则依首见于某志或某书而核定。"①

如仍无法确知写作年代之作品，一般均放在各大类之后，并予以说明。如卷五所收录的为元人著作，其中陈岳《老子注》、高节诚《老子臆疏判言》和杨璧《道德经注》三部著作年代不详，因此归入该类的最后，并附按语曰："陈岳以下三人不详年代。"②使用此种分类方法的最大特色就在于能根据时代的先后，对历代出现的相关文献予以梳理，并从中可知道每一阶段（年代）《老子》研究的学术特点，起到了以分类辨学术的作用。

全书分类的另一个特色在于，正文以年代先后分类文献之后，又有附录六项，"以补苴本书所未备"③。其大致以内容为标准："（一）书系伪托，或近人著述之无大发挥者，为'存目'；（二）诸家文集札记内关于《老子》之通论或校勘者，为'通论与札记略目'；（三）日本学者关于《老子》之著述，为'日本《老子》著述略目'；（四）英法德诸国学者关于《老子》之著述，为'《老子》译书略目'；（五）关于老子事实之著述，为'老子传记略目'；（六）自唐以来，《道德经》刻石甚多，为'《道德经》碑幢略目'。"④

---

① 王重民：《老子考·凡例》，第1页。
② 王重民：《老子考》，第333页。
③ 王重民：《老子考·凡例》，第2页。
④ 王重民：《老子考·凡例》，第2页。

第一类之设置实效仿《四库全书总目提要》设"存目"之例，第二类实为"别裁"之论著，这将在后文中阐明，第三、四两类为外文论著，第五类为史传，第六类为金石文献。每类中收录文献不多，其中文献也基本按照年代顺序排列。

在对文献的安排方面，《老子考》使用了"互著"与"别裁"的编目方法，尤其是后者，更成为附录中的重要组成部分，为体现《老子考》的专科目录学价值提供了重要支撑。专科目录以指导初学者阅读，反映学术源流为根本目的，使用"互著"与"别裁"后，能使每一类中收录的文献，在结构和数量上趋于完善。先生尤其注重该类方法的运用，他在后来进行了理论上的阐述："互著、别裁法在编制藏书目录中使用较少，也较晚；而在专科目录中则极有用。"①

使用"互著"方法者，可以"根据读者需要和学术源流把一书著录在两个（或两个以上）的类目内"②，以达到"书之易混者，非重复互注之法，无以免后学之抵牾；书之相资者，非重复互注之法，无以究古人之源委"③的目的。如《老子考》中收录的唐玄宗《道德经注》一书，有各种版本，其中包括石刻文献，先生在案语中称："玄宗《御注》刻石，今所能考见者十，而最通见于金石书者四：（一）怀州本，赵明诚所见是；（二）邢州本，归有光所见是；（三）荆州本，张孝祥所见是；（四）易州本，钱大昕、武亿、王昶所见是。"④ 这些刻石文献从时间上看属于唐代，而从文献类型看则属于金石，因此在"附录"的《碑幢略目》中，这些御注刻石又收录于其中，对研究唐代《老子》学术发展者和研究石刻文献者均有益处。

使用"别裁"方法，可以"裁其篇章，补苴部次，别出门类，以辨著述源流"⑤。在专科目录编纂中，它较"互著"法的作用更大，能打破文献形式的束缚，将目录在反应学术史方面的功能，在文献排列的层

---

① 王重民：《校雠通义通解》，第20页。
② 王重民：《校雠通义通解》，第23页。
③ 王重民：《校雠通义通解》，第21页。
④ 王重民：《老子考》，第152页。
⑤ 王重民：《校雠通义通解》，第24页。

面上达到最大。《老子考》中的"别裁"法主要集中在附录的"通论与札记略目"等类中。如韩非《解老篇》《喻老篇》，解题曰："在《韩非子》内。"[1]同样，刘安《道应训》一文"在《淮南子》内"，魏收《释老志》"在《魏书》《广弘明集》内"。在"老子传记略目"中，先生也使用了同样的方法，司马迁《老子传》，解题曰："在《史记》内。"[2]而谢守灏《太上老君年谱要略》："道藏'敬'字号。"[3]在使用"别裁"以充实学术内容的同时，也给予读者以查找原文献的途径。

4.《老子考》的著录项目

《老子考》在著录方面继承了朱彝尊《经义考》、谢启坤《小学考》等目录著录特点，同时，也针对《老子》的文献特征和学术背景，体现出自己的特点。

（1）标明存佚

《老子考》借鉴了《经义考》《史籍考》等目录标注文献"存佚"的方式，同时改革了《经义考》等在"存佚"著录方面的观点。

《经义考》的著录文献分存、佚、阙、未见四种，后世目录效仿者颇多。章学诚编纂《史籍考》也采用了此种方式，其书虽不存，而其中的定义，却可从《史籍考释例》中得见："存佚必实见而著'存'，知其必不复存而著'佚'。然亦有未经目见而见者称述其书，确凿可信，则亦判'存'。又有其书久不著录，而言者有征，则判'未见'。如《后汉》谢承之书，宋后不复录，而傅山谓其家有藏本，曾据以考《曹全碑》，虽琴川毛氏疑之，然未可全以为非，则亦判为'未见'，所以志矜慎也。又如古书已亡，或丛书刻其畸篇残帙，本非完物，则核其著录而判'阙'。亦其有书情理必当尚存，而实无的据，则亦判为'未见'，他皆仿此。"[4]

从中可见，章氏的定义虽详尽，但是稍显复杂，且有些概念"未经

---

[1]　王重民：《老子考》，第 477 页。

[2]　王重民：《老子考》，第 513 页。

[3]　王重民：《老子考》，第 514 页。

[4]　王重民：《校雠通义通解》附录《史籍考释例》，第 177 页。

目见，而见者称述其书确凿可信"等很难辨别清楚，因此在实际的编目过程中，也有不小的难度。之后的目录，标注"存、佚"者，已多有改进或简化，而《老子考》就是其中的代表。书中《凡例》称："又著存佚之法，存者称'存'，残缺者亦称'存'，佚者称'佚'，佚而有辑本者亦称'佚'，不知存佚者称'未见'，近人稿本称'未刊'。"①

著录图书之存佚，本以"反映图书变动情况，从中可以看出学术的盛衰变化"②为主要目的，先生取消了"阙"的环节，简化了"未见"的含义，使读者不会产生概念上的模糊，使目录中关于"存、佚"的定义较为明朗，同时也真实地反映了文献的存世情况。其中，有辑本之书与阙书仍是两个不同的概念。如《史记》共130卷，其中"十卷缺，有录无书"③，因此也可以称《史记》为"阙"，而我们现在所能见到的本子，绝非是辑本。佚书本为不存于世之书，阙书则是存于世的，两者也有着性质上的差异；先生将有辑本之书称为"佚"，是符合图书性质的。

（2）辑录体的解题形式及其特征

《老子考》全书使用了辑录体的解题方式，辑录与文献相关的序跋文章等，以见前人对文献成书过程、著者、图书内容、学术价值等方面的叙述，同时又通过按语的形式以补前人之不足，且已在著录形式上形成范式。先生提到："本书内容，每书之下，首著其存佚、刻本，次自序，次他人代序，次题跋记、读书记，次按语。他人代序、题跋记、读书记等，亦略以时代为顺序。"④

关于存佚，若是现存之书，则在解题中标注其各种版本，如严遵《老子指归》一书有多种版本："四库本，道藏本，汲古阁本（津逮秘书本），秘册汇函本，学津讨源本，汉魏丛书九十六种本，唐宋丛书本"⑤，以便读者查找，也便于版本学、校勘学等之研究。

若是佚书，也注明文献出处，以期做到言之有据。如傅氏《老子经说》

① 王重民：《老子考·凡例》，第1页。
② 程千帆、徐有富：《校雠广义·目录编》，第95页。
③ 班固：《汉书》，第2724页。
④ 王重民：《老子考·凡例》，第1页。
⑤ 王重民：《老子考》，第56页。

的解题曰："佚，见《汉书艺文志》，自注云：'述老子学'。"①

此外，在《老子考》中也标明所收录图书在各目录中的著录情况，以了解版本、卷数等变化，以辨文献及学术之演变。如河上公《老子章句》一书："《隋志》：《老子道德经》二卷，周柱下史李耳撰，汉文帝时河上公注；《旧唐志》：《老子》二卷，河上公注；《新唐志》：《老子道德经》二卷，河上公注；《宋志》：河上公《老子道德经》注一卷；《释文·叙录》：河上公《章句》四卷。"②通过历代目录的著录可知，该书出现于六朝时期，书名有称《老子》或《老子道德经》者，卷数有一卷、二卷和四卷三种。河上公为汉文帝时人，《汉书·艺文志》却没有著录，"其书前代从未著录或绝无人征引而忽然出现者，什有九皆伪"③，因此也为辨伪等文献整理工作提供了目录基础。

目录为指导初学者读书门径的工具，评价图书价值、指导阅读为其主要目的之一。《老子考》的解题中多有类似话语，如"此书价直不过如《提要》所云，'相传已久，所言亦颇有发明耳'。"④又如蔡廷干《老解老》一书："在熟读《老子》者固无取于此，初入门者更无取于此也。"⑤

然而，最能显示《老子考》学术价值的，则在先生所作的按语。《老子考》中的按语，多是针对前人的研究成果或是目录所辑录的材料而加以考证："考证者，所以审定史料之是否正确，实为史家求征信之要具。"⑥该书中的按语，主要集中在所收录的唐宋以前《老子》文献的解题中，内容涉及著者、内容、纠谬、辨伪等。

关于辨伪。书中的按语有多处涉及文献的辨伪。关于《老子》的辨伪问题，在20世纪二三十年代成为研究热门，以"古史辨派"为代表所展开的相关学术研究，主要集中于"老子及《老子》书的年代问题"⑦，并涉及后世出现的关于《老子》的其他图书。先生虽未参与其中，但是

---

① 王重民：《老子考》，第54页。
② 王重民：《老子考》，第33页。
③ 梁启超：《中国历史研究法》，第91页。
④ 王重民：《老子考》，第53页。
⑤ 王重民：《老子考》，第478页。
⑥ 梁启超：《中国历史研究法》，第23页。
⑦ 顾颉刚：《当代中国史学》，世纪出版集团，2006年，第138页。

却受其学风之影响，于六朝以前之文献，多就真伪问题展开论述。

如辨河上公《老子章句》之伪，曰："盖曹参治汉，用黄老之术，说者必究于盖公，而更追溯于河上丈人，《隋志注》所谓'梁有战国时河上丈人注《老子》经二卷'者，必当时为黄老者所假托。嗣后文帝亦用黄老之术，而收治平之效，故魏晋谈老庄者，又必究之汉文，汉文帝诣河受经事，亦必当时由'河上丈人'四字附会蜕变而成。"① 因此先生断定，河上公《老子章句》为魏晋时著作。其所用的辨伪方法也受到了"层累地造成的古史观"理论的影响。

又如严遵《老子指归》一书："又按《提要》云：'至于所引《庄子》，今本无有者十六七，不应遵之所取，皆向、郭之所弃。此必遵书散佚，好事者……因《汉志》《庄子》五十二篇，今本惟三十三篇，遂多造《庄子》之语，以影附于逸篇'；陆心源《仪顾堂题跋》：'谷神子序曰：严君平者，蜀郡人也，姓庄氏，故称庄子，书中所称，多设为问难之辞。庄子盖君平自谓，非引庄周书也。'此说较《提要》为长。伪作《指归》者，诚所谓煞费苦心矣！但以序文相对，又正足为造伪之破绽。"②

关于著者，《老子考》中多辑录史传材料介绍图书著者，如无史传可辑，则先生自作之。此外，或追溯著者之师承关系。"追溯师承，是了解学派发展源流的重要途径。"③ 如《老子注》和《老子指趣》的作者毋丘望之，该书按语曰："章怀注引皇甫谧《高士传》云：'望之著《老子章句》，故《老子》有安邱之学。扶风耿况、王伋等皆师事之，从受《老子》'。"④

若前人在著者考证上有误，先生则加以纠正。如葛仙公《老子序诀》的按语曰："《晋书·葛洪传》明言葛玄号葛仙公，而后人多误为葛洪，盖洪之名彰于玄，遂以葛仙公即葛洪，因误《序诀》为洪著也。"⑤

此外，或介绍文献出处，如钟嵘《老子训》的按语："按《世说·

① 王重民：《老子考》，第52页。
② 王重民：《老子考》，第72页。
③ 曾贻芬：《〈经义考〉初探》，《史学史研究》1996年4期，第60—66页。
④ 王重民：《老子考》，第55页。
⑤ 王重民：《老子考》，第95页。

言语篇》注：'《魏志》曰，繇家贫，好学，为《周易老子训》'。"①
或纠正辑录材料之讹："又按侯康《补三国艺文志》曰：'《魏志》今
无此文，当是《魏书》之讹。'"②或考图书篇章结构，如王弼《老子
注》的按语："按钱大昕云：'晁说之跋王弼注本，谓其不析《道德》
而上下之，犹近于古。'……盖唐宋之世，所通行之《老子》书，皆析
道德而上下之，晁氏突得异本，而遂以为近也。"③或介绍序跋之来源，
杜道坚《道德经原旨》存《道藏》本，此书解题中辑录了《戴元表序》。
其按语曰："按《戴元表序》，《道藏》本未载；余从《剡源戴先生文集》
检得，补入。"④或介绍收录文献之来源，刘庄孙《老子发微》之按语曰："按
袁桷《刘隐君墓志铭》：'天台刘君正仲，讳庄孙，喜著书，能以辞藻
达幽隐。为《论语章指》《老子发微》《楚辞补注音释》《深衣考》。'"⑤
当然，这些按语大部分都是互相结合的，较为全面地考证了每部文献的
多个方面的问题。

5. 总结

《老子考》是王重民早年所作之目录，该书杀青之时，先生才24岁。
其文献收录之完整、材料辑录之丰富、按语考证之严密，使之在民国目
录学史和哲学史上具有举足轻重的地位。直至今日，仍成为相关研究学
者和读者的必备参考文献。但是，该书也有部分不完善的地方，如有些
图书有多种版本，而在目录中著录之序跋不知出于何种版本，或者各版
本均有该序跋，所以给读者查阅原文带来不便。图书在分类方面只按年
代为标准，对于内容在专科目录中的作用则略显重视不够。该书对清代
的相关著作也收录不完整。但是，我们不能完全用今人的眼光来苛求前
人所作的成绩。作为老师的袁同礼对于《老子考》之评价，也许最能凸
显该书的价值，现摘录于下："王君重民，从余治目录学，近辑《老子考》
一书，其书其志，均足继朱、谢二氏之后。虽资历方有限，未能著录无遗，

---

①　王重民：《老子考》，第77页。
②　王重民：《老子考》，第77页。
③　王重民：《老子考》，第86页。
④　王重民：《老子考》，第213页。
⑤　王重民：《老子考》，第317页。

然其博访穷搜之功，于治斯学者贡献多矣。"①

（三）陈垣及《中国佛教史籍概论》

《中国佛教史籍概论》是民国时期出现的第一部在现代史学理论指导下，编纂的佛教史籍目录，也是在"佛教文化却又出现了新的转机，呈现出一种复兴的迹象"②的学术背景下，佛教文献整理的产物。全书共六卷，是研究六朝以来历史的必备参考文献："此论即将六朝以来史学必需参考之佛教史籍，分类述其大意，以为史学研究之助。"③也是研究民国专科目录的重要代表著作。现就该书的目录学特点与价值，作一简要的介绍。

1. 陈垣与《中国佛教史籍概论》

陈垣（1880—1971），广东新会人，我国著名的历史学家、文献学家、敦煌学家、教育家。字援庵，又字圆庵，笔名谦益、钱罌等。1910年毕业于光华医学院，后有志于史学，并最初从《书目答问》入手，研究中国传统文化。1926年—1952年，任辅仁大学校长，1952年—1971年，任北京师范大学校长。此外还先后担任过京师图书馆馆长、故宫博物院图书馆馆长、中研院院士、中国科学院历史研究所第二所所长等。

先生著作等身，在宗教史研究方面学术成果极为丰富。陈寅恪先生总结曰："严格言之，中国乙部之中，几无完善之宗教史，然其有之，实自近岁新会陈援庵先生之著述始。"④由此可见其成就之一斑。1917年完成的《元也里可温考》，以汉文史料为基础"证明元代基督教之情形"⑤，奠定了先生在中国宗教史研究中的地位。之后先生转向中国佛教史研究，在20世纪三四十年代前后，又相继完成了《开封—赐乐业教考》《耶律楚材父子信仰之异趣》《〈大唐西域记〉撰人辩机》《火祆教入

① 袁同礼：《老子考·序》，第1页。
② 高振农：《佛教文化与近代中国》，上海社会科学院出版社，1992年，第2页。
③ 陈垣：《中国佛教史籍概论·缘起》，中华书局，1962年，第1页。
④ 陈寅恪：《明季滇黔佛教考·序》，陈垣《明季滇黔佛教考》（外宗教八种）上，河北教育出版社，2001年，第235页。
⑤ 陈垣：《元也里可温考》，《明季滇黔佛教考》（外宗教八种）上，第3页。

中国考》《摩尼教入中国考》《元西域人华化考》《敦煌劫余录》《释氏疑年录》《明季滇黔佛教考》《中国佛教史籍概论》等宗教史研究或与之相关的论著。期间，他还曾与梁启超、胡适就玄奘出游和《四十二章经》等相关问题进行过论辩。除宗教史研究之外，先生又著有《校勘学释例》《史讳举例》《二十二史朔闰表》《中西回史日历》等，又编写了大量史源学方面的论文，这些论著总结了校勘学理论，并开创了史讳学、史源学、年代学等历史学和文献学分支学科，可称为中国近现代的史学大师。

《中国佛教史籍考》是陈垣1942年，在辅仁大学讲课时的讲稿，当时并没有公开发行，直至1955年，才由科学出版社出版。之后，由中华书局于1962年出版，上海书店出版社于2001年也予以印行，这些建国后的版本，为读者阅读该书，研究其特点和价值提供了方便。关于该书的写作目的，先生曾在书中提及："此稿为余十数年前讲课旧稿，继'史学要籍解题'之后辄讲授此课，以介绍同学研究历史时如何掌握及运用有关材料。"①

因《四库全书总目提要》子部释家类，是"非按目求书，而惟因书著目"②，一些重要的佛教史籍，如《出三藏记集》等并没有收录其中，因此，只是依靠《总目提要》中的文献，很难起到指导读者阅读图书的目的，所以也希望此书能成为学生研究史学的门径之书："今特为之补正，冀初学者于此略得读佛教书之门径云尔。"③

而该书最根本的目的则在于爱国。该书名义上为讲课时的教材，但当时正是抗日战争时期，先生寄托自己的爱国思想于佛教史研究当中。先生是我国著名的爱国学者，在抗战时期，坚决不谄媚于日伪，学校门口不挂日本国旗，不使用日本教材，不将日语作为必修课，潜心自己的学术研究，不出任伪职。所以他说道："稿成于抗日战争时期，时北京

①　陈垣：《中国佛教史籍概论·后记》，第161页。
②　陈垣：《中国佛教史籍概论·缘起》，第1页。
③　陈垣：《中国佛教史籍概论·缘起》，第1—2页。

沦陷，故其中论断，多有为而发，看法于今不尽同。"①这在该书中得到了充分的体现，笔者将在下文予以介绍。

2.《中国佛教史籍概论》的收录范围

佛教在中国古代史中占据了极为重要的地位，尤其是六朝隋唐，更是其发展的高峰。但是，以史学角度来研究佛教者，并不多见。如在中国正史中只有少数涉及佛教发展，而如《魏书·释老志》者则更是凤毛麟角，所以研究佛教史者，必定寻求新的史料来源："儒、道、墨诸家书，为哲学史或思想史之主要史料"②，同此观点，佛教书正是佛教史之主要史料。因此，陈垣将佛教图书作为史籍对待，从中发现研究历史所需要的史料："中国佛教史籍，恒与列朝史事有关，不参稽而旁观之，则每有窒碍难通之史迹。"③因此，该书可作佛教史专科目录视之，所以其收录范围也受到该思想的影响，较少收集佛经著作，而更多地偏向于有助于历史考证者："本论所及，大抵为士人所常读，考史所常用，及《四库》所录存而为世所习见之书。先取其与中国史事有关者，故以《出三藏记集》《高僧传》等为首，而《释迦氏谱》《释迦方志》等略焉。"④

因此，全书以《出三藏记集》为首，"可以考知各译经之经过及内容，与后来书录解题、书目提要用处无异"⑤。以《现果随录》结尾，"所录皆明末清初因果报应之事，亲自闻见"⑥，可作为社会史研究之史料。"中国佛教史籍之范围，略依《阅藏知津》，将此土撰述中之目录、传记、护教、纂集、音义等各类"⑦择要收录其中。总之以发掘佛教典籍之史料价值为宜，开辟出历史研究的新途径："初学习此，不啻得一新园地也。"⑧

该书的收录文献不多，共35部。其中凡《四库》著录之文献，该

---

① 陈垣：《中国佛教史籍概论·后记》，第161页。
② 梁启超：《中国历史研究法》，第52页。
③ 陈垣：《中国佛教史籍概论·缘起》，第1页。
④ 陈垣：《中国佛教史籍概论·缘起》，第1页。
⑤ 陈垣：《中国佛教史籍概论》，第3页。
⑥ 陈垣：《中国佛教史籍概论》，第159—160页。
⑦ 陈垣：《中国佛教史籍概论·缘起》，第2页。
⑧ 陈垣：《中国佛教史籍概论·缘起》，第2页。

书均标记▲号，共 13 部。如收录于存目之中，则标记△号，共 8 部，其余不在《四库全书总目提要》中者，不标符号，共 14 部。该书在文献数量上不如早些时期出现之《释家艺文提要》①，后者"自吴迄唐，凡现存出家在家二众所作，依时代先后，兼收并蓄，不复为经律论之科。……宋代以后，则择其能扶翼至教，有独到之明，灼然之见者。"②陈先生并非强调文献数量的丰富性及为研究佛学而编制哲学目录，而是以史学研究为视角编制史籍目录，以建立"佛教史料学"之新学科。

3.《中国佛教史籍概论》的著录特点

《中国佛教史籍概论》以佛教文献为中心，以史学研究为立足点，在文献的著录上颇注重于文献之学术源流及史学价值的阐述。"每书条其名目、略名、异名、卷数异同、板本源流、撰人略历及本书内容体制，并与史学有关诸点。"③

（1）书名

作为目录的首要著录对象，书名为读者认识图书、了解其内容的最初途径。先生在标注正名的同时，也解释书名，并纠正前人著录书名之错误。如《出三藏记集》一书："三藏者，经、律、论。《出三藏记集》者，记集此土所出翻译经、律、论三藏也。然自《历代三宝记》以来，即有引作'集记'者，故文廷式《补晋书艺文志》引此书凡三十二回，皆误作'出三藏集记'。"④

又如《历代三宝记》一书，解题辨曰："此书亦名《开皇三宝录》……《通志》六七《艺文略》释家类既出《开皇三宝录》，复出《历代三宝记》，焦竑《国史经籍志》四同，所谓见名不见书也。"⑤

---

①　《释家艺文提要》为 20 世纪 30 年代前后，周叔迦为《续修四库全书》所作的子部释家类图书的提要，该书稿曾在先生晚年时重新整编，并增补修订，后因"文革"的原因，该稿本遂行搁置。直到 20 世纪 80 年代，其后人于北京法源寺佛教图书文物馆中又发现此稿，才予以整理出版。所以该书前后经历了几十年的时间。详见《释家艺文提要》后的《周题后记》。笔者这里使用"早些时期出现"之词，取其最初之写作年代，以方便与《中国佛教史籍概论》进行比较。

②　周叔迦：《释家艺文提要·序》，第 2 页。

③　陈垣：《中国佛教史籍概论·缘起》，第 2 页。

④　陈垣：《中国佛教史籍概论》，第 1 页。

⑤　陈垣：《中国佛教史籍概论》，第 5 页。

同书异名情况在古书中较为常见，而佛教古籍由于一直游离于世俗文献之外，《七志》始视为方外之书，《七录》时才将其纳入正式文献之中，《隋志》又排之出正统文献之外，直至《四库全书总目提要》时，仍"录二氏于子部末，用阮孝绪例；不录经典，用刘昫例也"[1]，将文献的收录量压缩到了最小。世俗目录学不能对该类文献产生足够的重视，在校雠工作中也出现书名混乱等情况，因此需要予以考证，以释文献之错误。

（2）版本

版本之著录也极为重要，余嘉锡就认为："目录本欲示人以门径，而彼此所见非一书，则治丝而棼，转令学者眩乱而无所从，此其所关至不细也。"[2]尤其是佛教文献，有"异出经"等情况，导致版本情况更为复杂。版本源流之考订，也是对佛经在翻译时的源流之考订。如《弘明集》一书，先生考其版本："本书现在通行者，大别为两种本：一藏本；一单刻本。藏本又大别为两种：一嘉兴藏本，即所谓支那本；一频迦本。单刻本又大别为两种：一吴惟明刻本，即所谓汪道坤本；一金陵本。《四库》所著录者为吴刻本。……藏本有前序，惟吴刻本无前序。周中孚《郑堂读书记》所著录者为支那本，即嘉兴藏本。……四部丛刊所影印者，即吴氏两《弘明集》合刻本，封面题汪道坤本，循《邵亭书目》以来之误也，因卷首有万历十四年丙戌汪道坤序故。"[3]从中可见，先生不著录版本、行款等项目，而强调于版本系统之辨别，并从"考镜源流"的视角研究了该书的最初版本及后人在版本研究之中错误，力求从版本的考证中体现出学术的流变，也为读者阅读图书时选择不同版本提供了帮助。

（3）结构及内容

《中国佛教史籍概论》注重对图书结构和内容的介绍，以指导读者更全面地了解所著录的图书。目录书多以介绍图书内容及体制为主要著录项之一："所贵乎目录者，在能明其条贯，撮其指意。"[4]该书充分

① 永瑢等：《四库全书总目提要》，第1263页。
② 余嘉锡：《目录学发微：含〈古书通例〉》，第79页。
③ 陈垣：《中国佛教史籍概论》，第48—49页。
④ 汪辟疆：《目录学研究》，第18页。

做到了这一点，并在解题中专辟"本书之体制与内容"一项，以便专门之研究。

所谓"体制与内容"即是每部书的结构和体例。结构者，如《开皇释教录》的解题："本书分两方式：甲、总录 以译人为主，分十九朝代记之，末附诸家目录，凡十卷。……乙、别录 以经为主，分七类记之，末为入藏录，亦十卷。一、有译有本录。中又分三：曰菩萨藏，大乘教也；曰声闻藏，小乘教也；此外曰圣贤传记。二、有译无本录。……三、支派别行录。……四、删略繁重录。……五、拾遗补阙录。……六、疑惑再详录。……七、伪妄乱真录。"①体例者，如宋代的《释门正统》和《佛祖统纪》，《中国佛教史籍概论》作统一著录："二书皆仿'正史'体，有本纪、世家、表、志、列传、载记等名目。……《释门正统》者，以天台宗为正统，立释迦牟尼、龙树为本纪，天台东土诸祖为世家，又有八志，志之后为传，末有载记，仿《晋书》十六国例，以天台以外诸宗入载记。"②之后又对《佛祖统纪》全书体例予以介绍分析。图书的结构和体例是史料组织之框架，其发挥的作用如同篇目，可"考一书之源流"③，因此对结构和体例的著录，也是读者了解图书内容的一种途径。

（4）在史学中的利用价值

《中国佛教史籍概论》是以史学研究的观点编纂的佛教文献目录，因此在阐述图书价值时，多以其在史学研究中的价值作为主要标准，或阐明其史料价值，或补充其不足。这不仅有指导读者阅读的作用，也是先生寄予爱国情怀的重要表现。《中国佛教史籍概论》在每一部书的解题中均以"本书在史学上之利用"为标题，以具体介绍之，并主要分为三种情况，即补史书记载之缺，纠史书记载之误，正前人考证之失。

关于"补史书记载之缺"是佛教文献有资于史学之重要体现。由于史学观点的不同，中国史学观已由注重社会上层逐渐转变到社会的各个层面，由王侯将相逐渐转移至普通民众的生活，所以过去不被提及或没

① 陈垣：《中国佛教史籍概论》，第13—14页。
② 陈垣：《中国佛教史籍概论》，第121—122页。
③ 余嘉锡：《目录学发微：含〈古书通例〉》，第30页。

有引起史家足够重视的史料，在新史学兴起后，常被赋予重要价值，成为史学研究所需的重点资料。而这些史料很多不见于正史等传统史学文献中，先生通过对佛教史籍价值的挖掘，补充现在历史研究中所需要的史料。

如《历代三宝记》一书，一般只作佛教目录视之，然而自有其史料价值。《隋书·经籍志》史部旧事类著录有《天正旧事》，为释亡名撰。历来学者对于这位高僧均不甚了解，但是《历代三宝记》中有该人的传略，且"史料尤为可贵"①。书中记述道："武帝世，沙门释忘名，俗姓宗，讳阙殆，南阳人。为梁竟陵王友，梁败出家，改名上蜀。齐王入京，请将谒，帝以元非沙门，欲逼令还俗，并遣少保蜀郡公别书劝喻，报书言六不可。其后云：'乡国殄丧，宗戚衰亡，贫道何人，独堪长久？诚得收迹山中，摄心尘外，支养残命，敦修慧业，此本志也。如其不尔，安能愦愦久住阎浮地乎！'"②

书中所指的"武帝"为梁武帝，齐王为宇文泰第五子宇文宪，少保蜀郡公为尉迟迥。因此这段史料不仅可补六朝佛教史之阙，也体现了当时僧俗关系的一个侧面。同时，释亡名的"一臣不仕二主"的爱国精神，也是先生在当时所特别提倡的，所以会单就这条史料予以重点分析。另外，"天正者，梁末豫章王及武陵王年号，二人皆以天正纪元，时人谓'天者二人，正者一止'，二人一年而止也"③。可见先生之所以采录《天正旧事》一书，也有深刻之含义。

关于"纠史书记载之误"，主要集中在校勘方面。图书在流传的过程中，会出现各种错误，因此需要校勘以还原图书文字之原貌。佛教文献因流传较少，发生错误的几率较世俗文献也相对下降，因此成为了校勘工作所依据的重要版本之一。一些"俗本"中不易发觉的错误，从"释本"中才可得之。

如《洛阳伽蓝记》一书，是研究六朝史的重要文献，然而也有文字

---

① 陈垣：《中国佛教史籍概论》，第9页。
② 陈垣：《中国佛教史籍概论》，第9—10页。
③ 陈垣：《中国佛教史籍概论》，第9页。

方面的错误。"《隋志》地理类《洛阳伽蓝记》五卷，今存，《四库》
著录。近世吴若准集证本，号称最善，然杨衒之自序，见《三宝记》九，
与今本异同数十字，皆比今本为长。其最关史实者，为今本'武定五年，
岁在丁卯，余因行役，重览洛阳'句。《三宝记》作武定元年中，无'岁
在丁卯'四字，诸家皆未校出。据藏本，则此四字当为后人所加，惜吴
氏未见《三宝记》也。"[1]史事年代的确定，是历史研究结论正确性的基础，
这一条材料直接决定了该书的写作年代，而书中所描述的史实或传说，
也在武定元年而非武定五年，具有重要的史学价值。

关于"正前人考证之失"，主要在正《四库全书总目提要》等著录之误。
《四库全书总目提要》自问世之后，成为后世学者尤其是初学者所依据
的治学门径书，先生熟读《四库全书总目提要》和《书目答问》，对于
前者解题中的错误多有察觉。而对于佛教史籍来说，初学者也应该有一
个较正确的认识，以指导他的阅读。"《四库提要》成书仓促，谬误本
多。惟释家类著录十三部，存目十二部，谬误尚少。"[2]他经过考证认为，
该类的解题出自周永年之手。但是，这并不代表没有错误，有些问题也
需要纠正。

如《开元释教录》，《四库全书总目》"惟谓'佛氏旧文，兹为大备，
亦兹为最古，所列诸传，尤足为考证之资'云云，则殊不尽然。撰者盖
未见《出三藏记集》及《历代三宝记》等，故以此为最古；又未见慧皎、
道宣等《高僧传》，故以此为无上考证之资"[3]。

又如《总目》对《宋高僧传》一书的考证，存在四项错误："一、《提
要》谓：'《高僧传》之名，起于梁释惠敏，分译经、义解两门，释慧
皎复加推扩，分立十科。'此谬说也。……二、《提要》谓：'唐释道
宣《续高僧传》，搜集弥博，所载迄唐贞观而止。'并列举十门之名，
似馆臣曾见皎、宣之书，何以不著于录？不知馆臣实未见皎、宣二
传也。……三、《提要》谓：'赞宁此书，于武后时人皆系之周朝，殊

---

① 陈垣：《中国佛教史籍概论》，第12页。
② 陈垣：《中国佛教史籍概论》，第19页。
③ 陈垣：《中国佛教史籍概论》，第20页。

乖史法。'不知此最合史法也。……四、《提要》谓：'本书所载，既托始于唐，而《杂科篇》中乃有刘宋、元魏二人，亦为未明限断。'不知本书继道宣书而作，固非断代之书也。"①

陈先生从《宋高僧传》作为传记体史书的源流、史法、体例等方面对《提要》之错误予以考辨。先生还对《提要》中关于《佛祖统纪》《法藏碎金录》《释氏稽古略》《大藏一览》《长松茹退》等文献的解题予以考证。

除《四库全书总目提要》之外，先生还对两《唐志》、晁公武《郡斋读书志》、马端临《文献通考·经籍考》、严可均《全南北朝文》、杨守敬《日本访书志》和陶方琦《汉孳室文钞》等书中的相关错误，予以了纠正，也为读者更好地利用佛教史籍以正前人之误，提供了理论和实践方面的指导。

4. 总结

《中国佛教史籍概论》是以史学观点看待中国佛教典籍，并将其应用于史学研究中去的第一部佛教专科目录，也"是近代以来，第一部介绍佛教史籍的目录书，也是迄今为止唯一一部以近代史学的方法系统研究佛教典籍的专著"②。该书收录的文献不多，但是在文献著录方面极为规整，为后学者编纂类似目录提供了标准化的著录方式。该目录书的最大价值和意义就在于用目录学的理论与方法开拓了史学研究的新史料，丰富了史学研究的新课题，为中国史学和史料学提供了新的视野，因而也理所当然地成为民国时期史学专科目录的代表。

三、中医古籍整理目录——《医籍考》

《医籍考》（又名《中国医籍考》）是日本学者丹波氏父子参照《经义考》体例编纂的一部中医古籍目录。全书 80 卷，著录中医文献 2880 余种，涉及作者 1280 余人，所收录文献上起秦汉下至清道光年间，是我国中医文献学、中医学史、文化史的重要工具书。"此书不仅治我国

---

① 陈垣：《中国佛教史籍概论》，第 44—46 页。
② 周少川：《史学研究的拓展——读〈中国佛教史籍概论〉》，《纪念陈垣校长诞生110 周年学术论文集》，北京师范大学出版社，1990 年，第 260—261 页。

医学文献者之重要工具，即治我国文化史者亦为必备之书。"①基本反映了道光以前中日中医文献流传、中日医学文化交流、中医学东渐的具体成果。这里拟从该书出发，对作者的目录学思想与成就发表自己的一管之见。

（一）丹波氏父子简介及与《医籍考》之关系

《医籍考》一般署名丹波元胤著，但据有关资料考证，应由其父丹波元简创编，丹波元胤续撰，其弟丹波元坚誊抄整理，直至1826年才最终成书。

丹波氏家族世代为皇家医，先祖康赖曾著《医心方》一书。丹波氏父子受汉学影响颇深："降至元简、元胤父子，更卓然具汉学风格。"②丹波氏不但是中医学专家，还以藏书著称，编有藏书目录《聿修堂藏书目》。这些均为其编纂《医籍考》奠定了坚实的文献和学术基础。

丹波元简（1755—1810），字廉夫，号桂山、栎窗，又名多纪元简、刘简、刘桂山等。历官幕府奥医师、江户医学馆教谕等职。晚年因"长患医学陵夷，人安固陋，慨然以匡救自任，因遍聚古今医书……著书十数部"③，并由此产生编纂通录古今医书之《医籍考》的想法，惜刚刚起步，便不幸去世，其稿被第三子丹波元胤所得。

丹波元胤（1789—1827），字奕禧，号柳沜，潜心于汉方医学及目录学，立志完成《医籍考》。因此，大量涉猎中医学书籍，及各种相关文献，搜讨其中有关中医学的各种材料，历经数载，完成《医籍考》初稿。但英年早逝，并没有作进一步的校订。

丹波元坚（1795—1857），字亦柔，号茝庭。得其兄元胤手稿，"将付之梨枣，以广传布，奈何篇帙浩瀚，非仓促所办，仍姑誊录数通"④。

可见，丹波氏父子经过30多年的努力，使《医籍考》最终成书。

① 〔日〕丹波元胤著，郭秀梅等整理：《医籍考》，学苑出版社，2007年，第676页。
② 〔日〕丹波元胤著，郭秀梅等整理：《医籍考》，第682页。
③ 〔日〕丹波元胤著，郭秀梅等整理：《医籍考》，第8页。
④ 〔日〕丹波元胤著，郭秀梅等整理：《医籍考》，第8页。

但此书在当时却没有刊印，只通过丹波元坚流传了少量的手抄本。

（二）丹波氏父子的目录学思想与成就

《医籍考》是一部重要的中医古籍专科目录，显示了丹波氏深厚的文献学和目录学功底，对于中国古典目录学传统的继承，体现了编纂中医古籍目录的学术价值和意义。

1. 以"辨章学术，考镜源流"为主的目录学思想

中国古典目录学注重学术的条别与考辨，强调"辨章学术、考镜源流"，力求反映学术史，"穷六艺之流别，较四部之得失，外以通夫古今学术之邮，内以神其绀绎寸心之用，此目录学之本旨也"[①]。丹波氏受汉学影响，又颇留意于中国书志之学，对此传统认识较深。

（1）对目录学总体性理论的认识

这主要体现在丹波元坚的《〈医籍考〉序》（作于 1832 年）中。作者认为："盖前人有所著作，后人必有所继述。事日滋而记录日增，文稍古而诠释稍费，支流派别，典籍渐繁，苟不甄综而考核之，纷纭鳌輵，无有统纪，是以自古重目录之学矣。"可见，作者要利用目录解决有关"支流派别，典籍渐繁"的问题。既注意到了文献数量变化带来的查阅不便等困难，又希望通过目录理清学术流派，供学者"穷源"之用。

（2）对中医学专科目录理论的认识

作者认为综合目录著录中医文献起源很早："考医书之有目，创于刘歆《七略》。"中医专科目录起步却很晚，直到明代才有殷仲春的《医藏目录》，但缺点颇多："然妄仿缁流，名义先悖，况品题失当，亏漏亦多。"之所以如此，在于"医者专务捷径，罕有精究道术者，是以目录之学弃而不讲"。如果没有出现有价值的中医学专科目录，"学医之士，或唯就一二家取法，或泛然涉猎，无所持择"的情况就不会改善。通过编纂不问存佚，只通录古今医书的目录，使学医者，对历代所出现之医书有整体把握，进而辨医学源流，深悉医学派别，达到"不为多歧所惑，不为曲说所囿。道之蕴奥，术之机括，可自此而进，可自此而得，则诚

---

① 汪辟疆：《目录学研究·序》，第 1 页。

是学医之津梁、济生之关键"①的目的。作者的观点充分体现出，医学专科目录所应达到的考辨中医学上千年之学术发展，反映专科学术体系的最高要求。

"辨章学术，考镜源流"的目录学理论始终贯穿于整部《医籍考》之中，指导丹波氏的目录学实践。除通录古今医籍外，在文献分类及解题和编纂按语方面也多有表现。

2. 继承并改进中医文献分类

《医籍考》分文献为九类，即医经、本草、食治、藏象、诊法、明堂经脉、方论、史传、运气，基本反映了中医学文献的具体内容及当时中医学的学科体系。

（1）分类明确，逻辑性强

《医藏目录》是最早的中医专科目录之一，但其分类受释教影响："依《如来法藏》之名目，牵强附会，后世无人效仿。"②因此，如何按文献和学术之实际，合理分类中医文献并运用于专科目录之编纂，成为丹波氏急需解决的一个分类学难题。笔者认为，其继承先前综合目录中的部分类目，又有所改革和创新。

现存最早对中医文献分类的目录为《汉书·艺文志》，其中的"方技略"（"师古曰，医药之书也"③）是收录医书的类目。分为"医经""经方""房中""神仙"四类。但是，随着中医学哲学思辨与临床的发展，学科体系的丰富及文献数量增加，种类扩展，原先的四条类目已不再适用。因此《旧唐书·经籍志》设立"本草""食治"和"明堂经脉"类，《通志·艺文略》创立"五脏"类，这些都成为《医籍考》文献分类的基础。"医经""本草""食治""明堂经脉"四类直接继承《汉书·艺文志》和《旧唐书·经籍志》。而"藏象"类改革《通志·艺文略》中的"五脏"类而来，"方论"改革《汉书·艺文志》中的"经方"而来。

---

① 〔日〕丹波元胤著，郭秀梅等整理：《医籍考》，第9页。
② 邢安菊、马涌：《〈中国医籍考评介〉》，《山东中医药大学学报》1998年第3期，第218页。
③ 班固：《汉书》，第1702页。

同时，丹波氏也对分类进行创新，创立"诊法""史传"和"运气"三类，使中医中的诊断学文献，医学史、医学工具书类文献和气功类文献有了单独类目。"类例既分，学术自明，以其先后本末具在。"①九分法的开创，进一步厘清了中医学史，有助于辨别医学流派，考证中医学发展脉络。有些类目直至现在仍被直接或间接地运用于当今的中医文献分类中。

（2）重视学科特点

中医学重视"道"与"术"的阐发与研究，这也基本代表了中医学理论和实践发展上的两种方向。其中，"道以轩岐为本，术以仲景为宗"②，两者有不同的学术源流："《内经》建立了中医学的阴阳五行脏腑经络等基础理论，张仲景的《伤寒杂病论》则确立中医学的'辨证施治'基本思维方式。"③这样的特点，有必要在文献分类中得到体现。《医籍考》的第一类就是以《黄帝内经》为首的"医经"类，收录文献最多的则是以张仲景《伤寒论》为首的"方论"类文献，充分显示出以分类辨学术的传统目录学特点。

（3）划分子目

《医籍考》在每一大类中，又有许多按照一定学科体系划分的却没有明确标示出的子目。如"方论"类就暗含伤寒、金匮、诸方、寒食、眼科、口齿科、金疮、外科、妇人、胎产、小儿、痘诊等子目。又，"医经"类可下分为素问、灵枢、素问灵枢分类合编、难经等四子目。每一子目下，均著录相关文献，做到分类清楚，排列有序，学术派别一目了然。

另外，关于经典文献的研究性著作或由此衍生出的其他相关著作，也附在该经典文献之后，表现出以"通"为主要目标及强调"家学"的传统分类学特点。如《黄帝素问》一书，是"医经"类文献的经典著作，其后就附有历代研究《素问》的医书。

---

① 郑樵：《通志二十略》，第1806页。
② 〔日〕丹波元胤著，郭秀梅等整理：《医籍考》，第8页。
③ 区结成：《当中医遇上西医——历史与省思》，三联书店，2005年，第31页。

3. 广集众书，编纂解题与按语

《医籍考》仿《经义考》的体例，在对所收录文献注明存、佚、未见、缺，以考证文献流传现状的同时，采用了辑录体的解题编纂方式。

《医籍考》辑录大量相关资料，以期"寻端竟委，订伪辟谬，义例详密，援据精核"。因此，丹波氏"自历代史志，各家藏目，以至诗文赋颂，山经地志，脞记膗说，事涉医书者，悉莫不搜讨荟萃"[①]。此外，还辑录有一些医书的序跋、凡例、作者的墓志等。这大大丰富了解题的学术史含量，也为考证文献内容、辨别学术源流奠定坚实的资料基础。解题主要涉及文献的体例、内容、篇卷数、价值、成书过程、版本、校雠、读法、具体字的考证、辨伪、作者生平、学术源流等一系列方面，将其中大部分文献较全面地介绍给读者。

更重要的，丹波氏以按语的形式提出自己的学术观点，以补辑录体解题在考证文献方面之不足，成为全书精华。该书按语共 472 则，主要是丹波元简的学术成果。主要有以下几种：

（1）考证篇卷，列出篇名，起传统校雠学之作用

如全氏元起注《黄帝素问》之按语："先子（笔者按——丹波元简）曰：全元起注本，尤存于宋代。今据《新校正》所载考其卷目次第，可以窥崖略矣。"其后将每一卷中的篇名逐一列出，最后总结："以上八卷，合六十八篇也。"篇目的著录"所以考一书之源流"，可考证文献发展中篇卷数的变化，考证亡篇的主要内容以及进行辑佚、辨伪等，有重要的目录学和学术史价值。丹波氏对某些文献篇目的著录和考证，有助于认识中医文献的结构、内容等，并开展以上所述及的各项工作。

（2）考证文献

包括成书年代，如《素问改错》："是书殆出于隋唐间人者欤？仍以著录焉"；书名，如滑氏寿《读素问钞》："《澹生堂书目》有滑氏《素问注解》三卷一册，想是同书，故今不揭出"；篇卷数，如《黄帝素问》："《旧唐志》亦曰八卷"；出处，如黄氏渊《针经订验》："右见于《浙

---

① 〔日〕丹波元胤著，郭秀梅等整理：《医籍考》，第 8 页。

江通志·经籍类》"；文献源流，如关于《黄帝灵枢经》，作者以长篇幅的按语考证了自东汉以来《灵枢》及其研究著作发展的大致脉络，《灵枢》与《素问》之间的关系等。此外，按语还涉及文献价值、查找、校勘等考证工作。

（3）考证作者

包括姓名、时代等。如全氏元起注《黄帝素问》："《隋志》作全元越，《南史》作金元起，并讹。今从《新唐志》改。考史……则元起当为齐梁间人。林亿等谓与杨上善同时，误矣。《古今医统》曰'全元起以医鸣晋'，妄甚。"从而纠正了过去关于全元起活动年代的谬说，并考订作者为齐梁时代的人。

当然，大部分按语中，既考证文献，又考证作者，这样更具学术价值，更便于对文献进行整体性研究。

此外，还有部分按语起到了总结作用。针对辑录出的各种材料，通过按语对不同的理论或观点加以总结，并提出自己的看法，有助于平议众家之说。

辑录体解题和各种类型按语的使用，增强了《医籍考》的学术性，提高了其目录学价值。丹波氏在中医学史、文献学、考据学，乃至辨伪学、校勘学等方面所表现的深厚的汉学功底，与《医籍考》的目录学成就相得益彰。

（三）《医籍考》对我国专科目录学和中医学的影响

《医籍考》完稿后，只有少数手抄本在日本流传，没有对中国学者产生大的影响。19 世纪 80 代杨守敬于日本访书时，才关注到该书，在赞赏其甚有家法的同时也慨叹："丹波一身为古人刻书不少，此书何以不刻之！"

该书正式被我国学者认识和研究，是在 20 世纪 30 年代，由上海中西医药研究社影印出版手抄本后。流行之初，就深受好评。姚名达先生认为："于见存者必辨其雅俗，鉴其真伪。……所录皆我国医籍，且为我国目录所不及详。"① 陈垣先生题诗："竹垞、竹汀合一手，庶几医

---

① 姚名达：《中国目录学史》，第 282 页。

学之渊薮。"更有学者指出，《医籍考》"中多述我人未见之书，或欲见而不得见之书，读之大可扩吾人之见闻。若以全部之系统而言，我国千百年来医学上变迁之迹，亦可藉此得窥其轮廓"①。《医籍考》的传入对我国目录学和中医学史都具有重要意义。

1. 成为我国近代专科目录的代表

众所周知，"20世纪中国学术明显受到西潮的影响，以西学分科为基础强调学术的专科化大约是20世纪中国学术与前不同的主要特征之一"②。学科的专科化，必然影响文献的专门化，每一学科都应具备自己的专科目录："学者欲通晓古今，洞识所学，乃不得不各自就其本科目录作彻底之研究。"③以备查阅本学科之文献，了解本学科之学术史。这是中国社会近代化的结果，也是中国目录学近代化的标志之一。随着中国目录学的近代化，专科目录在我国近代大量出现，中医学在西医的冲击下，更需一部专科目录，以反映我国历代中医古籍的大致面貌，向学者提供必要的情报支持，满足中医学者之需要。而《医籍考》正好具备了这样的条件，成为我国中医学专科目录的典范之作，其后我国所编纂的《宋以前医籍考》和《中国医籍通考》等，都或多或少受到《医籍考》启发。这些专科目录的编纂更进一步加强了我国中医文献整理工作，丰富了中医专科目录的学术内涵，而《医籍考》所起的基础性作用功不可没。

2. 反映中医学史，推荐中医学

在明清，中医学没有产生类似西医学的知识革新。当西医学逐渐发展为现代医学并于晚清传入中国后，中医学就一直处在衰落状态，且五四运动前后更明显："在新文化运动时期……主流思想认为，立新必须彻底破旧，中医学因而备受贬斥与挑战。"④中医本身学科建设的滞后，科学化程度低等，严重影响中医学作为一门独立学科发展的合理性和必要性，因而有人提议废除中医学。这种现象，不能凭政府行政职能的保

---

① 〔日〕丹波元胤著，郭秀梅等整理：《医籍考》，第677页。
② 罗志田：《西学冲击下近代中国学术分科的演变》，《近代中国史学十论》，第2页。
③ 姚名达：《中国目录学史》，第268页。
④ 区结成：《当中医遇上西医——历史与反思》，第43页。

护而消除。专科目录的编纂，为如何总结中医文献学史以及中医学史，并推荐给社会上关注中医学存亡发展的个人或团体，以期对中医学进行创新性改造，提供了可靠的文献和学术保证。"目录者，学术之史也。"《医籍考》因其收录文献时间跨度长，数量多，种类全，辑录材料丰富，并加之以较为严密的考证颇具"辨章学术，考镜源流"的目录学价值，从中可见中医学源流及其发展演变轨迹，较好地发挥了其体现中医文献学史和中医学史的作用。为推广中医学，保护西医冲击下的中医学在近代的生存和独立发展。《医籍考》"将以开导凡庸，使人深悉医学变衍之由，而明科学之所当重"，而使"吾医家读之，必有慨于过去文献学之不修，而警惕来兹，资为今后革新医学之龟鉴矣"，可见《医籍考》在保护和改造中医学中的重要作用。

（四）总结

《医籍考》中所取得的成就是多方面的。其以汉学思想为指导，所收录文献又为中国中医古籍，因此实可将之视作中国古典目录著作。作为中医学史家和目录学家的丹波氏父子，在编纂《医籍考》时，虽存在一些如相对忽视目录大、小序的编写，分类方面虽有暗含之子目，直观上却仍只有一级类目，文献的收录、著录与考证存在些许错误等不足，但是，瑕不掩瑜，其在目录学实践上所取得的成就对我国影响深远，如将辑录体引入医学目录，以后所出现的《宋以前医籍考》《中国医籍通考》等目录均多少借鉴这种方式。更重要的，是从学术史的视角去看待和编纂目录著作，把中国传统目录学之"辨章学术，考镜源流"理论在19世纪中前叶加以继承，并付诸实践，丹波氏父子也成为晚清直至近代中国古典目录学家的杰出代表。

四、史学专科目录的代表——《清开国史料考》

谢国桢为我国现当代著名的明清史学家、金石学家和文献学家。《清开国史料考》等为其代表著作，也是晚明史和清开国史研究的重要参考书目，在史料收录、分类和著录等方面都有其目录学特点，由于在史学研究中的重要性，一直被学者所重视。但是，从目录学角度分析该书者，则少之又少。现以该书为重点，做一简略介绍。

（一）谢国桢与《清开国史料考》

谢国桢（1901—1982），祖籍江苏武进，生于河南安阳，字刚主。1925 年入清华研究院国学门，师从梁启超，并受到王国维、陈寅恪、李济等人的影响，有志于史学研究。1926 年毕业，并辅助梁启超编纂《中国图书大辞典》，其间得阅饮冰室藏书，并任其家庭教师。1927 年至建国前，通过梁启超、胡适等人的先后介绍，任教于南开高中、国立北平图书馆、国立中央大学等校。1946 年后，受范文澜委托，"到上海为北方大学购置图书"①，1948 年任教于云南大学。建国后，任南开大学历史系教授，1957 年任中国社会科学院历史研究所研究员。先生一生富于藏书，有藏书处曰"瓜蒂庵"。其著述主要集中在明清史研究和金石学方面，而史学书目著作主要有：《清初三藩史籍考》《清开国史料考》《晚明史籍考》《晚明流寇史籍考》。其他目录，如《江浙访书记》《明清笔记谈丛》等也具有极高的学术价值。

《清开国史料考》是谢国桢所编纂的几部重要史料目录的一种。先生毕生注重于明清史料的搜集和整理，"瓜蒂庵藏书中大多是较为实用的书籍，尤其是为数颇多的明清笔记史料"②，也尤其重视非正史史料在明清历史研究中的作用。他曾经说过："晚近以来，清乾隆间所禁野史渐次发现，故宫已辟为博物院，内阁大库所藏典籍、档册之类，整理排比，刊行于世，任人观览。而朝鲜毗邻建州，与清初交涉颇多。且朝鲜《李朝实录》及其野史稗乘，渐次刊行……凡此种发现，与吾人研究明清史事，假以许多便利，使吾人研究注意于研究近代史迹，不可不谓幸事也。"③

因此，抱着这种态度，注重于对史料的研究。尤其是清开国史料，正史实录等多闪烁其词，野史笔记则篡改者过多，尤其需要缜密的考证

---

① 任道斌：《谢国桢先生治史之经历与成就》，《史学史研究》2000 年第 1 期，第 21—29 页。

② 商传：《谢国桢师学记》，《大连大学学报》第 29 卷第 4 期（2008 年 8 月），第 1—7 页。

③ 谢国桢：《明清史料研究》，《明清笔记谈丛》，中华书局，1964 年，第 147 页。

工作，以还其原貌。先生编纂《清开国史料考》等目录的目的就在于："清廷欲对其祖先之史事恶其不文，屡加修改，更失其真。故欲考订清建国史事，非博搜载记、野史、档册、传记诸书，何以能得其真？"①

同时，20世纪30年代正是日本占领我国东北时期，作者受其师陈寅恪先生的启发："尝思之，日本一弹丸之地，自明治改革之后乃一蹴而为强国，则其制度之建设与国家之强盛必有其因。清代之勃兴与其制度之更张亦必有其故，势不可研究其制度之建设。"②因此有着强烈的现实意义。

谢国桢先生编纂《晚明史籍考》《清开国史料考》等，相隔时间不长，且均以成文或成书。尤其是《晚明史籍考》一书，建国以后还出过增订本，更方便读者查阅。《清开国史料考》成书于1931年。全书共六卷，由当时的国立北平图书馆刊行，之后很长时间没有重印。直到1967年，台湾文海出版社出版了《近代中国史料丛刊》，其第十五辑中收录了该书的影印本，保持了最初的原貌，为读者的使用和研究提供了不少方便。

（二）谢国桢的目录学思想

谢国桢师从梁启超，又与姚名达多有交往，姚先生称其为"吾友"③，由此可推知其受二人之目录学思想影响较深，而实际上确实如此。先生多注重于目录学的学术史功能，即"辨章学术，考镜源流"的传统思想，在编纂《晚明史籍考》时，将关于明代史料单独列为一类，在《凡例》中他指出："其总记有明一代史事，及通述南明建立经过者，则置诸每时期之首，以明其事实发展之经过，仿刘歆《七略·辑略》也。"④

读者阅读目录时，对于图书中的内容以及谢先生的考订等能大致了解历史背景，更容易理解图书的特点与价值。在《清开国史料考》中，作者也充分地发挥了此种目录学思想，且通过《叙论》的方式，予以表现，且较《晚明史籍考》更为突出。《清开国史料考》中的《叙论》，

---

① 谢国桢：《清开国史料考》卷一《叙论》，沈云龙主编《近代中国史料丛刊》第十五辑，（台湾）文海出版社，1967年，第17页。
② 谢国桢：《清开国史料考》卷一《叙论》，第7页。
③ 姚名达：《中国目录学史》，第316页。
④ 谢国桢：《增订晚明史籍考·凡例》，中华书局，1964年，第17页。

所占比例为整整一卷，与《七略》中《辑略》所占全书的比例大致相同。《叙论》所包括的内容主要有三部分：一为，先生鉴于"清建国之始基，其世系之隐晦，传说之荒诞"①的情况，因此言简意赅地叙述了清入关以前的历史；二为，当今清建国史研究中的主要问题予以罗列，"就明清史事问题与其兴亡之故，分别而言之"②，如清建国史中所应重视的问题有"满洲之国号""清初之承继问题""建州部族之译名""清初之征朝鲜及征蒙古"等 12 项，并向读者介绍了问题之由来；三为，"专述清开国期未入关之史料"③，实为目录所分各类之小序。可见，《叙论》中涉及学术史考辨、史料论述等，与《辑略》的结构多有相似之处，不论从史学或史料研究方面，都起到了"辨章学术，考镜源流"的作用。

　　除去发挥目录的学术史作用外，谢先生也强调分类及目录学在指导阅读方面的作用："目录之学，原为导人治学之工具，期于斯篇之中，略能窥见当日之事实，所谓'类例既分，学术自明'者也。"④姚名达在《中国目录学史》中，对于目录学之定义曰："目录学者，将群书部次甲乙，条别异同，推阐大义，疏通伦类，将以辨章学术，考镜源流，欲人即类究书，因书究学之专门学术也。"⑤又曰："书籍繁多，初学每苦不得要领，故举其要目，俾易着手，亦目录学之任务也。"⑥由此可见二人目录学思想之相似。谢先生也将目录的学术史和导读，这两个目录学所应体现的最重要的两方面价值阐明其观点，并运用于目录编纂。在《清开国史料考》中，他充分利用了分类来反映清开国时期的史料特点，在指导阅读方面表现得尤为突出，每一解题中都有，笔者将在以下作进一步的阐述。

　　最后，先生也将史料之考订与学术史相结合。试一阅《清开国史料考》等目录，则先生多注重于史料考辨，以辑录体收集前人之相关评论，

① 谢国桢：《清开国史料考》卷一《叙论》，第 1 页。
② 谢国桢：《清开国史料考》卷一《叙论》，第 7 页。
③ 谢国桢：《清开国史料考》卷一《叙论》，第 17 页。
④ 谢国桢：《增订晚明史籍考·凡例》，第 17 页。
⑤ 姚名达：《中国目录学史》，第 7 页。
⑥ 姚名达：《中国目录学史》，第 340 页。

同时通过按语"为说明书中之内容，评介其价值，供读者探讨之一助"①。先生注重史料考辨，并以史料学概括之，且将其与目录学、版本学、校勘学同视为史学的辅助学科。在《史料学概论》一书中，他特别提到了史料学的主要任务："正如宋代史学家郑樵说，'辨章学术、考镜源流'，即把搜集来的史料经过校勘辨伪，鉴别其真伪，利用有价值的史料为史学研究服务。"②

其实史料之考订，即为目录中单个文献之解题。而从此视角来看，目录就是文献的集合，并通过一系列的史料研究方法，以还原史料原貌，发挥史料价值。因此，史料的考辨，就是发挥目录学"辨章学术，考镜源流"的过程，为"辨一书之源流"的主要途径。

（三）《清开国史料考》的收录范围

就收录范围而言，《清开国史料考》收录了从明末直至近代的关于清代未入关以前的史料上百余种，且大多为谢先生所亲见。史料的形式涉及档案、实录、谱牒、史料集、祭文、誓师文、册文、笔记、诏令奏议、年谱、方志、表等多种形式，同时，还收录了近人之学术论文，"学者研究所得重要论文足供专门研究者，间附某文以资观览。"③民国时期以来，编纂专科目录者多注重于外文资料之收录，《清开国史料考》也尤其关注于此。该书收录文献的一个特点就在于收录了不少外文文献，并单列成"朝鲜及日本之记载"一卷。存于中国之相关史料，"官修正史不但歪曲事实，而且疏略未备"④，因此在搜求野史笔记的同时，外文资料也具有相当的重要性，一些禁书可能会流传海外，而一些涉及中外关系史的研究，更需外文资料以补充国内史料之不足。而部分外国学者如内藤虎次郎等的汉学研究成果，也是很值得中国学者借鉴的。另外，一些外国学者所作，而已被翻译成中文的著作或论文，作者也视情况而收录之，如《满洲发达史》一书⑤，为日人稻叶岩吉撰，武进杨成能译，

---

① 谢国桢：《增订晚明史籍考·凡例》，第 18 页。
② 谢国桢：《史料学概论》，福建人民出版社，1985 年，第 2 页。
③ 谢国桢：《清开国史料考·凡例》，第 1 页。
④ 谢国桢：《史料学概论》，第 91 页。
⑤ 谢国桢：《清开国史料考》卷五，第 24 页。

被收入目录之中，只是没有归入"朝鲜及日本之记载"类中，由此也可见该类收录文献的专门性。

《清开国史料考》收录文献的另一个特点就是，重视了新发现史料在历史研究中的重要性，收录了大量的此方面的史料，主要包括两个方面，即关于清开国的有关档案和金石文献。晚清民国时期是新史料的大发现时期，甲骨文、敦煌文献、汉简等的出土，考古学的进步，满文档案的发现，促进了"二重证据法"的提出。"内阁为明清两代政令所从出，自清雍正以后，其权始为军机处所得，故其所存旧档，大部分是明末清初的遗物"[①]，史学价值极高。试翻阅《清开国史料考》，其第二卷为"清初之档册"，多收录关于清初的满、汉文档案，由此也扩大了清开国史研究的史料范围，在史料学方面具有极高的价值。金石文献作为史料，被收录于史学专科目录，则始于章学诚的《史籍考》，谢先生也注重此类文献的史料价值，"金文石刻可以补历史文献的不足"[②]。因此，在《清开国史料考》中收录了不少相关文献，"金石文字有关掌故者附之于每类之后"[③]，如该书的卷三、卷四为"明人之记载"，不但收录有金石文献，且有不少摘抄全文，直接供读者阅读，省去了读者的查找工作，也便于史料之保存。金石文献之所以没有单独立类，似取阮孝绪《七录》之成例。同时也是发挥目录学"即类究书，因书究学"的指导阅读功能的需要。金石文献之归入各类，有利于保持各分支学科及相关文献的完整性，也有利于体现学术源流，反映学科系统及特点。

这两类都是过去编目所不注意的，尤其是档案史料的收录，即使如章学诚编纂《史籍考》，也没有予以论证。因此，谢国桢先生的史料学思想及运用于目录编纂，均具有开创性的意义。

综上所述，《清开国史料考》在文献收录方面的特点和价值主要在于，收录了不少外文史料，扩大了史料范围，如出土文献及新发现文献均以史料视之。并且，也收录了学术论文，将之与论文混合编目，读者也可

---

① 顾颉刚：《当代中国史学》，上海古籍出版社，2002 年，第 75 页。
② 谢国桢：《史料学概论》，第 137 页。
③ 谢国桢：《清开国史料考·凡例》，第 1 页。

藉此掌握最新的学术动态。

（四）《清开国史料考》的分类

分类是该书目录学特点的重要表现之一，因谢先生编纂的为史学专科目录，又提倡以史料学的眼光对待目录，所以该书的分类标准多以史料体裁为主，充分体现了中国传统目录中"有其书，必有其类"的特点。又因史料内容的特殊性，所以运用"四分法"则无法适应，需要制订新的分类法。他在《凡例》中具体提到了该书的分类体系：

"一　本书研究之范围自明初建州卫之设以至清兵未入关以前之历史资料，此等史料可分为四类：甲、清初之档册，乙、明时人对于清代之记载，丙、清代官纂及近代追述纂辑之书，丁、朝鲜及日本及其他国之记载。

"一　是书分类之外，仍分子目。清初之档册则分辽宁旧档、故宫旧档、内阁大库流传各地诸档；明代记载则分专记方志边备、筹边诸书，待访诸书，金石附焉；清代官修则分官修及近人著述二类；国外记载则分朝鲜人记载、日本人撰述二类。或以内容或以地域，列为子目。于搜辑史料之中稍见编纂之法，期为目录学组织之研究。"[1]

正文中的分类与此略有不同[2]，但从《凡例》中，还是可以基本了解《清开国史料考》的分类特点。按照正文统计，该书共分四大类，下分子目十四小类，能较好地体现谢先生的编目宗旨及清开国史料的特点，是非常适用的，其特点也主要表现在子目方面。

1. 在"明人之记载"类目中，使用了主题分类的方法，即作者所说之"内容"

读者在阅读专科目录时，会出现按照史学研究问题，查找相关史料的情况，有必要在编目时使用主题分类的方法。所以该书在"明代记载"类下，有记辽事诸书、辽东边备及方志诸书、筹辽诸书等，将清开国史

---

① 谢国桢：《清开国史料考·凡例》，第1页。

② 如"明代记载"类下分：专记辽事诸书、辽东边备及方志诸书、筹辽诸书、记一人或记一事诸书、存目待访之书、明代刻石。除名称有差异之外，也较《凡例》中多了"专记辽事诸书"和"记一人或记一事诸书"二子目。另外，各大类中的金石文献类目也多有省略。

研究的重点问题，按主题展现于读者眼前。在《晚明史籍考》中，这种分类方法更为突出："以时代为先后，而以事实内容性质之分类副之。"①史学专科目录以主题为标准划分子目，使读者能够根据问题找到需要的文献，体现了谢先生在编纂目录时，强调指导阅读功能的思想。

　　2. 编制待访目录

　　目录不但要能反映学术源流、指导读者阅读，还要能向读者提供文献信息，即推荐作者所未见到，但是具有学术价值的文献，使读者能"即类究书"，有助于文献的流传与保存，也有助于实现在学术研究中的文献的全面性与系统性。"搜求遗书，必有目录以资循觅。"②该书在"明代记载"的子目中，专辟"存目待访之书"一类，扩大了读者研究史学的史料范围，目录学价值颇高，只是这种类目形式没有出现于每一大类中，实为可惜。

　　而《清开国史料考》在分类编目方面最有价值的莫过于"别裁"方法的普遍使用，这也成为该书专科目录性质的重要体现手段。他在《清开国史料考》的《凡例》中指出："凡某书中有成一卷，关于辽事者，则依章实斋之例为'别出'之法，其不能别出则详载于某条之下，以便参考。"③

　　"别裁"与"互著"是我国传统编目方法中，最能体现文献与学术相结合的优势。昌彼得曾说："在我国图书的分类迄无妥善安排之际，尤其是图书与学术不能契合无间，为了避免编目的人确定一书的类例，不至顾此失彼，取舍困难，而读者查检也不至有所遗漏，这的确是……非常良好的编目辅助方法。"④

　　同时，一书之内容可包括多种知识，如编纂史学专科目录时，有些图书的内容涉及该领域，但全书又包括其他内容，因此，也必须使用"别出"的方法，将相关内容划入该类之下，这也是"类例既分，学术自

---

①　谢国桢：《增订晚明史籍考·凡例》，第17页。
②　姚名达：《中国目录学史》，第334页。
③　谢国桢：《清开国史料考·凡例》，第1页。
④　昌彼得：《版本目录学论丛》（二），第63页。

明"的体现。因此从指导阅读和学术源流两方面来说，这种编目法都具有重要意义。别出的例子在该书中随处可见，凡是"别出"之文献，作者均在书名下注"别出"二字，以示分别。此类文献主要集中于"明代记载"类中，有标明某书第几卷至第几卷者，如《皇明通纪从信录》卷二十四至卷四十[1]；有另立名称者，如《建夷》"明崇祯刊《槎庵小录》卷四十一'夷狄类'"[2]；有用以前篇章名称者，如《抚辽疏稿》一卷："辽东巡抚东越喻安性题稿。安性著有《铨垣疏稿》，其卷为《抚辽疏稿》"[3]。因作者收录的笔记史料较多，这些图书的记载内容一般较杂："内容包括了杂史稗乘、乡土风物、琐事遗闻以及'齐谐志怪'之流，可以说是四部中的史部的杂史，子部的杂家和小说家，兼而有之。"[4]而"别出"法的使用，能提炼出繁杂的笔记中的有用资料，使读者得以了解和掌握更多的研究史料。

同时，"别出"者还包括文章总集在内。总集内容包罗万象，而专科目录可用者只有其中的部分内容："世无包罗万象之学，而有六通四辟之书，是书与学不得不分。"[5]如《皇明经世文编》："经世之文最为繁富，兹择其有关辽事之文列之于后。"[6]因此，在这类图书中，也要使用"别出"的方法，使读者能查阅到需要的资料。

（五）《清开国史料考》的著录项目

《清开国史料考》具备一般目录所具有的著录项，如书名、版本、卷册数、著者、介绍书内容等，但同时也体现了自身的特色，即指导读者阅读。

1. 辑录体的解题方式

《清开国史料考》使用了辑录体的解题方式，收录与图书有关序、跋等，并予以一定的筛选，他说："序跋提要有关掌故者或不易经见者，

---

① 谢国桢：《清开国史料考》卷三，第22页。
② 谢国桢：《清开国史料考》卷三，第22页。
③ 谢国桢：《清开国史料考》卷四，第12页。
④ 谢国桢：《明清笔记谈丛·前记》，第1页。
⑤ 昌彼得：《中国目录学讲义》，第90页。
⑥ 谢国桢：《清开国史料考》卷四，第14页。

录其文于每条之下，无关史事之文或择录其要，或概行从略。"①因不少图书难于一见，读者可通过有用之序跋等了解图书之内容及著者之经历。如有的图书序跋："是书后记之叙述明代对于辽东之建置及评修《明史》之得失颇为允当。"②但是，如《武库纂略》卷八、卷九附《武库九边考》一卷："周鑣为复社钜子，是云昭亦社盟中人物。周序徒垂空言，不免标榜之习，不录。"③指导读者阅读的意义不大，因此弃而不用。

该书不光辑录序、跋等，有些图书还收录其目录与凡例，一书之目录是"作为本书的组成部分，附本书以行的"④，可显示图书内容之结构，也是"考一书之源流"⑤的重要参考，如《清太祖高皇帝圣训》著录："记目为敬天、圣孝、神武、智略、宽仁、论治道、训诸王、训群臣、经国、任大臣、用人、求直言、兴文治、崇教化、勤修省、节俭、慎刑、恤下、辑人心、通下情、明法令、鉴古、赏功、昭信、戒逸乐、谨嗜好诸条。"⑥显然，谢先生通过辑录篇目，对读者了解该书的结构，并通过篇目了解内容均具有参考价值。

《清开国史料考》还辑录了部分图书的凡例，这在目录中并不常见。一书之凡例，通常包括了作者关于图书的主旨、内容、结构、参考材料、编纂方法等方面，可从作者的直接叙述中了解图书的基本内容，如一些实录文献《三朝辽事实录》，或者其他类文献，如《辽东志》《重修全辽志》等的编目，均采用了此种方法。除此之外，该目录还辑录了部分图书的内容，如《皇明九边考》一书，将其中的"女直条"全部辑入目录中。为读者了解或研究女直，直接提供参考材料。

2. 解题和按语中多注重图书价值之介绍，使读者在阅读时能得其重点

指导读书之门径，是目录所需具备的重要作用之一："目录之学为

① 谢国桢：《清开国史料考·凡例》，第1页。
② 谢国桢：《清开国史料考》卷五，第89页。
③ 谢国桢：《清开国史料考》卷四，第9页。
④ 程千帆、徐有富：《校雠广义·目录编》，第2页。
⑤ 余嘉锡：《目录学发微：含〈古书通例〉》，第30页。
⑥ 谢国桢：《清开国史料考》卷二，第18页。

读书引导之资，凡承学之士，皆不可不涉其藩篱。"①在《清开国史料考》的解题中，谢先生经常指导读者阅读，介绍读书方法，提高了该目录的可读性，体现了史料为史学研究服务的思想。书中的解题或者介绍某种史料在史学研究中的价值，如"清太祖太宗两朝实录档册，为掣治清初史事者不可少之书"②。或者教读者以研究方法，如《高昌馆课甲册》著录："钞出建州毛憐兀者等卫之文与《华夷译语》女真编及德人……所著……录其有关辽事者比而较之，则清初之世系可补史事之阙者当不少也。"③或者指导读史的方法："考证史事，取重实录，古人已然。……次《明实录》而尤要者为《明史》。……然《明史》要为有明一代国史典章文物，一代制度悉备于是。野史笔记则东鳞西爪遗闻琐事，非读《明史》则亦无由知其原委。故野史可以补订正史之缺而正史要不可废。"④或者介绍史料特点，以提醒读者正确运用该类史料："清初史事不独事实失真，即文书诰谕亦失其原来面目矣。"⑤

在注重介绍读书方法的同时，对于图书本身，《清开国史料考》也多有涉及，如解题中介绍图书之价值，如《清太宗圣训底稿残本》："此残本中多载清太宗与明季辽东朝鲜之交涉，其关史事尤为重要。"⑥或介绍图示之主旨，《袁崇焕传》："是书为先师梁任公先生在日本时所编，盖亦为鼓吹革命而作也。"⑦或者向读者推荐好的版本，《东华录》一书"国学图书馆藏钞本较刊本为良"⑧。

3. 对文献予以必要的考证，以补充辑录材料之不足

这也体现了谢先生在史料考辨方面的成果，现只举例说明。

辨学界之疑，如彭孙贻《山中闻见录》一书，罗振玉认为，作者为南方人，不该了解北方之事，谢先生考证道："茗斋生长南疆，何由洞

---

① 余嘉锡：《目录学发微：含〈古书通例〉》，第 17 页。
② 谢国桢：《清开国史料考》卷二，第 1 页。
③ 谢国桢：《清开国史料考》卷三，第 17—18 页。
④ 谢国桢：《清开国史料考》卷三，第 2 页。
⑤ 谢国桢：《清开国史料考》卷二，第 26 页。
⑥ 谢国桢：《清开国史料考》卷二，第 24 页。
⑦ 谢国桢：《清开国史料考》卷五，第 19 页。
⑧ 谢国桢：《清开国史料考》卷五，第 16 页。

悉朔方兵事？实则茗斋有《燕游草》，固身历塞北也。"①

考证图书之作者，上虞朱璘青岩《耐岩考史录》："按浙东自万季野以后史学之风日炽，青岩为上虞人，平夏之年上据作史之年仅五岁，时代先后相同，且章传（笔者按：章学诚《湖北通志检存稿·平夏逆传》中有关于朱璘事一节）有《明纪全载》，而《南疆逸史》引有《明纪辑略》，书名相同，是做《考史录》之人即朱璘可无疑也。"②

辨伪书，如《辽东传》："《明史》卷二百九十五《熊廷弼传》云：会冯铨亦憾廷弼与顾秉谦等侍讲筵，出市刊《辽东传》，潜于帝曰：'此为廷弼所作，希脱罪耳。'帝怒，遂以五年八月弃市，传首九边，然则此亦谤书也。"③该书之真实作者，以及熊廷弼与该书的关系则可得之，读者在利用该书时也知有所去取。

《清开国史料考》的史料学价值是极大的，其在目录学方面也有其自身的特点，如《叙论》的编纂及在该目录中的作用、扩大了史料的收录范围、注重推荐读书等。但是，该书也有值得商榷之处，如编目方法中只使用了"别裁"法，而忽略了"互著"法在专科目录中的作用；书中的分类法以（内容）主题为标准不如《晚明史籍考》之详细；辑录的材料主要集中在图书本身的序跋，而见于其他文献中的相关材料则收录较少；等等。不过，这些缺陷与其所具有的价值来说还是微不足道的，读者在阅读《清开国史料考》时，更要利用其学术价值为史学研究和目录学研究服务。

---

① 谢国桢：《清开国史料考》卷三，第 14 页。
② 谢国桢：《清开国史料考》卷三，第 16 页。
③ 谢国桢：《清开国史料考》卷四，第 21 页。

第六章 民国目录及目录学论著简目

　　民国目录学所取得的成绩是丰富的，也是较为全面的，但笔者因能力有限，不能一一予以论述，现编纂《民国目录及目录学论著简目》，将 1912 年至 1949 年间的主要目录及目录学论著，通过列表予以记载。

　　第一，该简表采取年表的形式著录文献，即以年代为纲，将图书和论文附之各年代之下。

　　第二，在每一年中，先列著作，后列论文。凡有图书或论文年代不清者，均列至每一年的最末，并标明"具体不详"。

　　第三，图书均注明作者、书（篇）名、版本，论文均注明出处（期刊名、期卷数等）。作者姓名无可考时，使用"佚名"以替代。凡笔者所知道的重印本或修订本，均在该图书首次出现时，予以说明。

　　第四，有部分论文并没有发表在期刊杂志上，而是存于其他书中，因此，笔者使用"载于"二字，与期刊杂志中的论文相区别。

　　第五，有些图书和论文，并没有在同一年出版完毕，有些甚至要延续数年时间。因此，笔者只在该文献出版或发表的第一年予以著录，并补充说明其从开始出版或发表直至完成的年代。

　　第六，《简目》中有些文献为笔者亲眼所见，而有些则通过其他文献得之。现将主要参考文献列之如下：李钟履《图书馆学论文索引（第一辑）》（商务印书馆，1959 年），武汉大学、北京大学《目录学概论》（中华书局，1982 年），中国社会科学院历史研究所《八十年来史学书目（1900—1980 年）》（中国社会科学出版社，1984 年），东北师范大学古籍整理研究所《中国古籍整理研究论文索引》（江苏古籍出版社，1990 年），詹德优等《中文工具书使用法（增订本）》（商务印书馆，1996 年），王世伟《图书馆古籍整理工作》（北京图书馆出版社，2000

年），吴小如、吴同宾《中国文史工具资料书举要》（天津古籍出版社，2002年），彭斐章主编《目录学教程》（高等教育出版社，2004年），潘建国《中国古代小说书目研究》（上海古籍出版社，2005年）等图书，以及《图书馆学季刊》《中华图书馆协会会报》等期刊，同时也参考了国家图书馆、上海图书馆等的电子目录。

第七，本目只是笔者因研究之需要而编制，也可从中大致了解民国目录学发展的脉络，但此目绝非是民国目录及目录学著作全目，仍有大量补充空间，有待完善。

1912 年

钱恂：《史目表》，杭州刊本。

杨绍和编：《楹书隅录》，补刻本。

刘铎：《外交部地图目录续编》一卷，外交部外政司，铅印本。

缪荃孙：《清学部图书馆方志目》，国粹学报社，铅印本（1912 年—1914 年）。

周中孚：《郑堂读书记》，《吴兴丛书》本，1921 年嘉业堂本，1937 年商务印书馆本。

李栩灼：《敦煌石室经卷中未入藏经著述目录》，载于《古学汇刊》第一集，上海国粹学报社排印本。

王仁俊：《拟汇刊周秦诸子注辑补善本叙录》，《中国学报》二至五卷（至 1913 年）。

1913 年

缪荃孙：《艺风藏书续记》，刻本（1912 年—1913 年）。

1914 年

王国维：《国朝金文著录表》六卷，《国学丛刊》本。

庞元济：《中华历代名画志》一册。

周庆云：《琴书存目》六卷、《别录》两卷，乌程周庆云梦坡室本。

杨守敬原编、李之鼎补编：《丛书举要》六十卷，宜秋馆铅印本。

罗振玉：《续汇刻书目》，双鱼堂刻本。

罗振玉：《续汇刻书目闰集》，罗氏刻本。

潘承弼、顾廷龙：《明代版本图录初编》，开明书店影印本。

外交部：《外交部储藏条约原本编号目录》，活字本。

南通图书馆：《南通图书馆第一次目录》，铅印本。

扫叶山房辑：《书目三种合刻》，扫叶山房石印本。

夏曾佑：《京师图书馆善本简明目录》不分卷，四册，铅印本。

1915 年

王颂蔚：《古书经眼录》，剡溪王氏刻写礼颙遗著本。

广东图书馆：《广东图书馆藏书目录》，刊本。

上海千顷堂书局：《千顷堂书局木版书目录》，石印本。

浙江图书馆：《浙江图书馆书目》，铅印本（1915 年—1916 年）。

张之洞：《书目答问》，扫叶山房石印本，又民国九年石印本。

项元勋：《台州经籍志》四十卷，浙江图书馆铅印本。

章篯：《暂定保存类书目》，《浙江公立图书馆年报》创刊号。

章篯：《暂定观览类书目》，《浙江公立图书馆年报》创刊号。

文廷式：《补〈晋书艺文志〉》，《船山学报》二期、三期、四期。

1916 年

瞿启甲：《常熟县图书馆藏书目录》，油印本。

佚名：《嘉业堂丛书目》，在上海印行。

缪荃孙（为张钧衡编）：《适园藏书志》，南林张氏家塾刊本。

京师图书馆：《京师图书馆善本简明书目》，京师图书馆铅印本。

袁绍昂：《山东图书馆书目》，山东图书馆。

1917 年

杨守敬：《留真谱二编》，杨氏观海堂刊本。

黄丕烈：《士礼居藏书题跋记》六卷，上海医学书局影印本。

孙祖烈：《士礼居藏书题跋记续编》五卷，石印本。

叶德辉：《书林清话》，长沙湘潭叶德辉观古堂刻本。

河南图书馆：《河南图书馆藏书总目》六册，河南商务印刷所铅印本。

1918 年

杨守敬原编、李之鼎增补：《增订丛书举要》八十卷，南昌宜秋馆铅印本。

京师图书馆：《舆图目录》，未刊行。

齐燿琳等：《江苏第一图书馆复校善本书目》，江苏第一图书馆。

丁福保：《历代医学书目提要》(第二版)，上海医学书局。

罗振玉：《雪堂校刻群书叙录》二卷，二册，铅印本。出自《北京图书馆月刊》一卷一号。

孙德谦：《汉书艺文志举例》，孙氏四益宧刻本。

江翰：《京师图书馆善本简明书目》，京师图书馆。

1919 年

顾修撰，朱学勤增订，周毓邠续编：《汇刻书目》《汇刻书目二编》，上海千顷堂书局。

庞元济：《续虚斋名画录》四卷，吴兴庞氏刊本。

黄丕烈著，缪荃孙、章钰、吴昌绶辑：《荛圃藏书题识》。

叶德辉辑：《观古堂书目丛刻》，叶氏观古堂刻本。

褚德彝：《金石学录续补》，余杭褚德彝石画楼、上海聚珍仿宋印书局。

陈乃乾：《南洋中学藏书目》不分卷，一册，铅印本。

楼蓥然：《诸暨图书馆目录初编》八卷，石印本。

章箴：《暂定保存类书目》，《浙江公立图书馆年报》四期。

章箴：《暂定通常类书目甲》，《浙江公立图书馆年报》四期。

章箴：《暂定通常类书目乙》，《浙江公立图书馆年报》四期。

章箴：《暂定通常类书目丙》，《浙江公立图书馆年报》四期。

章箴：《文澜阁浙江书目》，《浙江公立图书馆年报》四期。

傅斯年：《清代学者的门径书几种》，《新潮》一卷四期。

钱天鹤：《讲农古籍汇录》，《科学》四卷三期。

许本裕：《〈汉书艺文志〉笺》，《国故》一期至三期。

1920 年

周贞亮、李之鼎：《书目举要》，南城李氏宜秋馆本。

郑元庆：《湖录经籍考》六卷，吴兴刘氏嘉业堂刊《吴兴丛书》本。

《文津阁四库全书统计表》，出自《北京图书馆月刊》一卷一号。

刘书勋：《无锡县图书馆乡贤书目》，活字本，出自《北京图书馆月刊》一卷一号。

佚名：《文澜阁浙江书目》，《浙江公立图书馆年报》五期。

佚名：《李俨所藏中国数学书籍目录》，《科学》五卷四期、五期，十卷十四期。

1921 年

孙诒让：《温州经籍志》，浙江图书馆。

扫叶山房：《汉口扫叶山房书目》一卷，石印本。

江苏第二图书馆：《江苏第二图书馆书目三编》，辛酉刊本。

佚名：《本馆保存部乡土艺文目录》，《浙江公立图书馆年报》六期。

张尔田：《〈汉书艺文志举例〉序》，《亚洲学术杂志》二期。

1922 年

瞿启甲辑印：《铁琴铜剑楼宋金元本书影》八卷，常熟瞿氏石印本。

孙毓修：《四部丛刊书录》，上海商务印书馆。

蔡耀堂：《老解老》，铅印本。

〔法〕高地爱氏：《西人论华书目》（第二版），法国巴黎葛得纳书店，
　　　1922年—1924年。

外交部：《外交部藏书目录》二编七卷，活字本。

姚际恒：《古今伪书考》一卷，上海万国图书公司活字本。

顾实：《汉书艺文志讲疏》一册，南京高等师范学校铅印本。

朱家治：《欧美各国目录学举要》，《新教育》四卷二期。

孙德谦：《四库提要校定》，《亚洲学术杂志》四期。

1923 年

孙得谦：《刘向校雠学纂微》，元和孙氏四益宧刊本。

胡韫玉：《周秦诸子书目》，安吴胡氏《朴学斋丛刊》本。

林钧：《石庐金石书目》二十二卷，自刊本。

蒋鸿元：《新郑出土古器图录全编》不分卷。

卢靖撰，卢弼纂：《四库湖北先正遗书存目》四卷，沔阳卢氏慎始
　　　基斋。

丁丙：《八千卷楼书目》，排印本。

徐福埔：《太仓县立图书馆书目》八卷、《补遗》一卷，活字本。

江苏公立法政专门学校图书馆：《江苏公立法政专门学校图书馆图
　　　书目录》，活字本。

金梁：《瓜圃丛刊叙录》，癸亥刊本。

陈钟凡：《诸子书目》，铅印本。

章箴：《壬子文澜阁所存书目》五卷、《阁目补》一卷，浙江图书馆
　　　刻本。

胡适：《一个最低限度的国学书目》，《晨报副刊》六月。

梁启超：《国学入门书要目及其读法》，《晨报副刊》六月。

徐剑缘：《评胡梁二先生所拟国学书目》，《学灯》十一期。

冯一梅：《拟刻中国古医书目》，《华国》一卷七期。

王国维：《五代监本考》，《国学季刊》一卷一号。

顾实:《〈汉书艺文志讲疏〉叙例》,《国学丛刊》一卷一期。

朱希祖:《萧梁旧史考》,《国学季刊》一卷一期、二期。

郑振铎:《关于〈诗经〉研究的重要书籍介绍》,《小说月报》十四卷三期。

1924 年

沈德寿:《抱经楼藏书志》,慈溪沈氏美天书局铅印本。

侯鸿鉴:《甲子稽古旅行记》,铅印本。

毛雝、万国鼎等:《中国农书目录汇编》,金陵大学图书馆印本。

丁福保:《说文书目》,医学书局排印本。

张继祖等:《甘肃省公立图书馆书目初编》六卷,甘肃省立图书馆石印本。

浙江图书馆:《重订浙江公立图书馆保存类目录》,石印本。

洪有丰:《东南大学孟芳图书馆图书目录》,活字本。

陶湘:《影刊宋金元明本词叙录》,甲子刊本。

金受申:《古今伪书考考释》,活字本。

陶湘:《景刊宋金元明本词四十种叙录》一卷一册,刻本。

李笠:《国学用书撰要》,《东方杂志》二十一卷九期、十期。

佚名:《撰著提要》,《清华学报》一卷一期至三卷一期。

王竞:《郑玄著述考》,《太平洋》四卷七号。

夏承焘:《五代史记题解》,《民铎杂志》五卷四期。

白之藩:《〈诗经学史目录〉说明书》,《国学月报汇刊》第一集。

1925 年

梁启超:《要籍解题及其读法》,清华学校刊本。

黄任恒编:《辽痕五种引用书目》,南海黄氏铅印本。

汤济玲:《中小学国学书目》,上海中学印本。

胡宗楙:《金华经籍志》二十七卷,梦选楼刊本。

黄仁恒:《补辽史艺文志》,南海黄氏《述窠杂纂》本,又《二十五史补编》本（1936 年）。

顾广圻著，王大隆辑：《思适斋书跋》，秀水王氏学礼斋刻本。

张森楷：《贲园书库目录辑略》，渭南严氏孝义家塾本。

佚名：《四库提要四部类叙》，石印本。

刘复辑：《敦煌掇琐》上辑，二册，《国立中央研究院历史语言研究
    所专刊》之二。

佚名：《京师图书馆展览会记》，《浙江公立图书馆年报》十期。

顾实：《汉书艺文志讲疏》，《中华图书馆协会会报》一卷一期。

姚明辉：《汉书艺文志注解》，《中华图书馆协会会报》一卷一期。

林语堂：《关于中国方言的洋文论著目录》，《歌谣周刊》八十九期。

刘澄清：《本学门所藏清代升平署剧本目录》，《北京大学研究所国
    学门周刊》十一期、十三期（至 1926 年）。

顾颉刚：《有志研究中国史的青年可备闲览书》。

林语堂：《国学书十种》。

1926 年

杜定友：《图书目录学》，商务印书馆。

管庭芬原辑，民国章钰补辑：《读书敏求记校证》，长洲章氏刻本。

周云青：《四库全书提要叙笺注》，上海医学书局。

永瑢等：《四库全书总目附未收书目及索引》，上海大东书局石印本。

诸福铣：《补钞文澜阁四库阙简记录》，刻本。

黄立猷：《金石书目》十卷、美术类附录一、杂志类附录二及补遗，
    并有书名索引、人名索引，北京沔阳黄氏万碑馆铅印本。

中国书店：《中国书店书目》，铅印本。

上海通信图书馆：《上海通信图书馆书目》（第六版），铅印本。

秦毓钧等：《无锡县立图书馆书目》十六卷，铅印本。

直隶书局：《北京直隶书局旧书目录》，铅印本。

北京大学图书部：《北京大学图书部所藏政府出版品目录》，活字本。

金陵大学图书馆：《金陵大学图书馆中文地理书目》，油印本。

李权：《钟祥艺文考》四卷，李氏铅印本。

赵诒琛：《赵氏图书馆藏书目录》五卷，二册，排印本。

梁启超：《佛家经录在中国目录学上之位置》，《图书馆学季刊》一
　　　卷一期。

马叙伦：《清人所著说文之部书目初编草稿》，《图书馆学季刊》一
　　　卷一期。

杜定友：《西洋图书馆目录史略》，《图书馆学季刊》一卷三期。

沈祖荣：《中国图书馆目录应采书本式抑卡片式》，《图书馆学季刊》
　　　一卷三期。

施廷镛：《天禄琳琅查存书目》，《图书馆学季刊》一卷三期。

陈准：《瑞安孙氏玉海楼藏书目录》，《图书馆学季刊》一卷三期。

王重民：《史记版本及参考书》，《图书馆学季刊》一卷四期。

董康：《曲海总目提要序》，《图书馆学季刊》一卷四期。

叶启勋：《拾经楼群书题识（四则）》，《图书馆学季刊》一卷四期。

李俨：《明代算学书志》，《图书馆学季刊》一卷四期。

叶恭绰：《旅顺关东厅博物馆所存敦煌出土之佛教经典》，《图书馆
　　　学季刊》一卷四期。

刘纯：《〈四库全书总目索引〉评》，《图书馆学季刊》一卷四期。

王光炜：《乾隆四十八年九月红本处查存应征书目》，《北京大学研
　　　究所国学门周刊》第二卷十七期（出自《北京图书馆月刊》一
　　　卷一号）

丁福保：《〈说文解字诂林〉引用书目表跋》，《国学辑林》一卷一期。

顾颉刚：《蒙古车王府曲本分类目录》，《孔德月刊》三期、四期
　　　（至 1927 年）。

佚名：《明清之际史料丛残》，《历史博物馆丛刊》一卷二期。

汪辟疆：《读书举要》。

1927 年

赵尔巽：《清史稿·艺文志》，载于《清史稿》，铅印本。

王国维：《两浙古刊本考》《五代两宋监本考》,《海宁王忠悫公遗书》本。

查修：《清华学校图书馆中文书籍目录》不分卷，铅印本。

陈柱：《研究国学之门径》,中国学术讨论社。

王重民：《老子考》七卷、附录六卷、引用书目一卷、索引一卷、补遗一卷，中华图书馆协会。

黎经诰：《许学考》,江宁排印本。

李笠：《三订国学用书撰要》,北京朴社印行。

支伟成：《国学用书类述》,上海泰东图书馆印行。

支伟成：《国学用书类述》,铅印本，出自《北京图书馆月刊》一卷一号。

〔日〕岛田翰：《古文旧书考》四卷、《访余录》一卷，藻玉堂铅印本。

沈祖荣：《图书馆编目之管测》,《图书馆学季刊》二卷一期。

傅增湘：《藏园群书题记》,《图书馆学季刊》二卷一期。

叶长青：《闽本考》,《图书馆学季刊》二卷一期。

叶启勋：《拾经楼群籍题识》,《图书馆学季刊》二卷一期。

萧山钱单士釐编订，孙男端仁侍校：《清闺秀艺文略》,《浙江图书馆报》第一卷。

佚名：《本馆各种卡片编制例言》,《浙江图书馆报》第一卷。

佚名：《本馆旧藏善本书类要》,《浙江图书馆报》第一卷。

杨立诚：《四库目略引言》,《浙江图书馆报》第一卷。

董康：《日本内阁藏小说戏曲书目》,《国学（上海大东）》一卷四期。

傅芸子：《雍和宫所藏经典要目》,《文字同盟》一期及二期。

余绍宋：《画学研究参考书目》,《文字同盟》三期、六期、八期。

〔日〕长泽规矩也：《日本现存小说戏曲目录》,《文字同盟》七期，出自《北京图书馆月刊》一卷一号。

马其昶：《再读〈艺文志〉》,《民彝》一卷五期。

王重民：《跋〈后汉书注引书考〉》,《中华图书馆协会会报》二卷六期。

周云青：《〈四库全书提要·叙〉笺注》,《中华图书馆协会会报》三
　　卷二期。

沈兼士：《系统的文字学参考书目举要》,《北京大学研究所国学门
　　月刊》一卷五期。

佚名：《明清之际史料丛残》,《历史博物馆丛刊》一卷三期。

陈守实：《明清之际史料》,《国学月报》二卷三期。

郑振铎：《巴黎国家图书馆中之中国小说与戏曲》,《小说月报》
　　十八卷十一期。

蒋复璁：《易经集目》《四书集目》《论语集目》《孟子集目》《孝经
　　集目》,《中华图书馆协会会报》二卷一期至五期（1926 年—
　　1927 年）。

1928 年

邵瑞彭、阎树森：《书目长编》,北京资研社。

刘咸炘：《续校雠通义》二册,自刻本。

刘咸炘：《目录学》,四川大学印行。

查士元：《世界小说名著提要》,世界书局。

容肇祖：《中国目录学大纲》,广州中山大学。

董康：《曲海总目提要》,上海大东书局铅印本。

沈乾一：《丛书书目汇编》,出自施廷镛《丛书概述》,《图书馆》
　　1963 年第 1 期。

刘声木：《续补汇刻书目》三十卷、再续补十六卷、三续补十五卷
　　（1928 年—1935 年）,庐江刘声木直介堂铅印本。

许仕廉：《关于书目之参考书籍及论文》,载于《社会学书目论》,
　　北平文化学社。

北平北海图书馆：《北平北海图书馆阅览室参考书目录》,北平北海
　　图书馆。

北平北海图书馆：《北京各图书馆所藏植物学书联合目录》,北平北

海图书馆。

佚名：《普通志部书目》，国立中央大学国学图书馆。

佚名：《普通史部目》，国立中央大学国学图书馆。

姚际恒：《好古堂书目》，国立中央大学国学图书馆。

佚名：《普通丛部书目》，国立中央大学国学图书馆。

北京图书馆：《北京图书馆现藏政府出版品目录》，活字本。

邵瑞彭等辑：《书目长编》二卷、《补遗》一卷，铅印本。

叶德辉：《郋园读书志》十六卷，十六册，活字本。

袁同礼：《中国音乐书举要》，《中华图书馆协会会报》三卷四期。

刘国钧：《图书目录略说》，《图书馆学季刊》二卷二期。

傅增湘：《藏园群书题记》，《图书馆学季刊》二卷二期。

叶启勋：《拾经楼群籍题跋》，《图书馆学季刊》二卷二期。

陈准：《瑞安孙氏玉海楼藏书目录》，《图书馆学季刊》二卷二期。

王重民：《李清著述考》，《图书馆学季刊》二卷三期。

胡光炜：《齐楚古金表》，《图书馆学季刊》二卷三期。

余嘉锡：《聚乐堂艺文目录考》，《图书馆学季刊》二卷三期。

杨守敬遗著：《日本访书续记》，《图书馆学季刊》二卷三期。

傅增湘：《藏园群书题记》，《图书馆学季刊》二卷三期。

余嘉锡：《四库提要辨证》，《图书馆学季刊》二卷四期。

叶德辉遗著：《题跋四则》，《图书馆学季刊》二卷四期。

叶启勋：《拾经楼群籍题识》，《图书馆学季刊》二卷四期。

李俨：《近代中算著述记》，《图书馆学季刊》二卷四期。

马廉：《大连满铁图书馆所藏中国小说戏曲目录》，《图书馆学季刊》
　　二卷四期。

杨守敬遗稿：《史略校勘札记》，《图书馆学季刊》二卷四期。

王国维辑录，容庚重编：《宋代金文著录表》，《北平北海图书馆月
　　刊》一卷五号。

傅增湘：《藏园群书校记》，《北平北海图书馆月刊》一卷五号。

赵万里：《馆藏善本书提要》，《北平北海图书馆月刊》一卷五号。

王重民：《补晋书艺文志书后》，《北平北海图书馆月刊》一卷五号。

佚名：《入藏中文书书目·古器物学书目》，《北平北海图书馆月刊》
　　一卷五号。

李慈铭遗著：《越缦堂读书记》（续），《北平北海图书馆月刊》一卷
　　六号。

傅增湘：《藏园群书校记》：《北平北海图书馆月刊》一卷六号。

赵万里：《馆藏善本书提要》，《北平北海图书馆月刊》一卷六号。

赵万里：《刘申叔先生著述目录》，《北平北海图书馆月刊》一卷六号。

佚名：《入藏中文书书目·古器物学书目》（续），《北平北海图书馆
　　月刊》一卷六号。

《书目长编》书评，《北京图书馆月刊》一卷一号。

佚名：《入藏中文书书目·书目类书目》，《北京图书馆月刊》一卷
　　一号。

佚名：《馆藏明刊志书》，《北京图书馆月刊》一卷一号。

佚名：《主要西文杂志目》，《北京图书馆月刊》一卷一号。

李慈铭遗著：《越缦堂读书记》，《北京图书馆月刊》一卷二号。

赵万里：《馆藏善本书提要》，《北京图书馆月刊》一卷二号。

泉：《入藏日文杂志篇目举要》，《北京图书馆月刊》一卷二号。

佚名：《入藏中文书书目·丛书类》，《北京图书馆月刊》一卷二号。

佚名：《入藏西文书书目·音乐类书目》，《北京图书馆月刊》一卷
　　二号。

李慈铭遗著：《越缦堂读书记》（续），《北京图书馆月刊》一卷三号。

赵万里：《馆藏善本书提要》，《北京图书馆月刊》一卷三号。

泉：《入藏日文杂志篇目举要》（七月），《北京图书馆月刊》一卷三号。

佚名：《入藏中文书书目·类书类》，《北京图书馆月刊》一卷三号。

佚名：《入藏西文书书目·英文文学书目》，《北京图书馆月刊》
　　一卷三号。

李慈铭遗著：《越缦堂读书记》（续），《北京图书馆月刊》一卷四号。

赵万里：《馆藏善本书提要》，《北京图书馆月刊》一卷四号。

佚名：《馆藏中文善本书书目》，《北京图书馆月刊》一卷四号。

佚名：《入藏西文书书目·支那研究书书目》，《北京图书馆月刊》
　　一卷四号。

范希曾：《南献遗征笺》，《中央大学国学图书馆第一年刊》。

佚名：《本馆善本书题识辑录》，《中央大学国学图书馆第一年刊》。

赵鸿谦：《宋元本行格表》，《中央大学国学图书馆第一年刊》。

赵鸿谦：《借影书表》，《中央大学国学图书馆第一年刊》。

汪闿：《馆藏明人手校书表》，《中央大学国学图书馆第一年刊》。

汪闿：《馆藏名家旧藏书表》，《中央大学国学图书馆第一年刊》。

汪闿：《修补书籍一览表》，《中央大学国学图书馆第一年刊》。

佚名：《访购部买置图书登记》，《中央大学国学图书馆第一年刊》。

顾颉刚、马太玄：《清代著述考》，《中大图书馆周刊》一卷一期至
　　六期，二卷一期至六期，三卷一期、二期、五期，四卷二期至
　　四期，五卷一期至六期，七卷一期（至 1929 年）。

颂生：《近两年来出版之国学书籍简目》，《中华图书馆协会会报》
　　四卷三期。

佚名：《本馆善本书题跋辑录》，《中央大学国学图书馆年刊》一至
　　三卷。

马叙伦：《读书小记》，《浙江图书馆报》第二卷。

萧山钱单士鳌编订，孙男端仁侍校：《清闺秀艺文略》，《浙江图书
　　馆报》第二卷。

佚名：《本馆杂志目录二》西文类，《浙江图书馆报》第二卷。

赵万里：《王静安先生著述目录》，《国学论丛》一卷三号。

任松如：《四库全书答问》，《中华图书馆协会会报》四卷二期。

丁山：《中国语言文字学参考书要目序》，《语历所周刊》二卷
　　十三期。

朱希祖：《明季史籍五种跋文》，《燕京学报》三期。

陈柱：《粤西十四家诗钞编辑提要》，《语历所周刊》二卷十八期。

李克弘：《说文书目辑略》，《中大图书馆周刊》四卷一期、二期。

郭笃士:《宋诗书目》,《中大图书馆周刊》四卷三期、四期。

李一非:《本校所藏中国地方志简目》,《中大图书馆周刊》四卷五期、六期。

薛澄清:《闽南地方志过眼录》,《中大图书馆周刊》五卷一期、二期、五期、六期。

容肇祖:《中国目录学引论》,《图书馆周刊》五卷四期。

1929 年

北平北海图书馆编目科:《国学论文索引》,中华图书馆协会。

江苏省立国学图书馆:《盋山书影》,同馆石印本。

杨立诚:《文澜阁目索引》,浙江省立图书馆排印本。出自《浙江省立图书馆月刊》一卷五期、六期合刊。

周庆云:《琴操存目》,吴兴周庆云梦坡室刻本。

姚逸之:《湖南唱本提要》,国立中山大学语言历史研究所印行。

虚白编,蒲梢修订:《汉译东西洋文学作品编目》,上海真善美书店。

杨立诚:《四库目略》四册,浙江图书馆。

沈乾一:《丛书书目汇编》四册,上海医学书局。

沈家本:《续汉书志注所引书目》三卷,《沈寄簃先生遗书》本。

沈家本:《三国志注所引书目》二卷,《沈寄簃先生遗书》本。

北平图书馆:《北平各图书馆所藏中文期刊联合目录》,北平图书馆印行。

姚振宗:《汉书艺文志拾补》,浙江省立图书馆铅印《快阁师石山房丛书》本。

姚振宗:《汉书艺文志条理》,浙江省立图书馆铅印《快阁师石山房丛书》本。

刘歆:《七略别录佚文》,浙江省立图书馆铅印《快阁师石山房丛书》本。

刘向:《七略佚文》,浙江省立图书馆铅印《快阁师石山房丛书》本。

姚振宗:《隋书经籍志考证》,浙江省立图书馆铅印《快阁师石山房丛书》本。

姚振宗：《后汉艺文志》，浙江省立图书馆铅印《快阁师石山房丛书》本。

姚振宗：《三国艺文志》，浙江省立图书馆铅印《快阁师石山房丛书》本。

北平图书馆写经组：《敦煌石室写经详目》及《续编》，北平图书馆印行。

汪闿：《江苏省立国学图书馆藏历代名人年谱集目》，载于《1929年—1931年江苏省立国学图书馆年刊》。

〔美〕爱克斯著，沈祖荣译：《简明图书馆编目法》，文华图书馆学专科学校出版。

佚名：《名人手札目》，国立中央大学国学图书馆出版。

佚名：《杂志目录》，国立中央大学国学图书馆出版。

佚名：《善本书目人名索引》，国立中央大学国学图书馆出版。

佚名：《续提善本经部书目》，国立中央大学国学图书馆出版，油印本。

佚名：《普通书集部总集目》，国立中央大学国学图书馆出版。

佚名：《续提善本史部书目》，国立中央大学国学图书馆出版。

虚白原编，蒲梢修订：《汉译东西洋文学作品编目》，真善美书店。

胡宗楙：《金华经籍志》二十四卷、《外编》一卷、《存疑》一卷，八册，梦选楼刻本。

邰爽秋等编：《教育论文索引》七辑，七册，广州国立中山大学教育研究所发行。

秦毓钧：《无锡县立图书馆善本书目》一册，铅印本。

陈文熙：《常熟县图书馆续编旧书目录》。

傅熊湘：《湖南省立中山图书馆图书分类目录》十卷，二册，排印本。

戴超：《国立中央大学图书馆图书目录》四册，排印本。

张允亮：《故宫善本书影初编》一册，故宫博物院图书馆影印。

孙从添：《上善堂书目》一卷，一册，刊本。

王云五：《历代名人年谱》，商务印书馆。

吕思勉：《经子解题》，商务印书馆。

傅增湘：《双鉴楼善本书目》，江安傅增湘藏园刻本。

李俨：《近代中算著述记》，《图书馆学季刊》三卷一期、二期。

沈祖荣：《中文编目中一个重要问题——标题》，《图书馆学季刊》
　　三卷一期、二期合刊。

徐家麟：《中文编目略论之略论》，《图书馆学季刊》三卷一期、二
　　期合刊。

陶湘：《武英殿聚珍版丛书目录》，《图书馆学季刊》三卷一期、二
　　期合刊。

陈准：《瑞安孙氏玉海楼藏书目录》，《图书馆学季刊》三卷一期、
　　二期合刊。

曹学佺遗著：《蜀中著作记》，《图书馆学季刊》三卷一期、二期合刊。

黄星辉：《中文编目之标题问题》，《图书馆学季刊》三卷一期、二
　　期合刊。

傅增湘：《藏园群书题记》，《图书馆学季刊》三卷一期、二期合刊。

叶启勋：《拾经楼群书题识》，《图书馆学季刊》三卷一期、二期合
　　刊。

汪长炳：《浦拉德先生著作集目》，《图书馆学季刊》三卷三期。

罗根泽：《别录阐微》，《图书馆学季刊》三卷三期。

岳良木：《参考书目汇编与参考书目指南之比较观》，《图书馆学季
　　刊》三卷三期。

陈准：《瑞安孙氏玉海楼藏书目录》，《图书馆学季刊》三卷三期。

叶启勋：《拾经楼群书题识》，《图书馆学季刊》三卷三期。

刘国钧：《中文图书编目条例草案》，《图书馆学季刊》三卷四期。

毛宗荫：《书店书目整理法》，《图书馆学季刊》三卷四期。

叶启勋：《拾经楼群籍题识》，《图书馆学季刊》三卷四期。

李俨：《近代中算著述记》，《图书馆学季刊》三卷四期。

王重民：《书古书目四种后》，《图书馆学季刊》三卷四期。

徐家璧译：《英文参考书百种选》，《文华图书科季刊》第一卷一期。

钱亚新：《杂志和索引》，《文华图书科季刊》第一卷二期。

徐家璧译：《英文参考书百种选》，《文华图书科季刊》第一卷二期。

周连宽：《中国美术书举要》，《文华图书科季刊》第一卷二期。

毛坤：《译书编目法》，《文华图书科季刊》第一卷三期。

徐家璧译：《英文参考书百种选》，《文华图书科季刊》第一卷三期。

周连宽：《中国美术书举要》，《文华图书科季刊》第一卷三期。

毛坤：《编目时所要用的几种参考书》，《文华图书科季刊》第一卷四期。

耿靖民译：《目录学论略》，《文华图书科季刊》第一卷四期。

赵万里：《馆藏善本书提要》，《北平北海图书馆月刊》二卷一号。

佚名：《入藏中文书书目·经籍类书目》，《北平北海图书馆月刊》二卷一号。

赵万里：《馆藏善本书提要》，《北平北海图书馆月刊》二卷二号。

容庚：《评金石书目四种》(评《金石书目》一卷、《金石名著汇目》一卷及《续》一卷、《金石书目》十卷、《石庐金石书志》二十二卷)，《北平北海图书馆月刊》二卷二号。

佚名：《入藏中文书书目·书目类补》《丛书类补》，《北平北海图书馆月刊》二卷二号。

袁同礼：《永乐大典现存卷目表》，《北平北海图书馆月刊》二卷三号、四号。

赵万里：《永乐大典内辑出之佚书目》，《北平北海图书馆月刊》二卷三号、四号。

赵万里：《记永乐大典内之戏曲》，《北平北海图书馆月刊》二卷三号、四号。

赵万里：《馆藏永乐大典提要》，《北平北海图书馆月刊》二卷三号、四号。

马廉：《旧本三国演义板本的调查》，《北平北海图书馆月刊》二卷五号。

傅增湘：《藏园群书题跋》，《北平北海图书馆月刊》二卷五号。

佚名：《入藏中文书书目·经籍类》(续)，《北平北海图书馆月刊》
二卷五号。

余嘉锡：《书仪顾堂题跋后》，《北平北海图书馆月刊》二卷六号。

泉：《去年度之东瀛史界》，《北平北海图书馆月刊》二卷六号。

佚名：《入藏中文书书目·经籍类》(续)，《北平北海图书馆月刊》
二卷六号。

阚铎：《影写医籍考纪事》，《北平北海图书馆月刊》二卷六号。

缪凤林：《明人著与日本有关史籍提要四种》，《中央大学国学图书
馆第二年刊》。

赵鸿谦：《松轩书录》，《中央大学国学图书馆第二年刊》。

汪闿：《馆藏历代名人年谱集目》，《中央大学国学图书馆第二年刊》。

范希曾：《书目答问补正·史部》，《中央大学国学图书馆第二年刊》。

佚名：《馆藏善本书题跋辑录二·史部》，《中央大学国学图书馆第
二年刊》。

佚名：《本馆新印书序辑跋录》，《中央大学国学图书馆第二年刊》。

汪闿：《馆藏名家旧藏书表》，《中央大学国学图书馆第二年刊》。

董明道：《本馆编目法及其说明》，《安徽省立图书馆季刊》一卷
一期。

胡翼谋：《本馆入藏书目初编》，《安徽省立图书馆季刊》一卷一期。

蒋生沐广文光煦、徐蛰庵茂才鸿鼙、武原马笏斋副贡玉堂：《论书
目绝句》，《浙江图书馆报》第三卷、四卷合刊。

夏斋校录：《浙江地方志存目》，《浙江图书馆报》第三卷、四卷
合刊。

海宁周广业遗稿，邑后学费寅校证：《两浙地志录》，《浙江图书馆
报》第三卷、四卷合刊。

金步瀛：《四库全书表解》，《浙江图书馆报》第三卷、四卷合刊

王謇：《吴中金石记》，《江苏省立苏州图书馆馆刊》创刊号。

王謇：《续丛书举要》，《江苏省立苏州图书馆馆刊》创刊号。

曹元忠：《笺经室所见宋元书题跋》，《江苏省立苏州图书馆馆刊》
　　创刊号。

沈勤庐：《中国分地金石书目》，《江苏省立苏州图书馆馆刊》创
　　刊号。

范希曾：《评清史稿艺文志》，《史学杂志》第一卷第三期。

范希曾：《书目答问史部补正》，《史学杂志》第一卷第五期。

夏定棫：《中国上古史参考书目举要》，《中山大学语言历史研究所
　　周刊》第九集第一〇三期。

伦明：《渔洋山人著书考》，《燕京学报》第五期。

伦明：《续书楼藏书记》，《辅仁学志》第一卷第二期。

许文玉：《古诗书目提要》，《中山大学语言历史研究所周刊》第九
　　集第一〇六期。

觉明：《关于三宝太监下西洋的几种资料》，《小说月报》二十卷
　　一号。

西谛：《丛书书目汇编》，《小说月报》二十卷一号。

西谛：《书目长编》，《小说月报》二十卷三号。

吴检斋：《蜀石经考异叙录》，《努力学报》创刊号。

复忱：《周代法学家之著作考》，《东北文化》第一〇五号。

张秀民：《中国历代目录家传略·凡例（初稿）》，《厦大周刊》
　　二一〇期。

王重民：《清代掠美集说发题》，《中华图书馆协会会报》五卷六期。

琴：《国学基本书目举要》，《春笋》一卷一期。

梁任公：《论〈七略·别录〉与〈七略〉》（附谢国桢、徐景贤跋），
　　《天津益世报副刊》三月五日。

钱文晋：《读〈汉书艺文志〉》，《艺林》第一期。

王重民：《读汉书艺文志拾遗》，《北平图书馆月刊》三卷三期。

黎锦熙：《近代语文学书目提要并考评》，《文学丛刊》一期。

陈钝、夏廷棫：《旧籍中关于方言之著作》，《语历所周刊》八卷
　　八十五期至八十七期。

籛：《历史的辅助科学与目录学》，《新晨报副刊》六月十日。

苏永涵：《本馆新编中文李氏书目》，《中大图书馆周刊》九卷一〇
　　三期。

夏廷棫：《中国古史参考书目举要》，《语历所周刊》九卷一〇三期。

朱希祖：《建文刻本〈汉唐秘史〉跋》，《天津益世报学术周刊》一
　　月廿八日。

朱希祖：《西夏史籍考》，《天津益世报学术周刊》二月。

谢国桢：《清初三藩史籍考》，《北平图书馆月刊》三卷六期。

张冠英：《楚辞书目》，《中大图书馆周刊》七卷二期。

许文玉：《古诗书目提要》，《语历所周刊》九卷一〇六期。

佚名：《蒙古车王府曲本钞本目录》，《民俗》四十五期。

1930 年

郑鹤声：《中国史部目录学》，商务印书馆。

钱亚新：《索引和索引法》，商务印书馆。

刘咸炘：《校雠述林》，自刻本。

杜定友：《校雠新义》，中华书局 。

董康：《书舶庸谭》。

容媛：《金石书录目》，中央研究院历史语言研究所刊印，又有增订
　　本（1935 年）。

容媛：《方志中金石志目》，中央研究院历史语言研究所刊印。

瞿宣颖：《方志考稿甲集》，天春书社铅印。

王维朴：《诸城王氏金石丛书提要》一卷，铅印本。

傅增湘：《双鉴楼藏书续记》，江安傅增湘藏园刻本。

邓邦述：《群碧楼善本书目》六卷、《寒瘦山房鬻存善本书目》七
　　卷，家刻本。

王修：《诒庄楼书目》，长兴王修铅印本。

马廉：《近代小说书目提要》，现存残本。

马廉：《中国通俗小说考略》，稿本，1930 年左右。

曹炳章：《中国医学大成总目提要》，上海大东书局。

上海澄衷中学图书馆：《澄衷中学图书馆图书目录》（第一册），上海澄衷中学印行。

冯贞群：《鄞范氏天一阁书目内编》，鄞县文献委员会。

扫叶山房书店：《上海扫叶山房书店图书汇报（初版）》，上海扫叶山房书店。

杨守敬撰，王重民辑：《日本访书志补》，中华图书馆协会。

李滋然：《四库全书书目表》四卷附《清代禁毁书目四种》，大东书局。

日本静嘉堂文库：《静嘉堂文库汉籍分类目录》，静嘉堂文库印行。

萨士武：《福建学院图书馆图书目录》（第二期），一册，福州自印本。

〔日〕长泽规矩也：《支那学入门书略解》一册，东京文成堂出版。

凌霞：《癖好堂收藏金石目》，瑞安陈准校刊本。

国立中央研究院出版品国际交换处：《中国政府机关刊物目录》一册，上海印本。

北平图书馆协会丛书联合目录委员会：《北平各图书馆所藏丛书联合目录》一册，北平图书馆。

莫友芝：《持静斋藏书纪要》二卷，丁日昌辑《持静斋书目》四卷、《续增书目》一卷，容氏重印本。

东洋文库：《藤田博士纪念展览会陈列图书目录》，东京印本。

东洋文库：《藤田文库目录》一册，东京印本。

大连图书馆：《支那地图目录》，大连图书馆印行。

王浣溪：《中国文学精要书目》，北平市党部街建设图书馆。

容媛：《金石书目录》，国立中央研究院铅印本，又有商务印书馆铅印本（1936年）。

李俨：《宋杨辉算书考》，《图书馆学季刊》四卷一期。

岳良木：《试拟图书登录条例》，《图书馆学季刊》四卷一期。

叶启勋：《拾经楼群籍题识》，《图书馆学季刊》四卷一期。

陈光垚：《关系简字书籍举要》，《图书馆学季刊》四卷一期。

曹学佺遗著:《蜀中著述记》(续)(《图书馆学季刊》四卷一期。

叶启勋:《拾经楼群籍题识》,《图书馆学季刊》四卷二期。

叶启发:《华萼堂读书小识》,《图书馆学季刊》四卷二期。

陈准传录:《瑞安黄氏蔘绥阁藏书目》,《图书馆学季刊》四卷二期。

梁启超遗著:《图书大辞典簿录之部(官录及史志)》,《图书馆学季刊》四卷三期、四期合刊。

万国鼎:《农书考略》,《图书馆学季刊》四卷三期、四期合刊。

叶启勋:《拾经楼群籍题识》,《图书馆学季刊》四卷三期、四期合刊。

李文祎:《医籍汇刻目录续编》,《图书馆学季刊》四卷三期、四期合刊。

张允亮:《故宫善本书志》,《图书馆学季刊》四卷三期、四期合刊。

金受申:《清代经学家治诗书目》,《图书馆学季刊》四卷三期、四期合刊。

张秀民、滁瞻:《评四库总目史部目录类及子部杂家类》,《文华图书科季刊》第二卷一期。

佚名:《京师图书馆编目略则》,《文华图书科季刊》第二卷二期。

罗晓峰:《索引法概要》,《文华图书科季刊》第二卷二期。

周连宽:《中国美术书举要》,《文华图书科季刊》第二卷二期。

沈祖荣:《西文编目参考书》,《文华图书科季刊》第二卷三期、四期合刊。

北平图书馆协会丛书联合目录委员会:《北平各图书馆所藏丛书联合目录》,《北平图书馆协会会刊》第四期。

佚名:《函北平图书馆协会为编制丛书联合目录文》,《北平特别市市立第一普通图书馆周年纪念刊》。

法三:《本馆搜藏地方志》,《学风》一卷一期。

法三:《本馆现藏书目概览》,《学风》一卷一期。

法三:《本馆搜藏地方志》(续志),《学风》一卷二期。

佚名:《本馆现藏书目概览》(一续),《学风》一卷二期。

冷衷：《中国政府出版期刊调查表》,《中华图书馆协会会报》六卷
　　一期。

赵尊岳：《词籍考》,《中华图书馆协会会报》六卷一期。

《民国十九年来出版之地志书简目》,《中华图书馆协会会报》六卷
　　二期。

赵尊岳：《词籍考》,《中华图书馆协会会报》六卷二期。

于震寰：《近见译书录目》,《中华图书馆协会会报》六卷三期。

赵尊岳：《词籍考》,《中华图书馆协会会报》六卷三期。

赵鸿谦：《松轩书录》(续),《中央大学国学图书馆第三年刊》。

范希曾：《书目答问·经部》,《中央大学国学图书馆第三年刊》。

汪闿：《馆藏历代名人年谱集目补》,《中央大学国学图书馆第三
　　年刊》。

佚名：《陶风楼藏书画影片集目》,《中央大学国学图书馆第三年刊》。

佚名：《馆藏善本书题跋辑录·子部》,《中央大学国学图书馆第三
　　年刊》。

佚名：《本馆新印书序跋辑录》,《中央大学国学图书馆第三年刊》。

金涛：《金氏花近楼书目解题》,《浙江图书馆报》第五卷。

蒋生沐广文光煦、徐螯庵茂才鸿鳌、武原马笏斋副贡玉堂：《论书
　　目绝句》(续),《浙江图书馆报》第五卷。

仁和朱文藻原稿：《金石补编元碑目录》,《浙江图书馆报》第五卷。

蘅溪校录：《明文海目录》,《浙江图书馆报》第五卷。

佚名：《本馆丛书一览表》,《浙江图书馆报》第五卷。

王謇：《吴中金石记》(续),《江苏省立苏州图书馆馆刊》第二号。

王謇：《续丛书举要》(续),《江苏省立苏州图书馆馆刊》第二号。

黄颂尧：《四库未收书目版本考》,《江苏省立苏州图书馆馆刊》第
　　二号。

沈勤庐、陈子彝：《寰宇贞石图目录》,《江苏省立苏州图书馆馆刊》
　　第二号。

佚名：《江苏省立苏州图书馆入藏图书目录》,《江苏省立苏州图书

馆馆刊》第二号。

佚名:《江苏省立苏州图书馆借书部儿童部杂志部目录》,《江苏省立苏州图书馆馆刊》第二号。

汪国垣:《唐以前之目录》,《国立中央大学半月刊》第一卷第六期。

那志廉:《四库总目韵编勘误》,《辅仁学志》第二卷第一期。

缪篆:《中国目录学叙》,《厦大周刊》第九卷第六期。

李笠:《图书目录之缘起》,《厦大周刊》第九卷第七期。

叶德辉遗著:《元私本考》,《国立武汉大学文哲季刊》第一卷第一号。

李笠:《论编制中国目录学史之重要及困难》,《国立武汉大学文哲季刊》第一卷第二号。

蒲梢:《中译苏俄小说编目》,《现代文学》第一卷第二期。

〔日〕神山闰次:《水浒传诸本》,《斯文》第十二编第三号,昭和五年三月。

卞鸿儒:《写本〈明实录〉提要》,《东北丛镌》三卷。

卞鸿儒:《馆藏写本〈明实录〉提要》,《辽宁图书馆馆刊》一卷。

赵万里:《馆藏善本书志(明别集类)》,《北平图书馆月刊》四卷一期、四期、五期。

庾楼:《故宫善本书志》,《故宫周刊》五十五期至六十四期、六十六期至六十八期、七十三期、一〇八期、一〇九期、一一一期至一一三期。

夏廷械:《五代史书目》,《语历所周刊》十卷一二〇期。

班书阁:《五代史记注引书考》,《燕大月刊》六卷三期。

邢志廉:《〈四库总目韵编〉勘误》,《辅仁学志》二卷一期。

顾颉刚:《〈文渊阁目索引〉序》,《燕大月刊》六卷二期。

明朝:《关于汉字汉音之书籍目录》,《语历所周刊》十一卷一二五期至一二八期。

朱鲁贤:《从汉书艺文志依隋唐以下诸志分类法抄出关于史部图籍》,《中央大学半月刊》二卷四期。

谢国桢：《晚明流寇史籍考》，《北平图书馆月刊》四卷一期至四期。

牟传楷：《晚明史籍跋文三则》，《燕大月刊》六卷三期。

朱保雄：《〈汉志〉屈原赋二十五篇考》，《清华周刊》卅四卷六期。

卞鸿儒：《馆藏东北地方志》，《辽宁图书馆馆刊》第一期。

郑振铎：《元曲叙录》，《小说月报》二十一卷一期至十二期，二十二卷一期至七期、九期、十期（至1931年）。

郑振铎：《传奇的繁兴》，《小说月报》二十一卷四期。

佚名：《安徽省立儿童图书馆读物目录》。

1931 年

胡朴安、胡道静：《校雠学》，商务印书馆出版《万有文库》本。

陈垣：《敦煌劫馀录》，铅印线状六册，中央研究院历史语言研究所排印（成书于1924年）。

刘纪泽：《目录学概论》（后附《治目录学之重要书籍》），中华书局。

裘开明：《中国图书编目法》（后附《编目参考书举要》），上海商务印书馆。

施廷镛：《国立清华大学图书馆中文书目》，国立清华大学图书馆。

哈佛燕京学社引得编纂处：《读史年表》附引得，哈佛燕京学社。

张耀翔：《心理学论文索引》，仁记印刷所。

朱士嘉：《中国地方志备征目》，燕京大学图书馆。

故宫博物院图书馆：《故宫方志目》四卷，故宫博物院图书馆。

莫伯骥：《五十万卷楼藏书目录初编》，莫氏排印本。

吴引孙：《扬州吴氏测海楼藏书目录》，北平富晋书社。

范希曾：《书目答问补正》五卷、《附》二卷，江苏国学图书馆。

北平图书馆：《北平各图书馆入藏欧洲文字书籍联合目录》，北平图书馆印行。

北平图书馆协会：《北平各图书馆所藏丛书联合目录》，《北平图书馆协会会刊》第四期专号。

抱经堂书局：《清代禁毁书目四种索引》，铅印本，杭州抱经堂书局。

施廷镛：《清华大学图书馆中文书目》，铅印本，清华大学图书馆。

杨保彝撰，王献唐校订：《海源阁宋元秘本书目》四卷，一册，排
　　印本，山东图书馆。

王重民：《四库抽毁书提要稿》，上海医学书局。

杜联喆：《丛书书目续编初集》，震东书局。

黑白学会：《研究中国东北参考书目》，辽宁图书馆。

谢国桢：《清开国史料考》，国立北平图书馆。

金步瀛：《丛书子目索引》，浙江图书馆，又有开明书店本（1935年）。

金步瀛：《别集索引》一册，浙江省立图书馆，铅印本。

山西公立图书馆：《山西公立图书馆目录初编中国图书旧籍类》，山
　　西公立图书馆印行。

《国民党反动政府查禁二百二十八种书刊目录》（书名为后人所题），
　　载于国民党湖南长沙市党务整理委员会《工作报告》。

任中敏：《散曲丛刊十五种提要目录》，载于《散曲丛刊》第1册，
　　中华书局。

安徽省立图书馆：《安徽省立图书馆中文书目》（第三版），五册，安
　　徽省立图书馆印行。

北大图书部：《国立北京大学图书部西文目录》（文学类），排印本。

江侠庵编译：《先秦经籍考》三册，上海商务印书馆。

冯承俊：《历代求法翻经录》，上海商务印书馆。

日本图书寮：《图书寮汉籍善本书目》一函四册，铅印本。

〔日〕黑田源次：《中国医学书目》，奉天满洲医科大学中国医学研
　　究室出版。

桂质柏：《为美国图书馆收藏中国书籍而引起关于目录及管理上的
　　几个问题》，北平煤渣胡同报导社。

大同大学图书馆：《大同大学中文图书目录》一册，自印本。

教育部社会教育司：《民国十六年来之民众教育刊物》一册，铅
　　印本。

金涛：《浙江省立图书馆书目提要》，浙江省立图书馆出版。

〔日〕水原尧荣编：《高野山见存藏经目录》，昭和六年东京森江书店发行。

宝文堂书局：《宝文堂书局书目》，铅印本。

黎锦熙：《元杂剧总集曲目表》，《图书馆学季刊》五卷一期。

金敏甫：《图书分类条例》，《图书馆学季刊》五卷一期。

叶启勋：《拾经楼群题籍识》，《图书馆学季刊》五卷一期。

李俨：《增修明代算学书志》，《图书馆学季刊》五卷一期。

傅振伦：《校雠新论》，《图书馆学季刊》五卷二期。

万国鼎：《茶书二十九种题记》，《图书馆学季刊》五卷二期。

李钟履：《图书馆参考论》，《图书馆学季刊》五卷二期。

曹学佺遗著：《蜀中著述记卷之七》，《图书馆学季刊》五卷二期。

柯璜：《山西省立图书馆目录序》，《图书馆学季刊》五卷三期、四期合刊。

范腾端：《国子监碑目》，《图书馆学季刊》五卷三期、四期合刊。

张允亮：《故宫善本书志》，《图书馆学季刊》五卷三期、四期合刊。

许宗彦编：《鉴止水斋藏书目》，《图书馆学季刊》五卷三期、四期合刊。

邓衍林等：《编制〈四库全书〉总简目索引简述》，《文华图书科季刊》第三卷二期。

陈普炎：《增修杜威氏十进分类法一部分之商榷》，《文华图书科季刊》第三卷四期。

陈光垚：《中国古今民众文艺书目提要》，《文华图书科季刊》第三卷四期。

童世纲：《一九零三年纽约时报之索引》，《文华图书科季刊》第三卷四期。

李钟履：《美国杂志精选》，《文华图书科季刊》第三卷四期。

董铸仁：《古今伪书考述评》，《文华图书科季刊》第三卷四期。

翁衍相：《朱彝尊经义考》，《文华图书科季刊》第三卷四期。

佚名：《本馆杂志公报目录》,《学风》一卷四期。

佚名：《安徽省立图书馆图书分类简表》,《学风》一卷五期。

佚名：《本馆现藏书目概览》(续第二期),《学风》一卷五期。

吴保障：《四库著录安徽先哲书目》,《学风》一卷六期。

法三：《本馆搜藏地方志》(三志),《学风》一卷六期。

吴保障：《四库著录安徽先哲书目》,《学风》一卷七期。

吴保障：《四库著录安徽先哲书目》(续完)附《四库著录安徽著述
　　人物之县籍统计表》《四库著录安徽先哲著述部类统计》,《学
　　风》一卷八期。

陆铨：《江苏各县社会教育期刊表》,《中华图书馆协会会报》六卷
　　四期。

杜定友：《卅五年来中国科学书目编印细则》,《中华图书馆协会会
　　报》六卷五期。

冷衷：《现代图书馆应备之日文期刊目录》,《中华图书馆协会会报》
　　六卷五期。

赵尊岳：《词籍考》,《中华图书馆协会会报》六卷五期。

国立北平图书馆编辑部索引组：《关于国学论文索引答大公报文学
　　副刊记者》,《中华图书馆协会会报》七卷二期。

大连图书馆：《大连图书馆和汉图书分类目录》第一编、二编(总
　　记、宗教哲学教育),《中华图书馆协会会报》七卷二期。

舒纪维：《中等图书馆编目问题》,《中华图书馆协会会报》七卷
　　三期。

冷衷：《图书馆最低限度应备之期刊目录》,《中华图书馆协会会报》
　　七卷三期。

佚名：《本馆印行书画影片细目》,《中央大学国学图书馆第四年刊》。

佚名：《本馆新旧印售书籍要目》,《中央大学国学图书馆第四年刊》。

赵鸿谦：《松轩书录》,《中央大学国学图书馆第四年刊》。

周悫：《馆藏历代名人年谱集目续补》,《中央大学国学图书馆第四
　　年刊》。

佚名：《馆藏善本书题跋辑录》（集部），《中央大学国学图书馆第四年刊》。

余绍宋：《瞿兑之方志考序》，《浙江图书馆报》第六卷。

费寅校编：《敬修堂历箸书目考》，《浙江图书馆报》第六卷。

蘅溪校录：《明文海目录》（续），《浙江图书馆报》第六卷。

杜联喆：《看书随笔》（二），《燕京大学图书馆报》十一期。

房兆颖：《卡片目录用法简说》，《燕京大学图书馆报》十三期。

佚名：《燕京大学中英文出版品目录》，《燕京大学图书馆报》二十期。

金梁：《四库全书孤本选目》，《东北丛镌》十四期。

高步瀛：《四库全书选印目录表》，《东北丛镌》十五期。

器重：《拟儿童图书馆书目》，《民众教育月刊》第一卷第二期。

林草坪：《图书馆及其分类法》，《读书月刊》二卷一期。

郑振铎：《明清二代平话集》，《小说月报》廿二卷七号、八号。

佚名：《成人教育书目》，《教育杂志·成人教育专号》第二十三卷八号。

彭仁山：《关于日本教育的论文索引》，《教育研究》三十二期。

冯承钧：《大藏经录存佚考》，《燕京学报》第十期。

〔日〕田中秀作著，李长传译：《满蒙研究之文献》，《新亚西亚月刊》第三卷第一期。

庾楼：《故宫善本书志》，《故宫周刊》十期。

梅影抄：《国立北平图书馆藏善本书之一》，《北京晨报学园》一二〇期。

张菜等：《馆藏善本书题跋辑录（四）》，《江苏省立国学图书馆年刊》四卷。

余嘉锡：《四库提要辨证》，《师大国学丛刊》一卷二期。

刘盼遂：《严铁桥〈全上古三代秦汉文〉补目》，《北平图书馆馆刊》五卷一期。

朱保雄：《〈汉志〉辞赋存目考》，《清华中国文学会月刊》一卷三期。

冷衷：《研究中日问题参考书目》,《中华图书馆协会会报》七卷
　　二期。

范希曾笺：《南献遗征笺》,淮阴范氏刻本。

1932 年

洪业：《引得说》,燕京大学图书馆引得编纂处。

孙楷第：《中国通俗小说书目》(附《大连图书馆所见中国小说书
　　目》)十二卷,一册,国立北平图书馆出版。

孙楷第：《日本东京图书馆所见中国小说书目》,北平图书馆。

余绍宋：《书画书录解题》,北平图书馆印行。

陈乃乾：《索引式的禁书总录》二卷、《附录》一卷,北平富晋书社。

陈乃乾：《测海楼旧本书目》二册,北平富晋书社。

缪荃孙等：《愚斋图书馆藏书目录》,上海大成印务社。

蒋镜寰：《江苏省立苏州图书馆图书目录》,江苏省立苏州图书馆印行。

谢国桢：《晚明史籍考》二十卷、附《通检》一卷,北平图书馆印行。

国立清华大学图书馆：《国立清华大学图书馆新编中文书目》,铅印
　　本,国立清华大学图书馆。

洪业：《四库全书总目及未收书目引得》上、下册,燕京大学图书馆。

杜连喆、房兆楹(哈佛燕京学社引得编纂处)：《三十三种清代传记
　　综合引得》,哈佛燕京学社。

宋春舫：《褐木庐藏剧目》一卷,上海银行图书馆经售。

张维：《陇右方志录》,甘肃印书局。

陈登原：《天一阁藏书考》,排印本,金陵大学。

杨铁夫：《天一阁图书目录》,金陵大学中国文化研究所。

何澄一：《故宫所藏观海堂书目》,北京故宫博物院图书馆。

故宫博物院图书馆：《清宫史续编书籍门》二十六卷,故宫博物院
　　图书馆。

刘复等：《中国俗曲总目稿》,中央研究院。

李晋华：《明代敕撰书考》附引得,燕京大学图书馆引得处。

张陈卿、陈璧如、李维墀：《文学论文索引》，中华图书馆协会。

安徽省立图书馆：《安徽省立图书馆中文书目》六册，安徽省立图书馆，铅印本。

萨士武：《乌山图书馆图书目录》第二期上册，福州乌山图书馆印本。

无锡县图书馆：《无锡县图书馆图书目录》五册，油印本。

汪仲毅：《中文昆虫学著述汇录》一册《浙江省立植物病虫害防治所丛刊》第八号。

刘澡：《民众学校论文索引》一册，浙江省立图书馆出版。

燕京大学引得编纂处：《四库全书总目及未收书引得》。

孙楷第：《中国小说书目》，国立北平图书馆印本。

黄云眉：《古今伪书考补正》，金陵大学中国文化研究所发行。

黄丕烈撰，大兴李文禔辑：《士礼居藏书题跋补录》，国立北平图书馆。

〔日〕橘井清五郎：《西洋书志学要略》，昭和七年东京图书馆事业研究会出版。

苏峰古稀祝贺纪念刊行会：《成箦堂善本书目》，昭和七年东京民友社印行。

〔日〕高市庆雄：《明治文献目录》，东京日本评论社出版。

杨家骆：《四库大辞典》二册，南京中国图书大辞典编辑馆出版。

陆祖毅：《浙江省立图书馆善本书题识》四卷，一册，铅印本，浙江省立图书馆。

淮安私立集一图书馆：《淮安私立集一图书馆目录》，淮安私立集一图书馆印行。

凌仁榆氏：《鄞县县立图书馆书目》一册，铅印本。

陆祖谷：《善本书目题识》一册，浙江省立图书馆印行。

邰爽秋等编，彭仁山增订：《教育论文索引》（增订本），全一册，上海民智书局发行。

受古书店：《受古书店旧书目录》，受古书店。

杜镜：《知见音乐书草目》，《剧学月刊》一卷十一期。

金敏甫：《目录设计法及印刷目录卡之使用》，《图书馆学季刊》六卷一期。

赵鸿谦:《贞元石斋丛录》,《图书馆学季刊》六卷一期。

陈准:《殷契书目录》,《图书馆学季刊》六卷一期。

崔骥:《方言考》,《图书馆学季刊》六卷二期。

金敏甫译:《图书馆编目史略》,《图书馆学季刊》六卷二期。

叶启发:《华萼堂读书小识》,《图书馆学季刊》六卷二期。

袁同礼:《宛委别藏现存书目及其版本》,《图书馆学季刊》六卷二期。

金敏甫译:《编目方法》,《图书馆学季刊》六卷三期。

叶启勋:《翁何宝真斋法书赞评校》,《图书馆学季刊》六卷三期。

莫伯骥:《五十万卷楼题跋》,《图书馆学季刊》六卷三期。

周延年:《慈云楼藏书志考》,《图书馆学季刊》六卷四期。

大兴李文裿题:《玄赏斋书目》(上),《图书馆学季刊》六卷四期。

李蓉盛:《刘〈略〉研究之概要》,《文华图书馆学专科学校季刊》四卷一期。

李钟履:《美国杂志精选》(续),《文华图书馆学专科学校季刊》四卷一期。

佚名:《图书馆参考员眼目中之编目工作观》,《文华图书馆学专科学校季刊》四卷一期。

赵福来:《民众图书馆与巡回文库应备书目初稿》,《文华图书馆学专科学校季刊》四卷二期。

易忠箓译:《译日本两书目志》,分别为橘井五郎著《读成篑堂善本书记》、井上河雄《崛河塾藏书目》,《文华图书馆学专科学校季刊》四卷三期、四期合刊。

吕绍虞:《中国教育书目汇编》,《文华图书馆学专科学校季刊》四卷三期、四期合刊。

汪荫祖:《本馆书目卡的序列及其用法》,《学风》二卷一期。

正方:《介绍几本人人必读之书》,《学风》二卷一期。

韩镇:《本馆杂志管理法》,《学风》二卷二期。

刘华锦：《中日问题论文索引》（一），《学风》二卷四期。

刘华锦：《中日问题论文索引》（二），《学风》二卷五期。

刘华锦：《中日问题论文索引》（三），《学风》二卷六期。

霍怀恕：《中外图书统一分类法新旧板本之校勘》，《学风》二卷
    八期。

金涛：《金氏近花楼书目解题》，《学风》二卷十期。

省盦：《杜威博士传略》，《中华图书馆协会会报》七卷四期。

省盦：《杜威博士著作目录》，《中华图书馆协会会报》七卷四期。

陈丽泉：《二十年度新刊中国期刊调查表》，《中华图书馆协会会报》
    七卷四期。

钱存训：《东北事件之言论索引》，《中华图书馆协会会报》七卷五期。

佚名：《碑传集补人名索引》，《中华图书馆协会会报》八卷一期、
    二期合刊。

吴鸿志：《国联调查团书目》，《中华图书馆协会会报》八卷一期、
    二期合刊。

佚名：《江苏省立国学图书馆最近出版新书》，《中央大学国学图书
    馆第五年刊》。

赵鸿谦：《陶风楼藏卢抱经校本述要》，《中央大学国学图书馆第五
    年刊》。

周愻：《馆藏清人禁书述略》，《中央大学国学图书馆第五年刊》。

佚名：《本馆印行书画影片细目》，《中央大学国学图书馆第五年刊》。

汪汝燮：《陶风楼藏书画目》，《中央大学国学图书馆第五年刊》。

佚名：《本馆新印书题跋辑录》，《中央大学国学图书馆第五年刊》。

佚名：《书报提要》，《浙江省立图书馆月刊》创刊号。

佚名：《本馆图书目录——本馆新置中文图书分类目录》，《浙江省
    立图书馆月刊》创刊号。

佚名：《书报提要》，《浙江省立图书馆月刊》一卷二期。

佚名：《世界各国图书馆定期刊物目录》，《浙江省立图书馆月刊》
    一卷三期。

佚名：《书报提要》，《浙江省立图书馆月刊》一卷三期。

张崟：《惜抱轩书录校识》，《浙江省立图书馆月刊》一卷四期。

佚名：《书报提要》，《浙江省立图书馆月刊》一卷四期。

佚名：《世界各国图书馆定期刊物目录》，《浙江省立图书馆月刊》
　　一卷五期、六期合刊。

张崟：《嘉惠堂藏书之回顾》，《浙江省立图书馆月刊》一卷七期、
　　八期合刊。

季杰：《宜堂类编类目题记》，《浙江省立图书馆月刊》一卷七期、
　　八期合刊。

季嵚：《丁氏著述表》，《浙江省立图书馆月刊》一卷七期、八期合刊

子越：《丁氏刊书表》，《浙江省立图书馆月刊》一卷七期、八期合刊。

文菁：《丁松生先生题跋辑目》，《浙江省立图书馆月刊》一卷七期、
　　八期合刊。

佚名：《书报提要》，《浙江省立图书馆月刊》一卷九期。

佚名：《中国关于图书馆定期刊物要目》，《浙江省立图书馆月刊》
　　一卷九期。

陈训慈：《善本书本题识跋》，《浙江省立图书馆月刊》一卷十期。

佚名：《书报提要》，《浙江省立图书馆月刊》一卷十期。

王謇：《吴中金石记》（续），《江苏省立苏州图书馆馆刊》第三号。

蒋镜寰：《杜氏著者号码编制法补正》，《江苏省立苏州图书馆馆刊》
　　第三号。

叶德辉：《书目答问斠补》，《江苏省立苏州图书馆馆刊》第三号。

蒋镜寰：《文选书录述要》，《江苏省立苏州图书馆馆刊》第三号。

佚名：《本馆入藏图书目录》，《江苏省立苏州图书馆馆刊》第三号。

佚名：《本馆编印刊物目录》，《江苏省立苏州图书馆馆刊》第三号。

董井：《山东省立图书馆金石志初稿》，《山东省立图书馆季刊》第
　　一集第一期。

王献唐：《李南涧之藏书及其他》，《山东省立图书馆季刊》第一集
　　第一期。

王献唐：《山东之钞书家——卢德水先生》，《山东省立图书馆季刊》第一集第一期。

王献唐：《新收陈房伯历算书稿述记》，《山东省立图书馆季刊》第一集第一期。

真有益斋钞本《惠定宇考古应查书目》，《山东省立图书馆季刊》第一集第一期。

马太玄：《清史稿艺文志校勘记》，《燕京大学图书馆报》二十三期。

刘国钧：《三国佛典》，《金陵学报》第二卷第二期。

郑文汉：《十八种欧美最近关于职业心理出版物提要》，《职业与教育》第一三二期。

王绍曾：《国专图书馆善本书志》，《图书馆协会会报》三卷。

王绍曾：《"小缘天"善本书辑录》，《无锡图书馆协会会报》三卷。

王重民：《补〈晋书·艺文志〉》，《学文》第五期。

赵士炜：《宋〈中兴国史艺文志〉辑佚》，《北平图书馆馆刊》六卷四期。

佚名：《〈四库全书〉引得十五种》，《浙江省立图书馆月刊》一卷五期、六期。

谢国桢：《〈清开国史料考〉书名著者通检》，《北平图书馆馆刊》六卷四期、五期。

朱士嘉：《中国地方志统计表》，《史学年报》第一卷第四期。

杨树达：《汉书所据史料考》。

1933 年

马念祖：《伪书举例》，铅印本。

姚名达：《目录学》（后附《目录学的参考书》，商务印书馆。

陆达节：《历代兵书目录》，南京军用图书社。

田继综等（燕京大学引得编纂处）：《艺文志二十种综合引得》四册，哈佛燕京学社。

王国维：《三代秦汉金文著录表》八卷、《补遗》一卷，墨缘堂石印本。

王大隆：《尧圃藏书题识续录》二册，王氏学礼斋刊本。

罗福颐：《内府藏器著录表》二卷，《附录》一卷，墨缘堂石印本。

李根源：《景遂堂题跋》三卷，《曲石丛书》本。

钱基博：《版本通义》，上海商务印书馆。

朱士嘉：《官书局书目汇编》，国立北平图书馆。

罗振玉：《经义考目录》八卷、《校记》一卷，上虞罗振玉石印本。

徐绪昌：《国学论文索引续编》，中华图书馆协会。

刘修业：《文学论文索引续编》，中华图书馆协会。

赵万里：《国立北平图书馆善本书目》四卷，国立北平图书馆

于式玉（哈佛燕京学社引得编纂处）：《日本期刊三十八种中东方学
　　论文篇目（附引得）》，哈佛燕京学社。

田继综等：《佛藏子目引得》三册，哈佛燕京学社。

金陵大学农学院农业经济系农业历史组（前农业图书研究部）编：
　　《农业论文索引》，南京金陵大学图书馆发行，与国立北平图书
　　馆合作付印。

谭其骧等：《国立北平图书馆方志目录》四册，国立北平图书馆。

张允亮：《国立北京大学图书馆方志目》，铅印本，北京大学。

万国鼎、储瑞棠合编：《金陵大学图书馆方志目》，金陵大学图书馆。

于道泉、李德启：《满文书籍联合目录》一册，国立北平图书馆、
　　故宫博物院图书馆合印。

汪长炳：《馆藏西文参考书目录》一册，国立北平图书馆。

曾宪三：《西文期刊联合目录续编》一册，国立北平图书馆。

洪业辑：《勺园图录考附引得》一册，哈佛燕京学社。

袁同礼：《永乐大典现存卷目表》，北平图书馆。

杨家骆：《图书年鉴》，图书辞典馆。

江苏省立国学图书馆：《江苏省立国学图书馆总目》四十四卷，
　　二十四册（1933—1935 年），江苏省立国学图书馆铅印本。

陶湘：《故宫殿本书库现存目》三卷，故宫博物院铅印本。

于震寰：《善本书目编目法》，自刊本。

赵士炜：《宋国史艺文志辑本》二卷，北平图书馆。

福建省立图书馆：《福建省立图书馆图书目录》，福建省立图书馆
印行。

桂质柏：《国立中央大学图书馆中文图书编目规则》，南京国立中央
大学图书馆。

莫友芝：《邵亭知见传本书目》，排印本。

王庸、茅乃文：《北平图书馆中文舆图目录》，自刊本，又增订本
（1937 年）。

国立北平图书馆：《梁氏饮冰室藏书目录》，国立北平图书馆铅
印本。

马廉：《不登大雅文库书目》，钞本。

傅惜华：《缀玉轩所藏戏曲草目》，铅印本。

生活书店：《全国出版物目录汇编》，生活书店印行

杨寿祺：《来青阁书庄书目》，苏州来青阁石印暨铅印本（1933 年—
1935 年）。

许宗彦：《鉴止水斋书目》，《图书馆学季刊》单行本，一册。

赵士炜：《中兴馆阁书目辑考》五卷、《中兴馆阁续书目辑考》一
卷，四册，中华图书馆协会。

佚名：《官局书目汇编》一册，中华图书馆协会。

佚名：《现代德国印刷展览目录》，国立北平图书馆出版。

国立北平图书馆：《舆图版画展览目录》，国立北平图书馆印行。

安徽通志馆：《安徽艺文志稿集部》二册，安徽省立图书馆发售。

胡培系：《绩溪金紫胡氏所著书目》二卷，一册，光绪十六年绩溪
胡氏世泽堂刊本，民国二十二年重印。

胡鸣盛：《四库荟要目录索引》，铅印本。

佚名：《摛藻堂四库荟要编目》一册，故宫博物院图书馆印行。

罗静轩：《儿童书目汇编》一册，北平图书馆协会排印本。

钱基博：《古籍举要》，上海世界书局出版。

北平故宫博物院图书馆:《故宫所藏殿板书目》五卷，一册，故宫
　　博物院图书馆。

故宫博物院:《天禄琳琅四库荟要排架图》一册，北平故宫博物院
　　图书馆影印本。

顾宝埏:《交通大学北平铁道管理学院图书馆中西文图书总目录》，
　　交通大学北平铁道管理学院图书馆。

杭州市市立儿童图书馆:《杭州市市立儿童图书馆图书目录》一册，
　　杭州市市立儿童图书馆。

冯耀祥、李天民:《广东国民大学第二学院图书馆图书目录》一册，
　　广东国民大学第二学院图书馆。

徐祖善:《威海卫通俗图书馆图书目录》(第一册)，威海卫通俗图
　　书馆。

〔日〕诸桥辙次:《静嘉堂宋本书影》，一巨册，东京静嘉堂影印。

〔日〕诸桥辙次:《静嘉堂文库宋刊本展览会陈列书解说》一册，东
　　京静嘉堂。

喻友信:《东吴大学法律学院图书馆图书目录》一册，东吴大学法
　　律学院图书馆。

杜定友:《图书馆编目用简字标准字表》，上海中国图书馆服务社
　　出版。

国立中央研究院历史语言研究所:《内阁大库书档旧目》，铅印本。

金天游:《浙江图书馆汉译西文书目索引》，浙江省立图书馆出版。

〔法〕伯希和编，陆翔译:《巴黎图书馆敦煌写本书目》，国立北平图
　　书馆铅印本(1933年11月—12月，1934年1月—2月出版)。

何多源:《图书编目法》，广州大学图书馆出版。

姚明辉:《汉书艺文志注解》，大中书局。

雷振华:《中华基督教文字索引》，广协书局。

吴虞:《中国文学选读书目》，茹古书局刻本。

陈垣:《影印四库全书未刊本草目签注》，油印本。

中法大学图书馆:《中法大学图书馆中文书目》，中法大学图书馆印行。

赵万里：《北平图书馆善本书目》四卷、《补遗》一卷，北平图书馆
  刻本。

叶启勋：《四库全书目录版本考》，《图书馆学季刊》七卷一期。

金敏甫：《印刷目录卡述略》，《图书馆学季刊》七卷一期。

袁同礼：《观海堂书目序》，《图书馆学季刊》七卷一期。

陈寅恪：《敦煌劫余录序》，《图书馆学季刊》七卷一期。

大兴李文裿题：《玄赏斋书目》(下)，《图书馆学季刊》七卷一期。

傅振伦：《编辑中国史籍书目提要之商榷》，《图书馆学季刊》七卷
  二期。

邢云林：《簿式目录中著录详略之研究》，《图书馆学季刊》七卷二期。

叶启勋：《四库全书目录板本考》(续)，《图书馆学季刊》七卷二期。

叶启勋：《拾经楼群籍序》，《图书馆学季刊》七卷二期。

袁同礼：《北平图书馆方志目录考》，《图书馆学季刊》七卷二期。

赵士炜：《宋国史艺文志辑本序》，《图书馆学季刊》七卷二期。

李濂镗：《方志艺文志汇目》，《图书馆学季刊》七卷二期。

叶启勋：《四库全书目录板本考》(续)，《图书馆学季刊》七卷三期。

于震寰、李文裿：《中国体育图书汇目》，《图书馆学季刊》七卷三期。

于震寰：《善本图书编目法》，《图书馆学季刊》七卷四期。

叶启勋：《四库全书目录板本考》(续)，《图书馆学季刊》七卷四期。

傅增湘：《国立北平图书馆善本书目序》，《图书馆学季刊》七卷
  四期。

叶启勋：《拾经楼群籍题识》，《图书馆学季刊》七卷四期。

李俨：《东方图书馆残本〈数学举要〉目录》，《图书馆学季刊》七
  卷四期。

陈季杰：《此中人语》，《文华图书馆学专科学校季刊》五卷一期。

于震寰译：《日本图书馆协会和汉图书目录法》，《文华图书馆学专
  科学校季刊》五卷一期。

吕绍虞译：《书目之编制》，《文华图书馆学专科学校季刊》五卷
  一期。

易忠箓：《新绛帖目录》,《文华图书馆学专科学校季刊》五卷一期。

钱亚新：《太平御览索引》,《文华图书馆学专科学校季刊》五卷
　　一期。

陈鸿飞：《册府元龟引得》,《文华图书馆学专科学校季刊》五卷
　　一期。

易忠箓：《寰宇贞石图分类目录》,《文华图书馆学专科学校季刊》
　　五卷二期。

刘华锦：《图书编目法概要》,《学风》三卷一期、二期合刊。

蒋元卿：《分析目录编制方法》,《学风》三卷一期、二期合刊。

金涛：《金氏近花楼书目解题》,《学风》三卷一期、二期合刊。

胡芸非：《图书目录略说》,《学风》三卷三期。

汪荫祖：《本馆卡片序列法》,《学风》三卷三期。

金涛：《金氏花近楼书目解题》,《学风》三卷三期。

金涛：《金氏花近楼书目解题》,《学风》三卷四期。

金涛：《金氏花近楼书目解题》,《学风》三卷五期。

金涛：《金氏花近楼书目解题》,《学风》三卷六期。

胡朴安：《安徽丛书第一期书目提要附著者小传》,《学风》三卷
　　六期。

金涛：《金氏花近楼书目解题》,《学风》三卷七期。

胡朴安：《安徽丛书第二期全书提要》,《学风》三卷七期。

金涛：《金氏花近楼书目解题》,《学风》三卷八期。

金涛：《金氏花近楼书目解题》,《学风》三卷九期。

金涛：《金氏花近楼书目解题》,《学风》三卷十期。

李文褀：《知见印谱录目》,《中华图书馆协会会报》八卷四期。

康爵：《福建最后修方志表》,《中华图书馆协会会报》八卷五期。

佚名：《江苏省立国学图书馆编目分类纲要》,《中华图书馆协会会
　　报》八卷五期。

冷衷：《四库著录河北先哲遗书辑目》,《中华图书馆协会会报》九
　　卷二期。

袁同礼：《现代德国印刷展览会目录序》,《中华图书馆协会会报》
　　九卷三期。

金鉽：《江苏艺文志稿》,《中央大学国学图书馆第六年刊》。

佚名：《本馆新印书题跋辑录》,《中央大学国学图书馆第六年刊》。

佚名：《本馆最近五年善本书库入藏书籍登记》,《中央大学国学图
　　书馆第六年刊》。

金天游：《浙江省立图书馆译本书目叙例》,《浙江图书馆馆刊》二
　　卷一期。

朱中翰：《书目要籍解题》,《浙江图书馆馆刊》二卷一期。

伯衡：《公立图书馆应备定期刊物拟目》,《浙江图书馆馆刊》二卷
　　一期。

征集组：《二十二年一、二月份本馆收到捐赠图书报告》,《浙江图
　　书馆馆刊》二卷一期。

佚名：《书报提要》,《浙江图书馆馆刊》二卷一期。

金涛：《金氏花近楼书目解题》,《浙江图书馆馆刊》二卷二期。

夏定棫：《馆藏善本书题识》,《浙江图书馆馆刊》二卷二期。

编者：《本馆现备定期刊物一览》,《浙江图书馆馆刊》二卷二期。

佚名：《书报提要》,《浙江图书馆馆刊》二卷二期。

张寿镛：《四明丛书全目》,《浙江图书馆馆刊》二卷三期。

〔日〕长泽规矩也著，张慕骞译：《书林清话纠缪并补遗》,《浙江图
　　书馆馆刊》二卷三期。

夏定域：《馆藏善本书题识》,《浙江图书馆馆刊》二卷三期。

金涛：《金氏花近楼书目释解之一》,《浙江图书馆馆刊》二卷三期。

佚名：《书报提要》,《浙江图书馆馆刊》二卷三期。

佚名：《国内图书馆刊物提要介绍》,《浙江图书馆馆刊》二卷三期。

夏定域：《馆藏善本书题识》（三）,《浙江图书馆馆刊》二卷四期。

佚名：《本馆现备新闻纸一览》,《浙江图书馆馆刊》二卷四期。

佚名：《书报提要》,《浙江图书馆馆刊》二卷四期。

张鉴：《最近景印四库书三种草目比较表》,《浙江图书馆馆刊》二

卷五期。

夏定域：《馆藏善本书题识》（四），《浙江图书馆馆刊》二卷五期。

佚名：《书报提要》，《浙江图书馆馆刊》二卷五期。

〔日〕长泽规矩也著，张慕骞译：《书林清话纠缪并补遗》，《浙江图
　　书馆馆刊》二卷六期。

洪范五：《汉译西文书目索引序》，《浙江图书馆馆刊》二卷六期。

季嶔：《浙江郡邑丛书简表》，《浙江图书馆馆刊》二卷六期。

夏定域：《馆藏善本书题识》（五），《浙江图书馆馆刊》二卷六期。

佚名：《选印四库全书目录》，《浙江图书馆馆刊》二卷六期。

佚名：《书报提要》，《浙江图书馆馆刊》二卷六期。

绍次公：《尚书序目决疑》，《河南图书馆馆刊》第一册。

于𠯢𪊨：《蔡中郎集版本源流考》，《河南图书馆馆刊》第一册。

寒云遗稿：《宋本提要廿九种》，《河南图书馆馆刊》第一册。

卢前：《散曲书目初稿》，《河南图书馆馆刊》第一册。

逸叟：《墨庄蕙秭录》，《河南图书馆馆刊》第一册。

传抄本《明吴兴闵氏刊书目》，《河南图书馆馆刊》第三册。

佚名：《清内府书籍目录》，《河南图书馆馆刊》第三册。

寒云遗稿：《宋本提要廿九种》（续二），《河南图书馆馆刊》第三册。

逸叟：《墨庄蕙秭录》（续二），《河南图书馆馆刊》第三册。

潘季野：《清代安徽禁书提要》，《安徽大学月刊》一卷一期。

潘季野：《清代安徽禁书提要》（续），《安徽大学月刊》一卷二期。

张国淦：《中国古方志考》，《国闻周报》十卷十八期。

吕绍虞：《图书馆目录之种别及其应用》，《大厦》第十卷第十三期。

王蘧常：《曾文正公著述考》，《归纳》第一期。

罗香林：《珍籍过眼录》，《国立中山大学文史学研究所月刊》第二
　　卷第一期。

李笠：《目录之名称及其内涵》，《中国文学会集刊》第一期。

夏承焘：《四库全书词曲类提要校议》，《中国文学会集刊》第一期。

孙文青：《九章算术篇目考》，《师大月刊》第三期。

牛继昌：《朱熹著述分类考略》,《师大月刊》第六期。

刘承干：《嘉业堂藏书提要》,《青鹤》第一卷第十三期、十四期。

杜颖陶：《记玉霜簃所藏钞本戏曲》,《剧学月刊》第二卷第四期。

君五：《研究国学之门径》,《北辰杂志》第五卷第七期。

罗静轩：《儿童书目汇编》,《北平图书馆协会会刊》第五期。

汪辟疆：《汉魏六朝目录考略》,《中央大学文艺丛刊》一卷一期。

梁愈：《读〈山中闻见录〉书后》,《史学年报》一卷五期。

汪辟疆：《七略四部之开合异同》,《国风半月刊》二卷七期。

逸叟：《墨庄萎稗录（善本书跋）》,《河南图书馆馆刊》一期至
　　三期。

夏定棫：《馆藏善本书题识》,《浙江图书馆馆刊》二卷二期、四期、
　　六期；三卷二期至六期；四卷一期至六期（至 1935 年）。

朱倓：《国立中山大学图书馆善本书跋》,《文史学研究所月刊》二
　　卷二期至五期（至 1934 年）。

郑鹤声：《晋书汇目考略》,《史学》（中央大学）二卷。

余嘉锡：《四库提要辨证》,《辅仁学志》四卷一期。

赵万里等：《影印〈四库全书〉罕传本拟目》,《国风半月刊》三卷
　　二期。

柳诒徵：《选印〈四库〉秘书拟目》,《国风半月刊》三卷六期。

佚名：《教育部编订〈四库全书〉珍本目录委员会组织章程》,《教
　　育部公报》五卷卅一期至卅二期。

教育编订四库全书未刊珍本目录委员会：《〈四库〉孤本丛刊目录》,
　　《北平图书馆馆刊》七卷五期。

商务印书馆：《〈四库全书〉珍本初集目录》,《北平图书馆馆刊》七
　　卷五期。

叶启勋：《〈四库全书〉目录版本考——史部正史》,《金陵学报》三
　　卷二期。

姜亮夫：《研究中国文字的方法与参考书》,《青年界》四卷五期。

老念：《介绍研究小学的几部书》,《北平图书馆读书月刊》二卷

五期。

金德建：《司马迁所见书考·叙论》，《史学年报》一卷五期。

朱希祖：《晚明史籍考序》，《文史学研究所月刊》一卷二期。

谢国桢：《晚明史籍考序例》，《北平晨报·学园》五二五期，六月
　　十九日、廿日、廿二日。

谢国桢：《晚明史料研究》，《金陵学报》三卷二期。

赵尊岳：《惜阴堂汇刻明词提要》，《词学季刊》一卷三号。

唐圭璋：《全宋词初编目录》，《词学季刊》一卷三号。

黎锦熙：《三十年来中等学校国文选本书目提要》，《师大月刊》第
　　二期。

杜颖陶：《记玉霜簃所藏钞本戏曲》，《剧学学刊》二卷三期、四期。

杜颖陶：《玉霜簃藏曲提要》，《剧学学刊》二卷五期至九期。

杜颖陶：《玉霜簃所藏身段谱草目》，《剧学学刊》二卷六期。

傅惜华：《明代传奇提要》，《国剧画报》五月、六月、七月。

教育部选：《儿童读物目录》，出版地不详。

金鉽：《江苏艺文志》，出版地不详。

1934 年

国立北平图书馆：《国立北平图书馆戏曲音乐展览会目录》，国立北
　　平图书馆。

马导源译：《书志学》，上海商务百科小丛书本。

汪辟疆：《目录学研究》，商务印书馆。

〔英〕福开森原著，耿靖民译：《目录学概论》，文华图书馆学专科
　　学校。

吴鸿志：《图书之体系》，文华图书馆学专科学校。

〔英〕福开森：《历代著录画目》上下，金陵大学中国文化研究所铅
　　印本。

钱亚新：《太平御览索引》，商务印书馆。

傅增湘：《藏园群书题记》，天津大公报出版部。

萧璋：《国立北平图书馆书目·目录类》，线装二册，国立北平图书馆。

武树善：《陕西金石志》三十二卷，石印本。

黄浚：《衡斋金石识小录》二卷，北平尊古斋影印本。

邓嗣禹：《太平广记篇目及引书引得》，燕京大学图书馆。

罗振玉：《小学考目录》一卷，上虞罗氏石印本。

刘修业：《国学论文索引三编》，中华图书馆协会。

周一良（哈佛燕京学社引得编纂处）：《新唐书宰相世系表引得》，哈佛燕京学社。

哈佛燕京学社：《毛诗引得》，哈佛燕京学社。

侯毅：《刊误引得》，哈佛燕京学社。

杨树达：《群书检目》，北平好望书店。

郑德坤（哈佛燕京学社引得编纂处）：《水经注引得》二册，哈佛燕京学社。

王庸等：《中国地学论文索引正编》，北平图书馆。

王庸等：《中国地学论文索引续编》，北平图书馆。

王庸：《特藏清内阁大库舆图目录》，北平图书馆印本。

蒙启鹏：《广西近代经籍志》七卷，南宁蒙氏铅印本。

洪业辑校：《清画传辑佚三种引得》，哈佛燕京学社。

来青阁书庄：《苏州来青阁书庄书目》（第二期），来青阁书庄。

张允亮：《故宫善本书目》，故宫博物院铅印本。

郑慧英：《书评索引初编》，广州大学图书馆。

朱启钤：《存素堂入藏图书河渠之部目录》，北平编者刊。

于炳耀：《四库全书索引》，法文图书馆。

叶绍钧：《十三经索引》，开明书店。

肖璋：《国立北平图书馆书目——目录类》，北平图书馆。

孙殿起：《丛书目录拾遗》十二卷，自刊本。

聂光甫：《山西公立图书馆目录初编·中国图书新籍类》，山西公立图书馆。

粹芬阁主人合肥沈氏：《粹芬阁珍藏善本书目》，上海世界书局。

黄星辉：《普通图书编目法》，武昌文华图书馆学专科学校。

钱亚新：《类名标题目录》，天津河北省立女子师范学院。

金敏甫译：《现代图书馆编目法》，中华图书馆协会。

朱福荣：《国立北平图书馆博野蒋氏寄存书目》，国立北平图书馆。

〔日〕加藤宗厚撰，李尚友译：《标题目录要论》，文华图书馆学专
　　科学校。

封文权：《读有用斋书目》一卷，瑞安杨衙街陈准校刊。

周郁：《墨海廔书目》一册，南京中国图书大辞典编辑馆影印稿本。

南京铁道部：《铁道部图书室图书目录》，南京铁道部图书室编印。

广西统计局：《广西省述作目录》，邕宁该局出版《广西统计丛书》
　　第六种。

震旦大学图书馆：《震旦大学图书馆暂编法学书目》，上海该馆
　　编印。

北平故宫博物院图书馆：《故宫普通书目》六卷，北平故宫博物院
　　图书馆出版。

程方：《湖北省立图书馆图书目录》，湖北省立图书馆。

国民政府文官处图书馆：《国民政府文官处图书馆图书目录》二册，
　　国民政府文官处印铸局。

中央陆军军官学校图书馆：《中央陆军军官学校图书馆军事学图书
　　目录》，中央陆军军官学校图书馆。

萧瑜编译：《社会学书目类编》，北平立达书局出版。

国立中央图书馆：《国立中央图书馆藏期刊目录》（第一辑），国立中
　　央图书馆。

南京市立图书馆：《南京市立图书馆目录》四册，南京市立图书馆。

南京市立图书馆：《南京市立图书馆西文书目》，南京市立图书馆。

宗先谦：《绍兴县立图书馆通常类书目》，绍兴县立图书馆。

程耿：《两浙盐务中学图书馆图书目录》，杭州两浙盐务中学图
　　书馆。

申报流通图书馆：《申报流通图书馆图书目录》，申报流通图书馆。

孙祖基辑：《中国历代法家著述考》一册，上海开明书店。

商务印书馆：《四库全书珍本初集目录》，商务印书馆。

唐圭璋：《全宋词草目》，国立编译社。

广西统计局：《广西省志书概况》，广西统计局。

汪仲毅：《中国昆虫学文献索引》，南通昆虫趣味会。

傅惜华：《缀玉轩藏曲志》，铅印本。

张树棻：《章实斋参修诸志书目表》和《章实斋参修诸志篇目表》，
　　载于《章实斋方志论文集》，瑞安仿古印书局。

龙沐勋：《中国韵文简要书目》，载于《中国韵文史》，商务印书馆。

梁乙真：《研究散曲重要参考书》，载于《元明散曲小史》，商务印
　　书馆。

汪辟疆：《工具书的类别及其解题》，《读书顾问》1934年创刊号。

〔日〕服部宇之吉著，王古鲁译：《目录学概说》，《图书馆学季刊》
　　八卷一期。

叶启勋：《四库全书目录板本考》(续)，《图书馆学季刊》八卷一期。

余绍宋：《梁氏饮冰室藏书目录序》，《图书馆学季刊》八卷一期。

刘国钧：《现代图书馆编目法序》，《图书馆学季刊》八卷一期。

佚名：《清热河避暑山庄各殿宇陈设书籍目录》，《图书馆学季刊》
　　八卷一期。

吕绍虞译：《图书馆的四个钥匙》，《图书馆学季刊》八卷二期。

叶启勋：《四库全书目录板本考》(续)，《图书馆学季刊》八卷二期。

张其昀：《中国地学论文索引序》，《图书馆学季刊》八卷二期。

封文权：《韩氏读有用斋书目序》，《图书馆学季刊》八卷二期。

〔日〕服部宇之吉著，张增荣译：《佚存书目》，《图书馆学季刊》八
　　卷二期。

严文郁：《德国联合目录概述》，《图书馆学季刊》八卷三期。

〔日〕小见山寿海著，李尚友译：《书志学》，《图书馆学季刊》八卷
　　三期。

叶启勋：《四库全书目录板本考》(续),《图书馆学季刊》八卷三期。

佚名：《李俨所著中算史论文目录》(一)(二),《图书馆学季刊》八卷三期。

汪兆荣：《西文标题参照法》,《图书馆学季刊》八卷四期。

叶启勋：《四库全书目录版本考》(续),《图书馆学季刊》八卷四期。

毛坤：《经书之编目》,《文华图书馆学专科学校季刊》六卷一期。

〔英〕福开森著，耿靖民译：《目录学论略》,《文华图书馆学专科学校季刊》六卷一期。

〔日〕加籐宗厚著，李尚友译：《标题目录要论》,《文华图书馆学专科学校季刊》六卷三期。

〔日〕加籐宗厚著，李尚友译：《标题目录要论》(续完),《文华图书馆学专科学校季刊》六卷四期。

〔美〕西尔士著，沈培凤译：《初学标题须知》,《文华图书馆学专科学校季刊》六卷四期。

编审会：《安徽丛书第三期全书提要》,《学风》四卷合订本。

金涛：《金氏花近楼书目解题》,《学风》四卷合订本。

俞章译：《和汉图书目录法最终修正案》,《中华图书馆协会会报》九卷四期。

佚名：《中文期刊生卒调查表》,《中华图书馆协会会报》九卷四期。

佚名：《中文期刊生卒调查表》,《中华图书馆协会会报》九卷五期。

余文豪译：《目录学对于科学研究的功用》,《中华图书馆协会会报》九卷六期。

佚名：《中文期刊生卒调查表》,《中华图书馆协会会报》九卷六期。

佚名：《中文期刊生卒调查表》,《中华图书馆协会会报》十卷一期。

于震寰：《在目录中如何举示书名》,《中华图书馆协会会报》十卷二期。

镜宇：《介绍〈法学论文索引〉》,《中华图书馆协会会报》十卷二期。

佚名：《中文期刊生卒调查表》,《中华图书馆协会会报》十卷二期。

于震寰:《一九三四年的文学杂志》,《中华图书馆协会会报》十卷
　　三期。

佚名:《中文期刊生卒调查表》,《中华图书馆协会会报》十卷三期。

金鉽:《江苏艺文志稿》,《中央大学国学图书馆第七年刊》。

编者:《善本展览说明辑录》,《浙江图书馆馆刊》三卷一期。

编者:《善本展览题跋辑录》,《浙江图书馆馆刊》三卷一期。

夏定域、毛春翔:《馆藏善本书题识》,《浙江图书馆馆刊》三卷
　　二期。

佚名:《本馆新得庄氏兰味轩捐赠图书目录》,《浙江图书馆馆刊》
　　三卷二期。

佚名:《书报提要》,《浙江图书馆馆刊》三卷二期。

夏定域:《馆藏善本书题识》(七),《浙江图书馆馆刊》三卷三期。

佚名:《书报提要》,《浙江图书馆馆刊》三卷三期。

佚名:《本馆新收裘氏双啸室中国算学书目》,《浙江图书馆馆刊》
　　三卷三期。

程长源:《中文图书标题编制法管见》,《浙江图书馆馆刊》三卷
　　四期。

夏定域:《馆藏善本书题识》(八),《浙江图书馆馆刊》三卷四期。

佚名:《本馆新收裘氏双啸室中国算学书目》(续),《浙江图书馆馆
　　刊》三卷四期。

钱南扬:《北游观书日记》,《浙江图书馆馆刊》三卷五期。

夏定域、张慕骞:《馆藏善本书题识》(九),《浙江图书馆馆刊》三
　　卷五期。

佚名:《书报提要》,《浙江图书馆馆刊》三卷五期。

李笠:《增订丛书子目索引序》,《浙江图书馆馆刊》三卷六期。

王崒:《刊行仙居丛书缘起及目录》,《浙江图书馆馆刊》三卷六期。

佚名:《书报提要》,《浙江图书馆馆刊》三卷六期。

何多源:《图书编目法（附标题表）》,《广州大学图书馆季刊》一
　　卷一期。

何多源：《卡片目录使用法》,《广州大学图书馆季刊》一卷一期。

郑慧英：《最近杂志要目索引》(第一期),《广州大学图书馆季刊》一卷一期。

编者：《图书分类目录》(第一期),《广州大学图书馆季刊》一卷一期。

何多源：《图书编目法》(续完),《广州大学图书馆季刊》一卷二期。

郑慧英：《广东三大图书馆所藏全省方志录》,《广州大学图书馆季刊》一卷二期。

郑慧英：《书评索引初编》(一),《广州大学图书馆季刊》一卷三期。

陈德芸：《丛书中关于词学书目索引》(一),《广州大学图书馆季刊》一卷三期。

何多源译：《图书分类之两难》,《广州大学图书馆季刊》一卷四期。

郑慧英：《书评索引初编》(续完),《广州大学图书馆季刊》一卷四期。

谭卓垣：《书评索引初编序一》,《广州大学图书馆季刊》一卷四期。

刘英士：《书评索引初编序二》,《广州大学图书馆季刊》一卷四期。

陈德芸：《丛书中关于词学书目索引》(续完),《广州大学图书馆季刊》一卷四期。

莫伯骥：《五十万卷楼题跋》,《广州大学图书馆季刊》一卷四期。

何多源：《小册子编目法》,《广州大学图书馆季刊》二卷一期。

郑慧英：《广东两大图书馆所藏期刊目录》,《广州大学图书馆季刊》二卷一期。

编者：《广东政府出版物目录》,《广州大学图书馆季刊》二卷一期。

编者：《广东文化机关出版物目录》,《广州大学图书馆季刊》二卷一期。

王禄中：《联合编目和联合目录》,《天津市市立通俗图书馆月刊》四期、五期、六期合刊。

尹石公：《景印四库全书原本提要缘起》,《河南图书馆馆刊》第四册。

姜蝥盦：《记明成化景宋钞本金石录》，《河南图书馆馆刊》第四册。

宋志黄：《宋元之南戏》，《安徽大学月刊》第二卷第一期。

班书阁：《五代史记注引书检目》，《女师学院期刊》第二卷第二期。

普暄：《文选书目》，《女师学院期刊》第二卷第二期。

钱亚新：《类名标题目录》第二卷第二期。

刘汝霖：《六朝伽蓝记叙目》，《师大月刊》第十三期。

李星可：《甲骨学目录并序》，《中法大学月刊》第四卷第四号。

薛澄清：《四库全书收录闽士著述总目》，《嘘风》第二期起。

颖陶：《曲海总目提要坊本传奇汇考子目综合索引》，《剧学汇刊》第三卷第五期，南京戏曲音乐院北平分院。

许维遹：《棲霞牟默人先生著述考》，《清华学报》第九卷第三期。

王国柄：《民众读物目录研究》，《教育研究》第五十一期。

佚名：《本馆新旧善本书目异同表》，《北平图书馆馆刊》八卷一期至四期。

赵万里：《芸庵群书题记》，《大公报·图书副刊》八期、九期、十七期、二一期，一月六日、十三日，三月十日，四月七日。

佚名：《影印〈四库全书〉目录》，《青鹤》二卷四期。

陈鸿舜：《〈四库全书总目提要〉附四角号码索引》，《图书评论》二卷七期。

叶德辉：《校正书目答问》，《国学论衡》第三辑。

柳诒徵：《〈书目答问补正〉序》，《国风半月刊》四卷九期。

瞿兑之：《庚辛史籍要录》，《国闻周报》十一卷三期。

管雪斋：《庚辛史籍补》，《国闻周报》十一卷八期。

佚名：《万季野〈明史稿〉流散目录》，《国风半月刊》四卷六期。

吴玉年：《明代倭寇史籍志目》，《禹贡》二卷四期、六期。

谢国桢：《晚明史籍考序例》，《学文》一卷三期。

郦承铨：《愿堂读书记》，《北平图书馆馆刊》八卷一期。

北平图书馆：《续补馆藏方志目录》，《北平图书馆馆刊》八卷二期。

段凌辰：《〈汉志·诗赋略〉广疏》，《河南大学学报》一卷一期。

钱基博：《明文学叙目》，《文艺捃华》一卷一期。

蔡金重：《盛明百家诗目录》，《燕京大学图书馆报》七十九期。

徐家楣：《民国二十年以来所修刻方志简目》，《禹贡》一卷三期。

饶宗颐：《广东潮州旧志考》，《禹贡》二卷五期。

周行保：《浙江省地志统计》，《西湖博物馆馆刊》二期、三期、四期（至 1935 年）。

傅惜华：《元明以来杂剧总录》，《文学季刊》一卷二期、四期。

饶锷著，饶宗颐续：《潮州艺文志》，出版地不详。

陈德芸：《丛书中中国文学书目引得》上、下编，出版地不详。

1935 年

蒋元卿：《校雠学史》，商务印书馆。

国立北平图书馆索引组：《清代文集篇目分类索引》，国立北平图书馆。

林万里：《生春红室金石述记》，东莞容庚颂斋铅印本。

柯昌济：《韡华阁集古录跋尾》十五卷，《余园丛刻》本。

邵子风：《甲骨书录解题》五卷，商务印书馆石印本。

胡怀琛：《关于上海的书目提要》，上海市通志出版社。

商务印书馆：《丛书集成初编目录》，商务印书馆，1935 年—1937 年。

孙殿起：《通学斋书目》，通学斋铅印本。

金陵大学图书馆曹祖彬：《丛书子目备检》（著者之部），一册，该馆出版。

聂崇岐（哈佛燕京学社引得编纂处）：《太平御览引得》，哈佛燕京学社。

燕京大学引得编纂处：《周易引得》附标校经文，哈佛燕京学社。

翁独健（哈佛燕京学社引得编纂处）：《道藏子目引得》，哈佛燕京学社。

哈佛大学燕京学社：《文选注引书引得》，哈佛燕京学社。

田继综（哈佛燕京学社引得编纂处）：《八十九种明代传记综合引

得》三册，哈佛燕京学社。

张德泽编：《清季各国照会目录》四册，故宫博物院文献馆。

故宫博物院文献馆：《文献馆现存清代实录总目》，故宫博物院文献馆。

王揖青：《文禄堂书籍目》（第二期），北平琉璃厂印行。

商务印书馆：《四库全书珍本初集目录》，商务印书馆。

倪涛：《六艺之一录》，商务印书馆影印《四库全书珍本初集》本。

朱士嘉：《中国地方志综录》三册，商务印书馆。

王梦曾：《中国文学史参考书》，商务印书馆。

上海生活书店：《生活书店全国总目录》（三版），铅印本。

许振东：《图书之典藏》，浙江省立图书馆。

浙江省立图书馆：《浙江省立图书馆图书总目中日文书第一辑》上、下册，1935年—1936年。

江西省立图书馆：《江西省立图书馆图书目录》，江西省立图书馆。

曹炳章：《中国医学大成总目提要》，上海大东书局排印本。

吕绍虞：《中文标题总录初稿》，中国图书馆服务社。

开明书店：《全国出版物总目录》，开明书店。

国立北平图书馆：《国立北平图书馆善本书目乙编》，国立北平图书馆。

国立北平图书馆：《国立北平图书馆筹赈灾展览会水利图书目录》，国立北平图书馆。

国立北平图书馆：《现代美国印刷展览目录》，国立北平图书馆。

国立北平图书馆：《现代英国印刷品展览会目录》，国立北平图书馆。

国立北平图书馆：《瞿氏补书堂寄藏书目录》，国立北平图书馆。

安徽省立图书馆：《东方杂志索引》，安徽省立图书馆。

陆秀：《河北省立女子师范学院图书馆中文图书分类目录》（总类），河北省立女子师范学院图书馆。

邓嗣禹：《燕京大学图书馆目录初稿》（类书之部）一册，燕京大学图书馆出版，北平文奎堂总发行。

浙江省立图书馆：《浙江省立图书馆图书总目中日文书》（第一辑），

二册，浙江省立图书馆。

张德培：《心理学论文引得》，北平文化学社出版。

杜定友：《普通图书馆图书选目》，上海中华书局。

吕绍虞：《中文标题总录初稿》，南京中央军校图书馆编辑部发行。

郭玉堂：《千唐志斋藏石目录》，洛阳东大街墨经堂发行。

平大法商学院图书馆：《平大法商学院图书馆新编目录简要说明》，
　　平大法商学院图书馆。

威海卫通俗图书馆：《威海卫通俗图书馆图书目录》（第二册），威海
　　卫通俗图书馆。

杨遵仪：《中国地质文献目录》，国立北平研究院。

潘树藩：《中央航空学校图书馆书目》，中央航空学校图书馆。

重庆大学图书馆：《四川省立重庆大学图书馆中文书籍目录》三册，
　　石印本。

甘鹏云：《崇雅堂书录》十五卷，息园铅印本。

朱启英：《北平市立第一普通图书馆图书总目》，北平市立第一普通
　　图书馆。

全国经济委员会水利处：《水利论文索引》。

国立中央大学图书馆：《国立中央大学图书馆中文图书书名备检初
　　稿》，国立中央大学图书馆。

《文溯阁四库全书提要》一百十四卷，辽海书社铅印。

〔日〕森立之：《经籍访古志》，日本书志学会景印本。

梁格：《国立中山大学图书馆中文古书分类目录》，国立中山大学图
　　书馆。

梁可正：《国立中山大学图书馆中日文新书分类目录》，国立中山大
　　学图书馆。

国立北平图书馆：《清代文史笔记子目分类索引》。

天津市立图书馆编印：《天津市立图书馆图书目录》（第一、二辑），
　　二册，天津市立图书馆。

上海市商会商业图书馆：《上海市商会商业图书馆中文图书目录》，

上海市商会商业图书馆。

赵万里：《北平图书馆善本书目乙编》四卷，北平图书馆铅印本。

章太炎：《中学国文书目》，双流黄氏济忠堂刻本，1938 年茹古书局
重印。

张骥：《汉书艺文志方技补注》，《汲古医学丛书》本。

傅惜华：《国剧学会图书馆书目》，铅印本。

齐如山：《北平国剧学会陈列馆目录》，铅印本。

叶启勋：《四库全书目录版本考》（续），《图书馆学季刊》九卷一期。

邓衍林：《关于太平天国史料史籍集目》，《图书馆学季刊》九卷
一期。

〔日〕小见山寿海著，李尚友译：《书志学》，《图书馆学季刊》九卷
二期。

洪有丰：《国立清华大学图书馆丛书子目索引序》，《图书馆学季刊》
九卷二期。

程会昌：《清孙冯翼四库全书辑永乐大典本书目钞本跋》，《图书馆
学季刊》九卷二期。

郑德坤：《水经注书目录》，《图书馆学季刊》九卷二期。

叶启勋：《四库全书目录板本考》（续），《图书馆学季刊》九卷三期、
四期合刊。

柳诒徵：《江苏省立国学图书馆图书总目序》，《图书馆学季刊》九
卷三期、四期合刊。

袁同礼：《国内北平图书馆善本书目乙编序》，《图书馆学季刊》九
卷三期、四期合刊。

叶定侯：《拾经楼题跋》，《图书馆学季刊》九卷三、四期合刊。

闵铎（John Minto）著，熊毓文译：《西洋目录学要籍及名辞述略》，
《文华图书馆学专科学校季刊》七卷二期。

戴镏龄：《佛教目录在中国目录学上之影响》，英文撰写，《文华图
书馆学专科学校季刊》七卷三期、四期合刊。

吴景贤：《安徽文献述略》，《学风》五卷一期。

金涛：《金氏花近楼书目解题》，《学风》五卷一期。

王重民著，李俨校：《清代文集算学类论文》，《学风》五卷二期。

王璠：《金石录后序作年考》，《学风》五卷二期。

金涛：《金氏花近楼书目解题》，《学风》五卷二期。

金涛：《金氏花近楼书目解题》，《学风》五卷三期。

金涛：《馆藏善本书志》，《学风》五卷四期。

汝舟：《读〈金石录后序作年考〉以后》，《学风》五卷四期。

金涛：《馆藏善本书志》（二），《学风》五卷五期。

东原：《金氏花近楼书目解题序》，《学风》五卷六期。

金涛：《馆藏善本书志》（三），《学风》五卷六期。

王立中：《论纂县志艺文志当辑书目提要》，《学风》五卷七期。

王立中：《安徽通志稿艺文考质疑》，《学风》五卷八期。

霍怀恕：《书架目录略说》，《学风》五卷九期。

陈训慈：《浙江省立图书馆图书总目中日文书第一辑序例》，《学风》
五卷九期。

佚名：《第二次国际图书馆及目录学大会通告及会序》，《中华图书
馆协会会报》十卷四期。

佚名：《中文期刊生卒调查表》，《中华图书馆协会会报》十卷四期。

丁潇、于震寰：《杂志专号集目》，《中华图书馆协会会报》十卷
五期。

马太玄：《校雠学之意义及其历史》，《中华图书馆协会会报》十卷
六期。

佚名：《中文期刊生卒调查表》，《中华图书馆协会会报》十卷六期。

佚名：《中文期刊生卒调查表》，《中华图书馆协会会报》十一卷
一期。

佚名：《中文期刊生卒调查表》，《中华图书馆协会会报》十一卷
二期。

袁同礼：《现代英国印刷展览目录序》，《中华图书馆协会会报》
十一卷三期。

佚名：《中文期刊生卒调查表》，《中华图书馆协会会报》十一卷三期。

佚名：《国立北平图书馆排印卡片目录说明及使用法》，《中华图书馆协会会报》十一卷三期。

佚名：《中文期刊生卒调查表》，《中华图书馆协会会报》十一卷四期。

金鉽：《江苏艺文志稿》，《中央大学国学图书馆第八年刊》。

陈兆鼎：《陶风楼藏清季江宁局署档案第一集目录》，《中央大学国学图书馆第八年刊》。

唐圭璋：《全宋词跋尾》，《中央大学国学图书馆第八年刊》。

周愨：《冰壶读书录》，《中央大学国学图书馆第八年刊》。

佚名：《本馆新印书题跋辑录》，《中央大学国学图书馆第八年刊》。

佚名：《善本书库入藏图书登记》，《中央大学国学图书馆第八年刊》。

佚名：《本馆出版关于本馆之刊物及目录》，《中央大学国学图书馆第八年刊》。

佚名：《本馆新印书籍提要四种》，《中央大学国学图书馆第八年刊》。

佚名：《本馆新印经学书提要》，《中央大学国学图书馆第八年刊》。

佚名：《本馆新印史部书提要》，《中央大学国学图书馆第八年刊》。

佚名：《本馆新印集部书提要》，《中央大学国学图书馆第八年刊》。

佚名：《本馆新印词曲书提要》，《中央大学国学图书馆第八年刊》。

佚名：《本馆新印行书画影片细目》，《中央大学国学图书馆第八年刊》。

佚名：《藕香零拾细目》，《中央大学国学图书馆第八年刊》。

佚名：《云自在龛丛书细目》，《中央大学国学图书馆第八年刊》。

佚名：《本馆印行关于辽事倭寇书四种提要》，《中央大学国学图书馆第八年刊》。

佚名：《浙江图书馆发行重要书籍详目》，《中央大学国学图书馆第八年刊》。

毛春翔：《室名索引拾补》，《浙江图书馆馆刊》四卷一期。

夏定域：《江苏艺文志补正》，《浙江图书馆馆刊》四卷一期。

王集成：《绩溪庙子山王氏谱序目》，《浙江图书馆馆刊》四卷一期。

项士元：《寒石草堂所藏台州书目序》，《浙江图书馆馆刊》四卷一期。

项士元：《寒石草堂所藏台州书目》，《浙江图书馆馆刊》四卷一期。

夏定域：《馆藏善本书题识》（十一），《浙江图书馆馆刊》四卷一期。

孙延钊：《瑞安孙氏玉海楼藏温州乡先哲遗书目录（附跋）》，《浙江图书馆馆刊》四卷二期。

王集成：《绩溪县志序目》，《浙江图书馆馆刊》四卷二期。

顾燮光：《译书经眼录序》，《浙江图书馆馆刊》四卷二期。

杨复：《丰华堂旧藏浙江地志目录序》，《浙江图书馆馆刊》四卷二期。

陈训慈：《浙江省立图书馆图书总目弁言（附凡例）》，《浙江图书馆馆刊》四卷二期。

冯昭适：《伏跗室善本书记》，《浙江图书馆馆刊》四卷二期。

夏定域：《馆藏善本书题识》（十二），《浙江图书馆馆刊》四卷二期。

张崟：《南浔刘氏嘉业堂观书记》，《浙江图书馆馆刊》四卷三期。

夏定域：《求恕斋善本暼记》，《浙江图书馆馆刊》四卷三期。

毛春翔：《浙江省立图书馆藏书版记》，《浙江图书馆馆刊》四卷三期。

夏定域、毛春翔：《馆藏善本书题识》（十三），《浙江图书馆馆刊》四卷三期。

陈谧：《瑞安经籍目》，《浙江图书馆馆刊》四卷四期。

陈楚豪评：《普通图书馆选目》，《浙江图书馆馆刊》四卷四期。

夏定域：《馆藏善本书题识》（十四），《浙江图书馆馆刊》四卷四期。

佚名：《上海大光书局大拍卖》，《浙江图书馆馆刊》四卷四期。

绍兴修志委员会：《暂定绍兴县志采访类目及编纂大意》，《浙江图书馆馆刊》四卷五期。

夏定域：《馆藏善本书题识》（十五），《浙江图书馆馆刊》四卷五期。

孙延钊：《永嘉丛书览要表（并引）》，《浙江图书馆馆刊》四卷六期。

顾柏年：《季野公刊书藏书略记》，《浙江图书馆馆刊》四卷六期。

胡宗楙：《梦选楼所藏金华书目》，《浙江图书馆馆刊》四卷六期。

夏定域：《馆藏善本书题识》（十六），《浙江图书馆馆刊》四卷六期。

安徽教育厅编：《介绍安庆最近出版的几种刊物》，《安徽教育辅导旬刊》五月。

刘钟明：《四库全书云南书目提要》，《云南旅平协会季刊》第四期。

金涛：《金氏庄近楼书目解题》，《国风月刊》第六卷第九号、十号。

梅心：《年鉴举要》，《图书馆周刊》一期、二期、三期、四期、五期、七期、八期，三月六日、十三日、二十日、二十七日，四月三日、十七日、二十四日《世界日报》。

梅心：《高考书目答问》，《图书馆周刊》六期，四月十日《世界日报》。

汇川：《普考书目答问》，《图书馆周刊》十一期，五月十五日《世界日报》。

姚宝猷：《日本史的研究方法及参考书目》，《国立中山大学文史学研究所月刊》第三卷第三期。

许维遹：《郝兰皋夫妇年谱附著述考》，《清华学报》十卷一期。

陈啸江：《中国经济社会史论文索引》，《食货半月刊》一卷六期。

白黎斯著，林斯德译：《欧洲的三种图书分类法之批评》，《时事类编》三卷五期。

萧一山：《关于中国的大英政府文书总目》，《外交月报》六卷一期、二期。

张觉民：《外交论文索引》，《外交月报》六卷一期、二期。

千家驹：《年来国内出版之经济学重要书籍述评》，《大公报·图书副刊》第六十二期、六十三期，一月十七日、二十四日。

林斯德：《中文字典辞书解题》，《图书展望》一卷三期、五期、七期、十期、十一期、十二期（至 1936 年）。

张明仕、宋云彬：《百部佳作拟稿》，《人间世》三九期。

陆达节：《清代著述统计之研究》，《建国月刊》十二卷二期至五期。

孙德谦：《国学必读简要目录序》，《大夏》一卷十期。

张友梅：《四部与七略》，《图书展望》一卷二期。

程会昌：《〈别录〉〈七略〉〈汉志〉源流异同考》,《金大文学院季刊》
　　二卷一期。

夏定棫：《馆藏甲种善本书举要》,《图书展望》一卷二期。

佚名：《馆藏善本书题跋辑录一》,《文澜学报》一卷。

金涛：《馆藏善本书志（安徽图书馆藏）》,《学风》五卷四至六期。

宇：《见闻善本录》,《北平世界日报图书馆周刊》二十期、二一期,
　　七月十七日、二十四日。

陈述：《补南齐书艺文志》,《师大月刊》一卷二十二期。

班书阁：《〈南唐书笺注〉引书表》,《女师学院期刊》三卷二期。

余嘉锡：《四库提要辨证》,《北平图书馆馆刊》九卷五期、六期。

张杰：《〈四库待访书目考〉初稿自序》,《光华大学半月刊》四卷
　　二期。

孔彦培：《〈书目答问〉索引》,《中法大学月刊》六卷五期,七卷四
　　期,八卷一期,九卷一期、五期（至 1936 年）。

黎锦熙：《新书目答问》,《文化与教育》七十二期、七十三期。

林斯德：《中文字典辞书解题》,《图书展望》一卷三期、五期、七
　　期、十期、十一期、十二期（至 1936 年）。

佚名：《二十五史补编书目提要》,《国闻周报》十二卷十五期、
　　十九期。

程金造：《〈史记三家注〉所引书目》,《师大月刊》一卷十八期。

钱永之：《〈史记三家注〉引用书目考略叙例》,《国专月刊》一卷
　　五期。

郭绍虞：《〈文学论文索引三编〉序》,《大公报·图书副刊》一一〇
　　期,十二月十九日。

程会昌：《〈汉书艺文志·诗赋略〉首三种分类遗意考》,《金大文学
　　院季刊》二卷一期。

孙雄：《同光两朝别集提要》,《北平晨报·艺圃》四月六日、八日、
　　九日、十日。

张寿林：《清代诗经著述考略》,《女师学院期刊》三卷一期。

徐文珊：《〈史记三家注〉所引地理书考》，《禹贡》四卷七期。

王重民：《清代学者地理论文目录》，《禹贡》三卷八期。

金云铭：《上海徐家汇天主堂藏书楼所见福建方志》，《福建文化》
　　三卷十七期。

佚名：《广西县志调查表》，《世界日报·图书馆周刊》十九期。

傅惜华：《皮黄剧本提要》，《大公报·剧坛》一月。

傅惜华：《碧蕖馆藏曲志》，《大公报·剧坛》五月十一日、十二日、
　　十三日、二十八日、二十九日，六月一日。

傅惜华：《记长泽氏所藏钞本戏曲》，《大公报·剧坛》七月二十日、
　　二十一日、二十二日、二十四日至三十一日，八月一日、二日

傅惜华：《皮黄剧本作者草目》，《大公报·剧坛》四月、五月。

〔日〕长泽规矩也：《家藏旧钞曲本目录》，（日本）《书志学》四卷
　　四期。

商承祚：《十二家吉金文录》，出版地不详。

《缺名戏曲小说书目》，著者不详，出版地不详，1935 年—1937 年。

1936 年

杨家骆：《丛书大辞典》，南京辞典馆。

陶湘：《涉园所见宋版书景》（第一辑），武进陶氏石印本。

陶湘：《明吴兴闵版书目》，排印本。

陶湘：《明毛氏汲古阁刻书目录》，排印本。

陶湘：《明代内府经厂本书目》，排印本。

梁启雄：《二十四史传目引得》，中华书局。

邓衍林：《中文参考书举要》，国立北平图书馆。

阿英：《小说闲谈》，上海良友图书印刷公司。

邓嗣禹：《中文参考书目解题》，燕京大学哈佛燕京学社。

曹炳章主编：《中国医学大成总目提要》，上海大东书局。

孙毓修：《四部丛刊初编书录》，商务印书馆。

中华书局：《四部备要书目提要》四卷，上海中华书局。

孙殿起：《贩书偶记》，冀县孙氏借闲居。

晁公武：《郡斋读书志》，商务印书馆。

王庸、茅乃文：《中国地学论文索引续编》，国立北平图书馆。

王重民：《巴黎敦煌残卷叙录》（第一辑），国立北平图书馆。

邢云林：《簿式目录中著录详略之研究》，中华图书馆协会。

邓衍林：《北平各图书馆所藏中国算学书联合目录》，北平中华图书
　　馆协会。

国立北平图书馆：《馆藏法文书目录》，国立北平图书馆出版。

国立北平图书馆：《北平各图书馆西文书联合目录》，国立北平图书
　　馆出版。

国立北平图书馆：《北平各图书馆期刊联合目录续编》，国立北平图
　　书馆出版。

国立北平图书馆：《梁任公遗书目录》，国立北平图书馆出版。

国立北平图书馆：《穆麟德遗书目录》，国立北平图书馆出版。

陈登原：《古今典籍聚散考》，商务印书馆。

王钟麒：《二十五史补编》，六册，开明书店。

刘修业：《国学论文索引四编》，中华图书馆协会。

刘修业：《文学论文索引三编》，中华图书馆协会。

江苏省立国学图书馆：《江苏省立国学图书馆总目补编》，江苏省立
　　国学图书馆。

杜颖陶：《曲海总目提要拾遗》，上海世界书局。

谭其骧等：《国立北平图书馆方志目录》（二编），国立北平图书馆。

莫伯骥：《五十万卷楼藏书目录初编》，商务印书馆。

施庭镛：《丛书子目书名索引》，清华大学图书馆印行。

孙耀卿：《通学斋书目（第二期）》，北平琉璃厂发行。

国立中央研究院历史语言研究所：《内阁大库书档旧目补》，商务印
　　书馆。

聂崇岐：《补宋书艺文志》，《二十五史补编》本。

陈汉章：《崇文总目辑释补正》四卷，《缀学堂丛稿初集》本。

缪荃孙：《辽艺文志》，《二十五史补编》本。

王仁俊：《辽史艺文志补证》，《二十五史补编》本。

王仁俊：《西夏艺文志》，《二十五史补编》本。

杜定友：《明见式编目法》，中国图书服务社。

王应麟：《汉书艺文志考证》，上海开明书店印《二十五史补编》本，1936 年—1937 年。

国民党中央宣传部：《国民党反动派查禁六百七十六种社会科学书刊目录》（书名为后人所题），国民党中央宣传部秘密印行。

来青阁书庄：《来青阁书庄大廉价书目》，来青阁书庄。

徐家璧：《国立北平图书馆入藏西文期刊分类简目》，国立北平图书馆。

伍玉璋：《中国合作文献目录》，南京中国合作社出版

国立北平大学法商学院：《国立北平大学法商学院图书目录》，国立北平大学法商学院。

北平市立第一普通图书馆：《全国日报调查录》，北平市立第一普通图书馆。

毛乃文：《中国河渠水利工程书目》，国立北平图书馆出版。

何多源：《中文参考书指南》，岭南大学图书馆，又商务印书馆（1939 年）。

徐家璧：《馆藏图书馆学西文书籍分类目录》，国立北平图书馆。

教育杂志社：《教育杂志索引》，上海商务印书馆出版。

国立中央研究院历史语言研究所：《内阁大库书档旧目补》，上海商务印书馆。

武汉大学图书馆编印：《国立武汉大学图书馆方志目》三十卷，国立武汉大学图书馆。

孙殿起：《贩书偶记》二十卷，借闲居铅印本。

受古书店：《受古书店大廉价目录》，受古书店。

国立北平图书馆：《国立北平图书馆方志目录二编》，国立北平图书馆。

鄞文献展览会：《鄞文献展览会出品目》，铅印本。

梁启超：《古书真伪及其年代》，载于《饮冰室合集》，中华书局。

阿英：《余姚卢氏藏小说目》，载于《小说二谈》，古典文学出版社，
　　1958 年。

丁瀞：《有关儿童图书馆问题之杂志论文目录》，《图书馆学季刊》
　　十卷一期。

王树伟：《中文著者号码编制的探讨》，《图书馆学季刊》十卷二期。

毛裕良、毛裕芳：《中国方志编目条例草案》，《图书馆学季刊》十
　　卷二期。

叶启勋：《四库全书目录板本考》（续），《图书馆学季刊》十卷二期。

邓衍林：《元太祖成吉思汗生平史料目录》，《图书馆学季刊》十卷
　　二期。

汪应文：《中文书登录应以书名为主》，《图书馆学季刊》十卷三期。

叶启勋：《四库全书目录板本考》（续），《图书馆学季刊》十卷三期。

朱启钤编，毛乃文补辑：《存素堂入藏图书河渠之部目录》，《图书
　　馆学季刊》十卷三期。

叶启勋：《四库全书目录板本考》（续），《图书馆学季刊》十卷四期。

谭卓垣：《中文参考书指南序》，《图书馆学季刊》十卷四期。

吴藻洲：《民众教育书目》，《图书馆学季刊》十卷四期。

李景新：《日本参考图书举要》，《文华图书馆学专科学校季刊》八
　　卷一期。

汪应文：《书架目录论》，《文华图书馆学专科学校季刊》八卷一期。

李景新：《日本参考图书举要》（续），《文华图书馆学专科学校季刊》
　　八卷二期。

李景新：《日本参考图书举要》（三续），《文华图书馆学专科学校季
　　刊》八卷三期。

叶为铭：《歙县金石志自序》，《学风》六卷合订本。

陈训慈：《歙县金石志序》，《学风》六卷合订本。

金涛：《金氏花近楼书目解题》，《学风》六卷合订本。

王立中：《城南草堂曝书记》，《学风》六卷合订本，多篇，前卷也有。

王立中：《城南草堂题跋》，《学风》六卷合订本。

通志馆：《为安徽通志稿艺文考覆王叔平先生书》，《学风》六卷合订本。

顾家杰译：《关于大学图书馆出纳柜和公用目录的设计》，《中华图书馆协会会报》十一卷四期。

佚名：《中文期刊生卒调查录》，《中华图书馆协会会报》十一卷五期。

王树伟辑：《胡展堂先生遗著辑略》，《中华图书馆协会会报》十一卷六期。

佚名：《中文期刊生卒调查表》，《中华图书馆协会会报》十一卷六期。

景培元：《皮著〈中国十进分类法〉质疑》，《中华图书馆协会会报》十二卷一期。

赵兴国辑：《拳匪史料辑目》，《中华图书馆协会会报》十二卷一期。

佚名：《中文期刊生卒调查表》，《中华图书馆协会会报》十二卷一期。

佚名：《中文期刊生卒调查表》，《中华图书馆协会会报》十二卷二期。

佚名：《中文期刊生卒调查表》，《中华图书馆协会会报》十二卷三期。

柳诒徵：《本馆图书总目序》，《中央大学国学图书馆第九年刊》。

王焕镳：《本馆图书总目叙例》，《中央大学国学图书馆第九年刊》。

周愻：《娄东周氏艺文略上》，《中央大学国学图书馆第九年刊》。

佚名：《陶风楼藏拓本影片目》，《中央大学国学图书馆第九年刊》。

陈兆鼎：《陶风楼清季江宁局署档案第二集目》，《中央大学国学图书馆第九年刊》。

佚名：《本馆新印书题跋辑录》，《中央大学国学图书馆第九年刊》。

佚名：《善本书库入藏图书登记》，《中央大学国学图书馆第九年刊》。

佚名：《本馆出版关于本馆之刊物及目录》，《中央大学国学图书馆第九年刊》。

佚名：《本馆印行书画影片细目》，《中央大学国学图书馆第九年刊》。

佚名：《本馆新印经部书提要》，《中央大学国学图书馆第九年刊》。

佚名：《本馆新印史部书提要》(二)，《中央大学国学图书馆第九年刊》。

佚名：《本馆新印子部书提要》，《中央大学国学图书馆第九年刊》。

佚名：《本馆新印集部书提要》，《中央大学国学图书馆第九年刊》。

佚名：《本馆最近出版书籍露布》，《中央大学国学图书馆第九年刊》。

郭重威：《图书馆学书目题识》，《中央军校图书月报》第三十期至三十一期。

郑时：《王菉友先生著述考》，《山东省立图书馆季刊》第一集第二期。

邢蓝田：《鹅庄访书记》，《山东省立图书馆季刊》第一集第二期。

王献唐：《宋椠〈三国志〉著录订误》，《山东省立图书馆季刊》第一集第二期。

夏定域：《浙江省立图书馆藏善本书录跋集录（史部）》，《文澜学报》二卷一期。

夏定域：《浙江图书馆善本书志》，《文澜学报》二卷二期。

赵绰录：《〈北平图书馆善本书目〉乙编续目》，《北平图书馆馆刊》十卷四期至六期，十一卷一期（1936—1937）。

朱士嘉：《明代四裔书目》，《禹贡》五卷三期、四期。

佚名：《清代要籍编年表》，《中法大学月刊》八卷五期。

吴翌凤：《经籍略后序（与稽斋集外遗文之一）》，《青鹤》五卷一期。

曹运乾：《〈七略〉释例》，《中山大学文学院专刊》三卷。

赵万里：《芸庵群书题记》，《大公报·图书副刊》一一八期、一一九期，二月二十日、二七日。

叶长青：《〈汉书艺文志〉四论》，《学术世界》二卷一期。

叶长青：《汉书艺文志问答》，《国学专刊》四卷一期至五期。

吴之英：《读焦竑〈汉书艺文志〉纠缪》，《国学专刊》四卷二期、三期。

朱希祖：《十六国旧史考》，《制言》十三期。

余嘉锡：《四库提要辨证》，《北平图书馆馆刊》十卷三期、五期。

余嘉锡：《四库提要辨证》，《大公报·图书副刊》一四九期、一五二期、一五八期。

武：《四库全书提要·叙》，《大公报·图书副刊》四月三十日。

蒹葭：《四库全书提要·序》，《大公报·图书副刊》六月四日。

陈垣：《〈艺风年谱〉与〈书目答问〉》，《图书季刊》三卷一期、二期。

程金造：《〈史记索隐〉引书考略》，《北平图书馆馆刊》十卷一期至三期。

杨实：《再论晚明之反卫道史学——评〈藏书世纪目录〉》，《大公报·史地周刊》九十七期，八月七日。

潘承弼：《盍斋所见所藏明清史籍题记》，《制言》廿二期、廿三期、四十期、四十一期、四十四期（至 1937 年）。

赵兴国：《拳匪史料辑目》，《人文》七卷七期、八期。

骆鸿凯：《选学书著录》，《制言》十一期。

和临轩：《楚辞著述考》，《进德月刊》二卷四期至六期、八期（至 1937 年）。

徐行可：《〈毛诗〉通度类目》，《制言》廿二期。

胡怀琛：《沪娼研究书目提要》，《大晚报》副刊《上海通》十月至十一月。

朱聚之：《中学生国文科略读书举要》，《图书展望》二卷一期。

瞿宣颖：《广东方志要录》，《新民月刊》二卷三期。

庄为玑：《泉州方志考》，《厦门大学学报》七期。

钱存训：《杜氏丛著书目》，出版地不详。

1937 年

哈佛燕京学社引得编纂处：《崔东壁遗书引得》，哈佛燕京学社。

哈佛燕京学社引得编纂处：《礼记注疏引书引得》，哈佛燕京学社。

哈佛燕京学社引得编纂处：《春秋经传引得》附标校经传全文，四册，哈佛燕京学社。

哈佛燕京学社引得编纂处：《春秋经传注疏引书引得》，哈佛燕京学社。

中华图书馆协会：《图书馆学季刊总索引》，中华图书馆协会。

姚觐光：《清代禁毁书目四种》，商务印书馆。

蒋元卿：《中国图书分类之沿革》，中华书局。

叶启勋：《拾经楼紬书录》，长沙叶氏拾经楼铅印本。

姜亮夫编，陶秋英校：《历代名人年里碑传总表》，商务印书馆。

李小缘（金陵大学中国文化研究所）：《云南书目》。

世界书局：《世界书局图书目录》（初版），世界书局。

余嘉锡：《四库全书总目提要辨证》，读已见书斋。

冯贞群：《鄞县范氏天一阁书目内编》，1940年由"鄞县重修天一阁委员会"刊印。

刘子亚：《图书馆学书目解题》，《山东益都第二民众教育辅导区办事处辅导丛书》第二种。

上海鸿英图书馆：《中国近代史书目初稿》，上海鸿英图书馆。

商务印书馆：《十通索引》，商务印书馆。

国立北平图书馆：《国立北平图书馆善本书目乙编续目》，国立北平图书馆。

国立北平图书馆索引组：《铁路工程论文索引》，南京工程参考图书馆。

王镛、毛乃文：《中文舆图目录续编》，国立北平图书馆。

中山文化教育馆陈培玮、胡去非编：《总理遗教索引》，商务印书馆。

河北省立第一图书馆：《河北省立第一图书馆书目》（语文部别集类），四册，河北省立第一图书馆。

赵万里：《北平图书馆善本书目乙编续目》四卷，北平图书馆铅印本。

田士懿辑录：《金石名著汇目》一卷、《续》一卷、附《补遗》及《失录》，刻本。

郑振铎：《西谛所藏善本戏曲目录附补遗》，影印手稿本。

邢云林：《图书目录著录法与编辑法论》，《图书馆学季刊》十一卷一期。

杜定友：《金著图书编目学序》，《图书馆学季刊》十一卷一期。

金敏甫：《图书编目学自序》，《图书馆学季刊》十一卷一期。

吴藻洲：《民众教育书目》(续)，《图书馆学季刊》十一卷一期。

高向杲：《中国新闻学文字索引》，《图书馆学季刊》十一卷一期。

邢云林：《图书目录著录法与编辑法论》(续完)，《图书馆学季刊》
　　十一卷二期。

吴藻洲：《民众教育书目》(续完)，《图书馆学季刊》十一卷二期。

高向杲：《中国新闻学文字索引》(续完)，《图书馆学季刊》十一卷
　　二期。

佚名：《湖北先正遗书简明目录》，《北平私立木斋图书馆季刊》创
　　刊号。

佚名：《赠书鸣谢》，《北平私立木斋图书馆季刊》创刊号。

杂志课：《安徽省立图书馆期刊目录》，《学风》七卷一期。

金涛：《金氏花近楼书目解题》，《学风》七卷一期。

金涛：《金氏花近楼书目解题》，《学风》七卷二期。

王立中：《城南草堂曝书记》，《学风》七卷二期。

杂志课：《安徽省立图书馆期刊目录》，《学风》七卷二期。

姚实：《陶渊明集版本考》，《学风》七卷三期。

金涛：《金氏花近楼书目解题》，《学风》七卷三期。

杂志课：《安徽省立图书馆期刊目录》，《学风》七卷三期。

李庆富：《文选解题及其读法》，《学风》七卷四期。

毛裕芳译：《东洋文库地方志目录凡例》，《学风》七卷四期。

金涛：《金氏花近楼书目解题》，《学风》七卷四期。

王立中：《城南草堂曝书记》，《学风》七卷四期。

安徽丛书编审会：《安徽丛书第四期全书目录提要》，《学风》七卷
　　四期。

安徽丛书编审会：《安徽丛书第五期全书目录提要》，《学风》七卷
　　四期。

安徽丛书编审会：《安徽丛书第六期全书目录提要》，《学风》七卷
　　四期。

《安徽丛书第一、二、三期目录（附价格）》，《学风》七卷四期。

金涛：《金氏花近楼书目解题》，《学风》七卷五期。

王立中：《城南草堂曝书记》，《学风》七卷五期。

佚名：《中文期刊生卒调查表》，《中华图书馆协会会报》十二卷四期。

佚名：《中文期刊生卒调查表》，《中华图书馆协会会报》十二卷五期。

佚名：《中文期刊生卒调查表》，《中华图书馆协会会报》十二卷六期。

金鉽：《江苏艺文志稿》（续），《中央大学国学图书馆第十年刊》。

陈兆鼎：《陶风楼藏清季江宁局档案第三集目录》，《中央大学国学
　　图书馆第十年刊》。

佚名：《本馆新印书题跋辑录》，《中央大学国学图书馆第十年刊》。

佚名：《善本书库入藏图书登记》，《中央大学国学图书馆第十年刊》。

佚名：《本馆传钞入库书籍及自拓入库金石》，《中央大学国学图书
　　馆第十年刊》。

佚名：《本馆印行入库书籍》，《中央大学国学图书馆第十年刊》。

佚名：《本馆新印经部书提要》，《中央大学国学图书馆第十年刊》。

佚名：《本馆新印史部书提要》（一），《中央大学国学图书馆第十
　　年刊》。

佚名：《本馆新印史部书提要》（二），《中央大学国学图书馆第十
　　年刊》。

佚名：《本馆新印子部书提要》（一），《中央大学国学图书馆第十
　　年刊》。

佚名：《本馆新印子部书提要》（二），《中央大学国学图书馆第十
　　年刊》。

佚名：《本馆新印集部书提要》（一），《中央大学国学图书馆第十
　　年刊》。

佚名：《本馆新印集部书提要》（二），《中央大学国学图书馆第十
　　年刊》。

张宗祥等：《浙江图书馆善本书目序》，《文澜学报》三卷一期。

夏定域：《馆藏善本书目》，《文澜学报》三卷二期。

谢国桢：《〈北平图书馆善本丛书〉第一集叙录》，《大公报·图书副刊》一六六期，廿六年一月二十一日。

姚薇元：《欧阳修集古录目考》，《广州学报》一卷二期。

汉阳周贞亮述：《目录学》，《安雅月刊》一卷四、六、八、十、十一期，五月、八月、十月、十一月、十二月。

钟国楼：《〈七略〉与"四部"之变迁》，《书林》一卷七期。

沈飚民：《汉书艺文志校补存遗》，《制言》第四十二期。

叶长青：《汉书艺文志问答》，《国学专刊》五卷一期。

叶长青：《〈汉书艺文志问答〉自序》，《国学月刊》五卷二期。

曹克专：《〈汉书艺文志问答〉序》，《国学月刊》五卷二期。

叶长青：《〈汉书艺文志问答〉又补》，《国学月刊》五卷二期。

余嘉锡：《四库提要辨证》，《大公报·图书副刊》一六四期、一七〇期、一七五期、一八五期。

王钟翰：《辨纪文达手书〈简明目录〉》，《大公报史地周刊》一三三期，四月廿三日。

息园老人：《初学门径书举要》，《木斋图书馆季刊》二期。

陈易园：《中国文史治学举要》，《协大艺文》五期。

和临轩：《〈楚辞著述考〉补》，《进德月刊》二卷九期。

罗根泽：《两宋诗话辑校叙录》，《文哲季刊》一卷十期。

卢前：《曹氏所藏钞本戏曲叙录》，《暨南学报》二卷二期。

〔日〕长泽规矩也：《家藏曲本目录》，《书志学》（日本）八卷三期。

钱亚新：《中国索引论著汇编初稿》，出版地不详。

1938 年

姚名达：《中国目录学史》，商务印书馆。

洪业等：《琬琰集删存附引得》，哈佛燕京学社。

北京大学文史研究院：《一切经音义引用书索引》，商务印书馆。

陆惟鎏：《平湖经籍志》八卷，平湖陆氏求是斋刊本。

傅增湘：《藏园群书题记续集》六卷，莫氏排印本。

北京人文科学研究所：《北京人文科学研究所藏书目录》，北京人文
　　科学研究所铅印本。

顾廷龙：《章氏四当斋藏书目》，燕京大学图书馆。

甘鹏云：《方志商》，崇雅堂聚珍版刊行。

哈佛大学燕京学社引得编纂处：《三国志及裴注综合引得》，哈佛燕
　　京学社。

哈佛大学燕京学社引得编纂处：《食货志十五种综合引得》，哈佛燕
　　京学社。

中央图书杂志审查委员会：《取缔书刊一览》（第一辑），中央图书杂
　　志审查委员会。

傅惜华：《碧蕖馆所藏抄本杂剧传奇目录》，稿本。

阿英：《小说搜奇录》，载于《小说三谈》，上海古籍出版社，1979
　　年。

容庚：《颂斋吉金续录》不分卷，《考释》一卷，影印本。

白丁：《〈七略〉、"四部"之沿革》，《文艺（天津庸报副刊）》十月
　　十日。

朱士嘉：《南京大学图书馆善本方志题记（附：顾起潜先生〈光泽
　　县志跋〉）》，《史学年报》二卷五期。

允□：《嵋云阁善本书籍经眼录》，《民治月刊》十六期。

明照：《四库提要辨证》，《燕京学报》第二十三期。

朱士嘉：《中国地方志综录补编》，《史学年报》二卷五期。

方国瑜：《明修云南方志书目》，《教育与科学》一卷四期。

傅惜华：《明代传奇提要》，《晨报·剧学》十一月（至 1939 年 3
　　月）。

青年图书馆员联盟图书馆学关系文献合同目录编纂委员会：《图书
　　馆学及书志学关系文献合同目录》，出版地不详。

1939 年

孙海波：《河南吉金图志剩稿》不分卷，大业印刷局铅印本。

哈佛燕京学社引得编纂处：《四十七种宋代传记综合引得》，哈佛燕京学社。

国立中央图书馆筹备处：《重庆各图书馆所藏西南问题联合书目》，油印本。

潘宗周：《宝礼堂宋本书目》，排印本。

张心澂：《伪书通考》，商务印书馆。

程会昌：《目录学丛考》，上海中华书局。

张政烺：《国立中央研究院历史语言研究所图书室方志目》，国立中央研究院历史语言研究所铅印本。

衣：《四库全书提要辨证》（史部四卷、子部八卷），《图书季刊》新一卷二期。。

毓：《鄞范氏天一阁书目内编》六卷（冯贞群编），《图书季刊》新一卷三期。

编者：《国立北平图书馆入藏善本戏曲目》，《图书季刊》，新一卷四期。

敬：《西谛所藏善本戏曲目录》（郑振铎著），《图书季刊》，新一卷四期。

郭绍虞：《〈四库〉著录南宋诗话提要述评》，《燕京学报》第二十六期。

严敦杰：《上海算学文献述略》，《科学》二十三卷二期。

傅惜华：《日本现存中国善本之戏曲》，《中国文艺》一卷四期、五期、六期（至 1940 年）。

傅惜华：《清代传奇提要》，《华光》一卷三期、四期、五期。

吴晓铃：《清代剧曲提要八种》，《文学年报》五期。

刘修业：《海外所藏中国小说戏曲阅后记》，《图书季刊》新一卷一期、二卷四期（至 1940 年）。

〔日〕神田喜一郎：《家藏明版戏曲小说目录》，《书志学》（日本）

十二卷五期。

〔日〕神田喜一郎:《家藏明版戏曲小说目录补遗》,《书志学》(日本)十三卷一期。

李培廷:《中华基督教文字索引续编》,出版地不详。

1940 年

杨寿祺:《来青阁书目》,来青阁书社石印本。

卢前:《读曲小识》,长沙商务印书馆。

姚名达:《中国目录学年表》,长沙商务印书馆。

于省吾:《双剑誃古器物图录》二卷,北京琉璃厂函雅堂影印本。

延安中山图书馆:《宪政论文索引》,延安中山图书馆。

哈佛燕京学社引得编纂处:《论语引得》,哈佛燕京学社。

哈佛燕京学社:《杜诗引得》,燕京大学出版。

哈佛燕京学社引得编纂处:《周礼引得》,哈佛燕京学社。

于式玉(哈佛燕京学社引得编纂处):《一百七十五种日本期刊中东方学论文篇目(附引得)》,哈佛燕京学社。

哈佛大学燕京学社引得编纂处:《汉书及补注综合引得》,哈佛燕京学社。

哈佛大学燕京学社引得编纂处:《辽、金、元传记卅种综合引得》,哈佛燕京学社。

冯贞群:《鄞范氏天一阁书目内编》,宁波重修天一阁委员会铅印本。

汪荫祖:《中日文图书书名目录初编》,重庆中央政治学校印行。

卢震京:《中文重要图书馆学书目》,《中文图书馆期刊目》,载于《图书学大辞典》商务印书馆。

孙楷第:《述也是园旧藏古今杂剧》,1940 年 12 月,《北京图书馆季刊》;1953 年 11 月,上海杂志公司出版社印本改名《也是园古今杂剧考》。首篇收入年表。

沈刚如:《谈中文编目》,《中华图书馆协会会报》十四卷六期。

吴晓铃：《国立中央研究院历史语言研究所善本戏曲目录》,《图书季刊》新二卷三期。

王重民：《美国国会图书馆所藏善本书叙录》,《图书季刊》新二卷四期。

刘樊：《清人五代史学著作述要》,《责善半月刊》一卷十期、十一期。

藏园老人：《明内府写本〈翰苑群书〉跋》,《中国公论》二卷五期。

张鸿汀：《甘宁青方志考》,《新西北月刊》三卷三期、四期。

吴晓铃：《国立中央研究院历史语言研究所善本剧曲目录》,《图书季刊》新二卷三期。

1941 年

顾廷龙、潘景郑：《明代版本图录初编》,开明书店。

孙祖基：《无锡先哲遗书书目》,无锡孙氏玉鉴堂铅印本。

莫伯骥：《五十万卷楼群书跋文》,民国三十年排印本。

蔡金重编,哈佛燕京学社引得编纂处校订：《全汉三国晋南北朝诗作者引得》,哈佛燕京学社。

哈佛大学燕京学社引得编纂处：《孝经引得》,燕京大学出版。

哈佛大学燕京学社引得编纂处：《孟子引得》,哈佛燕京学社。

杜连喆、房兆楹（哈佛燕京学社引得编纂处）：《增校清朝进士提名碑录附引得》,哈佛燕京学社。

杨殿珣：《石刻题跋索引》,商务印书馆。

中央图书杂志审查委员会：《取缔书刊一览》（第二辑）,中央图书杂志审查委员会。

李士涛：《中国历代名人年谱目录》,长沙商务印书馆。

万斯年：《国立北平图书馆西南各地方志目》,图书季刊社。

〔日〕冈西为人：《续中国医学书目》,奉天市满洲医科大学出版。

谭正璧：《宋元话本存佚综考》,载于《话本与古剧》,上海古典文学出版社,1956 年。

柳倩：《郭沫若先生二十五周年著译编目》，载于《重庆进步文化届
　　召开郭沫若创作生活二十五周年纪念会特刊》。

阿英：《〈红楼梦〉书录》，载于《小说四谈》，上海古籍出版社，
　　1981 年。

蒋复璁：《图书馆参考书目》，载于《图书馆》，正中书局。

吕绍虞：《编译十年记》，载于《图书馆学论丛》，浙江省英士大学图
　　书馆。

阿英：《家藏晚清戏曲录》，《中国文艺》一卷三期。

〔日〕青木正儿原著、徐调孚校补：《元人杂剧现存书目》，《文学集
　　林》第五辑《殖荒者》号。

王重民：《美国国会图书馆所藏善本书叙录》，《图书季刊》新三卷
　　一期、二期。

王荫嘉：《廿八宿研斋善本书录》，《泉币》第四期。

铎：《四库全书提要辨证》（余嘉锡著），《中和》二卷六期。

李文禘：《四库全书目录类小序注》，《教育学报》（中华教育总会）
　　八期。

杨家骆：《〈书目答问〉之影响及其新撰本》，《东方杂志》卅八卷
　　三期。

殷孟伦：《论治中国语言文字学之要籍》，《斯文》一卷十一期、
　　十二期。

徐一士：《近代笔记过眼录》，《中和》二卷七期至十二期。

金受申：《清代诗经书目提要叙目》，《国艺》三卷一期、二期。

胡秋原：《一个最低限度的国民书目》，《读书通讯》二十二期。

张乃熊：《莚圃善本书目》，出版地不详。

1942 年

王文进：《文禄堂访书记》，民国三十一年文禄堂书籍铺排印本。

金毓黻：《辽海书征》六卷，《东北文献丛书》本。

陈垣：《中国佛教史籍概论》，完成于 1942 年 9 月，中华书局于

1962 年出版。

抱经堂书局：《抱经堂书局上海分局旧书目录》，抱经堂书局。

抱经堂书局：《杭州抱经堂书局总店旧书目录》，抱经堂书局。

中法汉学研究所：《论衡通检》，中法汉学研究所。

朱士嘉：《美国国会图书馆藏中国方志目录》，华盛顿美国政府印刷局。

谭正璧：《宝文堂藏宋元明人话本考》，载于《话本与古剧》，上海古典文学出版社，1956 年。

佚名：《善本书志》(国立中央图书馆善本题识)，《图书月刊》二卷三期至八期。

林雨京：《历史方法书目提要》，《学习生活》(重庆) 三卷四期。

朱希祖：《南明史籍跋文》，《图书月刊》二卷四期。

徐一士：《近代笔记过眼录》，《中和》三卷一期、三期至五期、十期。

1943 年

张维：《陇右金石录》十卷、《目次》一卷、《校补》一卷，甘肃省文献征集委员会铅印本。

傅增湘：《藏园群书题记初集》八卷，北京企麟轩。

中法汉学研究所：《吕氏春秋通检》，中法汉学研究所。

中法汉学研究所：《风俗通义通检》，中法汉学研究所。

傅芸子：《东京观书记》，载于《白川集》，东京文求堂书店。

傅惜华：《近五年来所获之戏曲珍籍》，《艺文杂志》一卷一期、二期、三期。

吴晓铃：《郑马氏不登大雅文库剧曲目录》，《图书月刊》二卷六期。

吴晓铃：《吴兴周氏言言斋善本剧曲叙录》，《国文月刊》十九期、二十期。

章荑荪：《元剧征存覆目》，《斯文》三卷四期、七期。

王古鲁：《日本所藏的中国旧刻小说戏曲》，《华北作家月报》第八期。

刘诗孙：《南京国学图书馆善本检存记》，《中德学志》五卷一期，
　　二期。

王重民辑录：《美国国会图书馆所藏中国善本书录》（卷第一、二），
　　《图书月刊》三卷一期至四期（至一九四四年）。

贺昌群：《〈后汉书·志注〉引书目录》，《图书季刊》新四卷三期、
　　四卷四期。

黎锦熙：《增码补注〈书目答问〉序》，《师声》（西北师大）二期。

姜亮夫：《音学书目提要》，《说文月刊》一期。

陆达节：《中国兵学现存书目》，《国立中山师院季刊》一卷一期。

朱希祖：《西夏史籍考》，《说文月刊》三卷十一期。

周光颐：《元史要籍提要论略》，《真知学报》三卷一期。

徐一士：《近代笔记过眼录》，《中和》四卷一期、八期、十一期、
　　十二期。

1944 年

张骥：《清代毗陵书目》，常州旅沪同乡会印。

方树梅：《明清滇人著述书目》，国立云南大学西南文化研究室。

中法汉学研究所：《春秋繁露通检》，中法汉学研究所。

中法汉学研究所：《淮南子通检》，中法汉学研究所。

孔彦培：《书目答问索引》，中法大学图书馆印行。

萨士武：《台湾史料书目提要》（原名《台湾方志考略》），福建图
　　书馆。

傅惜华：《关于〈偷桃〉〈青衫〉〈霞笺〉三种传奇》，《艺文杂志》二
　　卷六期。

刘修业：《环翠山房十五种曲》，《图书季刊》新五卷二期、三期。

王重民：《〈国立北平图书馆善本丛书〉第一集补记》，《图书季刊》
　　新五卷四期。

孙德谦：《〈汉书〉艺文略》，《学海月刊》一卷三期。

钟树梁：《续〈四库全书总目提要〉》,《文学集刊》(四川大学)
二期。

徐一士：《近代笔记过眼录》,《中和》五卷四期。

1945 年

张舜徽：《广校雠略》，长沙排印本。

陈启天：《韩非子参考书辑要》，中华书局。

中法汉学研究所：《潜夫论通检》，中法汉学研究所。

谭正璧：《日本所藏中国佚本小说述考》，上海行知编译社。

周越然：《稀见小说五十种》，载于《版本与书籍》，上海知行书局出
版社。

佚名：《善本书志》(国立中央图书馆善本题识),《图书月刊》三卷
一期至六期。

傅惜华：《明代传奇善本七种题记》,《中法汉学研究所图书馆馆刊》
第一号。

佚名：《鄞范氏天一阁书目内编》(冯贞群编),《中法汉学研究所图
书馆馆刊》第一号。

赵燕声：《馆藏善本题记》,《中法汉学研究所图书馆馆刊》第一号。

查猛济：《〈诗序〉异说著述考》,《胜流》一卷五期。

1946 年

叶景葵编：《海盐张氏涉园藏书目录》，铅印线装，一册。

中法汉学研究所：《新序通检》，中法汉学研究所。

于椿：《关于胡(适)梁(启超)两先生所开国学书目》,《华声半
月刊》一卷二期。

李独清：《刘向〈别录〉考释》,《贵大学报》一卷。

赵燕声：《馆藏善本题记》,《中法汉学研究所图书馆馆刊》第二号。

蒋鉴璋：《读〈四库全书总目提要〉》,《儒效月刊》二卷二期、
三期。

陈乐素：《〈四库提要〉与〈宋志〉之关系》，《图书季刊》新七卷三期、四期。

1947 年

王庸：《中国地理图籍丛考》（甲编），商务印书馆。

郑振铎：《"韫辉斋"藏唐宋以来名画集》，为张葱玉编，上海出版公司影印。

冯爱琼：《图书馆学书目》，广东省图书馆油印本。

舒新城：《中华图书馆基本教育图书教具展览目录》，中华书局。

郑振铎：《中国历史参考图谱》，上海出版公司 1947 年—1951 年印行。

戴不凡：《小说见闻录》（1947 年起），载于《戴不凡小说论文集》，浙江人民出版社，1980 年（出自潘建国《中国古代小说研究》）。

哈佛大学燕京学社引得编纂处：《庄子引得》，哈佛燕京学社。

哈佛大学燕京学社引得编纂处：《史记及注释综合引得》，哈佛燕京学社。

中法汉学研究所：《申鉴通检》，中法汉学研究所。

赵燕声：《馆藏乡土志辑目》，中法汉学研究所图书馆。

冯瓒璋：《北平北堂图书馆暂编中文善本书目》，《上智编译馆馆刊》二卷一至五期。

佚名：《国立浙江大学新收刘氏嘉业堂旧藏书目录》，《浙江学报》一卷二期。

张经骥：《〈秘府略·叙录〉及〈秘府略〉索引书目》，《远东杂志》二期。

余嘉锡：《四库提要辨证》（关尹子一卷），《经世日报·读书周刊》四十一期、四十二期。

孙贻让：《〈四库全书简明目录〉笺迻》，《浙江学刊》一卷一期。

柯凤荪：《续〈四库提要〉之一》（易纬略义提要），《远东》一期。

陈乐素：《〈四库提要〉与〈宋史艺文志〉之关系》，《天津大公报·
　　图书周刊》八期。

柴德庚：《记贵阳本〈书目答问〉兼论〈答问补正〉》，《辅仁学志》
　　十五卷一期、二期。

郝瑶甫：《东北方志略初稿》，《国立沈阳博物馆筹备委员会汇刊》
　　一期。

1948 年

钱亚新：《郑樵〈校雠略〉研究》，商务印书馆。

国立北平故宫博物院：《故宫方志目续编》，国立北平故宫博物院铅
　　印本。

张维：《陇右金石录补》二卷，甘肃省文献征集委员会。

上海市文献委员会：《上海地方志综录》，上海文献委员会《上海文
　　献丛刊》铅印本。

江苏省立国学图书馆：《江苏省立国学图书馆现存书目》，江苏省立
　　国学图书馆。

巴黎大学北平汉学研究所：《战国策通检》，巴黎大学北平汉学研究所。

巴黎大学北平汉学研究所：《山海经通检》，巴黎大学北平汉学研究所。

巴黎大学北平汉学研究所：《大金国志通检》，巴黎大学北平汉学研
　　究所。

哈佛燕京学社引得编纂处：《墨子引得》，哈佛燕京学社。

任可澄等：《贵州通志·艺文志》，贵阳文通书局书局刊行本。

陈乃乾：《浦江艺文考序》，《上海市立图书馆馆刊》五卷。

齐如山撰，朱福荣重编：《齐氏百舍斋戏曲存书目》，《图书季刊》
　　新九期第一期、二期合刊。

王重民、朱福荣：《北京大学图书馆藏善本书录》，《图书季刊》新九
　　卷三期、四期。

王重民：《读〈中央图书馆善本书目〉因略谈我国的善本书》，（天
　　津)《大公报·图书周刊》五十七期。

胡文楷：《宋代闺秀艺文考略》，《东方杂志》第四十四卷三期。

王任光：《四库提要之论西学》，《上智编译馆馆刊》三卷一期。

容媛：《经籍要目答问》，《史学年报》二卷五期。

傅惜华：《平妖堂所藏明代善本戏曲》，《文史杂志》六卷一期。

洪焕椿：《近三十六年来浙江新纂之地方志》，《图书展望》七期。

徐调孚：《现存元人杂剧目录》，《文艺复兴》（中国文学研究号）中。

关德栋：《变文目》，出版地不详。

1949 年

哈佛燕京学社引得编纂处：《后汉书及注释综合引得》，哈佛燕京
　　学社。

巴黎大学北平汉学研究所：《契丹国志通检》，巴黎大学北平汉学研
　　究所。

庄一拂：《嘉邑图书馆劫余善本题记》，《图书展望》第十期。

何多源：《国学书目举要》，《广大学报》（复刊）一卷一期。

严敦易：《〈实文堂书目〉乐府类之整理与分析》，《文艺复兴》（中国
　　文学研究号）下。

参考文献

目录著作

1. 陈天鸿：《中外一贯实用图书分类法》，上海民立中学图书馆，1926 年。
2. 王重民：《老子考》，中华图书馆协会，1927 年。
3. 刘国钧：《中国图书分类法》，金陵大学图书馆，1929 年，第二版（1936 年）。
4. 王云五：《中外图书统一分类法》，商务印书馆，1929 年。
5. 北平北海图书馆编目科编辑：《国学论文索引》，中华图书馆协会，1929 年。
6. 姚逸之：《湖南唱本提要》，国立中山大学语言历史研究所，1929 年。
7. 容媛：《金石书录目》，中央研究院排印本，1930 年。
8. 黑白学会编，卞鸿儒校阅：《研究中国东北参考书目》，辽宁省立图书馆，1931 年。
9. 北平图书馆编纂部索引组编辑：《国学论文索引续编》，中华图书馆协会，1931 年。
10. 金涛：《浙江省立图书馆书目提要》，浙江省立图书馆出版，1931 年。
11. 孙楷第：《日本东京、大连图书馆所见中国小说书目提要》，国立北平图书馆中国大辞典编纂处，1932 年。
12. 杜连喆、房兆楹编，哈佛燕京学社引得编纂处校订：《三十三种清代传记综合引得》，哈佛燕京学社，1932 年。

13. 刘复、李家瑞编：《中国俗曲总目稿》，国立中央研究院历史语言研究所，1932 年。

14. 李晋华编著，引得编纂处校订并引得：《明代敕撰书考》（附引得），燕京大学图书馆引得编纂处，1932 年。

15. 陆达节：《历代兵书目录》，南京军用图书社，1933 年。

16. 江苏省立国学图书馆：《江苏省立国学图书馆总目》四十四卷，江苏省立国学图书馆铅印本。

17. 刘修业编辑：《国学论文索引三编》，中华图书馆协会，1934 年。

18. 〔日〕村岛靖雄著，毛春翔译：《图书分类法》，开明书店，1934 年。

19. 何日章、袁涌进编：《中国图书十进分类法》，国立北平师范大学图书馆，1934 年。

20. 冯承钧：《历代求法翻经录》，商务印书馆，1934 年。

21. 胡怀琛：《关于上海的书目提要》，上海市通志出版社，1935 年。

22. 金步瀛：《丛书子目索引》，开明书店，1935 年。

23. 刘修业：《国学论文索引四编》，中华图书馆协会，1936 年。

24. 安徽省立图书馆：《安徽省立图书馆期刊目录》，安徽省立图书馆，1937 年。

25. 冼玉清：《广东女子艺文考》，商务印书馆，1938 年。

26. 国立北平图书馆中文编目组编：《中国图书分类法补遗》，国立北平图书馆，1939 年。

27. 孙楷第：《述也是园旧藏古今杂剧》，图书季刊社，1940 年。

28. 杜定友：《三民主义化图书分类法》，广东省立图书馆，1943 年。

29. 熊耀球：《福建省立图书馆图书总目》，福建省立图书馆，1943 年。

30. 方树梅：《明清滇人著述书目》，国立云南大学西南文化研究室，1944 年。

31. 陈启天：《韩非子参考书辑要》，中华书局，1945 年。

32. 沈宝环:《三民主义化的图书分类标准》,三民主义青年团中央直属文华图书馆学专科学校分团部,1946年。

33. 国立北平故宫博物院:《故宫方志目续编》,国立北平故宫博物院,1948年。

34. 孙楷第:《日本东京所见中国小说书目》,上杂出版社,1953年。

35.《二十五史补编》,中华书局,1955年。

36. 郑振铎:《中国文学研究》,作家出版社,1957年。

37. 孙楷第:《中国通俗小说书目》,人民文学出版社,1957年。

38. 朱士嘉:《中国地方志综录》,商务印书馆,1958年。

39. 邵懿辰撰,邵章续录:《增订四库简明目录标注》,上海古籍出版社,1959年。

40. 燕京大学引得编纂处:《艺文志二十种综合引得》,中华书局,1960年。

41. 张国淦:《中国古方志考》,中华书局,1962年。

42. 陈垣:《中国佛教史籍概论》,中华书局,1962年。

43. 张之洞著、范希曾补正:《书目答问补正》,中华书局,1963年。

44. 纪昀等:《四库全书总目提要》,中华书局,1965年。

45. 谢国桢:《清开国史料考》,沈云龙主编《近代中国史料丛刊》第十五辑,(台湾)文海出版社,1967年。

46. 王云五主持:《续修四库全书提要》,台湾商务印书馆,1971年。

47. 赵尔巽等:《清史稿·艺文志》,中华书局,1976年。

48. 严灵峰编辑:《书目类编》,(台湾)成文出版社,1978年。

49. 王重民:《敦煌古籍叙录》,中华书局,1979年。

50. 谢国桢编著:《增订晚明史籍考》,上海古籍出版社,1981年。

51. 余绍宋:《书画书录解题》,浙江人民出版社,1982年。

52. 陈垣:《敦煌劫余录》,(台湾)新文丰出版社,1985年。

53. 宋慈抱原著,项士元审订:《两浙著述考》,浙江人民出版社,1985年。

54. 王重民等:《敦煌遗书总目索引》,(台北)新文丰出版社,

1985 年。

55. 永瑢等：《四库全书简明目录》，上海古籍出版社，1985 年。

56. 燕京大学引得编纂处：《四十七种宋代传记综合引得》，上海古籍出版社，1986 年。

57. 陈振孙：《直斋书录解题》，上海古籍出版社，1987 年。

58. 李小缘编辑，云南省社科院文献研究室校补：《云南书目》，云南人民出版社，1988 年。

59. 傅增湘：《藏园群书题记》，上海古籍出版社，1989 年。

60. 晁公武撰，孙猛校正：《郡斋读书志》，上海古籍出版社，1990 年。

61. 黄虞稷：《千顷堂书目》，上海古籍出版社，1990 年。

62. 张维编纂：《陇右金石录》，兰州古籍书店，1990 年。

63. 张维编纂：《陇右著作录》《陇右方志录》，兰州古籍书店，1990 年。

64. 瞿宣颖：《方志考稿甲集》，上海书店，1990 年。

65. 江侠庵编译：《先秦经籍考》，上海文艺出版社，1990 年。

66. 僧祐：《出三藏记集》，中华书局，1995 年。

67. 谢启昆：《小学考》，汉语大词典出版社，1997 年。

68. 缪荃孙等撰，吴格整理点校：《嘉业堂藏书志》，复旦大学出版社，1997 年。

69. 高似孙：《史略》《子略》，辽宁教育出版社，1998 年。

70. 朱彝尊：《经义考》，中华书局，1998 年。

71. 董康：《书舶庸谭》，辽宁教育出版社，1998 年。

72. 孙殿起：《贩书偶记》（附续编），上海古籍出版社，1999 年。

73. 吕思勉：《经子解题》，华东师范大学出版社，2000 年。

74. 杨守敬：《日本访书志》（附《续志》），辽宁教育出版社，2003 年。

75. 张爱芳、贾贵荣选编：《清代民国藏书家年谱》，北京图书馆出版社，2004 年。

76. 周叔迦：《释家艺文提要》，北京古籍出版社，2004 年。

77. 周振鹤：《晚清营业书目》，上海书店出版社，2005 年。

78. 孙诒让撰，潘猛补校补：《温州经籍志》，上海社会科学院出版社，2005 年。

79. 林夕主编：《中国著名藏书家书目汇刊·近代卷》，商务印书馆，2005 年。

80. 恩华纂辑，关纪新整理点校：《八旗艺文编目》，辽宁民族出版社，2006 年。

81. 徐宗泽：《明清间耶稣会士译著提要》，上海书店出版社，2006 年。

82. 马廉：《马隅卿小说戏曲论集》，中华书局，2006 年。

83. 〔日〕丹波元胤著，郭秀梅、冈田研吉整理：《医籍考》，学苑出版社，2007 年。

84. 熊月之主编：《晚清新学书目提要》，上海书店出版社，2007 年。

85. 王文进：《文禄堂访书记》，上海古籍出版社，2007 年。

86. 本社古籍影印室：《明清以来公藏书目汇刊》，北京图书馆出版社，2008 年。

87. 贾贵荣、杜泽逊辑：《地方经籍志汇编》，北京图书馆出版社，2008 年。

88. 梁启超：《国学要籍研读法四种》，北京图书馆出版社，2008 年。

目录学及相关的著作

1. 蔡莹：《图书馆简说》，中华书局，1922 年。

2. 李小缘：《图书馆学》，第四中山大学、江苏大学讲义，1927 年。

3. 刘国钧：《中国图书分类法》，金陵大学图书馆，1929 年（1936 年 3 月增订版）。

4. 杜定友：《图书目录学》，商务印书馆，1929 年。

5. 裘开明：《中国图书编目法》，商务印书馆，1931 年。

6. 刘纪泽：《目录学概论》，中华书局，1931 年。

7. 洪业：《引得说》，燕京大学图书馆，1932 年。

8. 郑鹤声：《中国史部目录学》，商务印书馆，1933 年。

9. 洪有丰：《图书馆组织与管理》，商务印书馆，1933 年。

10. 刘国钧：《图书馆学要旨》，中华书局，1934 年。

11. 刘咸炘：《目录学》，茹古书局，1934 年。

12. 马导源：《书志学》，商务印书馆，1934 年。

13. 程伯群：《比较图书馆学》，世界书局，1935 年。

14. 卢震京：《图书学大辞典》，商务印书馆，1936 年。

15. 蒋元卿：《中国图书分类之沿革》，中华书局，1937 年。

16. 程会昌：《目录学丛考》，中华书局，1939 年。

17. 蒋伯潜：《校雠目录学纂要》，正中书局，1942 年。

18. 王云五：《新目录学的一角落》，商务印书馆，1943 年。

19. 楼云林：《中文图书编目法》，中华书局，1947 年。

20. 叶德辉：《书林清话》（附书林余话），中华书局，1957 年。

21. 李钟履编：《图书馆学论文索引》（第一辑），商务印书馆，1959 年。

22. 皮锡瑞：《经学历史》，中华书局，1959 年。

23. 张舜徽：《广校雠略》，中华书局，1963 年。

24. 谢国桢：《明清笔记谈丛》，中华书局，1964 年。

25. 班固：《汉书》，中华书局，1964 年。

26. 姚名达：《中国目录学年表》，台湾商务印书馆，1967 年。

27. 昌彼得：《中国目录学讲义》，（台湾）文史哲出版社，1973 年。

28. 姚思廉：《梁书》，中华书局，1973 年。

29. 魏徵等：《隋书》，中华书局，1973 年。

30. 李延寿：《北史》，中华书局，1974 年。

31. 王充：《论衡》，上海人民出版社，1974 年。

32. 刘简：《中文古籍整理分类研究》（增订本），（台湾）文史哲出版社，1981 年。

33. 许慎著，段玉裁注：《说文解字注》，上海古籍出版社，1981 年。

34. 武汉大学、北京大学《目录学概论》编写组编：《目录学概论》，中华书局，1982 年。

35. 许世瑛：《中国目录学史》，（台湾）中国文化大学出版部，1982 年。

36. 刘节：《中国史学史稿》，中州书画社，1982 年。

37. 李希泌、张椒华：《中国古代藏书与近代图书馆史料》（春秋至五四前后），中华书局，1982 年。

38. 王国维：《王国维遗书》，上海古籍书店，1983 年。

39. 梁启雄：《荀子简释》，中华书局，1983 年。

40. 北京师范大学中文系古典文学教研室：《简明中国文学史》，北京师范大学出版社，1984 年。

41. 书目文献出版社编：《图书馆学目录学资料汇编》，书目文献出版社，1984 年。

42. 吕绍虞：《中国目录学史稿》，安徽教育出版社，1984 年。

43. 潘树广：《古籍索引概论》，书目文献出版社，1984 年。

44. 中国社会科学院历史研究所：《八十年来史学书目（1900—1980）》，中国社会科学出版社，1984 年。

45. 谢国桢：《史料学概论》，福建人民出版社，1985 年。

46. 章学诚：《文史通义》附《校雠通义》，中华书局，1985 年。

47. 李丌健、赖茂生：《目录学论文选》，书目文献出版社，1985 年。

48. 谢灼华：《中国文学目录学》，书目文献出版社，1986 年。

49. 梁启超：《中国历史研究法》，上海古籍出版社，1987 年。

50. 章学诚著，王重民通解：《校雠通义通解》，上海古籍出版社，1987 年。

51. 姚名达：《目录学》，台湾商务印书馆，1988 年。

52. 程千帆、徐有富：《校雠广义·目录编》，齐鲁书社，1988 年。

53. 马先阵：《李小缘纪念文集》，南京大学出版社，1988 年。

54. 梁启超：《饮冰室合集》，中华书局，1989 年。

55. 白化文、杨宝玉：《敦煌学目录初探》，河北人民出版社，1989 年。

56. 〔苏〕加斯特费尔、〔苏〕贝斯特洛娃著，孙华东译：《自然科学文献目录学》，书目文献出版社，1989 年。

57. 张治江、王辉主编：《目录学辞典》，机械工业出版社，1990 年。

58. 东北师大古籍整理研究所辞书编辑室：《中国古籍整理研究论文

索引》，江苏古籍出版社，1990 年。

59. 纪念陈垣校长诞生 110 周年筹委会编著：《纪念陈垣校长诞生 110 周年学术论文集》，北京师范大学出版社，1990 年。

60. 杜定友：《校雠新义》，上海书店，1991 年。

61. 蒋元卿：《校雠学史》，上海书店，1991 年。

62. 乔好勤：《中国目录学史》，武汉大学出版社，1992 年。

63. 高振农：《佛教文化与近代中国》，上海社会科学院出版社，1992 年。

64. 李万健：《中国著名目录学家传略》，书目文献出版社，1993 年。

65. 王锦贵：《中国历史文献目录学》，北京大学出版社，1994 年。

66. 郑樵：《通志二十略》，中华书局，1995 年。

67. 周少川：《古籍目录学》，中州古籍出版社，1996 年。

68. 彭斐章等：《目录学研究文献汇编》(修订版)，武汉大学出版社，1996 年。

69. 詹德优等：《中文工具书使用法（增订本）》，商务印书馆，1996 年。

70. 高路明：《古籍目录与中国古代学术研究》，江苏古籍出版社，1997 年。

71. 梁启超：《佛学研究十八篇》，辽宁教育出版社，1998 年。

72. 余庆蓉、王晋卿：《中国目录学思想史》，湖南教育出版社，1998 年。

73. 胡从经：《中国小说史学史长编》，上海文艺出版社，1998 年。

74. 卢钟锋：《中国传统学术史》，河南人民出版社，1998 年。

75. 周少川：《藏书与文化——古代私家藏书文化研究》，北京师范大学出版社，1999 年。

76. 李雪梅：《中国近代藏书文化》，现代出版社，1999 年。

77. 娄献阁、朱信泉：《民国人物传》(第十卷)，中华书局，2000 年。

78. 汪辟疆：《目录学研究》，华东师范大学出版社，2000 年。

79. 来新夏等：《中国近代图书事业史》，上海人民出版社，2000 年。

80. 郑振铎：《郑振铎说俗文学》，上海古籍出版社，2000年。

81. 王世伟：《图书馆古籍整理工作》，北京图书馆出版社，2000年。

82. 申少春：《中国近现代目录学简史》，中国致公出版社，2001年。

83. 何新文：《中国文学目录学通论》，江苏教育出版社，2001年。

84. 杜泽逊：《文献学概要》，中华书局，2001年。

85. 傅璇琮、谢灼华主编：《中国藏书通史》，宁波出版社，2001年。

86. 桑兵：《晚清民国的国学研究》，上海古籍出版社，2001年。

87. 陈垣：《明季滇黔佛教考》(外宗教八种)，河北教育出版社，2001年。

88. 姚名达：《中国目录学史》，上海古籍出版社，2002年。

89. 顾颉刚：《当代中国史学》，上海古籍出版社，2002年。

90. 叶继元主编：《南京大学百年学术精品·图书馆学卷》，南京大学出版社，2002年。

91. 北京大学哲学系中国哲学教研室：《中国哲学史》，北京大学出版社，2002年。

92. 许卫平：《中国近代方志学》，江苏古籍出版社，2002年。

93. 吴小如、吴同宾：《中国文史工具资料书举要》，天津古籍出版社，2002年。

94. 胡适：《胡适全集》，安徽教育出版社，2003年。

95. 罗志田：《近代中国史学十论》，复旦大学出版社，2003年。

96. 杨燕起、高国抗：《中国历史文献学》，北京图书馆出版社，2003年。

97. 王尔敏：《中国近代思想史论》，社会科学文献出版社，2003年。

98. 黄爱平：《朴学与清代社会》，河北人民出版社，2003年。

99. 仓修良：《方志学通论（修订本）》，方志出版社，2003年。

100. 廖庆六：《族谱文献学》，（台湾）南天书局，2003年。

101. 余嘉锡：《目录学发微：含〈古书通例〉》，中国人民大学出版社，2004年。

102. 张舜徽：《中国文献学》，华中师范大学出版社，2004年。

103. 彭斐章主编：《目录学教程》，高等教育出版社，2004 年。

104. 左玉河：《从四部之学到七科之学——学术分科与近代中国知识系统之创建》，上海书店出版社，2004 年。

105. 程焕文：《晚清图书馆学术思想史》，北京图书馆出版社，2004 年。

106. 孟昭晋：《书目与书评》，河北教育出版社，2004 年。

107. 徐凌志主编：《中国历代藏书史》，江西人民出版社，2004 年。

108. 鲁迅：《鲁迅全集》，人民文学出版社，2005 年。

109. 苗怀明：《二十世纪戏曲文献学述略》，中华书局，2005 年。

110. 赵国璋、潘树广主编：《文献学大辞典》，广陵书社，2005 年。

111. 区结成：《当中医遇上西医——历史与反思》，三联书店，2005 年。

112. 潘建国：《中国古代小说书目研究》，上海古籍出版社，2005 年。

113. 冯友兰：《中国哲学小史》，中国人民大学出版社，2006 年。

114. 罗检秋：《嘉庆以来汉学传统的衍变与传承》，中国人民大学出版社，2006 年。

115. 邹振环：《西方传教士与晚清西史东渐——以 1815 年至 1900 年西方历史译著的传播与影响为中心》，上海古籍出版社，2007 年。

116. 刘咸炘：《刘咸炘论目录学》，上海科学技术文献出版社，2008 年。

117. 余嘉锡：《四库提要辨证》，中华书局，2008 年。

118. 余嘉锡：《余嘉锡论学杂著》，中华书局，2008 年。

119. 高红：《编目思想史》，北京图书馆出版社，2008 年。

120. 王新才：《中国目录学：理论、传统与发展》，北京图书馆出版社，2008 年。

121. 柯平：《从文献目录学到数字目录学》，北京图书馆出版社，2008 年。

122. 徐雁：《藏书与读书》，北京图书馆出版社，2008 年。

123. 张舜徽：《訒庵学术讲论集》，华中师范大学出版社，2008 年。

124. 张之洞：《劝学篇》，广西师范大学出版社，2008 年。

125. 徐有富：《目录学与学术史》，中华书局，2009 年。

126. 王锦民：《古典目录与国学源流》，中华书局，2012 年。

127. 来新夏：《古典目录学（修订本）》，中华书局，2013 年。

128. 傅荣贤：《中国古代目录学研究》，知识产权出版社，2017 年。

129. 王云五：《新目录学的一角落》，西北大学出版社，2019 年。

目录学论文

1. 胡道静：《方志遗产的目录学总结：谈〈中国地方志综录〉〈中国古方志考〉及其他》，《图书馆》1963 年 1 期。

2. 彭斐章：《国家书目述略》，《图书情报知识》1980 年 2 期。

3. 沈国强：《我国近代科技目录学概述》，《四川图书馆学报》1982 年 3 期。

4. 来新夏：《地方史志的过去、现在和未来》，《山东图书馆季刊》1982 年 3 期。

5. 李樱：《试论补正史艺文志及其价值》，《四川图书馆学报》1982 年 3 期。

6. 乔好勤：《略论我国 1919—1949 年的目录学》，《云南图书馆》1982 年 1 期。

7. 卢贤中：《姚名达在目录学研究中的革新思想》，《安徽大学学报（社会科学版）》1983 年 2 期。

8. 鲁海：《梁启超的目录学思想及其书目实践》，《史学月刊》1982 年 3 期。

9. 韩继章：《余嘉锡目录学思想初探》，《湘图通讯》1982 年 4 期。

10. 朱正华：《李小缘先生传》，《文教资料简报》1982 年 3–4 期。

11. 卢中岳：《袁玉冰与〈一个马克思学说的书目〉》，《赣图通讯》1983 年 1 期。

12. 黄任潮：《冼玉清的生平及其著作》，《岭南文史》1983 年第 1 期。

13. 罗友松：《平心同志与〈生活全国总书目〉》，《图书馆学研究》
    1983 年 4 期。

14. 郭星寿：《试论马克思主义文献目录学的产生和发展》，《图书馆
    工作》1983 年 3 期。

15. 刘志磊：《试论地方文献书目》，《湖北高校图书馆》1984 年 1 期。

16. 桑良知：《专科目录学著作——〈中国史部目录学〉》，《图书馆
    学刊》1984 年 2 期。

17. 戴祖谋、麦群忠：《朱士嘉·图书馆·方志目录学》，《图书馆研
    究与工作》1984 年 3 期。

18. 徐继安：《医学文献目录学的发展概况》，《四川图书馆学报》
    1984 年 4 期。

19. 陈国锋：《略论专科文献目录学》，《四川图书馆学报》1984 年
    4 期。

20. 周启付：《陈垣对目录学的贡献》，《图书馆学刊》1984 年 3 期。

21. 师道刚：《版本与目录之关系浅释：中西目录学分类比较观》，
    《山西大学学报（哲学社会科学版）》1984 年 2 期。

22. 钱亚新：《余嘉锡与目录学》，《益阳师专学报（社科版）》1985
    年 1 期。

23. 陈传夫：《近代目录学的基本流派及其理论成就》，《四川图书馆
    学报》1985 年 5 期。

24. 王建国：《浅谈方志目录的产生与发展》，《山东图书馆季刊》
    1985 年 2 期。

25. 王晋卿：《我国私家藏书及其目录》，《图书与情报》1985 年 4 期。

26. 王晋卿：《经学文献及经学文献目录述略》，《图书馆》1985 年
    4 期。

27. 王继平：《浅谈史部目录体系得形成发展及其特点》，《图书馆》
    1985 年 5 期。

28. 张纪亮：《〈一个最低限度的国学书目〉与〈国学入门书要目及

其读法〉》,《贵图学刊》1986 年 1 期。

29. 高成元:《从传统目录到现代目录学（上）》,《安徽高校图书馆工作》1986 年 2 期。

30. 高成元:《从传统目录到现代目录学（下）》,《安徽高校图书馆工作》1986 年 3 期。

31. 樵夫:《地方文献目录初探》,《河南图书馆学刊》1986 年 2 期。

32. 柯平:《论地方文献书目》,《图书情报知识》1987 年 2 期。

33. 黄景行:《中国文学目录学发展史略》,《江苏图书馆学报》1987 年 3 期。

34. 张玉麟:《简论图书馆卡片目录的产生和发展》,《图书馆工作与研究》1987 年 3 期。

35. 朱静雯:《西方目录学的传入及其影响》,《图书情报知识》1987 年 4 期。

36. 鲁军:《中国现代目录学概述》,《山东图书馆季刊》1987 年 3 期。

37. 黄景行:《郑振铎目录学思想概述》,《图书馆学研究》1987 年 6 期。

38. 刘毅:《杜定友目录学思想探微》,《图书馆》1988 年 5 期。

39. 白化文:《我国敦煌汉文文书目录工作的回顾与前瞻》,《大学图书馆学报》1988 年 6 期。

40. 鲁海、鲁勇:《早期的译书与译书书目》,《图书馆研究与工作》1989 年 1 期。

41. 张志伟:《近代中西学书目初探》,《四川图书馆学报》1989 年 2 期。

42. 廖璠:《余嘉锡与章学诚目录学思想之比较研究》,《山东图书馆季刊》1989 年 3 期。

43. 贺修铭:《中外目录学发展的不平衡状态及其文化根源》,《图书馆理论与实践》1989 年 3 期。

44. 徐华洋:《西学东渐与近代中国目录学》,《大学图书情报学刊》

1989 年 3 期、4 期。

45. 柯平：《中西目录学比较研究》，《河南图书馆学刊》1990 年 1 期。

46. 鲁军、段薇：《中国现代目录学方法初探》，《图书馆工作与研究》1990 年 4 期。

47. 刘奉文：《马廉"不登大雅文库"藏书记略》，《古籍整理研究学刊》1990 年第 5 期。

48. 鲁勇、鲁军：《谈方志的艺文志》，《江苏图书馆学报》1990 年 6 期。

49. 张志伟：《中国近代图书馆目录初探》，《图书与情报》1991 年 1 期。

50. 赵丽明：《古文献学家张舜徽先生》，《古籍整理研究学刊》1991 年 1 期。

51. 余庆蓉：《新文化与我国目录学的近代化》，《图书馆论坛》1991 年 2 期。

52. 陈传夫：《略论中国现代"新目录学"的基本流派》，《晋图学刊》1991 年 3 期。

53. 沈宝顺：《补正史艺文志研究》，《上海高校图书情报学刊》1991 年 3 期。

54. 林申清：《方志目录学浅说》，《黑龙江图书馆》1991 年 4 期。

55. 马甫平：《试论书志中的文献目录》，《广西地方志》1992 年 2 期。

56. 张峰：《二十世纪我国图书馆学理论研究两次高潮的比较与分析》，《图书情报知识》1992 年 2 期。

57. 巴兆祥：《试论方志目录学的历史分期》，《四川图书馆学报》1992 年 3 期。

58. 柯平：《试论地方文献书目的类型与功能》，《晋图学刊》1992 年 4 期。

59. 程刚：《试论我国戏曲目录的特色》，《图书与情报》1993 年 1 期。

60. 林申清：《中国报刊目录述略》，《编辑之友》1993 年 5 期。

61. 彭斐章：《中西目录学的比较研究》，《武汉大学学报》1993 年

6 期。

62. 柯平：《关于目录学文化研究的思考》，《武汉大学学报》1993 年 2 期。

63. 王国强：《中国目录学基本精神探论》，《郑州大学学报（哲社版）》1993 年 5 期。

64. 陈曙：《主要款目比较之研究——兼论东西方不同文化之影响》，《中国图书馆学报》1994 年 1 期。

65. 贺修铭：《20 世纪目录学研究的两次高潮及其比较》，《图书馆》1994 年 5 期。

66. 王国强：《中国目录学传统的创造性转化》，《河南图书馆学刊》1995 年 2 期。

67. 王国强：《中国目录学学术批判史论纲》，《图书与情报》1995 年 2 期。

68. 程焕文：《中国目录学传统的继承与扬弃——"辨章学术，考镜源流"批判》，《图书馆工作与研究》1996 年 4 期。

69. 曾贻芬：《〈经义考〉初探》，《史学史研究》1996 年 4 期。

70. 马大正：《二十世纪的中国边疆史地研究》，《历史研究》1996 年第 4 期。

71. 巴兆祥：《民国方志目录学之成就与影响》，《江苏图书馆学报》1997 年 1 期。

72. 傅荣贤：《论传统目录学之价值观》，《图书与情报》1997 年 4 期。

73. 张洪元：《论目录学理论与实践的契合》，《图书馆》1998 年 2 期。

74. 姜亮夫：《孙贻让学术检论》，《浙江学刊》1999 年 1 期。

75. 彭斐章：《20 世纪中国目录学：发展历程、成就与局限》，《高校图书馆工作》1999 年 2 期。

76. 郭蕴深：《19 世纪俄国汉学的发展》，《黑龙江社会科学》1999 年第 6 期。

77. 任道斌：《谢国桢先生治史之经历与成就》，《史学史研究》2000 年 1 期。

78. 王心裁：《试论中国目录学传统》，《大学图书馆学报》2000 年 3 期。

79. 徐跃权：《论我国现代目录学研究中的科学观念问题》，《中国图书馆学报》2000 年 4 期。

80. 许卫平：《论晚清时期的方志学》，《扬州大学学报（人文社会科学版）》2002 年 1 期。

81. 傅荣贤：《中国古代目录学的学科自省》，《图书馆理论与实践》2002 年 2 期。

82. 徐寿芝、傅荣贤：《以文献为本位的中国古代目录学研究》，《图书馆》2002 年 3 期。

83. 薛新力：《中国古代目录学中的创新求变精神》，《西南民族学院学报（哲学社会科学版）》2002 年 8 期。

84. 傅荣贤：《中国古代目录学的历史学宿命及其还原》，《图书馆杂志》2002 年 10 期。

85. 程毅中：《简述"五四"以来中国通俗小说的研究》，《南京师范大学文学院学报》2003 年第 1 期。

86. 巴兆祥：《方志目录学刍议》，《中国地方志》2003 年 3 期。

87. 胡萍：《我国目录学研究对象的发展轨迹》，《中南民族大学学报（人文社会科学版）》2003 年 4 期。

88. 申少春：《中国近现代文献分类法发展简论》，《图书馆论坛》2003 年 5 期。

89. 王余光：《王重民先生的生平与著述》，《图书情报工作》2003 年 5 期。

90. 周文骏：《王重民目录学研究述要——纪念先师王重民教授诞辰 100 周年》，《北京大学学报（哲学社会科学版）》2003 年 5 期。

91. 蒋秀英：《传统改造与科学发展的互动相促——略论中国近现代图书目录学的发展性特征》，《古籍整理研究学刊》2003 年 6 期。

92. 廖晓晴：《民国时期方志学理论述评》，《辽宁大学学报（哲学社会科学版）》2004 年 1 期。

93. 柯平：《中国目录学的新观察》，《高校图书馆工作》2004 年 3 期。

94. 彭斐章：《20 世纪中国目录学研究的回眸与思考》，《图书馆论坛》2004 年 6 期。

95. 柯平：《中国目录学的现状与未来》，《图书馆杂志》2005 年 3 期。

96. 王桂兰：《论 20 世纪中国目录学的公共应用性特征》，《高校图书馆工作》2005 年 3 期。

97. 付先华：《当代中国目录学的新发展》，《中国图书馆学报》2005 年 5 期。

98. 余训培：《中国目录学传统之目录学与文献整理二位一体》，《图书馆理论与实践》2006 年 1 期。

99. 辛德勇：《中国古典目录学中史部之演化轨迹述略》，《中国典籍与文化》2006 年 1 期。

100. 李春燕：《试论目录学对中国古代文化与学术研究的重大贡献》，《内蒙古图书馆工作》2006 年 3 期。

101. 徐有富：《目录学与中国学术史》，《新世纪图书馆》2007 年 2 期。

102. 范并思：《李小缘与中国近代公共图书馆研究》，《新世纪图书馆》2007 年第 3 期。

103. 傅荣贤：《中国目录学史研究方法论》，《江西图书馆学刊》2007 年 3 期。

104. 潘先林：《二十世纪三四十年代云南史地研究的首次学术总结——〈云南史地辑要〉概说》，《史学史研究》2008 年第 1 期。

105. 尚志明：《试论当代目录学研究存在的问题与建议》，《中国索引》2008 年 2 期。

106. 傅荣贤：《中国古代目录学学术价值之反思》，《图书情报知识》2008 年 2 期。

107. 袁世亮：《对目录学核心问题的研究综述》，《大学图书情报学刊》2008 年 6 期。

108. 商传：《谢国桢师学记》，《大连大学学报》2008 年 8 期。

109. 傅荣贤：《中西目录学比较研究刍议》，《四川图书馆学报》2009 年 1 期。

110. 章永俊：《清道咸时期边疆史地学者的考证学特点》，《史学史研究》2009 年 2 期。

111. 余来明：《孙楷第与中国古典小说文献学之创立》，《明清小说研究》2009 年 2 期。

112. 李致忠：《郑振铎与国家图书馆》，《国家图书馆学刊》2009 年 2 期。

113. 徐有富：《试论〈云南书目〉》，《大学图书馆学报》2009 年 3 期。

114. 刘新文：《对我国当代目录学理论研究轨迹、路向的辨析》，《西南农业大学学报（社会科学版）》2009 年 4 期。

115. 彭斐章：《改革开放 30 年来目录学实践的回顾与思考》，《中国图书馆学报》2009 年 4 期。

116. 邓建：《从正史"目录之目录"管窥古代目录学的发展源流》，《图书馆学刊》2009 年 10 期。

117. 全根先、陈荔京：《民国时期国家图书馆目录学论著编年》，《国家图书馆学刊》2013 年 3 期。

118. 全根先：《中国近代目录学理论研究之学术遗产》，《北京师范大学学报（社会科学版）》2013 年 3 期。

119. 熊静、张慧丽：《民国时期目录学著作的译介与传播》，《图书馆论坛》2015 年 4 期。

120. 范凡：《从目录学到书志学——20 世纪前期目录学在日本的研究与发展》，《中国图书馆学报》2016 年 6 期。

121. 傅荣贤：《论古典目录学在近代的时空转向》，《图书情报工作》2016 年 12 期。

122. 胥伟岚、夏南强：《近十年我国目录学研究述评》，《图书馆》

2017 年 1 期。

123. 郑春汛:《清末民初专科目录编撰研究》,《图书馆杂志》2017
     年 3 期。

124. 刘春云、龚蛟腾:《从图书馆学视角看校雠学的近代境遇》,
     《大学图书馆学报》2017 年 3 期。

125. 周生杰:《循事理为分合,与当代相呼吸——柳诒徵与近代目
     录学之变革》,《中国矿业大学学报(社会科学版)》2017 年
     5 期。

126. 谢欢:《郑樵校雠学说研究的民国转向》,《中国图书馆学报》
     2017 年 5 期。

127. 熊静:《民国目录学研究述评》,《图书馆杂志》2017 年 11 期。

128. 刘春云、龚蛟腾:《新文化运动与整理国故运动对中国图书馆
     学近代转型的影响》,《大学图书馆学报》2018 年 3 期。

129. 周日蓉:《民国时期西北地方文献目录述略》,《中国地方志》
     2018 年 3 期。

130. 马玲:《孙诒让的目录学思想探究》,《河南图书馆学刊》2018
     年 6 期。

131. 赵元斌、李鹏:《姚名达目录学研究述评》,《图书馆建设》
     2019 年 2 期。

132. 朱姗:《论孙楷第〈中国通俗小说书目〉的"图书学分类"》,
     《中国文化研究》2020 年 3 期。

133. 陈志新:《中国目录学传统的当今表现——目录学去哪了?》,
     《图书馆》2020 年 7 期。

图书在版编目（CIP）数据

民国目录学研究：以传统目录学为中心 / 倪梁鸣著
. —北京：北京联合出版公司 , 2021.3
ISBN 978-7-5596-4765-8

Ⅰ . ①民… Ⅱ . ①倪… Ⅲ . ①目录学—研究—中国—
民国 Ⅳ . ① G257

中国版本图书馆 CIP数据核字（2020）第 242878号

民国目录学研究：以传统目录学为中心

作　　者：倪梁鸣
出 品 人：赵红仕
责任编辑：申　妙
书籍设计：黄晓飞
出版发行：北京联合出版有限责任公司
　　　　　北京联合天畅文化传播有限公司
社　　址：北京市西城区德外大街 83号楼 9层
邮　　编：100088
电　　话：（010）64243832
印　　刷：北京天宇万达印刷有限公司
开　　本：787mm×1092mm　1/16
字　　数：378千字
印　　张：28.5
版　　次：2021年 3月第 1版
印　　次：2021年 3月第 1次印刷
定　　价：88.00元

文献分社出品